现代管理专题

曹芳萍 秦 涛 张 锐/著

中国轻工业出版社

图书在版编目（CIP）数据

现代管理专题/曹芳萍，秦涛，张锐著.—北京：中国轻工业出版社，2024.11
ISBN 978-7-5184-3287-5

Ⅰ.①现⋯　Ⅱ.①曹⋯　②秦⋯　③张⋯　Ⅲ.①经济管理—研究生—教材　Ⅳ.①F2

中国版本图书馆 CIP 数据核字（2020）第 233443 号

责任编辑：张文佳　　　责任终审：李建华　　　封面设计：锋尚设计
版式设计：砚祥志远　　　责任校对：吴大鹏　　　责任监印：张　可

出版发行：中国轻工业出版社（北京鲁谷东街5号，邮编：100040）
印　　刷：三河市万龙印装有限公司
经　　销：各地新华书店
版　　次：2024年11月第1版第4次印刷
开　　本：787×1092　1/16　印张：18
字　　数：460千字
书　　号：ISBN 978-7-5184-3287-5　定价：48.00元
邮购电话：010-85119873
发行电话：010-85119832　010-85119912
网　　址：http://www.chlip.com.cn
Email：club@chlip.com.cn
版权所有　侵权必究
如发现图书残缺请与我社邮购联系调换
242018G1C104ZBQ

前　言

在实现中华民族伟大复兴的战略目标指引下，如何在学术研究和管理实践中体现"四个自信"、构建具有中国特色的管理学，已成为学术界关注的焦点和历史使命。2016年5月17日，习近平总书记在哲学社会科学座谈会上指出："哲学社会科学的特色、风格、气派，是其发展到一定阶段的产物，是成熟的标志，是实力的象征，也是自信的体现。我国是哲学社会科学大国，研究队伍、论文数量、政府投入等在世界上都是排在前面的，但目前在学术命题、学术思想、学术观点、学术标准、学术话语上的能力和水平同我国综合国力和国际地位还不太相称。"在2019年3月4日，习近平总书记在文化艺术界、社会科学界联组会上再次强调一切有价值、有意义的文艺创作和学术研究，都应该反映现实、观照现实，都应该有利于解决现实问题、回答现实课题。希望大家立足中国现实，植根中国大地，把当代中国发展进步和当代中国人精彩生活表现好展示好，把中国精神、中国价值、中国力量阐释好。哲学社会科学研究要立足中国特色社会主义伟大实践，提出具有自主性、独创性的理论观点。从世界企业管理史角度看，一个大国的崛起，往往伴随着基于本国特色的管理理论发展与创新。在我国已成为世界第二大经济体的现实环境下，中国管理学界应顺应时势，抓住机遇，探索构建具有中国特色的管理学体系，在世界管理学发展进程中发出中国声音。

现代西方管理学基本上是以工业文明为背景建立起来的理论体系和思维框架。以泰勒创立的科学管理理论为起点，管理理论的发展不过百年，作为一门年轻的学科是探求组织外部环境、内部资源与组织目标三者之间动态平衡的科学，从刚性走向柔性、从内部走向外部是其发展的脉络，适应生产经营全球化、信息化、知识化则是其发展的必然趋势。

中国的管理学思想源远流长。先秦诸子的"国家管理学"学说致力于治国平天下，促使"国家管理学"界群星闪耀百家争鸣；春秋时期的《孙子兵法》从军事角度对战略实践的一般规律进行了探索，被视为最早的战略管理学著作。改革开放以来，管理学作为一门应用科学，在我国逐步兴起并迅速发展，研究和实践成果丰硕。但在盲目追求西方管理理论和实证研究浪潮的过程中，管理理论正呈现出与实践脱节的趋势，这些现象已经引起了中国学者对当前"科学范式"一统管理学界的思考。

管理理论在某种程度上不可避免地受到生产关系的制约。我国实行社会主义制度，必然要建立以公有制为主体、多种所有制共同发展的社会主义市场经济体制，管理理论和实践的指导思想与西方资本主义国家存在根本性不同。因此，建立适合中国国情的管理学理论体系，必须坚持本土化思维。管理研究只有立足于本土实践，才具有旺盛的生命力和价值，而本土化研究都是情境化研究，其理论也只能是情境理论。

当然，中国管理学的形成是一个长期且复杂的历史过程，这是由管理本身的特点所决定的。正如斯图尔特在《管理百年》一书中指出："管理只有恒久的问题，没有终结的答案。"在构建中国管理学体系的过程中，我国管理学者应博观约取，后程发力，吸取西方管理学的精华，立足中国经济转型的现实需求，遵循科学研究的范式，将先进的研究方法与中国情境的独特现象结合起来，做出超越国外学者的、创新的、高水平的学术研究，进而指导中国工商企业的经营管理实践活动。

目前针对研究生的管理学专题教学，在教学内容上仍存在一定的问题，突出表现在：教学目标和教学要求存在一定的差距；教学大纲难以涵盖国内外最新理论；教材内容与管理实践结合不够紧密；管理专题散乱，缺乏系统性、综合性和前瞻性，不足以适应现有管理环境的快速变化。因此，编写一本反映研究生教育教学改革方向、符合学科特性、适应新时代管理人才培养要求的教材显得十分必要。

"现代管理专题"课程是一门为企业管理和相关专业开设的研究生学位专业课。在讲授中力求突破传统管理理论框架，主要围绕新时代背景下的管理核心问题，从管理和管理学的本土化出发，探讨新时代管理研究的主要方向，具体分析管理研究中的知识管理、创新与创新管理、资源与能力、变革与变革管理、文化与跨文化管理等方面的内容。在内容上力求体现现代管理理论发展的系统性内容，同时体现作者对现代西方管理理论在中国文化背景下适应性的思考；力求反映管理环境的快速变化，体现学科的前沿交叉和最新理论成果。

本书是在课程讲义的基础上整理而成的，在写作时兼顾了三个要素：作为内容载体，应该能够满足研究生积极向上的阅读需要；作为一个有形商品，应该得到购买者的喜爱并被踊跃购买；作为一本教材，应该易于传播理论知识，并启发创新思维。

专题研究是一项全面综合的系统工程，由于篇幅有限，涉及目前正在变革之中的一些专题，如双边市场、平台战略等内容没有列入本书中；在引用资料和观点时，尽量注明来源出处，但由于能力有限和其他原因，可能存在一些疏漏，请学界同行和读者批评指正，望不吝赐教，共同提高。

本书通过系列专题研究的形式，以国人的思维方式为主线，注重继承和发扬中国传统文化与管理理论中的精华，体现管理研究的最新进展，力争做到视野开阔、题材新颖、内容丰富、论述精辟、语言简洁、通俗易懂。本书适合于从事工商管理（管理学科大类）教学与研究的高校教师、工商管理大类在校学习的研究生、从事企业管理工作的业界人士、培训机构的学员等读者群，也是企业管理者、官员、学者、MBA 学员、EMBA 学员、MPA 学员、经济管理各专业学生学习和了解现代管理的必备参考书。

曹芳萍
秦　涛
张　锐
2020 年 9 月

目　录

专题一　管理学在中国与中国管理学 ... 1
　　一、早期科学管理原理与我国管理实践 ... 1
　　二、管理学在新中国的探索与发展 ... 2
　　三、管理本土化研究 ... 6
　　四、中国管理学 ... 19
　　参考文献 ... 29

专题二　新时代绿色发展与绿色管理 ... 33
　　一、工业时代西方管理研究的回顾与反思 ... 33
　　二、新时代中国管理研究的新局面 ... 38
　　三、新时代企业绿色发展之路 ... 46
　　四、新时期企业绿色管理理论与实践 ... 51
　　参考文献 ... 77

专题三　知识经济与知识管理 ... 83
　　一、从工业经济到知识经济 ... 83
　　二、知识 ... 91
　　三、知识管理 ... 99
　　四、知识管理过程和内容 ... 105
　　参考文献 ... 125

专题四　创新与管理创新 ... 132
　　一、创新 ... 132
　　二、创新范式与创新生态系统 ... 139
　　三、管理创新 ... 150
　　参考文献 ... 164

专题五　资源与能力 ... 170
　　一、理解资源与能力的三个纵向链条 ... 170

二、资源与能力 …… 179
　　三、企业动态能力构建 …… 190
　　参考文献 …… 200

专题六　变革与变革管理 …… 207
　　一、组织变革理论 …… 207
　　二、变革管理的主要内容 …… 218
　　三、变革管理的思维与技能 …… 229
　　参考文献 …… 234

专题七　文化与跨文化管理 …… 240
　　一、文化与跨文化管理 …… 240
　　二、跨文化管理研究现状 …… 248
　　三、文化差异的测量和影响 …… 253
　　四、文化与企业绩效 …… 261
　　五、"走出去"战略下的中国企业跨文化管理 …… 269
　　参考文献 …… 276

后　记 …… 281

专题一
管理学在中国与中国管理学

　　管理学作为一门年轻的学科，是研究组织及组织内部资源配置的构造、方式、方法的学科，是探求外部环境、内部资源与管理目标三者之间的动态平衡的科学，其发展脉络是从刚性走向柔性，从内部走向外部，它的发展必须适应生产经营全球化、信息化、知识化的趋势。

　　本专题首先回顾管理学在中国的发展历程，然后介绍中国管理学的争鸣与构建。

一、早期科学管理原理与我国管理实践

（一）早期科学管理思想在我国的传播

　　《科学管理原理》的正式出版是现代管理学诞生的标志。在我国，最早引入这一著作的是穆藕初。他曾就读于美国威斯康星大学、伊利诺伊大学和得克萨斯农工专修学校，穆藕初在美国就读期间就曾请教泰勒并且征得泰勒的同意而翻译了《科学管理原理》；1916年，中华书局出版了穆藕初翻译的《工厂适用学理的管理法》（简称《管理法》）。这本科学原理的小册子在中国的出版仅仅距离美国原版5年时间，《管理法》在1916年出版后10年内，只卖出800本。

　　穆藕初重点关心的是工厂管理中的三个问题：一是管理人员缺乏技术知识和能力，二是劳动力的浪费，三是对工人的残酷压榨而缺乏激励。他结合科学管理原理，废工头制为工程师管理，废流水账为复式记账法，提倡对工人的奖励和节约原材料。他开办的几家纺织厂在科学管理法的实践之下都获得了较好的效果。

　　1928年，穆藕初应孔祥熙之邀出任当时的国民政府工商部常务次长，这时他所翻译的《管理法》已卖出了三四千本。这对于科学管理思想的传播无疑是有益的。

　　Morgan（2006）曾就这段历史做了详细的评论，他认为，中国在引入外国资本和机器的同时或更早阶段，科学管理作为"软技术"的引入，对中国20世纪上半叶（1918—1937年）的民族工业的发展影响深远。

　　对当时致力于商业救国的民族企业家来说，泰勒的科学管理无疑代表了当时西方最为先进的管理思想。但当时民族企业家面对的关键问题不仅是劳资冲突，更为重要的是如何与中国市场的强大对手——西方企业展开竞争，这就要求企业家们必须找到科学有效的管理方法来解决问题。因此，将科学管理理解为民族企业在这一时期迅速发展壮大的重要推动力是不为过的。

　　尽管当时真正实施泰勒科学管理法的企业并不多，但报纸的宣传、学者的翻译和推介以及政府的组织支持都起到了推动作用。

　　1930年5月，工商部长孔祥熙召开上海工业家会议，在会上同意组织"中国工商

管理协会",一周后改名为"中国科学管理学会"。协会的目的有两个：一是汇集科学管理的研究资料和工业合理化中出现的问题；二是讨论和推进科学管理的实践方法以改进中国的管理。

科学管理学会通过《商业月报》和《总商会月报》积极宣传和传播科学管理思想。学会（管理学会）还定期举行叙餐会，邀请企业家和科学管理专家主讲有关科学管理专题，内容涉及工厂法、管理人才训练、成本会计等。

（二）早期科学管理原理在中国的实践

科学管理思想对当时民族工商业的发展有着不可忽视的作用。《管理法》出版后，一批民族企业家开始试验科学管理法，如容氏家族的申新第三纱厂、康元制罐厂、上海华生电器厂以及商务印书馆等都进行了科学管理法的实践。

从现有的史料来看，当时对科学管理的认识还是很粗糙的，实践也主要集中在劳动力（人事）管理和对包工制度的改造上，缺乏对系统的科学管理方法的运用，尤其是对工作工时或任务的研究。很少有企业严格按照泰勒的科学管理原则进行系统的工作设计、头等工人的选拔、管理者和工人密切合作的协调。

当时的科学管理实践只是依据泰勒科学管理原理做了部分的实用主义的利用，这被实践者和科学管理专家称之为中国化或民族化的过程。

当时企业家们对泰勒原理的系统把握是缺乏的，科学管理原理也没有深入中国工商背景和中国文化而扎下根来，成为中国企业管理基因中自觉遵守的一部分。与日本在战后的发展相比，中国远远没有达到在泰勒科学管理基础之上结合本土文化和制度的管理创新（如日本的改善和精益制造）。当然，中国这段时期的管理实践时间较短，民族工业也处于新生的幼稚期，再加上战争和恶劣的竞争环境，科学管理的实验和创新难以为继。

二、管理学在新中国的探索与发展

新中国成立以来，管理学经过了"探索奠基""恢复转型""完善提高"三个阶段（陈佳贵，2009；黄群慧，2018）①。我国一方面学习和引进有关海外管理学理论和管理模式，另一方面也探索出一些具有中国特色的企业管理经验和模式。但是，我国现代管理学的建立和发展是以改革开放为时代背景的，随着市场化、工业化、国际化、城镇化和信息化进程的加快，在管理创新实践、学术研究以及培养管理人才等方面都取得了较大发展。

（一）计划经济时代的管理学

从新中国成立到1978年十一届三中全会，我国实行的是计划经济，管理学呈现出生产导向型管理的基本特征，管理学整体处在"探索奠基"阶段。在20世纪50年代，我国企业管理是以苏联模式为主，系统引进苏联的企业管理制度和方法，推行苏联的"一长制"模式和《马钢宪法》，强调集中统一领导，在计划管理、技术管理、经济核

---

① 黄群慧. 改革开放四十年中国企业管理学的发展——情境、历程、经验与使命［J］. 管理世界，2018，34（10）：86-94.

算制等方面奠定了生产导向型管理的基础。

这一时期，我国在管理实践和理论方面取得的主要成就有：一是在新中国成立初期，注重实践经验的总结。企业通过总结日常生产工作经验和班组管理实践，推广了马恒昌小组（1949）、郝建秀工作法（1951）、大庆创造的"三老四严"等若干先进生产管理经验，这些都体现了科学管理和精细管理要求。二是在实践中，采用并推广了科学管理方法。例如，运筹学的研究与实践运用，1956年中国科学院成立了运筹学研究小组，许国志、刘源张编著了《运筹学》，华罗庚编著了《统筹法》，在全国推广数量管理，取得了较好的效果和经济效益。三是在企业内部，开始注重经济核算和市场的作用。20世纪50年代到60年代，经济学界开始大胆探索商品经济（市场经济），强调价值规律的作用，为企业内部进行经济核算提供了理论基础。四是开始探索与建立社会主义企业管理模式。为克服照抄照搬苏联管理方法的缺点，针对管理学存在的问题，我国推出了《鞍钢宪法》及《工业七十条》。人民出版社于1964年内部出版发行《中国社会主义国营工业企业管理》，中国人民大学等单位也编写了许多企业管理方面的教材。

（二）转型时期的管理学

改革开放后，从1979年到1992年，是我国计划经济向市场经济的转型期，我国管理学的发展逐步得到重视。在1978年3月审议通过的《1978—1985年全国科学技术发展规划纲要（草案）》中，第一次在操作层面正式提出要推进管理学研究工作，该纲要将"技术经济和生产管理现代化的理论和方法的研究"列为其中的一项。

在这一时期，企业经营管理模式由生产型转向生产经营型，管理学的发展主要依赖对国外管理学知识的引进吸收，管理理论的来源由学习苏联转向学习美、日、欧等发达国家，在此期间，管理学在学科建设、学术研究、教育培训等方面都有很大发展，我国管理学进入全面"恢复转型"阶段。

恢复转型时期的主要历程，见表1-1所示。

表1-1　恢复转型时期的主要历程

年份	主要事件
1978年	机械工业部举办了第一个"质量月"活动，将全面质量管理（TQM）从美国、日本引入中国
1979年	中美两国政府签署了培训中国企业管理人才的中美合作协定书，合作项目名称为"中国工业科技管理大连培训中心"，国家经济贸易委举办企业管理培训干部研究班，标志着企业管理培训的开始
20世纪80年代初	"国外经济管理名著丛书"出版了37本管理学名著，系统介绍了国外管理思潮
1983年	袁宝华提出我国企业管理理论发展的16字方针——"以我为主，博采众长，融合提炼，自成一家"，为建立有中国特色的管理理论和管理模式指明了方向
1984年	国家经委推广18种在实践中应用效果较好、具有普遍推广价值的现代化管理方法，即现代化管理"18法"，并确定了20家企业为全国第一批管理现代化试点企业

在此阶段，一批管理学研究机构、期刊陆续涌现，一些重要文献对管理学的发展起到了重要推动作用。这个时期也是中国管理学教育全面恢复和发展时期，在这一阶段管理学教育从"恢复元气"走向"生机勃勃"。

恢复转型时期的科研与教学，见表1-2所示。

表1-2　恢复转型时期的科研与教学

年份	主要事件
1978年	中国管理现代化研究会成立
1979年	中国企业管理协会成立；第一本管理学学术刊物《经济管理》创刊；蒋一苇《企业本位论》发表
1980年	中国管理科学研究会、中国数学会运筹学会、中国系统工程学会成立
1981年	中国工业企业管理教育研究会（现为中国企业管理研究会）成立
1985年	《管理世界》创刊
1986年	国家自然科学基金委员会成立并设置管理科学组
1990年	国务院学位委员会批准MBA教育，九所大学开始试办MBA
1992年	中国技术监督局颁布国家标准的《学科分类与代码》（GB/T 13745—92），管理学被列为一级学科

自1979年开始，一些大学和研究机构相继恢复管理学教育，开始进行管理学专业的本科和研究生教育；从20世纪80年代开始，中国人民大学陆续出版了"中国工业企业管理学"系列教材，开始探索具有中国特色的社会主义工业企业管理学。与管理学研究和管理学教育发展相适应，这个时期企业也在不断尝试管理创新实践，尤其是应用现代化管理方法方面。

（三）市场经济时期的管理学

1993年十四届三中全会以后，中国进入建立和完善社会主义市场经济体制的新时期，这也开启了中国管理学"完善提高"发展的新阶段（黄群慧，2018）。这一时期，社会主义市场经济体制逐步建立和完善，企业呼唤管理学对改善生产经营、提升竞争力提供指导；国有企业改革的推进要求管理学积极总结改革经验教训、探讨改革难题、研究改革方向；经济社会的发展要求政府管理做出相应调整，行政体制改革需要公共管理学的深入探索；中国日益融入全球发展浪潮，管理实践者和研究者能够接触到更多国外先进管理实践和管理学研究前沿，提升了中国管理学的水平，也推动其在学习、吸收的基础上结合中国实际不断创新；文化教育事业的繁荣为管理学教育的发展、管理人才的培养和管理知识的传播做出了积极贡献。总体上这是一个管理学学科体系不断完善、研究水平不断提高的阶段，这一时期的中国管理学发展不仅表现在管理学研究上不断创新，注重研究中国企业管理的特殊问题，还表现在管理实践创新方面，不少企业结合实际情况，创新了很多管理实践经验。

管理学学科建设，见表1-3所示。

表 1-3　管理学学科建设

年份	主要事件
1997 年	管理学科被升格为一个大的门类
1999 年	公共管理专业硕士学位（MPA）被批准设立
2000 年	中国工程院正式成立了工程管理学部，诞生了我国首批工程管理院士
2002 年	国务院学位委员会批准 30 所高等院校开展 EMBA 教育
2003 年	管理科学与工程领域的新学位——项目管理工程硕士学位（MPM）设立

随着改革开放的不断深入，我国管理学研究的视野在扩大，研究水平显著提高，学者通过前往国外著名大学交流、深造，参加国际学术交流会等活动，开始追踪国外管理学研究前沿，一些国内组织开始组织国际学术交流活动；管理学研究的规范性得以增强，实证研究方法受到重视，越来越多的管理学研究成果发表于国外顶级学术期刊。但在发展过程中也存在一些问题，管理学还需要进一步推进自主创新、全面发展。

（四）管理学研究存在的问题

探讨管理学在我国如何更好地发展，一直是学术界和相关部门关注的问题，这是事关学科合法性与实践相关性的问题，虽然通过几十年的努力，管理学研究取得了一定成绩，但也存在一些问题。

1. 学科总体水平不高

我国管理学还没有独立提出来自于中国管理实践，更没有被国际管理学界所接受、对指导管理实践具有普遍意义的管理理论，学科总体水平不高。主要体现在管理学发展基础不牢固，学科积累不充分、学科体系不够完善，管理学教育质量还有待提高，管理研究方法的规范性和学术水平与国外管理学的规范性研究相比还存在差距，在学术研究的经验、研究的原创性、研究手段和基础设施等各个方面都存在着许多不足，而且研究立场、研究主题、研究思路和研究方法等方面具有明显的单向度特征，这种研究倾向会损害管理研究的丰富性和创造性，并有可能破坏或误导管理实践。尤其是面对高速发展的中国经济，还没有形成中国特色的社会主义市场经济条件下的中国管理理论，对丰富、活跃的中国企业管理实践还缺乏理论归纳和指导。

2. 研究目的片面化

目前，套用西方理论在中国进行演绎性研究主导了中国管理学研究领域，绝大部分中国的研究都采用西方已有理论来解释中国现象。其实科学研究总是有目的的：执着于寻找真相和追求真理。科学的研究方法确保了科学家的发现是接近真理，即严谨性（Rigor）标准。但对于管理学这门应用科学来说，仅严谨性本身是不够的。管理学研究的目标还应该是获取有益于提高实践水平的知识，即切题性（Relevance）标准。但现在大部分的中国学者都是严谨有余，切题不足。套用西方管理理论进行演绎性研究，研究的倾向是把成果发表在国际性杂志上，尤其是国际顶尖杂志，这种研究思路限制了对中国特有的重要现象以及对中国有重要影响的事件的理解。

3. 研究缺乏特色

任何管理学理论都是建立在一定的假设和前提条件之下，中国与西方企业所处的经营环境不同，东西方文化在认知逻辑、价值观念、伦理道德等方面存在着巨大的差异，建立在现代市场经济之上的西方管理理论在中国表现得水土不服。目前，多数管理架构依然处于"本土材料、西方概念"的状态，在基本概念、命题和理论预设方面具有创造性、本土化的研究成果甚少。有学者认为，以科学管理为代表的西方理性管理模式在中国经济改革开放以来虽然有着无可估量的贡献，但是其边际贡献正在不断递减。从历史经验看，一个大国实现工业化和经济发展的过程，必然是以自己企业管理创新与发展为基础的。日本在第二次世界大战以后推进了快速工业化进程，在20世纪七八十年代跨入发达国家行列。日本管理方式的形成以及一系列管理研究成果被世界管理学界认可，正是以战后日本快速工业化进程和经济发展为背景的。

有学者认为，造成管理学研究在中国存在的这些问题，可能的原因主要有：一是因为缺乏对先进科学研究方法的训练和对科学目的的正确理解。一些研究者错误地认为，科学的目的是发表文章，而非寻找对重要现象的恰当理解和解释。中国学者可以很快学会如何正确使用研究方法，但这并不代表他们一定理解了隐含其中的认识论（Epistemology）和存在论（Ontology）。要理解发展于西方的理论的情境假设并非易事，这些理论是在特定的地点发展起来的，在当时都有着独特的政治、经济和社会背景。缺乏对科学方法和科学哲学观的深入理解以及对借来的理论的情境假设的适当认识，可能会导致对中国管理现象有限或是错误的解释。二是缘于强大的现状压力及其所对应的激励机制。目前的现状鼓励学者在国际性杂志发表文章。有学者观察到，大部分中国学者采取这种方式都是因为日益增加的现状压力以及当前中国学术界对中国管理理论的独特见解。这传递着一种信号：研究的主要目的是发表文章，而非重要的科学发现。这种压力也激励研究者去选取在杂志上所流行的研究题目、研究理论和研究方法，而不去关注题目和理论与中国企业的相关性。最终，这些现状使中国学者选择了一条更流行的路——中国管理理论，而使得另一条更为重要的路——管理的中国理论变得没那么有吸引力了（徐淑英，2011）。

三、管理本土化研究

改革开放以来，学术界和实务界大量引进吸收了西方的管理理论和模式，一定程度上促进了国内管理理论水平的提高，但也应该看到，西方国家的管理模式和理论体系是建立在现代大工业和资本主义制度基础上的，与中国国情不同，不可能完全适合我们。

管理研究只有立足本土实践，才具有旺盛的生命力和价值。本土化研究都是情境化研究，其理论也只能是情境理论。社会研究的特殊性还在于，其所从事的研究，在绝大多数情境下，是"主体—主体"间的呈现和诠释，而非"主体—客体"间的"镜像式"表征。研究者和研究对象都受到时空的限制，因此管理研究只能是"情境化"的（这一点只适于社会研究）。正如 Haggis（2008）所言，"知识必然是情境化的"①。再如 Reed（2010）所说，"去情境的知识，在最好的情形下，也不过是一种幻觉"②。

管理理论在某种程度上不可避免地受到生产关系的制约。我国实行社会主义制度，必然要建立以公有制为主体、多种所有制并存的社会主义市场经济体制，管理理论和实践的指导思想与西方资本主义国家有根本不同。因此，建立适合中国国情的管理学理论体系，必须坚持本土化。

（一）国际化与本土化

长期以来，管理学的国际化与本土化的关系一直颇具争议。在我国伟大复兴的战略背景下，随着对外开放，全球化的推进，必然要严肃考虑管理学的国际化方面，但同时也应该坚持管理学的本土化，二者缺一不可。

本土化研究的行动，见表 1-4 所示。

表 1-4　本土化研究的行动

年份	主要事件
2004 年	"基金委"管理科学部咨询委员会二届一次会议提出"直面中国管理实践"为标志，我国正式将"实践相关性"提上日程
2005 年	《管理学报》自 1 月起，开展管理学在中国的基本问题的讨论
2008 年	启动"管理学在中国"学术研讨会
2010 年	"中国·实践·管理"论坛
2011 年	《管理世界》陆续发表了"管理学学科属性"的专题系列译文；"基金委"双清论坛的主题为"基于中国管理实践的重大理论创新问题"，将"实践相关性"提升到战略高度
2012 年	启动"中国人力资源管理论坛"

对于管理学和管理研究的国际化与本土化有两种极端观点：一种观点认为管理学与自然科学一样没有地域之分，是普遍适用的。随着全球一体化推进，不同制度的发展主体会相互同化，意识形态色彩趋于淡化，管理环境简单化，所以没有必要提出本土化。另一种观点认为管理属于社会科学的范畴，是一种社会文化行为，不同文化背景产生不同的管理思想和行为方式，不论经济全球化发展到何种程度，也没有适用于所有国家的统一的管理模式，而且中国历史悠久，文化厚重，管理思想丰富，中国应该有独立的管理学体系。

1. 管理研究的国际化

依据管理的自然属性和普遍性，管理学的国际化是必然趋势。众所周知，现代管理学产生于西方，是资本主义经济发展到一定阶段的产物。

---

① Tamsin Haggis. Knowledge Must Be Contextual: Some possible implications of complexity and dynamic systems theories for educational research [J]. Educational Philosophy & Theory, 40 (1): 158-176.

② Reed I A. Epistemology Contextualized: Social-Scientific Knowledge in a Postpositivist Era [J]. Sociological Theory, 2010, 28 (1): 20-39.

在世界经济一体化的进程中，管理学与其他经济学科一样，其基本原理已经成为国际经济管理中具有普遍指导性的原则，是人类社会共同的文明成果。因此，任何一个国家的管理学理论都应包含这些具有共性的东西。建立有中国特色的管理学理论体系，必然离不开西方管理理论的丰富营养。管理学的国际化有利于我们开阔视野，广泛吸收人类管理学理论的精华，建立和发展适合我国国情的管理学理论体系，充分发挥其指导实践、服务实践的作用。

但是管理学国际化中出现了研究趋同现象。随着全球化商业活动的增加，全球化的跨国公司对管理知识的需求大大增加，那些处于新兴经济体（比如，俄罗斯、印度和中国）中的公司，由于在国际市场上扮演越来越重要的角色，也非常渴望得到管理实践所需的知识。除了新兴经济体外，许多发达地区的管理研究也十分活跃。有学者观察到了国际学者的一种明显偏好：从主流管理学文献（基本上是基于北美，特别是美国的文献）中套用已有的理论、构念和方法来研究本土的现象。这导致了 James March（詹姆斯·马奇）所认为的组织研究的"趋同化"。这个趋势是需要警惕的，因为它有可能放慢有效的全球管理知识的发展速度，也会阻碍科学的进步。这种趋势在中国也存在。

2. 管理研究的本土化

自 20 世纪 80 年代引进西方管理理论时，恰值美国"管理研究科学化"的高潮期，国内管理研究和教学自然受到其影响。2000 年以后，《管理科学学报》《管理世界》《南开管理评论》等国内权威期刊也仿效 AMJ（2013）只对实证研究论文感兴趣。各种基金也以在中外权威期刊发表论文的数量为成果验收标准。于是，管理学者们大量生产定量的实证研究论文，关注本土实践相关性的学者越来越少。

中国管理实践中的独特现象与问题以及西方管理理论在中国的"水土不服"，正在促使中国管理学者不断反思西方主流管理理论，并开始积极尝试构建中国特色管理理论。目前，我国大学里教授的管理学知识和理论仍然处于简单的探索阶段，在管理理论创新方面的研究成果明显与我国经济大国的地位相去甚远。

中国期刊网归纳了标有"中国、中国特色"的流派主要有：一是"中国式管理"；二是"中国特色的管理"；三是"东方管理学派"；四是"管理学在中国"；五是"中国管理科学派"。各流派共同的出发点都是在中国国情下探索适用于中国管理实践的管理理论，但到目前为止，还未就所谓的中国特色管理研究形成较为规范的科学研究范式。

国内理论界对管理学本土化有多种提法："管理学在中国"或"中国特色管理学"或"中国管理学派"或"中国式管理"，由于管理的社会属性和管理学的特殊性，管理学的本土化是客观事实。

管理的基本特征表现在：一是管理是一种社会文化现象，一定范围内的社会文化存在的差异性，制约着人的管理行为。例如，欧美文化区和以中国文化为中心的东亚文化区，即便是同属东方的中国和日本，由于不同的社会文化形成的不同的民族性，管理行为也表现出差异性；二是管理的"载体"是"组织"，不同社会条件下的组织形式不可能完全相同，一个国家的成功组织形式，到另一个国家可能导致效率低下。

许多著名的跨国公司的资本直接输出,并非简单地把国内的组织复制到国外,而是充分考虑每个国家的特点,设计与之相适应的组织形式;三是管理的核心是处理各种人际关系,发挥人的积极性和创造性,管理是人的行为,不同的国家有不同的历史文化传统,因而人的行为存在地域性的差别。这不可避免会影响到管理。

可见管理具有地域性特征,即本土化是必然趋势。因此,每个国家都应该依据自己的国情选择合适的管理模式,而不能完全照搬其他国家。

日本在这方面可以说是成功的案例。日本通过学习西方先进管理技术和经验,并结合本国的特点建立了独特的经营管理体系——终身雇佣制和年功序列制,成为经济腾飞的重要基础和其他国家学习的典范。

从我国的情况看,坚持管理学的本土化有利于我们继承发扬中华民族优秀的管理成果,建立适合国情的管理学理论体系,从而有效地指导管理实践。

我们的管理理论所依据的实践特殊之处表现在:一是新中国成立以来,我们在学习其他社会主义国家经验的基础上,建立了自己的管理方式。例如,工业中的计划管理、定额管理、经济核算、岗位责任制等,农业中的三包一奖、评工记分、联产承包责任制等,在国家经济发展的不同阶段都发挥了一定的作用。二是我国现在正处于社会主义初级阶段,人口众多,经济发展水平地区间、行业间发展不平衡,生产力与发达国家还有差距,尤其是普遍存在管理混乱、效率低下的问题。

3. 国际化和本土化的辩证统一

管理学学科属性决定了管理学的国际化与本土化关系是辩证统一的。正确认识管理学的学科属性是建立有中国特色管理学理论体系的重要前提。管理学是研究人类管理活动的规律及其应用的一门科学。

首先,管理有两种属性:自然属性和社会属性或称之为硬件和软件。前者主要指管理的生产力因素,即应用现代科学技术和管理手段进行组织、指挥、协调,以适应现代社会化大生产本身的要求。其中,现代管理技术注重计量方法、数理模式及信息技术的应用。这是管理的一般属性。后者指管理与特定的生产关系相联系,反映生产资料占有者的意志,具体表现在管理制度、管理体制、运行机制等方面,具有意识形态和地域性特征。这是管理的特殊属性。管理的两种属性是对立统一的,自然属性体现了共性,不受社会制度和地域的限制,而社会属性则体现了个性,是一定社会形态的产物,二者相互依存,缺一不可。

其次,从管理学的构成和基础看,作为管理学体系,一般认为它是由三部分组成,即基础理论、技术方法、实际应用。而构成现代管理学基础的则是系统科学、信息科学、经济学及心理学。可见,管理学不可能是一门精确的科学,无法像数学一样,放之四海而皆准。同时,管理学也不是纯粹的社会科学,完全受意识形态的支配,而是既包含现代科学技术,又包含社会经济文化等因素的一种交叉学科,是自然科学与社会科学的结合部。

从这个意义上,管理学是个性与共性的统一,是普遍性与特殊性的统一。既不存在适用于一切个体的统一的管理模式和理论,也没有独立于现有管理学理论体系之外的一定地域范围内的管理学。

其实，扎根本土的研究，本质上也是国际化的体现。例如，日本学术界根据本土化（国情）所提出的管理理论——精益生产，成为国际管理学界和实务界共同认可的理论。

第二次世界大战以后，日本经济萧条，缺少资金和外汇。此时的丰田的汽车事业正处于萌芽时期，怎样建立日本的汽车工业，是照搬美国的生产管理方式，还是按照日本的国情另谋出路？丰田选择了后者。

早期现代化工业生产的主要特征是20世纪初美国福特汽车公司所创立的大规模流水线作业。大规模流水生产在生产技术以及生产管理史上具有极为重要的意义。

这种方式是通过标准化、大批量生产来降低成本提高生产效率的，大规模生产适应了当时美国的国情，汽车生产流水线的产生，促进了钢铁、玻璃、橡胶、机电乃至交通服务业等一大批产业的发展。

日本的社会文化背景与美国截然不同，日本的家族观念、纪律服从性和团队精神是美国人所没有的。日本没有美国那么多的外籍工人，也没有美国的生活方式所形成的自由散漫和个人主义泛滥。日本的经济和技术基础也与美国相距甚远。日本当时所期望的生产量仅为美国的几十分之一，传统的"规模经济"法则在这里显然行不通。

1950年，日本的丰田英二考察了美国底特律的福特公司轿车厂。当时这个厂每个月能生产9000辆轿车，比日本丰田公司一年的产量还要多。但丰田在他的考察报告中却写道："那里的生产体制还有改进的可能。"

由于当时的社会需求正处于向多样化发展的新阶段。单品种、大批量的流水生产方式已满足不了需求，相应地要求工业生产向多品种、小批量的方向发展。为了顺应这样的时代要求，精益生产方式作为多品种、小批量混合生产条件下的高质量、低消耗进行生产的方式被日本丰田汽车公司在实践中摸索、创造出来了。

丰田生产方式是日本工业竞争战略的重要组成部分，它反映了日本在重复性生产过程中的管理思想。精益生产方式，即 Just In Time（JIT），翻译为中文是"旨在需要的时候，按需要的量，生产所需的产品"。因此，有些管理专家也称精益生产方式为JIT生产方式、准时制生产方式、适时生产方式或看板生产方式。

精益生产关于生产计划和控制以及库存管理的基本思想，对丰富和发展现代生产管理理论具有重要的作用，这是日本基于本国国情对管理学做出的重大贡献。

（二）管理本土化研究中的情景问题

对本土化研究不能离开情境。近年来，"情境（Context）"成为管理学研究的热词，管理学界围绕情境研究展开了热烈讨论。例如，有学者认为，伴随国际化程度的不断提高，社会科学知识面临不同环境的挑战；工作场所和工作性质的变化背后可能存在不同以往的机制；组织研究正从"以人为中心"转向"人与环境的互动"。情境研究，挑战了既有研究范式的假定，可以更好地理解现实，更便于向社会传播知识；也会使理论模型更加准确，对研究结果的诠释更加坚实。

1. 情境内涵与层次

"情境"源于拉丁语，意思是"编织在一起"或者"发生联系"。情境一词英文为 context，是由 text 一词冠以"con"而构成。英文 text 指纺织的意思，汉译 text 为文本或本体，textbook 指各种内容编织在一起的书，意译为教科书。在英语里，存在很多近似的说法，如 Surroundings（周遭环境）、Situation（境遇、处境）、External Environment（外部环境）等。

"情境"二字，在我国《辞海》中的解释是指"情况、环境"。"情境"既可以是外部环境，也可以是个体对外部环境特有的解读方式、决策的逻辑、思维过程和个人特点。"情境"与"环境""背景"等用词相比，更加强调主客观因素的互动，更加强调环境、组织与人的交互影响及其这种影响随时间变化的历史动态性。

因此，"情境"具有层次性的环境特征，可以包括大到宏观情境，如社会、文化以及政治环境，小到个体层次的主观情境，如个人的认知图式以及价值观。

Johns（2006）曾对情境问题进行过系统的探索，划分了情境的构成和不同层次，认为情境可以分为宏观、微观和中观三个层次，在宏观层次与个体层次之间是"中观情境"（Meso Context）。主观情境包括在中观情境中，中观情境包括在宏观情境中。通过剖析情境的多重作用，强调了"情境对研究结论有微妙且强大的影响"；徐淑英等也专门对情境化进行过讨论，梳理了国家层面的情境因素，并指出"情境是本土化研究的关键因素"（徐淑英和欧怡，2008）。

情境的层次性决定了理论在什么范围下发挥作用。有学者忧虑，情境化会带来理论的碎片化，尤其是在过低的层面，情境化确实会带来理论过于散碎的问题。

因此，在什么层面上识别情境要素是构建情境化理论必须面临的问题：首先，情境化的层面过低，不利于理论的整合，容易造成理论的碎片化，而站在情境化的最高层面，试图寻找一种普适理论，则如前所述，也不利于管理理论的健康发展，既不利于理论的切题性，也不利于对实践的指导。因此，在特定的层面上寻求理论情境化的过程，是弥合理论与实践脱节，避免理论泡沫的最好办法。理论情境化合理的层面是，在这种层面下的所有情境具有显著的区分性，这种区分性表现在，如果不在该层面对理论进行情境化的构建，那么更高层面的理论在解释管理现象的外部效度时会显著降低。其次，在更低层面划分情境会造成理论冗余。例如，在某个层面进行理论情境化，并不会带来管理理论解释现实现象效度的明显增加，Leung 和 Morris（2015）在构建情境的动态框架时指出，情境要素是对个体行为产生影响的个体价值观、认知图式和群体规范。而 Gelfand 等人（2011）的研究表明，价值观、群体规范的显著性会因东西方而明显不同。

2. 管理的情境研究

一般来讲，任何研究的价值在于能否根植性或情境化，如果忽略来自于情境中的问题，我们就承担了没能问正确问题的风险。

本质上，情境是一个多因果、多层次、复杂且动态演进的自然—社会系统在当事人和研究者注意力配置下的产物。情境之所以成为情境，取决于研究者选择了何种研究对象以及如何划定研究对象与周遭环境的边界（进入已有的系统，还是采用新的划分方法）。管理研究中的情境即为"与现象有关并且有助于解释现象的周边环境，通常是那些与超越研究中的分析单位有关的因素"。情境因素的研究即把组织所在国家（地区）的社会、文化、法律和经济因素作为情境变量，探讨这些因素对于组织运行绩效这些因变量的影响。情境因素无论作为自变量还是调节变量已经明显地成为理论建构的因素，这个定义与嵌入性的概念相关联（邹国庆等，2009）。

所谓情境研究就是研究者根据研究对象在自然—社会系统的位置，试图对其行动加以呈现和解释的学术实践（任兵和楚耀，2014）。具体而言，情境研究要分析组织的内部系统与其所嵌入的外部系统的关联到底在多大程度上，且以何种方式影响到研究结论的可靠性；同时，该系统在多大程度上，且以何种方式会影响到它所嵌入的外部系统的演化（韩巍，2017）。

当然，情境研究也面临着方法论、认识论、学术制度等多方面挑战，研究者也会误解、忽视其应有的价值，但任何情境视角和诠释方式都必须保持对一个开放—演化系统的尊重。

由于中国在传统文化、经济制度、行为方式等方面与西方发达国家大相径庭，如果中国管理研究的思路只是简单地照搬、模仿西方研究成果，"淮南为橘、淮北为枳"的情形就会经常发生。研究中国管理学、管理理论或者中国管理问题以及在借鉴、移植西方管理学理论或者知识过程中，严谨的学者一般都会将"中国情境"作为一个前置条件。

有学者认为，中国情境对发展管理理论大有裨益（Garry and Chung Ming，2010）。但中国情境并没有发挥其真正价值的原因是研究者对本土文化缺乏自信，导致情境要素难以得到有效识别，情境要素在理论中发挥的作用也没有机会得到澄清。由于理论贡献不足，从而导致在较长一段时期内中国管理研究追随效仿西方的研究范式，这一过程中研究者对本土文化的自信进一步丧失。

因此，中国情境化的管理研究多数属于 Barney 和 Zhang（2009）所谓的"管理理论的中国化"，而这距离其成为"中国化的管理理论"还有一步之遥：识别情境要素的边界，明确情境要素在解决现象关系以及现象本身的独特作用。标题含有"中国情境"的文章经常以简单的"儒家文化"或者"传统文化"代替对情境要素的进一步解读，这种解读往往是模糊的、不确定的。

中国管理研究要构建本土情境下管理理论，所研究的问题必须产生于中国特定情境与历史语境下的现实，要能够最好地表达中国社会文化客观现实的真问题和重要问题，做到既善于从文本中发现问题，更善于从中国特定文化制度条件下发现和提出问题。我们只有提炼出具有中国特点的概念、理论，检验或建立能够解释并预测在中国社会背景下的特定现象的理论，形成符合中国实际的管理理论，才能成为本土所需要的前沿性研究。只有把中国情景下的特殊历史经验理论化，才能做出独立的理论贡献。中国情境下的管理研究对于构建中国本土管理理论极为重要。

3. 管理研究情境化的途径

情境化是指深度研究某种现象在该情境下的独特之处以及运用独特的理论逻辑解释该现象的过程。通过解释新情境中的独特现象，有助于情境化理论的构建，进而达到发展理论的目的（邹国庆等，2009）。宋晨（2018）根据中国情境理论化的解读以及情境要素，总结了中国情境在管理研究上可能的路径，具体如下：

第一，研究情境化的第一种做法就是引入受到情境要素影响的变量。例如，有研究检验了高层领导间的特定裙带关系（比如，亲属、朋友、熟人等）对企业绩效的影响。

第二，情境化的第二种途径就是把情境要素以调节变量（或者中介变量）的形式加入到西方现有理论模型中。

第三，情境化还可以通过量表开发过程的情境化实现。Farh 等人（2006）提出，量表开发的四种方法是情境化、去情境化、直接翻译和修改。其中的情境化是多数学者将西方理论本土化的重要途径，即依据西方的理论和范式，在中国本土重新收集数据，重新设计测量问卷。这其中最为代表性的就是 Farh 等通过对北京、上海和深圳的158 名员工为研究对象，得出结论与 Organ 和 Greene 提出的五维度组织公民行为的维度不同（Farh et al.，1997），在中国情境下的组织公民行为可以分为对组织认同、对同事利他行为、责任意识、人际和谐、维护组织资源、自我教育、通过自学增加自身知识和技能、参加社会公益活动、保持环境卫生和表达意见这十个维度（Organ and Greene，1981）。

第四，从中国的本土哲学出发，在此基础上发展西方管理理论、构建中国管理理论，并提倡以"道""阴阳""悟"等基于中国传统文化的核心概念去替代西方管理研究的本体论、认识论和方法论，但这样一来也容易走向将管理研究完全东方化的极端（李平，2013）。

上述四种情境化的路径基本代表了目前中国本土管理研究情境化的基本策略。根据对现象本身的理解和自身的偏好，可以选择上述方法的一种或者多种结合使用。

国内的本土管理研究还有很长的路要走。当然，情境化并不意味着中西方是非此即彼的对立关系，应该各取所长，相互借鉴，这样本土研究才有可能发展为世界的管理理论（黄光国等，2014）。

4. 情境研究的方法

研究只有介入情境中去，才有可能产生深刻、系统的认识，了解内在、隐藏的秩序，避免最终指鹿为马。当然，解读情境不能简单地做问卷调查或模拟实验。研究者要有足够的耐心和足够长的时间，认真观察，反复检讨，交互验证，才能得到比较可靠的研究结果。

正如爱因斯坦有言，"每一件可以被计量的东西并非都是有价值的，而且，并非每一件有价值的东西都是可以被计量的"，Johns（2006）也指出缺乏情境关注（Context Free）的定量研究未必能带来可靠的研究成果。情境研究应包容非实证主义的，打破实证主义定量研究的唯一正统性、合法性。对于情境比较有效的研究方法，不可能是数学方法，可能是历史分析，是定性研究中的深描（Thick Description），是案例研究等分析方法。

（三）理解情境的切入点

1. 文化差异

中国文化中区别于西方文化的特质是解读中国情境的切入点（宋晨，2018），因此可以把中国情境界定为中国文化中那些区别于西方的价值体系、社会结构、人际关系和群体行为规范。正如 Barkema 和 Al（2015）指出，中西方的文化特征、价值假设以及行为规范的差异等能够明显增加西方理论在解释中国本土研究管理现象理论的外部效度的要素。

构建中国情境，应以中西方文化的基本差异作为切入点。一方面，中西方文化差异代表着世界的两类界限鲜明的价值取向、认知结构和行为规范的文化要素。作为一种宏观情境，这种文化差异覆盖了世界上多数的群体，也会从国家到个体呈现一致的文化烙印（陈晓萍等，2012）。因此，中国和西方的组织现象都具有情境敏感性。另一方面，满足中国文化特征或西方文化特征的国家有很多，仅从国家层面区分情境又会造成理论泡沫。显然，情境化的层次应该止步于中西方文化差异这一宏观情境。因此，识别中国情境的前提应该是识别那些中国文化与西方文化不同的影响个体价值观、认知结构和行为规范的要素。

2. 中西方文化的差异

西方科学的"大"传统，也就是西方之所以为西方、西方区别于非西方的传统，在东西方文化传统的比较之中最能被观察清楚。没有西方就谈不上东方，反之亦然。在西方文明进来之前，中国人对自己的文明缺乏一个反思的角度，无从获得对本民族文化传统的深刻认知。同样，在了解非西方文明之前，西方人对自己的传统也不甚了了。自我总是在与他者的对话中确立自己的。要了解东（中国）西方区别的最好的办法是从中西文化对比的角度来切入。

（1）西方的理知传统与中国的伦理传统。西方"科学"的大传统就是知识传统、理知传统，中国人也认为知识很重要，但是中国的"知"向来不被放在人生最重要的位置。《大学》中提出的儒者求学八阶段依次是：格物、致知、正心、诚意、修身、齐家、治国、平天下，格物致知只是初级的、原始的阶段，并不是最终的和最高的目标。孔子说"知之为知之，不知为不知，是智也"的时候，的确谈到了知，但谈的不是"知"本身，而是指向一种正确的人生态度和伦理要求，谈的是修身。我们今天的教育方针强调要培养德智体全面发展的人，这里"德"是放在"智"前面的；今天讲德艺双馨，"德"放在"艺"前面。在中国文化里，知识当然是重要的，但不是最重要的，最重要的是道德、品行、做人。中国传统文化中最重要的学问和学术是伦理学，而不是知识论。换而言之，西方的理知传统与中国的伦理传统是完全不同的两种传统。

（2）中国和西方文化的根本差异。不同的人文，标志着不同的文化。在文化的各个层面，都可以体会到这种人文的不同。要深入理解中西文化的差异，最好的办法是看看它们各自有什么样的人性理想和教化方式，即有什么样的"人"和"文"。在汉语里经常讲到的"人文"一词，其实说了两个东西，一个是"人"，一个是"文"。前者指的是理想人性。后者"文"古代通"纹"，是一个动词，表示"画道道"、留下痕迹，基本意思是"纹饰"，之后发展为达成理想人性所采纳的教化、培养、塑造的方式。所谓"文而化之"，指的就是这种培养理想人性的过程。

（3）中华文明。中华文明本质上是农耕文明。在这片相对封闭、适合农耕的土地上，我们的先人发展出了成熟而又稳定的农耕文明。这在世界各民族中都是独特的。诚然，人类进化的一般历史都是从旧石器时代走进新石器时代，而新石器时代的根本特征就是定居和粮食生产，也就是所谓农耕文明，但不同的民族进入农耕文明的时间和程度是不一样的。中华农耕文明特别典型、特别成熟，以致压抑了其他文明类型的发育。例如，中国有漫长的海岸线，但没有发达的海洋文化，这是农耕文化有意抑制的结果。农耕文明的一个基本特点是安于一地、少有迁徙，定居、安居意识很强。那些离开家乡的人被描述为"流离失所、背井离乡"，被认为是很不幸的。人与土地绑在一起，"父母在，不远游""树高千丈，叶落归根""离乡不离土"。费孝通称之为"乡土中国"。

农耕文明带来的是熟人文化，对于有籍贯概念的人群来说，地缘即是血缘：住在一起的人都是熟人，都有或近或远的血缘关系。因此，中国的文化是一种典型的熟人文化。中国人在与熟人打交道方面有丰富的经验，但不知道如何与生人打交道。对待生人只有两个办法，要么把生人变成熟人，所谓"一回生、二回熟"，要是生人变不成熟人，就只有持敌对态度，所谓"非我族类、其心必异"。这种熟人文化延续到今天，仍然在影响国人社交。

熟人文化的维系是通过血缘秩序达成的。人们群居在一起，需要建立秩序，依照这个秩序分配各式各样的资源，处理各式各样的社会关系。这种秩序就是文化秩序。对于农耕文明而言，地缘人群实际上就是血缘人群，因此农耕社会很自然地建立了以血缘关系为主要依据的文化秩序，即血缘秩序。血缘秩序成为其他一切社会秩序的基础和范本，许多重要的社会关系都被看成是某种准血缘关系。

血缘文化的核心是亲情。所谓"亲"就是"近"，而所谓"近"并不是物理意义上的近，而是血缘谱系中的近。中国是一个人情社会，这是亲情文化的表现。在亲情文化中，情最重要，理次之，法再次之。我们中国人最明白这个重要性的排序。

农耕文化、血缘文化和亲情文化在"人性"的认同方面有自己的独特性。在漫长的历史时期中，占据中国文化主体地位的儒家，把"情"作为人性的根本，以"仁"概而言之，具有高度的概括性和深厚的阐释空间。既然一切人际关系都按照血缘亲情关系的准则来处理，而血缘亲情关系又是一种差序（差等有序）关系，那么如何以一种差等有序的方式处理在同一场合出现的不同社会关系，就成为一个重大的文化难题。

（4）西方文明。西方文明经常被称作两希文明，即希腊文明加希伯来文明，它们之间有相当大的差异，但与中国文明放在一起看，它们有着明显的共同点，因此可以做一个总的概括。与中国典型和成熟的农耕文明不同，西方文明受狩猎、游牧、航海、商业等生产生活方式的影响，其农业文明既非典型也不成熟。希伯来人是游牧民族，而希腊人则是航海民族，他们都没有发展出成熟而典型的农耕文明。

希腊半岛土地贫瘠，粮食产量不高，主要产出是葡萄和橄榄以及葡萄酒和橄榄油。为了获得足够的粮食，需要与近东地区进行贸易。爱琴海又极为适合航海，海面上岛屿星罗棋布，在目力所及的范围内总能看到一两个。因此，即使在航海技术水平很低的远古时期，人们也可以克服对大海的恐惧往来其上。此外，希腊人是来自北方的游牧民族的后代，有游牧民族的文化基因。

无论游牧、航海还是经商的民族和人群，他们与农耕人群最大的不同在于，频繁的迁徙而非安居是他们生活的常态。无论《圣经》还是《荷马史诗》，都是讲漂泊的故事。漂泊的人群经常遇到生人，与生人打交道成为他们日常生活的一部分。因此，

与中华民族的熟人文化不同，西方文明总的来看是一种生人文化。

由陌生人组成的人群，不可能以血缘关系为基础来组织。相反，血缘纽带必然被淡化、边缘化，一种崭新的社会秩序的构成机制在起作用，这就是"契约"。西方文明的契约特征在希伯来文化中可以看得非常清楚，犹太教和基督教的经典《圣经》被认为是上帝与人订立的契约，具有神圣性、强制性。人类因为违约而受到惩罚。"约"在这里是规则，是共同承诺的规则，具有平等性与普遍主义的特征，不因具体的人和具体的情境而轻易改变。这一点与中国文化截然不同。中国人固然也讲诚信，讲道德自律，但是其依据并不是外在的规则约束，而是内心的良善。规则是末，良心是本，本末不可倒置。

契约文化要求每个人成为一个独立自主的个体，这促成了一种别样的人性理想，即把"自由"作为人之为人的根本标志。

文化差异是理解管理行为差异的根本，正如亨廷顿预言："文明的冲突将主导全球政治。"冷战后世界冲突的根本原因不再是意识形态、经济或政治上的，而是文化上的。亨廷顿指出西方社会和儒家社会有着五种不同倾向。首先，正如他所指出的，儒家文化反映了一种民族精神，它强化了"权威、等级制度、个人权力和利益的从属地位、共识的重要性、避免对抗、'爱护面子'以及普遍来说国家高于社会、社会高于个人的地位"。他指出这些态度与"美国对自由、平等、民主和个人主义的信仰"是不同的。（表1-5）。

表1-5 中美文化差异与冲突

评价指标	美国	中国
自我感知	"第一"	"宇宙中心"
核心价值	自由	秩序
关于政府的看法	必要的恶（necessary evil）	必要的善（necessary good）
政府形式	民主共和制	反应式权威主义（responsive authoritarianism）
对待典范	传教士的（missionary）	无法效仿的（inimitable）
对待外国人	包容	排斥
时间认知范围	当下	永恒
改变	发明	恢复与演变
对外政策	国际秩序	和谐等级制（harmonious hierarchy）

（四）管理本土化的成功典范

鞍山钢铁公司是国内十大钢铁公司之一，华为公司是国内第一和世界前三的通信设备制造商，根据其发展和成功模式凝练而成的两部企业宪法分别成为计划经济时代和市场经济时代本土企业经营管理的丰碑。当中国管理模式、管理学成为学界和业界关注的焦点时，发掘两部典范性的企业宪法中蕴含的中国本土管理元素，必将具有重要的参考价值。

1. 两部企业宪法的产生

新中国成立后，鞍钢在产能、技术革新和科学管理方面不断取得新的成就。在企业管理方面，鞍山钢铁建立了保障生产经营的人事考勤、经济核算、生产调度、班组管理、生产标准等专业化管理制度；在领导和人事管理方面，鞍山钢铁在实践中并没有完全遵循当时苏联的《马钢宪法》的集权化管理的"一长制"模式，而是结合中国国情和厂情，实行市委和厂党委领导下的厂长负责制，干部与群众结合，鼓励工人积极参加生产管理，打破车间和部门界限进行大协作，鼓励大胆地进行技术革新和实验（宋铁春，2005）。

《华为基本法》从1995年开始起草历经3年，成为公司发展的纲领性文件。之后，公司保持了快速发展的势头并走向国际化。《华为基本法》是在市场经济时代，充分运用学习型组织模式总结企业成功经验，剖析企业成长存在的问题和潜在风险，引领未来发展的一套企业纲领。

《鞍钢宪法》和《华为基本法》是我国前后两种经济体制中产生的经典企业管理纲领，它们的成功管理模式具有比较浓厚的本土特征，对当下的管理理论和管理实践具有重要的研究价值和应用价值。

两部企业宪法根植于中国企业经营管理自主探索，根植于中国经济的土壤和中国的管理情境，和西方公司的管理理念和经验相比，它们不存在文化传统的差异和水土不服问题，因而，其成功经验和管理模式具有可参照性、可移植性和有效性。

两部企业宪法都蕴含着本土特色管理哲学，值得本土企业和企业家批判借鉴。《鞍钢宪法》是在批判借鉴苏联工业企业管理模式基础上，探索计划经济条件下中国工业企业管理原理。《华为基本法》是在市场经济中面对民营企业的生存困境，国外行业对手的垄断性优势，企业实践探索获得的有关中国本土企业在高科技领域创业成长并引领行业的经营哲学。从宪法的产生和实践过程来看，它们体现了中国企业和企业家对企业经营管理的独特本土思考，是对整体主义、平衡管理、精神管理、英雄领导等本土管理哲学思想成功的运用。

两个企业及其宪法得到了市场和社会的认可，并对国内外管理的理论和实践产生了积极的影响。《鞍钢宪法》成为全国的工业企业效仿学习的榜样；《鞍钢宪法》还对西方的企业生产管理和质量管理产生了深远的影响，被誉为"后福特主义"的代表（高良谋等，2010），对丰田生产方式的产生具有启发借鉴价值（北冥，2007）。华为的成功激励了更多的民营企业和企业家坚定发展民营企业的信心。

两部企业宪法比较系统完整，具备较为丰富的提炼中国式管理模式的知识元素和实践素材。这些都值得中国本土管理研究者总结和推广，而实际上，这两个企业的两部宪法已经引起了国内学者的积极关注。

2. 两部企业宪法的核心内容

《鞍钢宪法》是我国现代企业管理史上的重要里程碑，概括而言，《鞍钢宪法》的主体内容是"两参一改三结合"，即干部参加劳动和工人参加管理（两参），改革不合理的规章制度（一改），工人、干部和技术员三结合的群体协作的集体主义模式（三结合）。《鞍钢宪法》要破除影响企业高效生产的不合理制度，其反对的核心就是苏联工业模式的"一长制"①。三结合实际上是两参一改的深化或者是其结果，要求打破福特制的过于精细化的流水线分工和韦伯科层制的"本位主义"、官僚主义，围绕生产和经营的中心问题开展群体技术协作，发挥集体主义精神，通过集体的力量和智慧进行技术创新。

相比于《鞍钢宪法》，《华为基本法》内容更加丰富、更加体系化，其表述更加科学严谨。主要内容可概括为：一是塑造基于价值链的集体奋斗精神。集体奋斗精神（许多人将其称为狼性管理、床垫文化）贯穿于《华为基本法》的始终。这种集体奋斗精神不是盲目奋斗或者追求单一目标的奋斗，而是建立在产业价值链和管理价值链基础上的。二是自省、谨慎和协调的增长观和管理观。《华为基本法》和总裁任正非的重要讲话都充分证明华为公司奉行的自省、谨慎而协调的增长观和管理观。三是集中突破的压强管理，首先在选定的战略生长点上，以超过主要竞争对手的强度配置资源，然后通过影响每个员工的切身利益传递市场压力，不断提高整体响应能力。四是民主、服务、放权和跨部门的领导管理。华为公司的决策"从贤不从众""防止一长制中的片面性"。管理者既要做好对下属的服务和放权，又要全面承担责任。每个管理者都有义务培养下属的才能，围绕项目和流程建立跨部门和跨职能的项目团队。

3. 两部企业宪法蕴含的本土管理元素

两部企业宪法都吸纳了各自时代的先进管理思想和经验，其产生过程和核心内容都蕴含着中国本土特征的管理元素。

（1）体现整体平衡的管理哲学。中国文化习惯于从系统、综合、互为关系的整体角度去理解世界，并以辩证、阴阳平衡、中庸、和谐等平衡哲学来处置复杂的外部关系（即人、群体、组织、社会、自然之间的关系）。两部企业宪法都把企业经营管理视为有机整体，《鞍钢宪法》要求干部、工人和技术人员三结合，不同部门和车间开展紧密协作，用群体的智慧和组织学习的力量来促进技术创新和提高产品质量。《华为基本法》通过建立各部门交叉协作的矩阵结构，高级主管实行职务轮换政策，组建围绕顾客需求和产品流程的集成化管理来破除部门之间、管理者之间的"本位主义"，提高对市场、对顾客、对机会的反应效率，保持公司的一体化和灵活性。

两部企业宪法都重视柔性管理，以动态平衡及和谐来促进个体和组织的发展。《鞍钢宪法》要求干部参加劳动是要干部深入群众，建立干群和谐关系，解决现场问题，保持日常管理的平衡；同时，通过提升工人的管理地位激励工人的工作干劲和创新行为；《华为基本法》鼓励员工的创新热情，重奖"小改进"，允许员工把握机会"便宜行事"，要求管理者以服务下属能力提高为己任，等等。两部宪法都坚定地反对"一长制"，认为不受制约的领导权力影响组织的稳定性，力主建立权力制衡的领导制度。

两部企业宪法都强调协调平衡的成长和利益分配。要求企业领导者和管理者始终用"一盘棋"的整体思维，把企业置于复杂的社会、市场和内部组织的系统中，保持

---

① 鞍钢自1949年复工以来，一直由苏联专家当顾问，并且套用苏联最大的钢铁冶金联合企业——马格尼托哥尔斯克钢铁公司的一套管理制度。已有10年生产经验的鞍钢人，在"大跃进"运动中，开始想问题，开始相信群众运动，开始怀疑"一长制"，开始怀疑《马钢宪法》。他们在实践中摸索和总结出了一套有别于《马钢宪法》的企业管理方式（祁广森，2010）。

资本、资源、人才、市场之间的动态平衡，预防资金链断裂、人才断层、市场脱节等失衡现象的产生。在利益分配上，主张打破"平均主义"和"论资排辈"，按能力、贡献甚至包括个人奉献进行利益（收入、机会、福利）分配，但又要兼顾公平，使落后者看到进步与机会，使领先者看到弱点与不足。

（2）实施"集体主义"的组织行为。和西方基于个人主义的组织观不同，集体主义意识和价值观深入到国民心中。儒家文化认为，组织不仅应当是理性的更应该是有情感的，个人参加组织不仅仅为了获得经济报酬，还应当获得精神和情感的某种关照。个体的生活境遇依赖于集体，社会集体利益是个人利益得以正当实现的前提、保障和合理的形式；个体服从集体规范，甚至为了集体目标可以牺牲个人目标。

鞍山钢铁公司生产能力的不断突破和技术革新的不断涌现，乃至《鞍钢宪法》获得命名都与那个时代鞍钢企业员工集体（从基层员工到领导者）的集体无意识密切相关。和《鞍钢宪法》不同，《华为基本法》虽然也推崇集体奋斗和个人奉献的精神，但是它的集体团结和团队生产力的获得，是通过建立与集体价值关联有直接的关系，即建立员工和公司之间的基于"新集体主义"[①]的价值创造和回报的路径。这些集体价值关联路径环环相扣，合理、可操作和实用，能够将所有员工汇聚到集体主义价值链，持续提高公司的运营水平。

两部企业宪法都非常强调协作和利用集体力量解决企业经营管理的关键问题，赋予基层员工足够的民主权利或授权。《鞍钢宪法》强调工人、干部和技术员的群体协作，集中优势进行技术创新和产品质量的改进，鞍山钢铁公司内部推行"技术表演赛"和"联合表演赛"，通过工人合作学习提高工人技术能力和产品质量。《华为基本法》要求打破部门界限按照产品和流程进行协作，赋予靠近产品终端和顾客的部门和员工足够的权力，华为的"压强管理"则是通过集合整体力量集中资源、聚焦目标，逐级传递市场压力、目标压力，这样一种跨界整合集体行动，促进了企业持续发展和市场竞争力的不断提升。

《鞍钢宪法》和《华为基本法》都是中国本土企业长期实践经验总结的成果，两部宪法对当下的企业实践产生了示范效应和学习效应，两个企业的成长之路确实蕴含了有价值的中国本土管理思想。当然，仅仅通过两部宪法就试图全面概括中国本土管理元素，并建立其理论结构，那是难以企及的（乐国林和陈春花，2011）。

四、中国管理学

在实现中华民族伟大复兴的战略目标指引下，如何在学术研究和管理实践中体现"四个自信"，构建具有中国特色的管理学已成为学术界关注的焦点和社会责任。正如习近平总书记在2016年5月17日哲学社会科学工作座谈会上所指出的："哲学社会科学的特色、风格、气派，是其发展到一定阶段的产物，是成熟的标志，是实力的象征，

---

① 新集体主义是指它既不是马克思主义经典作家所论述的"集体主义"——那是未来共产主义时代的价值体系，也不是计划经济时代的"集体主义"——那是一种不符合市场经济时代要求的价值体系，而是基于市场经济背景，适合当下我国市民社会基本要求的新型价值体系。新集体主义主张个人正当利益与集体利益有机统一；功利性与奉献性的有机统一——下人们行为的基本原则取向是功利性为基础，奉献性为导向（张健，2004）。

也是自信的体现。我国是哲学社会科学大国,研究队伍、论文数量、政府投入等在世界上都是排在前面的,但目前在学术命题、学术思想、学术观点、学术标准、学术话语上的能力和水平同我国综合国力和国际地位还不太相称。"

一个完整的新理论的诞生,必须经由清晰、系统地阐述其核心主张、基本概念和相关变量,概念或变量间的重要关系、机理及原因以及假设边界、背景环境的影响等。从科学的意义上讲,任何理论必须满足或符合通用性(General)、引导性(Instrumental)、预测性(Predictive)、逻辑性(Logical)和可验证性(Verifiable)。因此,作为中国管理理论的未来发展还有很多空间,需要不断地丰富、完善和验证。

中国管理学的形成是一项长期且复杂的历史过程,这由管理本身的特点所决定。正如斯图尔特·克雷纳(2003)在《管理百年》一书中指出:"管理只有恒久的问题,没有终结的答案。"在构建中国管理学中,管理学者应发挥后发优势,吸取西方管理学的精华,立足中国转型经济的现实,遵循科学研究的范式,将先进的研究方法与中国情境的独特现象结合起来,做出超越国外学者的、创新的、高水平的学术研究,指导中国工商企业的经营管理实践活动。

(一)管理学创建与管理研究

影响管理学发展的基本问题(视角、主体)是互相关联的。这不仅最终决定管理学的形态、特征与发展方向,而且决定管理教育的目标、方法与内容。

1. 管理学创建

创建管理学是从实践到认识的过程,需要抽去时空等情境因素,才能还原管理活动运行的规律。从经验(感性知识)中提炼出理论(理性知识)是一个去情境化的过程。100年来,西方管理学经过众多"直面实践"的不断探索逐渐形成了管理知识体系的"硬核":从泰勒的分工原则、法约尔的14项一般管理原则,经过巴纳德的组织理论(以协作系统论、组织平衡论、权威接受论、组织构成论等为标志)和德鲁克的企业理论(以目标管理、自我管理等为标志),管理学逐渐成熟,再经哈默的核心竞争力、柯林斯的卓越企业的"遗传密码"(理念框架)的不断发展。众多来自于实践的、行之有效的管理理论几乎都是以理念、原则形态出现的(马奇,2010)。这些"硬核"是管理学独有的,源于其研究对象的独特,因去情境化而在世界各地发挥效能。虽然很多内容已广泛普及,成为常识,并不影响其"硬核"地位,正如牛顿力学三定律早已进入中学课本,成为常识,并不影响它在物理学中的地位一样。

由于管理学是研究社会环境中的群体行为的,所以管理活动规律必然与社会学、心理学、人类学……紧密相关;又因为管理学是研究组织运作的,而组织性质不尽相同,有政治组织、经济组织、公益组织……所以管理活动规律又会与政治学、经济学、伦理学……紧密相关。如此一来,管理学自然会引起相关学科学者的关注,致使心理学家、社会学家、经济学家……都对管理学做出了值得尊重的贡献。他们多从本学科视角出发,不介入管理实务,于是形成"学院派"对管理学丰富多彩的贡献。正是他们基于自身学科的优势,所以做出独特贡献的同时又带来鲜明的个性。

2. 管理研究

管理是一项社会活动,即管理研究是以事项(管理活动)为对象的,这个学科本质决定了管理研究是一种实践研究。实践研究是从认识到实践的过程,需将多学科知识融入时空等情境因素,将管理活动运行的规律应用于特定的组织中。换言之,实践研究是理论情境化的过程。

实践研究需要多学科协同,研究的结果应是能够指导实践,提高实践成效的(求用、求善)。对管理活动有指导作用和行之有效的基础理论大多来自其他学科,如心理学的强化理论(斯金纳)、经济学的委托代理理论(伯利和米恩斯)、社会学的社会网络理论(格兰诺维特)。实践研究的主要目标是解决现实管理问题,但也有解释管理现象形成管理学"硬核"的可能,"实务派"既推动了组织高效运行,又做出了历久不衰的理论贡献(如法约尔"经受住了时间的考验",他的"五项分类直到今天一直在使用,而且几乎没有调整")(雷恩,2009)。

"管理就是实践",提高管理实践的有效性不仅需要心理学等基础研究学科的知识,而且需要管理学、经济学等应用研究学科和哲学的知识,管理学仅仅是其中的一种知识,是无法单独面对管理实践的。

3. 中国管理学者的伟大使命

中国已进入工业化中期后半阶段,研究中国工业化进程中企业管理创新与发展,从国际视角分析中国经济快速发展背后的管理内涵是未来中国管理学发展必须承担的义务和责任。中国管理学经过"探索奠基""恢复转型""完善提高"三个阶段,未来要进入一个"创新发展"的新阶段。

因此,我国管理学者的社会责任和历史使命首先是深入我国社会实践,面对实践中的新问题,运用科学的方法,不断发掘、充实已有的管理学知识体系。同样重要的是,在此基础上,不断拓展自己的知识领域,与多学科学者协同有效地解决我国社会实践中的重大管理问题,推动我国社会实践的不断发展。

对中国企业管理学而言,当前还存在很多问题,如学科基础发展不牢固,学科积累不充分、体系不完善,教育质量还有待提高,管理研究学术水平与国际水平还存在较大差距。尤其是面对高速发展的中国经济,还未形成中国特色社会主义市场经济条件下的企业管理理论,对丰富、活跃的中国企业管理实践还缺乏理论归纳和指导。重要的是,中国还没有独立提出一套来自于中国管理实践但又能有国际影响、被国际管理学界所接受、对指导管理实践具有一定普遍意义的管理理论。

从世界企业管理史角度看,一个大国实现工业化和经济发展的过程,必然是以自己企业管理创新与发展为基础的,而且其管理理论和方法具有全球意义。例如,美国崛起时,将美国大企业的经理革命与组织革命,推广到了全球;德国崛起,使德国大企业出众的定制设计、强大的工程师技能系统享誉世界;日本在第二次世界大战后推进了快速工业化进程,在20世纪七八十年代跨入工业化国家行列,以大规模精益制造、终身雇佣制等为核心内涵的日本企业管理方式及一系列基于日本企业管理实践的系列研究成果都被世界管理学界认可。

当前中国已进入工业化后期,成为经济总量世界第二的工业大国,在2020年将基本实现工业化,但客观地讲,迄今为止中国还没有自己独特的企业管理方式被世界认可,中国企业管理总体水平仍然不尽如人意。

中国管理学界亟待对中国特色的企业管理实践进行归纳总结，形成中国情境下的企业管理理论。因此，研究"五化"进程中的中国情境下企业管理创新与发展问题，从国际视角分析经济发展下"中国经验"的企业管理内涵，是未来我们中国企业管理学发展的重大使命，也是中国管理学者义不容辞的重大责任。

党的十九大报告提出："深化国有企业改革，发展混合所有制经济，培育具有全球竞争力的世界一流企业。"这不仅为国有企业改革提出了要求，也为未来中国企业的发展指明了方向。所谓世界一流企业，是在重要的关键经济领域或者行业中长期持续保持全球领先的市场竞争力、综合实力和行业影响力，并获得全球业界一致性认可的企业（黄群慧等，2017）。展望未来，中国企业要发展成为世界一流企业，必须创新出世界一流的企业管理方式，这也正是上述创新发展中国情境下中国企业管理理论所要求的。

（二）中国管理学发展的机遇

习近平总书记指出："要按照立足中国、借鉴国外，挖掘历史、把握当代，关怀人类、面向未来的思路，着力构建中国特色哲学社会科学，在指导思想、学科体系、学术体系、话语体系等方面充分体现中国特色、中国风格、中国气派。"中国管理学作为中国特色哲学社会科学的重要内容，正面临千载难逢的发展机遇。

1. 两大条件

中国企业创新世界一流管理方式和企业管理学发展出中国情境下企业管理理论，已具备两大情境变化条件：一方面是中国提出的"一带一路"倡议，正深刻影响着全球化进程。在新一轮全球化中，伴随着中国企业"走出去"，中国的企业管理方式将逐步走出国界被国外所熟悉，并在新国际情境下得到进一步的验证和发展，中国企业管理方式和管理理论也将逐步成熟。另一方面是以信息化数字化智能化为核心内涵的新一轮工业革命，给正步入工业化后期的中国企业带来了在高度不确定的新产业技术条件下谋加速发展的难得机遇。不仅中国企业需充分展示中国式的企业管理智慧，创新巨大技术变革情境下的企业管理方式，而且中国企业管理学界也需在企业管理知识颠覆性变革时代创新出中国企业管理理论。在这两大情境因素变化下，中国管理学界也将会向世界贡献中国特色的企业管理理论。

以习近平新时代中国特色社会主义思想为指导，坚持马克思主义基本原理和贯穿其中的立场、观点、方法，按照体现继承性、民族性、原创性、时代性、系统性、专业性的要求，创新发展能够有效指导中国企业管理实践的中国特色企业管理学是中国管理学者的光荣使命。

2. 独特国情

管理学本土化，即中国管理学范式能够形成，在很大程度上是因为中国具有成为管理研究或管理学的绝好观察对象，即巨大规模和极具特色的中国经济、价值文化及制度形态。由于历史漫长、人口规模巨大，价值文化和制度形态特色具有极强的坚韧性，所以中国经济绝非市场经济中的一个"例外"模式，而是同西方市场经济共存的另一个域观常态。

（三）中国管理学的发展思路

2011年"基金委"管理科学部将我国管理学者共同体的战略目标从构建"中国管

理学"表述为大力倡导"基于中国管理实践的重大管理理论创新",这是更现实、更能形成合力、更能为管理学的发展做出中国学者贡献的重大决策;是实现中国管理学界的历史使命——"发现规律,解释现象,指导实践"的指导方针。

1. 发展的总体思路

未来中国管理学发展应正确处理好管理研究方法的规范性与创新性、管理学科发展的科学性和艺术性、管理研究问题的国际化与本土化、管理理论与管理实践这四方面关系。

第一,在研究方法上要正确处理管理研究的规范性与创新性的关系,推进自主创新思维与科学研究规范相结合。我国管理学研究必须强调科学研究规范,突出科学方法特色,这是一门学科走向成熟的标志,也是我国管理学走向国际的必然要求。但这并不意味着仅追求科学形式、用大量的数学语言和实证研究的形式"包装"没有新意的研究观点,创新性才是管理研究的最核心要求。

当前,中国管理学论文的整体质量还不高,存在两方面的突出问题:一方面是管理理论的框架停留在描述性和启发性的层面上,缺乏规范性的特性;另一方面是许多实证性研究全然不考虑特定的社会制度、价值体系和意识形态,一味照搬西方管理学的形式和方法,研究成果不具有实践意义。在中国管理学未来的发展中,既要立足区域特征和制度特点,也要辅以严谨的方法论支撑和大规模的经验研究,使中国管理学研究既在国际上得到认可,又具有强有力的解释问题和解决问题的能力。

第二,在学科发展上要正确处理管理学的科学性与艺术性的关系,形成既符合科学逻辑、又注重实践应用的完善的学科体系。管理学是一门科学,也是一门艺术。这不仅要求管理学科发展按照科学的逻辑积累管理学知识,同时也要求管理学学科体系有利于管理知识指导实践和转化为现实的管理生产力。因此,我国建立自己的管理学科体系时,不仅要有自己的学科理论、科学方法和系统的知识体系,而且还要有利于管理知识的传授和交流,有利于应用指导管理实践。其中,管理学的案例库建设和案例教学十分重要。

第三,在研究选题上,要正确处理国际化管理问题与本土化管理问题的关系,重点关注既具有我国现实意义又具有国际学术前沿性的重大课题:一方面是我国管理学研究要关注国际学术前沿,追随国外管理研究潮流和国际研究热点;另一方面是中国管理学还要更注重研究和解决中国的实际问题,关注我国本土化的重大管理问题的研究,分析我国管理科学化进程的规律,对中国企业管理实践和创新进行科学总结,积极探索,从而建立具有中国特色的管理科学理论和学科体系。

第四,在研究内容上,要正确处理管理理论与管理实践的关系,注重从管理实践中归纳管理理论,同时应用管理科学理论指导管理实践。

管理学是一门学以致用的科学,管理学研究必须注重管理理论与管理实践的结合。进行管理研究:一方面要注重系统研究我国管理实践,提炼出相应的管理理论;另一方面要注重研究管理理论如何应用于管理实践。

中国企业已创造了大量的管理经验,进行了大量的管理创新实践,这对于提升我国企业管理现代化、科学化水平发挥了巨大作用。但这些管理经验和管理创新实践还有待理论提升，我国还没有具有中国特色的管理理论，这需要管理理论界与管理实践者密切配合。当前，我国管理理论研究者和管理实践者还缺少一个密切合作的有效平台，高校和研究机构与企业界合作的途径不仅较少，而且缺少制度化。另外，以推进管理理论与实践相结合的本土管理咨询业的发展被认为还相对滞后。

2. 发展的策略

2008年，郭重庆就我国管理学界期待遵循冯友兰先生"接着讲"的治学方法来发展中国管理学，并援引汤一介先生关于中国哲学"接着讲"的路径，提出中国管理学应接着中国传统文化讲、接着西方管理学讲、接着中国近现代管理实践讲（郭重庆，2008）。

2011年，郭重庆进一步提出"讲什么"的问题：他提出8个具体课题。这8个课题基本来源于满足"国家发展需求"导向的大视野。对于另一个导向："学科前沿""讲什么"也有一些学者做过探讨，如齐善鸿（2012）提出重新界定11个管理核心命题；对于"怎么接"也有学者做过深入思考。例如，韩巍（2005）提出转向社会学——"用扎实的案例进行中国管理行为的'社会学'研究"，并进一步从管理研究认识论上进行了探索；苏敬勤和崔淼（2009）提出基于中国传统管理思想和方法与西方管理思想和经验适配理论的研究框架。郭毅提出了"特质—深描—理解—阐释"的认识方法。章凯等（2012）提出组织理论创新的着力点是"重释旧概念、凝练新概念、重释旧关系、构建新关系以及整合现有理论"。

综合各种观点，中国管理学者对世界管理学的发展要做出自己独特的贡献，可以有两种策略：

(1) 破解历史遗留的难题——继承性创新。

第一，厘清相关概念。"反思、质疑、批判"精神中的"批判"绝不能理解为大批判式的批判，而是指对于概念进行清理，淘汰其中模糊不清的杂质，使之通体透明、清晰、准确。中外学者高度关注管理学基本概念界定不清的现象，王学秀（2008）援引莱布尼兹的观点指出"概念问题是首先需要关注的"。刘文瑞（2007）也强调，"名词使用上的混乱，既是学科发展生机的表现，也是学科水平低下的表现"。

管理学在中国发展到今天，有必要对这些名词进行学术上的辨析，为厘清管理基本概念的百年混乱做出中国学者的贡献。

第二，重构知识体系。经过百年探索，管理学的基本构架已形成，管理学的确立已被广泛认同，但已有的管理理论是依托工业经济的时代背景下产生的，由于数字时代（知识经济时代）与工业时代的思维具有巨大差异，工业时代以管理过程为主线的知识体系必将重构。

在这一方面，已有中国学者做出了相应的尝试：陈劲（2010）编著的《管理学》，将孔茨构建的第一代管理学体系和罗宾斯构建的第二代管理学体系提升至德鲁克开启的第三代管理学体系，提出了管理学的新范式：领导与计划、运营与创新、资源与能力、治理与控制。李德昌（2007）独辟蹊径提出势科学理论，从六维信息人假设出发，重构管理学知识体系。前者属于改良型创新，重构了已有管理要素的逻辑关系；后者属于突破性创新，在信息人假设基础上研究管理过程信息相互作用机制，重新审视管理活动的规律。章凯等（2012）对组织管理学科的理论形态进行了探索，提出结构型理论、本质型理论、关系型理论、演变型理论、元理论5种形态。

第三，尝试走出理论丛林。能否走出管理理论丛林早已成为管理学术共同体的一个心结，管理理论丛林始终是管理学发展道路上一个必须扫除的障碍。换言之，只有在管理学成熟时它才会消失，或者说它反证了管理学的不成熟，甚至是不存在。

历史上，有学者试图用权变理论统一管理理论（有管理学家戏称，"权变理论犹如一只装满管理理论的大口袋，什么都能包进去"）；也有学者试图用管理方格理论走出丛林（认为"管理可以建立起唯一正确的体系——坐标体系"，这是"唯一的、正确的、公理式的管理理论框架"）；还有学者认为走出管理学理论丛林、将理论化繁为简"最终需要管理哲学"，甚至直接提出管理生态学是所有管理理论最终的归宿，但至今管理学依然未能形成统一的基础理论，各式各样管理学理论构成的丛林依然繁茂。

当然也有相反观点："西蒙一开始就不同意孔茨的丛林说法""他认为对复杂系统进行研究要求多方面的资料，其中包括经验主义者、决策理论者和行为主义者的输入，而管理的未来则提供了在管理科学中综合起来的希望"。其实，西蒙的观点意指管理研究是实践研究，需多学科协同来解决具体（管理）问题（复杂系统），但他似乎同意将多学科知识汇总为管理学。

从20世纪60年代孔茨提出这一命题（6个学派），经过20年，不仅没有收敛，丛林反而更加茂盛（11个学派）（雷恩，2009）。又过了30年，是否到了终结这一命题的时候了？我国管理学者是否有可能通过创新成为管理理论丛林的终结者（席西民和张晓军，2012）？

（2）专注当下实践中的理论贡献——开拓性创新。

哈默和布林（2008）断然疾呼："当今的管理已经过时""19世纪的管理哲学""20世纪中期的管理流程"和"21世纪的高新技术"混搭的"管理范式"远远不能适应快速发展的时代，管理创新刻不容缓。

在我国也有同样的呼声：刘源张（2012）认为，管理学要做到有"用"（指导管理实践），管理学者必须具有"时代感、使命感、科学感"。他进一步指出："泰勒的时代是工人阶层兴起的时代，工人的要求是'正正当当地拿一天的钱'，泰勒就去研究这个'正正当当'。德鲁克的时代是经理人兴起的时代，经理人的要求是'自己怎样搞好与企业股东和企业员工的双重关系'，德鲁克研究的就是经理人的'职能与权限'。我们也要这样做。"我们怎样做，他未具体说，但需要我们"接着说"——我们的时代是"知识工作者兴起的时代"，是"网络的时代"，是"全球化的时代"，涌现出大量过往管理学者没有经历过的新的管理实践，这些实践将彻底改写我们从前的管理模式（哈默和布林，2008）。这些实践背后的规律只有我们才能揭示，也理应成为我们研究视角的中心。

（四）应注意的几个问题

1. 把握与相关学科的关系

管理学是一门综合性、强调实用的学科。为了对组织进行科学有效的管理，必须考虑组织内外多种错综复杂的政治、经济、社会、科学技术、心理等因素，针对组织中各类管理问题，运用经济学、数学、运筹学、工程技术、心理学、社会学、系统工种、控制论、信息论的等多种学科的方法和研究成果，对管理活动进行定性描述和定量分析。这就决定了管理学的研究方法的多学科移植交叉性（崔援民和黄群慧，1998）。

社会科学学科中，经济学与管理学间的关系是学者比较关注的问题，因为这两门学科目前都以研究资源利用问题而成为经国济世的显学。经济学是一门在社会学科中科学性最强的学科，被誉为社会科学的皇后；管理学则是一门实用性很强的新学科，德鲁克把管理定义为：管理是一种实践，其本质不在于知而在于行。

这两门学科在社会研究中均具非常重要地位，以至学者们在研究和解决社会问题时经常会同时选择它们作为理论工具，进而形成经济学与管理学相互混淆的局面。在我国经常出现经济学家运用经济学理论为企业管理指点迷津、管理学家运用管理学理论研究经济学问题的现象，因而有学者认为这两门学科正逐步融为一体。

这种相互混淆的局面和含糊不清的认识极不利于两门学科的独立发展和繁荣，应仔细甄别两学科间的区别，同时也要认清两学科间紧密关联的必然性。

2. 研究范式

"范式（Paradigm）"一词来自希腊文，由20世纪美国哲学家库恩在《科学革命的结构》一书中首次引入理论界用来"说明科学理论发展的某种规律性，即某些重大科学成就形成科学发展中的某种模式，因而形成一定观点和方法的框架"，库恩同时还在文中指出"范式……这是任何一个科学部门达到成熟的标志"。库恩认为，每一种科学均在某一时间内具有一个固定的、自身不再被问题化、亦不再受到质疑的基本看法，每一解释，甚至每一研究总在这一范式指导之下的解释与研究。范式类似科学研究的地图，是研究的一个参照系。从范式推出理论，而现象经过归类、调整、证明又归结为理论。

研究范式是一门学科的世界观、方法论和工具，社会科学对事实有其自成一套的基本假设，这套假设构成了这门学科的范式。当然管理研究也不例外。

按照库恩的标准，管理学的研究中范式是划分管理科学共同体的标准，不同的范式影响了管理学的发展阶段，而某个特定研究方向或领域内所特有的共同世界观、共识及基本观点则形成了不同的管理学家群体。不同的管理学范式就是管理学家对他们的研究主题所表现出来的基本意向和潜在知识假设，这在一个学术共同体内部是一种潜在的规制性力量。

19世纪末和20世纪初，西方古典管理理论代表人物泰勒、法约尔、韦伯从不同角度（即个人、组织和国家）来解决企业和社会组织的管理问题，同时建立了一套有关管理理论的原理、原则、方法等理论，使得管理者开始摆脱传统的单凭经验和感觉来进行管理的做法。古典管理理论通过科学研究的方法来发现管理的普遍规律，形成了较为完善的理论体系和研究框架，从而标志着管理研究以一门科学的形式出现。

Miner（2003）曾对管理学领域73个理论的科学有效性进行回顾，结果显示，它们缺乏范式一致性。但从近年管理学理论构建与实证方法各自的发展趋势来看，在宏微观层面上管理学的理论研究范围具有相对集中的趋势。

从一些顶级期刊上也能看出，在组织行为和组织理论研究领域中很容易见到诸如目标设定理论、期望理论、社会学习理论和制度理论等，管理学在获取理论范式上的一致性上取得了相当大的进步。而在尝试检验这些理论时采用实证研究方法的趋同，似乎带来了更多一致性的结论，如更多地使用结构方程模型（Henley and Shook，2006；James and Mulaik，2006）。也就是说，研究者越来越对属于管理学研究领域的关键理论、合适的模型以及理论与方法的相互关系和匹配程度抱有更多的认同。

在知识经济的今天，中国管理研究在吸取其他学科积极成果和大量借鉴海外管理研究成果的同时，也在不断地自我完善和发展，形成了不断融合的交叉性和边缘性的发展态势，但对管理研究的世界观和方法论存在较大差异。而且按照库恩的观点，科学活动及其发展不仅要有"发散式思维"，而且必须具有"收敛式思维"。范式的历史作用正在于这种"收敛性"，使科学界"集中注意狭小范围中比较深奥的问题……使科学家仔细而深入地研究自然界的某一部分"，从而取得最大限度的成就，而中国管理研究研究范式却还表现出相当大的"发散性"。换句话说，以库恩的观点，中国管理研究还没有形成自己的研究范式，管理尚不能成为一门"成熟"的科学。

当前国内的管理学既无丛林派别，也无清晰的研究路径和范式，大多属于纯粹从国外引入后组合改造并聚集而成的理论，研究不仅缺少实证支撑及分析方法或框架，还缺少研究的视角、基准点和分析工具，研究成果缺少代表性，更多的是艺术和概念的推理。这些问题使得管理学很难按照一般学科的规律对其进行规范的界定和科学的梳理，也让管理学既像一门科学（学科）但却又似乎游离在科学大门之外，形成科学、艺术、实践混杂的一个十分复杂的体系。因此，管理学研究形成两种结果，要么"食洋不化"，对实践插不上嘴，只能自娱自乐式地研究；要么盲目地进行理论创新，动辄设计出一套新的理论并大力宣传，仿佛世人皆醉、唯我独醒，却往往昙花一现，经不起时间与实践的检验。

没有范式，便没有科学，因为范式是理论化了的坐标或罗盘。以此坐标为底基，才有可能将某一研究范围归类与规范化。管理学研究缺少了范式和坐标，就会陷入了"目标迷失"的尴尬处境而不能自拔。

未来中国管理研究应当发展有效的知识、为管理科学做出贡献。只有这样，我们才能同时满足一个好的应用科学所要求的严谨性和切题性的双重标准。

3. 研究方法

管理学家（徐淑英，2011）的研究发现管理研究中经常采用的研究方法有：调查研究、二手数据研究、定性与案例研究、实验室研究、准实验室研究5种方法。这5种方法各有利弊，调查研究可以直接面对研究的对象变化的环境，而且这个方法得到普遍应用。二手数据研究可能的挑战在于数据本身，也需要严谨性的技术上支持。定性研究和案例研究潜能巨大，这种研究方法在我国具有特殊的价值。实验研究的优势则是可以快速进入对话平台。

（1）定性与定量研究。定性研究也称质性研究、质化研究，是科学研究中的重要步骤和方法之一。它是根据研究对象的属性，从事件或者行为的内在规定性来研究事物的一种方法或者角度，目的主要针对社会现象的质的分析和研究，通过对社会现象发展过程及其特征的分析和诠释，对社会或者管理行为进行历史的详尽的考察，以解释现象的本质和变化的规律性。

定量研究是在数学方法的基础上来研究社会或者管理现象的数量特征、关系和变化，以预测现象的发展趋势。定量研究方法的程式化程度高，技术性强，主要有调查法、文献法和实验方法等。

定性研究方法主要有小组座谈会、观察法、德尔菲法、头脑风暴与反向头脑风暴法等。与定量研究的不同体现在以下方面：着眼点；在研究中所处的层次；依据，定量研究主要依据的是调查过程所能得到的现实资料数据；手段，定量研究更多运用经验测量、统计分析和建立模型等方式展开；学科基础，定量研究的基础是概率论、统计分析方法等；结论呈现的形式，定量研究大量以数据、图形、模式等相对比较直观的方式和途径呈现，而定性研究多以文字叙述（仇立平，2008）。

定性研究不像定量研究那样容易收集到可对比的信息，更多是对观察资料进行归纳、分类、比较、概括来呈现研究对象的性质和特征。

一般情况下，调查研究、实验研究多呈现定量研究的方法特征，实地研究和文献研究则更多呈现定性研究的特征。定量研究以其标准化和精确化程度高，逻辑推理比较严谨，可重复性强，特别是一些模型能以高度抽象化和概括性形式呈现研究变量之间的统计因果关系，因而给人们以更加客观、科学的印象。

另外，一定程度上说，它的特点也规定它的内在局限性。因为模型的抽象化和概括性程度高，影响因素的复杂性，也就必然丢失大量的数据而使其呈现的结果失真甚至错置，特别是对组织行为的一些深层动机或者社会过程的分析。

定性研究的不足表现在：首先是普遍性问题，因为定性研究更多地是依据典型个案，有限的实地调查和难以重复的研究过程；还有就是研究过程中的主观性问题，由于受到多种因素的影响而容易受到批评，如动机、学术背景、选择性的资料等。

一般的研究过程通常都包含质性研究和量化研究两个方面，更重要的是，现代统计技术的深刻介入和应用对质性研究已经不陌生，质性研究的程式化程度越来越深，至少在精确性和严谨性方面，两者的差距已大大缩小，尽管在可重复性方面的困难一时半会儿还难以预见。

在质性研究和定量研究对精确性方面都过分追求的过程中，人们忧虑的是这种趋势妨碍了研究者对宏观理论的追求，间接阻碍大理论的出现，这对目前阶段的现代管理科学中国学派恐怕不是一个福音。

（2）扎根理论。扎根理论作为一种质性研究方法，是由美国两位学者（Glaser and Strauss，1968）在《扎根理论的发现》中首先提出来，强调运用系统化的程序，针对某一现象而在经验的基础上建立新的理论。和一般的要检验研究假设的实证研究不同，研究者既要"虚心"，又要保持足够的理论敏感性来面对他的研究对象，即在开始之前，没有进行理论假设，直接进入实际观察，从自己观察获得的原始材料中进行归纳总结比较论证，一步一步上升到系统的理论。这一方法是在系统性地收集观察过程的各种资料的基础上，寻绎核心概念，并建立各个概念之间的关系，因而是由从下而上进行归纳建立理论的方法，在程序上应该遵循严格的规范。

扎根理论被创立之初，人们看到在理论研究和经验研究之间的连接地带不是太理想，因此希望这一方法能够填平这个连接地带留下的鸿沟，以弥补在研究方法上或者只偏重经验的训练，或者只偏重理论的演绎而对情境的疏离。扎根理论不是某种现成的理论，而是形成、建构和发现某种理论的方式方法，在操作上是严谨地按照通行的科学研究程序，推理比较，提出研究假设，建立理论等，一边面对研究对象收集资料一边检验研究假设。

换言之，也就是从所观察的事实、现象中抽象出具有一般性特征理论的过程，既放弃先入为主的各种现成理论的束缚又不放过鲜活的事实场景带给研究者的启示，并能超越场景，理论建构是它的核心。对理论的概念化和操作化，是与资料搜集和初步整理一起进行的（劳伦斯·纽曼，2007）。

它的特点体现在理论扎根于资料之中、调查之前不需要提出理论假设、直接从研究资料中进行经验概括、提炼，以发展演绎概念之间的关系，最终的目的在于将其提升为理论。与一般建构宏大理论的方法不同，扎根理论强调理论一定要可以追溯到其产生的原始资料，一定要有经验事实作为依据，这是它的生命力所在。扎根理论是一种质性研究方法，在资料收集编码方面的技术已经高度量化。具体包括记录、分析、编码、摘记和报告的形成等一系列系统化的程序。

（3）实验和准实验。实验研究法在自然科学中得到广泛的使用，通过实验使理论与经验事实联系起来，推动自然科学取得了卓越的成就。这激励了社会科学家争相模仿自然科学的实验原则和方法，使其能够在社会科学中也能够被广泛地应用，以更好地服务于社会科学研究，关键是对处于不同环境下的团体或个人进行比较。劳伦斯·纽曼（2007）将实验分成七个核心部分的工作：处理或自变量、因变量、前测、后测、实验组、控制组、随机分配。具体实验研究方法程序方面的要求比较严格。

准实验研究是指在无须随机安排被试的情况下，原始的样本群在相对比较自然的情形下进行实验处理的研究方法。在管理研究中也日益受到研究学者的重视。与实验研究方法相比，准实验研究的特点体现在：降低了控制水平，增强了现实性；研究进行的环境不同。当然，这些便利的条件使得准实验研究的内在效度受到影响，但这并不影响外在效度表现得比以往更好。

相比于自然观察和比较的方法，实验方法能更好地获知研究对象的因果关系，这是这一方法不可替代性的方面。另外，在可重复性、可控制性和经济性方面也都体现出它的优越性。当然，这一方法的局限也很强，它的适用范围比较窄、控制无关变量的难度比较大、实验同时还可能涉及伦理道德甚至法律上的限制等，这些都是在实际的研究中比较难以处理的问题，但是对于探索社会转型时期中国管理问题却具有不可替代的便利性。

参考文献

［1］Barkema H G, Al. E. West Meets East: New Concepts and Theories [J]. Academy of Management Journal, 2015, 2 (58): 460-479.

［2］Barney J B, Zhang S. The Future of Chinese Management Research: A Theory of

Chinese Management Versus a Chinese Theory of Management [J]. Management &Organization Review, 2009, 1 (5): 15-28.

[3] Farh J L, Jr A A C, Lee C. Approaches to Scale Development in Chinese Management Research [J]. Social Science Electronic Publishing, 2006, 2 (3): 301-318.

[4] Farh J L, Earley, P C. Impetus for Action: A Cultural Analysis of Justice and Organizational Citizenship Behavior in Chinese Society [J]. Administrative Science Quarterly, 1997, 3 (42): 421-444.

[5] Garry D B, Chung Ming L. Asian Management Research: Status Today and Future Outlook [J]. Journal of Management Studies, 2010, 45 (3): 636-659.

[6] Gelfand M J, Raver J L, Lisa N, et al. Differences between tight and loose cultures: a 33-nation study [J]. Science, 2011, 332 (6033): 1100-1104.

[7] Glaser B, Strauss A L. The Discovery of Grounded Theory: Strategies for Qualitative Research [J]. Nursing research, 1968, 17 (4): 377-380.

[8] Henley A B, Shook C. The Presence of Equivalent Models in Strategic Management Research Using Structural Equation Modeling: Assessing and Addressing the Problem [J]. Organizational Research Methods, 2006 (9): 516-535.

[9] James L R, Mulaik S. A Tale of Two Methods [J]. Organizational Research Methods, 2006 (9): 233-244.

[10] Johns G. The Essential Impact of Context on Organizational Behavior [J]. Academy of Management Review, 2006, 31 (2): 386-408.

[11] Leung K, Morris M W. Values, schemas, and norms in the culture–behavior nexus: A situated dynamics framework [J]. Journal of International Business Studies, 2015, 46 (9): 1028-1050.

[12] Miner J B. The Rated Importance, Scientific Validity, and Practical Usefulness of Organizational Behavior Theories: A Quantitative Review [J]. Academy of Management Learning & Education, 2003, 2 (3): 250-268.

[13] Morgan S L. Transfer of Taylorist ideas to China, 1910—1930s [J]. Journal of Management History, 2006, 12 (4): 408-424.

[14] Organ D W, Greene C N. The Effects of Formalization on Professional Involvement: A Compensatory Process Approach [J]. Administrative Science Quarterly, 1981, 26 (2): 237-252.

[15] Samuel P. Huntington. The Clash of Civilizations [J]. Foreign Affairs, 72 (3): 22-49.

[16] 北冥. "《鞍钢宪法》"出口转内销 [J]. 当代工人, 2007 (16): 48-49.

[17] (美) 格雷厄姆·艾利森. 注定一战: 中美能避免修昔底德陷阱吗 [M]. 陈定定, 傅强译. 上海: 上海人民出版社, 2018.

[18] 本刊特约评论员. 再问管理学——"管理学在中国"质疑 [J]. 管理学报, 2013, 10 (04): 469-487.

[19] 陈佳贵. 新中国管理学60年 [M]. 北京：中国财政经济出版社，2009.

[20] 陈劲. 管理学 [M]. 北京：中国人民大学出版社，2010.

[21] 陈晓萍，徐淑英，樊景立. 组织与管理研究的实证方法：第2版 [M]. 北京：北京大学出版社，2012.

[22] 仇立平. 社会研究方法 [M]. 重庆：重庆大学出版社，2008.

[23] 崔援民，黄群慧. 21世纪管理学发展与现代管理方法论 [J]. 中国软科学，1998（03）：26-30.

[24] 高良谋，郭英，胡国栋. 《鞍钢宪法》的批判与解放意蕴 [J]. 中国工业经济，2010（10）：148-158.

[25] 郭重庆. 中国管理学界的社会责任与历史使命 [J]. 2008（3）：320-322.

[26]（美）哈默，（美）布林. 管理大未来 [M]. 陈劲，译. 北京：中信出版社，2008.

[27] 韩巍. 情境研究：另一种诠释及对本土管理研究的启示 [J]. 管理学报，2017，14（7）.

[28] 韩巍. 学术探讨中的措辞及表达——谈《创建中国特色管理学的基本问题之管见》[J]. 管理学报，2005（04）：386-391.

[29] 黄光国，罗家德，吕力. 中国本土管理研究的几个关键问题——对黄光国、罗家德的访谈 [J]. 管理学报，2014，11（10）：1436-1444.

[30] 黄群慧. 改革开放四十年中国企业管理学的发展——情境、历程、经验与使命 [J]. 管理世界，2018，34（10）：86-94.

[31] 黄群慧，余菁，王涛. 培育世界一流企业：国际经验与中国情境 [J]. 中国工业经济，2017（11）：7-27.

[32]（美）劳伦斯·纽曼. 社会研究方法：定性和定量的取向 [M]. 郝大海，译. 北京：中国人民大学出版社，2007.

[33] 乐国林，陈春花. 两部企业宪法蕴含的中国本土管理元素探析——基于《鞍钢宪法》和《华为基本法》的研究 [J]. 管理学报，2011，8（11）：1575-1582.

[34]（美）丹尼尔·雷恩. 管理思想史 [M]. 孙健敏，黄小勇，李原，译. 北京：中国人民大学出版社，2009.

[35] 李德昌. 信息人社会学——势科学与第六维生存 [M]. 北京：科学出版社，2007.

[36] 李平. 中国本土管理研究与中国传统哲学 [J]. 管理学报，2013，10（09）：1249-1261.

[37] 刘文瑞. "管理学"断想 [J]. 管理学报，2007，4（6）：703-705.

[38] 刘源张. 中国·实践·管理 [J]. 管理学报，2012，9（1）：1-4.

[39]（美）詹姆斯·马奇. 马奇论管理 [M]. 丁丹，译. 北京：东方出版社，2010.

[40] 苗莉. 管理学百年回顾与展望——第4届"管理学在中国"学术研讨会述评 [J]. 管理学报，2012，9（02）：184-194.

[41] 齐善鸿. 面向实践的管理核心命题的重新思考 [J]. 管理学报, 2012, 9 (01): 32-37.

[42] 祁广森. "《鞍钢宪法》"半个世纪后的探析 [J]. 鞍山师范学院学报, 2010, 12 (01): 18-21.

[43] 任兵, 楚耀. 中国管理学研究情境化的概念、内涵和路径 [J]. 管理学报, 2014, 11 (03): 330-336.

[44] （英）斯图尔特·克雷纳. 管理百年 [M]. 陈遊芳, 邱琼, 钟秀斌, 译. 海口: 海南出版社, 2003.

[45] 宋晨. 管理研究中中国情境的理论解读与路径选择 [J]. 财经问题研究, 2018, 417 (08): 12-18.

[46] 宋铁春. 宋必达之子回忆《鞍钢宪法》的历史真相 [J]. 小康, 2005 (7): 69-71.

[47] 苏敬勤, 崔淼. 基于适配理论的中国特色管理理论的研究框架: 创新视角 [J]. 管理学报, 2009, 6 (07): 853-860.

[48] 王学秀. "管理学在中国"研究: 概念、问题与方向——第1届"管理学在中国"学术研讨会观点评述 [J]. 管理学报, 2008 (03): 313-319.

[49] 习近平. 习近平谈治国理政: 第二卷 [M]. 北京: 外文出版社, 2017.

[50] 席酉民, 张晓军. 挑战与出路: 东西方管理智慧整合的方法论探索 [J]. 管理学报, 2012, 9 (01): 5-11.

[51] 徐淑英. 中国管理研究的现状及发展前景 [N]. 光明日报, 2011.

[52] 徐淑英, 欧怡. 科学过程与研究设计 [M]. 北京: 北京林业大学出版社, 2008.

[53] 张健. 新集体主义: 当代中国市民社会的价值取向 [J]. 唯实, 2004 (Z1): 47-49.

[54] 章凯, 罗文豪, 袁颖洁. 组织管理学科的理论形态与创新途径 [J]. 管理学报, 2012, 09 (10): 1411-1417.

[55] 邹国庆, 高向飞, 胥家硕. 中国情境下的管理学理论构建与研究进路 [J]. 中国软科学, 2009, 23 (02): 135-139.

专题二

新时代绿色发展与绿色管理

党的十九大报告提出了中国发展新的历史方位——中国特色社会主义进入了新时代。新时代的实践主题：走什么样的路？要完成什么样的历史任务？进行什么样的战略安排的问题？要坚持什么样的发展思想？达到什么样的发展目的？本专题结合以上问题，探讨新时代背景下，中国管理研究的重要课题，即绿色发展与企业绿色管理。

一、工业时代西方管理研究的回顾与反思

技术革命带来了工业革命，工业革命发展了资本主义，而资本主义将工业文明带来的物质生产提到了人类历史前所未有的高度，这一切的发生似乎是在推动人类文明在向着人类所期待的方向前进，可这一切所带来的破坏性终于在人类赖以生存的生态环境遭到致命打击之时被注意到了。

现代管理学基本上是以工业文明为背景所建立的理论体系和思维框架，从泰勒创立科学管理理论开始，管理理论的发展不过百年。然而，在这一百年的后半段，人类历史却发生了重大的变化，出现了几种比较明显的趋势：一是电脑技术以及网络技术的兴起，改变了人们的生活工作方式，促进了一批高新技术企业的出现。二是全球化的趋势开始出现并进一步加剧，使得企业面临的环境越来越动荡，企业面对的是全球化的竞争。三是泰勒主义以及后续的福特主义管理模式为组织带来的边际贡献正不断降低，这是一个与泰勒主义完全不同的新时代。

（一）工业时代的危机

工业文明的追求就是不断地积累、不断地生产与产生，而这一积累、生产与产生的代价就是对自然条件的持续破坏以及先前社会关系的持续破坏。这种破坏现在可能已经变成了伊斯特凡·梅扎罗斯口中的"破坏性失控"，不但会破坏生产条件，更会危及主体本身。现如今这种破坏性失控已经很明显在整个工业社会中出现，而且是全球性破坏（Mészáros，2001）。

生态危机出现在工业革命后，人与自然矛盾冲突最大的后果是工业化过程中自然对人类进行的巨大反击。特别是在第二次世界大战后，人类工业文明高速发展，在发展的背后，危机四伏的全球问题就在步步向人类紧逼，使人类的生存与发展都受到了严重的威胁。最主要的表现有以下三类：

第一，对于生态环境的破坏与污染。由于长期工业化，导致污染物积累、温室气体排放、臭氧层遭到破坏、土地不断沙化，此外还有酸雨的出现、工业"三废"的污染性排放、农药污染对食品安全的威胁以及放射性污染的出现。

第二，环境和社会问题。工业发展导致人口数量的急剧膨胀，社会老龄化日益凸

显，人口负担的后果就是粮食的短缺和废弃物再次增加。

第三，资源的浪费。工业生产无节制开发导致资源、能源的枯竭，过度开采、无节制浪费和掠夺式开发，造成的不仅仅是资源的浪费，同时也是环境遭到破坏的原因之一，不合理开采自然资源导致土地退化、生物多样性遭到破坏、矿物资源与化石能源的消耗殆尽。

生态危机的爆发对于整个人类的生存与文明发展都有着致命的打击，但是工业文明后的生态危机又有了一些新的特点，具体如下：

第一，爆发具有全面性。从人类当前的生存环境来看，目前的生态危机虽然看似多方面的，可其俨然突破了地域的束缚成为遍布全世界的全球性环境问题，这一点从南极洲的企鹅与北极的海豹身上同时发现DDT（滴滴涕）这一现象就可以说明一切。

第二，当前的生态危机具有人为性。因为近几十年来，很明显人类的工业生产将地球的面貌以十分惊人的速度改变着，大片的森林被砍伐，大面积的水域被污染，许多的河流、湖泊都已经干枯，大量的自然资源被掠夺式地开采，化学制品被无节制地制造与使用，大量的地下矿藏被开采造成大面积的地面塌方，城市的无节制扩张占领了绿水青山、农田池塘。这一切的发生无不使美好的生态环境转向了恶劣。

第三，当前的生态危机具有整体性。这种整体性不仅仅是因为生态系统是一个整体，而且是现实中的生态危机总是以连锁反应式发生，并且以全局性变化发生。例如，温室效应和臭氧层空洞，这都不是一个局域性的发生，而是全球性的变化，因此导致了全球气候变化，也导致了造成恶劣气候的频繁发生，全球海平面上升。由此可见，生态系统某一环节的破坏，其后果将会是不可估量的，而且不会因为地域阻隔而避免。

第四，当前的生态危机具有不可逆性。我们都知道生态系统是有一定的自我修复和净化能力的，可这种能力并不是无限的，也是有其不可逾越的阈值的，这也从一个侧面反映了当前人类的工业生产对生态破坏的程度已超过了一个不可修复的阈值了，人类活动已经超越了自然环境的承载力。

第五，当前的生态危机还具有潜伏性。最早发现生态危机具有潜伏性的是美国环境保护运动的先驱蕾切尔·卡逊，其在著作《寂静的春天》一书中提到了生态危机的潜伏性。这种潜伏性指的是生态危机的传递性，例如化学农药过量使用到农田中，农药残余流入水系，然后再随水进入生物体内，进入农作物，进入人类体内，而且这种传递还不可逆转。

短期内可能无法看到生态危机的危害，甚至都察觉不到环境的变化，因此使人类忽略了环境问题的危害，总是想将此问题交给后代解决，即便是想解决也仅仅是在做末端这种治标不治本的生态环境治理。

（二）工业时代的管理行为异化

1. 消费异化

在丹尼尔·贝尔的《资本主义文化矛盾》一书中看到，人在消费主义消费观的驱使下便会发生消费异化。合理的消费观约束有利于人、社会、自然的全面和谐发展，但在不合理的消费观下，消费行为就有可能成为社会进步、个人发展的阻碍。这种消费行为，一方面浪费社会资源；另一方面对环境造成破坏，导致生态失衡，最终可能造成人格分裂。工业文明奉行的是消费主义消费观，工业技术范式是消费主义。在消费至上，对体面消费无限崇尚的时代，人类沉溺于对物质财富的膨胀欲望，对自然资源进行无节制的消耗与享受。

消费异化表现在消费目的和消费行为的异化：一是消费目的异化。消费的本意是对消费品使用价值的消费，以达到使用需求的满足，但消费的异化却超越了本意，消费的目的产生了偏差，对于消费品的价值取向与消费观念产生了错位。人类已经开始无视消费品的使用价值以及自身的真正需求，而且已经沉溺于物质欲望的满足、身份地位的构建、物质财富的炫耀，认为对于物质的占有就是美好生活与幸福的满足。使用价值与需求相背，消费变成了满足欲望的手段而非消费本身。二是消费的行为产生异化。消费行为是消费者为满足需求而进行的行为，消费行为初衷仅仅是满足需求，消费行为的异化则与消费行为相左，是过度消费、肆意消费、无节制消费的异化行为，这势必会导致自然资源被人类的疯狂摄取与掠夺。

我们当今遇到的生态危机就是人类消费行为异化的反应，施里达夫·拉夫尔（1993）作为世界自然保护同盟的主席就曾深刻地总结过：消费所产生的问题已成为生态环境危机的核心问题，以此所造成的人类对生态环境的影响以及对于环境的压力已严重威胁到了地球对于生命支持的能力。而且从本质而言，这种影响就是来自人类对于原材料和能源的消费与浪费。消费走向了自身的反面，因为消费不再是满足物质需求，更是一种欲望的满足手段，而且也不再是一种简单的经济行为，更是一种社会行为。

2. 生产异化

在消费异化的同时，产品生产在不断刺激消费，人们的消费又为大规模生产提供了养分，只有无限的消费欲望才能成为工业化大生产的需求保障，而生产又需要消耗资源，间接的结果就是无限制的消费欲望成为人类对于生态环境无限索取的正当理由，人与自然的矛盾也在此不断地升级。生产异化是工业文明危机的根源，即工业技术范式的内在逻辑是生态环境问题的内因，具体如下：

第一，最大化逻辑。工业化意味着批量化，批量生产成为工业技术社会的生产模式，生产最大化逻辑就自然成为工业技术发展的目的，工业技术的一个重要逻辑就成为最大化逻辑。最大化逻辑的直接后果就是大生产、大消耗、大浪费、大消费，这就自然会超出生态环境的承载力。

第二，同一化逻辑。按照工业文明的"科学化"大规模生产，就必须要做到同一化。这样最直接的结果就是物质世界与人类世界被简单分离，任何东西的价值就只能价格来衡量，整个人类社会乃至生态环境都被价格统一化。工业技术实现的也仅仅是经济效益。除此之外，还有一个对于生态环境致命的害处，那就是生态环境变得没有了"价值"，因为阳光、空气、宜居环境等自然环境都无法用"价格"体现，所以它们就变成了没有"价值"的商品，就成为工业社会、工业技术所摒弃的东西。

第三，二元对立逻辑。笛卡儿是最早提出极端二元论的人，如今二元对立就是将主体与客体、将精神与物质、工具与价值三方面进行二元对立。这种教条的分法也被称为实然与应然的二分，或者就是"应当"与"是"的二分。这份划分方式充满了主观价值论，意味着客体就是要满足主体主观的价值需求，同时也鼓励了生态环境的客观存在，其存在目的就是要满足人类的主观需求，因此人类就可以毫无道义的肆虐自然。

（三）工业时代管理的特征与西方管理学困境

工业时代的管理之父是牛顿的科学和笛卡儿的哲学，管理之母是工业经济，二者共同孕育并支配了现代管理的演化。迪伊·哈克指出："也许最早可以追溯到亚里士多德、柏拉图或更早，不过直到牛顿的科学和笛卡儿的哲学之后，才算是孕育了这些概念的现代版本，形成了机械性的思维。自此以后，这种思维就主导了我们的整个想法，我们的组织性质，乃至西方工业社会的结构，其影响迅速向全球扩散。这种思维甚至认为宇宙乃至其中万物，无分物理、生物或社会层面，都可以化简为类似钟表的机械运作，各个组成零件均以精准可测的线性因果律相互作用。如果我们能完全解析个别零件及其作用，即可据以重建世界及其中万物……"

1. 管理的特征

由于工业文明的内在逻辑，该阶段的管理具有的特点：一是物质性，意味着作为人类活动和理解基础的是那些通过感觉可以客观化的、可以被领会理解的事物，这些事物的价值要优于其他的事物；二是理性，尤其是线性理性，意味着对原因—结果关系的确认，并把这种关系看作是真实的命题，而不管这种看法多么有局限性，并把这种线性理性用在对现实的理解和操控上；三是差异，构成现实的元素能够清晰地呈现出来，因此一定程度上来说，变量和关系之间存在着清晰的边界；四是线性，时间是连续发生的，如果两种情况是在不同的时间点发生的，虽然它们显示了相似的特点，看起来很相像，但必然是不同的；五是效率，按照客观逻辑的方式来构建事物的关系，就会存在着某些比其他方式更好的做事方式；六是控制，通过对涉及的不同元素进行操控，可以得到一个有效率的结果；七是商品化，由于世界的差异性和物质性，可以按照合同的方式，把价值和财产配置给不同的实体，从而以一种最有效率的方式来操控这个世界。

根据管理的以上特点，现代组织理论和组织设计必须考虑：一是组织设计的目的就是用来面对物质现实，即使是面对人类生活中那些不太有形的事物时，依然采取理解有形事物的方式来进行思考，或者说现代组织把那些无形之物简化成了容易计算的事物；二是现代组织是线性理性的，这样一来组织处理的就是一系列清晰的、重复出现的因果关系；三是在组织每一个分析层次上，都可以确认出不同的元素来；四是组织是"奔向某个地方"的，组织总是被看作是线性发展的；五是现代组织的线性的一个基本维度就是对效率的关注，投入产出关系的测量是衡量一个组织取得多大进步的一个基本手段；六是组织效率取得线性改善的关键因素是控制；七是控制和效率需要用一个共同的测量单位来进行评估，这就是商品化市场通过资源的配置来使得所有的实体都处在一个可以比较的层面上。

在工业时代，管理凝聚成一种信念：组织管理活动是可以被预知的。只要我们明白了支配组织管理活动的规律，那么就能推测过去，预言未来。组织管理活动的统一规律找到了，组织及其管理的图景被描绘出来了：组织不过是一台由各种物质构成的钟表机器,科学管理使我们通过维持一个稳定状态的系统来判断组织的成功。如果这种状态被破坏,那么组织的管理者的作用就是去重新确立这种平衡。既然稳定状态成为成功的标志,那就暗示着秩序应当从上而下地施加,从而导致垂直性的、管理—控制型的领导关系以及科层制结构和等级。这种统治型的组织模型和"科学化"管理,保证了规则、预测和效率,并使一种长时期的计划和对未来的预测成为可能。

2. 西方管理学困境

经过工业时代100多年的发展,西方管理学与组织学理论体系已相对成熟,但面对工业文明造成的问题,显然束手无策,重构工业时代背景下的管理学已是当务之急。

生态文明时代,理论困境是西方管理学面临的困境之一。无论理论是基于交换的理论(如交易成本理论、产业组织理论、契约理论、社会交换理论等);还是强调与外部环境的对应(如制度理论、战略选择理论、资源依赖理论、权变理论、实物期权理论、组织生态理论等),或阐述企业成长的战略管理理论(如资源基础观、组织学习理论、动态能力理论等),其背景都是工业时代比较成熟和相对稳定的西方市场环境。

在现实环境方面,它们未涉及转型经济、转型社会、转型市场的根本特征,也未论述制度环境和法律环境不完备性对企业组织经营与成长的深刻影响。在市场技术环境方面,我们也不能奢望这些理论可以系统论述当今全球化、信息化、模块化、网络化等新环境、新特征对企业管理的深刻影响及企业应当采取的对策。

价值困境是西方管理学面临的另一困境。西方管理学百年历史中,学科合法性与实践相关性的矛盾贯穿始终,即管理学的学科价值与实践价值的双重困境始终没有解除。

【知识拓展】

洪堡五原则

①科学是某种还没有完全得出结论,没有被完全发现、找到的东西,它取决于对真理和知识永无止境的探求过程,取决于研究、创造性以及自我行动原则上的不断反思。

②科学是一个整体,每个专业都是对生活现实的反思,对世界的反思,对人行为准则的反思,唯有通过研究、综合与反思,科学才能与苍白的手工业真正区别开来。

③科学首先有它的自我目的,至于它的实用性,其重要意义仅仅是第二位的。当然,对真理的探求,恰恰可能导致最重要的实用性知识,并能服务于社会。

④科学与高等学校联系在一起的,唯有通过对学术的研究,对整体世界的反思,才能培养出最优秀的人才。大学生要学的不仅是科学本身,而是对科学的理解。唯有这样,才能形成其独立的判断力以及个性,然后才能达到自由、技艺、力量的境界。

⑤高校的生存条件是"孤寂"与"自由",也就是"坐冷板凳"与"学术自由",国家必须保护科学的自由,在科学中永无权威可言。

资料来源:360doc 个人图书馆 http://www.360doc.com/content/10/1126/20/4790190_72709888.shtml.

二、新时代中国管理研究的新局面

(一) 第三次工业革命开启绿色发展之路

第三次工业革命的本质在西方人的眼中就是一次"后碳"时代的发展探索，就是生产方式绿色化的工业变革开端。2012年刊登在《经济学人》的一篇报道——《第三次工业革命：制造业与创新》，就让人类看到了由技术进步所导致的制造业的革新，其中在美国学者杰里米·里夫金的《第三次工业革命》一书中也详细地论述了互联网与新能源所引起的一场新一轮工业革命。

"塞拉俱乐部"前任执行主席麦克洛斯基认为：我们现实的方方面面的确是要经历一次革命来改变，因为现在畅行的文化还是只追求技术和经济而无视生态环境的价值，现在发生的生态危机就是这种文化所导致的，我们需要一场全新的革命来使现有变质的工业发生革命，以全新的态度应对发展的方方面面（Worster，1994）。

1. 第三次工业革命的主要观点

对"第三次工业革命"的认识主要有"能源基础观"和"结构性技术基础观"两个视角。前者强调可再生能源、分布式能源生产和配置、氢能存储及新能源汽车等技术变革带来的影响；后者强调大数据、人工智能、机器人、数字制造等技术对未来制造范式带来的影响。

关于第三次工业革命的论述有三种比较有代表性的观点：

第一，代表人物是杰里米·里夫金，他认为的能源互联网与可再生能源相结合导致的生活、经济大变革的革命。这一理论的支柱是：能源利用要向可再生的能源利用转变；将在全球的所有建筑改造为微型的发电厂，以此来方便地收集可再生的能源；在所有的建筑物和基础设施中都加入氢能源或其他的能源储存技术，以这种方式来储存间歇式的能源；通过互联网的技术将全世界的电力网络转转变成能源共享网络，这一共享网络就可以实现建筑物的能源少量产出，但可以被网络回收，在网络之间进行共享利用；实现运输工具向插电式或者燃料电池式的电动车，该电动车的电力来源就是能源共享网络中的电力，在网络平台上进行买卖（杰里米·里夫金，2012）。

第二，代表人物是保罗·麦基里，认为以3D打印为代表的制造业，即数字化制造业的蓬勃发展为核心才是第三次工业革命。这种依托互联网实现人类生产个性化，终结大规模流水生产的方式，将不仅仅会优化现有的制造业，还将所有的普通人成为制造者和创业者（克里斯·安德森，2012）。

第三，认为第三次工业革命是"大数据时代"。大数据式计算机与互联网的结合产物，是现有"互联网+"的技术基础之一。随着互联网技术的发展，"数据"的价值也被人们发现与利用，使之成为一项十分重要的"资本"。因此，人们可以通过使用数据并将数据进行利用分析来发现新的知识，进而创造出新的价值，由此带来了"大科技""大知识""大发展""大利润"（涂子沛，2012）。

麦肯锡全球研究所在2011年发表了《大数据：下一个创新、竞争和生产率的前沿》，这篇文章有力地促进了大数据技术的应用与发展。大数据一方面会成为经济发展的来源，另一方面会震撼到世界的方方面面乃至社会的各个领域（肯尼思·库克耶和维克托·迈尔-舍恩伯格，2013）。总之，这一轮的工业革命就是依托新能源技术、数字制造与互联网技术这些绿色化的创新技术引导的工业与社会的全方位变革，这是对生产方式的重大变革，是实现生态文明建设的工业基础。

2. 第三次工业革命的影响

工业时代的能源机制塑造了文明的本质，决定了工业文明的组织结构、商业和贸易成果的分配、政治力量的作用形式以及社会关系的形成与发展。在21世纪，对能源生产与分配的控制将由石化能源巨头转向数百万自我生产并将盈余通过信息与能源网络共享的小生产者手中。能源的民主化对我们如何在下一个世纪安排人类生活的架构具有重要的意义。在这个新的时代，竞争的市场将越来越向合作网络让步，随着分散型资本主义的崛起，自上而下的垂直资本主义模式将逐渐被边缘化。

（1）组织和商业模式变化。第一次和第二次工业革命是建立在化石燃料（煤炭、石油和天然气）基础上，这些化石燃料只在特定的地域出现，需要政府动用大量的武装力量来占领矿源，还需要中央集权、自上而下的命令与控制体系和大量的资本对其进行开采、加工与运输。这种特性也决定了第一次和第二次工业革命商业运营模式的主要特征：金字塔形的层级结构，自上而下的权威。处在产业结构金字塔顶的石油工业受益的同时，其所产生的剩余财富可以流入处于底层的其他小型产业和工人手中，从而带动整体经济的发展，即所谓的"涓滴理论"。

与前两次工业革命不同，第三次工业革命是以分布式的可再生能源为基础的，理论上来说，这些可再生能源大部分是免费的，如太阳能、风能、水资源、地热、生物能、海浪和潮汐能等。这些分散的资源被数百万个不同的能源采集点收集起来，通过智能网络进行整合、分配，最大限度地实现能源的有效利用并维持经济的高效、可持续发展。可再生能源的这种分散式的本质更需要合作性的组织结构而不是层级结构。

这种新兴的、扁平式的能源机制必然要求一种新型的组织模式与此相适应，由此衍生出来的崭新的组织模式必须满足分散式生产。在这一新兴革命中，每个人都可以成为生产者，拥有自己的公司，资源的占有和财富的分配也更加平均。如果说可再生能源为人人提供了商业机会，那么互联网技术这一新型交易平台的建立则使销售者和购买者之间的敌对关系被供应者和使用者之间的合作关系所取代，利己主义被利益共享所取代。网络的附加值并不会贬低个人的价值，相反，每个人的财富都会通过共同努力得到共同的增长。

第三次工业革命带来的这种扁平式、合作性的商业模式已全面超越了传统意义上的集中型、层级式、自上而下的生产组织结构，符合现代商业的需求。随着分散、合作式商业模式的引入，传统的垄断式资本主义产业正处于瓦解边缘。

（2）商业环境中的地缘政治转变。按照达尔文主义的观点，为确保自己及子孙后代的繁衍，每个生物体尽可能多地占有资源，由此导致在人类发展历史上，社会经济的发展呈现出地缘政治烙印。为获取化石燃料，国家之间不断地进行战争，边界一次又一次地重新确定。能源机制内所发生的由化石燃料到分散式可再生能源的转变将会重新界定带有生态思维的国际关系理念。第三次工业革命所需的可再生能源储量丰富、随处可见且易于共享，但需要对地球生态系统进行合作管理，所以不大可能出现为争夺能源大打出手的现象，全球合作的可能性反而大大增加。在这历史性的新时期，生存意味着的不是竞争而是合作，不是各自为战而是你我相连。如果说地球更像是一个由相互依赖的生态关系所组成的生命有机体，那么我们的生存则依赖于彼此合作共同保卫身处其中的全球生态系统。这才是可持续发展的深层含义，也是地缘政治向生物圈政治转变的本质所在。

（3）经典经济和管理理论将重构。工业时代的经典经济和管理理论是建立在牛顿的科学和笛卡儿的哲学基础上的，两者共同孕育并支配了经济学和管理学的演化，形成了机械性的思维。但实际上，牛顿力学是建立在相互独立的个体物质基础上，并没有考虑时间发展和过程的概念，因此造成我们对经济和管理的误解。而第三次工业革命将生态学和可持续发展等概念引入经济学和管理学，经济学和管理学的理论地基上出现了诸多裂痕，经典经济学和管理理论必须重构。

3. 第三次工业革命与管理变革

"第三次工业革命"所带来的是一场颠覆性变化，对"第三次工业革命"的理解不应局限在技术基础、生产组织和生活方式变革方面，更深层次的是制度和管理变革，是社会资源配置机制的变革。可以说，全世界的企业都面临寻找符合"第三次工业革命"时代特征的管理变革和制度创新之路。第三次工业革命所带来的管理变革主要体现在以下三个方面：

第一，变革的逻辑。近100年的管理变革，基本上是遵循管理职能"再平衡"的逻辑，主要是基于法约尔提出的五大管理职能进行管理职能的增减以及管理职能间的调整和组合。这一逻辑已经很难指导今天的管理变革。面对企业内外部关系的颠覆性变化，企业边界在发生动态变化，企业仅仅依靠内部资源，既有资源已经很难再创造价值。这就要求企业从社会的角度认识"资源"，去认识企业的价值创造、传递以及获取。在全新的"商业生态"中，需要正确处理企业内部资源和消费者（用户）资源关系、企业和企业之间的资源协同整合的关系、企业既有资源和新创资源的关系、企业内部中高层资源和基层资源的关系，这就是社会资源"再平衡"。按照社会资源"再平衡"的变革逻辑，消费者（用户）资源就应该内化为企业的战略性资源；企业与企业之间应该寻找有效的"资源互补"，共同为消费者创造价值；企业既有的资源有可能成为价值创造的障碍，而更应聚焦在新创资源上；打破层级分割，实现资源下沉，也成为企业内部协同的重要路径。

第二，企业创造、传递和获取价值的方式在发生变化。企业先制造后销售给消费者的传统方式，将会被消费者"我的产品、我制造"理念所替代，消费者参与价值形成过程的作用进一步彰显。在价值链上，消费者已不仅是一个购买者，而且还是价值的共同创造者和分享者。"制造"不再是由企业单独完成，"制造"的社会属性在逐步放大，并超越当下我们对于"社交媒体"的理解和应用。

第三，企业竞争的形式。在前两次工业革命中，企业竞争主要表现为大型企业之间的竞争，竞争态势主要是寡头之间的竞争；但在第三次工业革命背景下，企业之间的竞争表现以平台型企业为核心的商业系统竞争。传统大型企业和平台型企业之间盈利模式的差异。现在的管理知识多源于前两次工业革命背景下大型企业或巨型企业的成功经验,科层理论、科学管理、事业部组织都是曾经的经典。"第三次工业革命"背景下,这些理论的适用性受到了挑战。未来企业之间竞争主要是平台竞争,面对新的商业生态,市场交易复杂性大大提升,企业必须进行盈利模式创新:从关注单边交易到关注双边甚至多边交易,从注重单边网络效应到关注双边网络效应。

(二) 新时代经济的新常态

习近平总书记在多个重要场合阐述了中国经济"新常态"的特征和发展方向,面对"新常态"下的经济形势,如何改善管理、提高管理水平,正成为企业管理者和管理学界共同关注的问题。

1. 中国经济"新常态"的主要特征

习近平总书记对中国经济"新常态"提出了三个特征的论述,即经济增长速度由高速转为中高速,经济结构不断优化升级,从要素驱动、投资驱动转向创新驱动。显然,这绝不是仅仅针对本次经济周期的,而是基于中国自身30多年来的经济发展模式这一"旧常态"所提出的战略性方向调整。而2014年全球经济危机恰好为中国战略性的"新常态"调整提供了一个契机。因此,中国经济"新常态"中的"新"是相对30多年来中国经济一直实施的"旧"的发展模式而言的,是战略方向性的调整;"常"是今后相当长的时期内持续的态势,而非仅限于危机恢复期。更为重要的是,尽管中国经济仍可以依靠自身的力量继续维持"旧"的发展模式,但潜在性的问题会日益突显并可能会集中爆发,若如此则必然会像西方发达国家那样,陷入以经济危机的破坏来被动调整经济的循环之中。而决策层提出经济"新常态",是基于世界经济和中国经济发展趋势主动做出的战略性决策,从而为中国经济可持续发展、避免严重振荡指明方向,这应该是中国经济"新常态"的本意和根本意义所在。

经济学原理和心理学研究均可以说明:稀缺而渴望获得的,总是被高度关注;已经大量获得的,则会适应性贬值。于是,整个社会必将转入一个"新常态"。值得注意的是,在"战略性新常态"的经济环境特征下,经济影响将延伸到社会领域,这将导致社会注意力发生明显转移。中国经济发展的新常态并非凭空产生,它是在前30年经济发展的"腹胎"中诞生,留下那个时代的印记,也面临着在以往时代取得伟大成就的同时又产生的新挑战和新矛盾,必须有应对新挑战、解决新矛盾的新作为,这就必然表现为社会注意力的明显转移。

按照美国经济学家塞德希尔·穆来纳森和心理学家埃尔德·沙菲尔的观点,稀缺会俘获注意力,并带来一点点好处。但从长远的角度看,由于忽视其他需要关注的事项,在生活的其他方面变得不那么有成效,损失会更大。当我们取得了巨大的物质成就后,GDP规模已经不是大问题,由于被GDP稀缺所"俘获"而忽视了生态环境等需要关注的其他事项,因此迫切需要"转变发展方式",需要更加关注生态环境质量、财富分配平等、公共服务共享以及社会公平正义等正在变得越来越重要的问题。

2. 经济"新常态"对管理的影响

新常态下中国经济的减速,部分是受内外部周期性因素的影响,而更重要的是出于战略性调整的需要。为了进行战略调整,需要由市场自行消化过剩产能,并且引导资金向朝阳行业流动,这个调整的过程不可避免地会引起增长率的放缓,在此宏观经济背景下，经济增长减速必然对管理理念和管理创新造成一定影响。

在管理理念方面，由于一定时期内经济发展模式的常态是思潮、理念和经济力量的交互影响所形成的，所以经济形势发生变化，管理理念必然要做出相应的调整。学术界的普遍思潮会影响政府的经济理念，而政府的理念指导和政策制定，会对经济运行产生很大影响。20 世纪 80 年代，在新自由主义思潮影响下，以美国里根政府和英国撒切尔政府为代表，自由放任是各国经济政策的常态。在这种理念下，自由贸易的步伐加快。从 20 世纪 80 年代中期开始，许多发展中国家，如印度、巴西开始转向自由贸易，而 1986 年启动的关贸总协定乌拉圭回合谈判，最终形成了世界贸易组织（WTO），从而将经济全球化推向更深远的层次。可以说，自 21 世纪以来到经济危机之前，全球经济格局的常态是以美国为中心的全球化。然而，这种模式导致了贸易不平衡，贸易顺差国的资金大量涌入美国资本市场，对泡沫起到了推波助澜的作用，成为经济危机的诱因之一。危机以后各国对这种不平衡的状态进行了反思与调整。美国政府认识到 10 多年来的经济"虚拟化"存在抵御危机能力不足的问题，不干预可能导致经济结构的不合理。实体经济被作为创造财富的源泉重新受到重视，而制造业是重中之重。美国、德国相继提出了"再工业化"和"工业4.0"，大力发展高端制造业。这种做法显示发达国家在一定程度上转变了自由放任的经济理念，政府在指导产业发展方面发挥了更多作用，最终目的是寻找新的经济发展模式。从全球而言，分工的格局在危机后发生变化，高端产业的研发制造环节回流至发达国家本土，而中国在低端制造业上的成本优势则不断被东南亚新兴国家挤占。旧的外需拉动、资源消耗式的发展模式在中国已经遇到瓶颈，在新的分工格局和自身禀赋下如何调整过去的经济结构，寻找新的经济动力，是中国"新常态"下发展模式转型的重点。

在管理创新方面，由于中国经济结构转型升级将是新常态，而转型升级的根本动力是创新，这里的创新不仅是技术创新，还包括深层次的管理创新。"新常态"下的经济结构转型与以往的不同之处在于：全球性经济危机使得转型的紧迫性凸显出来，也为中国结构转型提供了外在契机。政府单方面无法推动转型，这是过去结构转型没有取得明显成效的原因，而危机后企业界也认识到转型的必要性。近几年服务业在 GDP 中的比重明显上升，就是转型时机到来的一个例证。经济结构转型不仅仅是各产业之间比例的调整，更需要关注其内在内容。中国当前面临的一个重要结构问题是部分行业的产能过剩，然而政府出于税收、银行贷款、就业等因素的考虑，不得不继续维持这些产能。调整经济结构，需要根据这些问题进行针对性的改革。经济转型离不开创新为其提供动力。创新就是在已有的物质资源条件下，通过资源的创造性优化配置来实现提高产出的效果。过去中国的发展依靠充裕的劳动力和大量资本投入，而在现在人口红利减退和投资过度的条件下，需要更多依靠全要素生产率的提高来实现增长。经过 30 多年的改革开放，市场中通过"套利"实现生产率提高的机会已经不多（张维迎，2015），创新对全要素生产率提高的重要性就显现出来，"创新驱动"因而成为"新常态"的一个特征。在商业层面，创新需要满足两个基本条件：一是有丰富的基础学科技术储备；二是有宽松的制度环境，为企业家创新精神的发挥提供土壤。对基础学科研究的支持，能为商业化的创新提供可行性，而对商业层面的直接扶持却容易造成权力寻租。政府只需要减少对商业创新的不必要限制，商业创新的活力便可以自然涌现。以服务业为例，吴敬琏（2015）认为，过去一直发展缓慢的服务业在近几年突然发展，与工商登记便利化改革有很大关系，使得2年多时间内新登记企业数大幅增加。支持创新方面也是一样，市场更能发现何种技术创新有市场价值，政府只需做好对商业价值不高的基础科学的支持，就能为商用技术层面的创新提供源源不断的人才和技术支持（廖涵和卢宣皓，2016）。

（三）新时代宏观经济管理问题

经济发展新常态的特点之一是在各个领域中全面深化改革，必须平衡好经济发展的短期和中长期目标的取舍。"稳增长"着眼近期，"调结构"着眼中期，"促改革"着眼长期。但是，着眼于长期的改革，也需有现实的动力源泉，应有激励相容的机制机理。

1. 发展动力

回顾改革开放40多年，我国经济快速发展，取得了辉煌的经济成就。人均GDP从20世纪80年代初的200美元，到2016年的8 000美元，高速铁路、高速公路里程数达到世界第一，产生了新的四大发明，等等。改革所提倡的"一部分地区、一部分人先富起来"等措施，不仅是那个时代经济发展的动力，而且也是经济发展放的动力源泉；"谁改革谁得利，先改革先获益"使改革具有"自发性"动机和基层首创能量。改革开放前30年经济发展动力（表2-1）。

表2-1 中国经济改革的第一级推动力及其"副作用"

改革领域	推动力	副作用
国有企业	趋利化、市场化、建立现代企业制度	下岗分流、垄断地位的私利化、国企性质模糊
产业经济	选择性产业政策、差别待遇、激励增长	技术创新不足、产能严重过剩
土地制度	级差设租、以地生财、加快开发	地价扭曲、补偿失序、建设用地耗竭
财税费负	激励超收、相机支出、开发性财政、税费混搭	公共财政薄弱、企业税费负担重
金融体制	银行做大、高管激励	脱离实体经济、资金效率下降、融资成本高企
区域经济	GDP竞赛、招商引资、行政性加力	公共服务不足、地方保护主义
政企关系	归属权改为审批权、亲商政策、解决干预	权力失规、腐败滋生、企业行为扭曲
收入分配	一部分人先富、收入制度参照规范各行其是	收入差距扩大，社会认可度低
资源环境	有水快流、服从发展	资源约束，资源诅咒，环境恶化

资料来源：金碚. 中国经济发展新常态研究[J]. 中国工业经济，2015（1）：5-18.

在经济发展新常态下，公平竞争是更持续有效的发展动力。改革的动力问题就是要解决什么样的实现力量能够有意愿推动公平竞争的市场经济体制的形成，使之发挥在市场配置资源中的决定性作用和更好地发挥政府的作用。经济发展新常态下需要相适应的新体制和新机制，新常态下的改革动力将回归公共品逻辑，压缩制度"私地"，最大限度扩大和完善制度"公地"。改革的推动力可以来源于"集权""共识"或者"利益"，与此大体相对应的是"顶层设计""公共决策"和"基层首创"。推动改革的进程应是这三种动力的结合，而上述三种改革推动力归根结底都必须基于改革红利，体现为释放推动经济发展的动力。简言之，如果说经济发展的新常态需要新动力，那么释放经济发展的新动力，也要有实行改革的新动力。

2. "公平—效率"关系的重构

改革开放前30多年的经济发展和改革动力主要基于"先富起来"和"谁改革谁获利"的动力机理，实行了"效率优先，兼顾公平"政策，这是具有一定的历史合理性和现实针对性的政策理念和制度设计思路，取得了解放生产力和推动发展经济的明显成效，但这一政策取向毕竟具有很大缺陷和局限性。

在经济进入了新常态时期，过去那种"公平—效率"关系就越来越不适合于新的时代了。如果继续以那样的政策取向来发展经济和处理社会关系，将导致难以克服的"不平衡、不协调和不可持续"的现象和社会矛盾。因为，这样的政策取向意味着默认可以牺牲公平的方式来提高效率，既然效率优先，那么在实践中必然是公平居后，因而往往不惜采取各种可以获得"立竿见影"短期效果的歧视性取策，人为制造等级差别，扩大不平衡性。

新常态下的政策取向必须逐渐向"以公平促进效率"的方向调整。尽管公平与效率具有复杂的关系。但是，从长期看，效率与公平具有本质上的一致性。而且，社会主义主张公平正义，市场经济要求公平竞争，二者统一于"公平"，社会主义市场经济的实质要求构建"以公平促进效率，以效率实现公平"的体制机制。因此，无论是要弥补市场缺陷，包括可能导致过大的两极分化，还是要规范市场秩序，维护公平竞争、公平交易，政府的政策取向都必须是构建和培育公平与效率的一致性和互补性，而不是听任甚至人为扩大公平与效率的替代性和对立性。

因此，在经济发展新常态下，最重要的改革方向和政策取向就是要形成"公平—效率"的新常态关系。

3. 脱实向虚

新常态下，中国实体经济部门面临的日益加强的金融约束与金融部门的不断扩张形成了鲜明对照。事实上，金融部门自身的繁荣，包括来自于更加市场化的金融创新活动，正在创造着日益膨胀的信贷资产和货币供给，推动了中国的M2（广义货币供应量）相对于GDP更快速的增长。来自实体经济的需求收缩，中国经济不再呈现2012年之前的繁荣局面，不仅如此，GDP增长率的放缓趋势至今难以扭转。考虑到中国经济中已有累计超过155万亿元人民币（约25万亿美元）的货币供给，约占GDP的200%，实际经济部门需求难以扩大的真实原因显然不是缺乏货币供给，而是实体经济部门面临的金融约束。

近些年，经济发展中呈现出"脱实向虚"问题，主要表现在四个方面（黄群慧，2017）：一是虚拟经济中的主体金融业增加值占全国GDP比例快速增加，从2001年的

4.7%快速上升到2015年的8.4%，2016年初步核算的结果也是8.4%，这几乎已经超过所有发达国家。例如，美国不足7%，日本也只有5%左右。二是中国实体经济规模占GDP比例快速下降，以农业、工业、建筑业、批发和零售业、交通运输、仓储和邮政业、住宿和餐饮业的生产总值作为实体经济口径计算，从2011年71.5%下降到2015年的66.1%，2016年初步核算的结果是64.7%。三是金融板块的利润额已经占到所有上市公司利润额的50%以上，这意味着金融板块企业超过了其他所有上市公司利润之和。麦肯锡一份针对中国3 500家上市公司和美国7 000家上市公司的比较研究表明，中国的经济利润80%来自金融企业，而美国的经济利润只有20%来自金融企业。四是实体经济中的主体制造业企业成本升高、利润下降、杠杆率提升，而且在货币供应量连续多年达到12%以上、2011—2015年货币供应量M2与GDP的比值从1.74上升到2.03的情况下，面对充裕的流动性，制造业资金却十分短缺，资金成本较高，大量资金在金融体系空转，流向房地产市场，推动虚拟经济自我循环。

金融业过度偏离为实体经济融资服务的本质、虚拟经济无法有效地支持实体经济发展，这种"脱实向虚"问题表明，实体经济供给与金融供给之间、实体经济供给与房地产供给之间存在着严重的结构性失衡。中国必须高度重视这个问题，否则伴随着以制造业为主体的实体经济萎缩，会出现经济结构高级化趋势明显，但效率反而降低的"逆库兹涅茨化"问题。

对于处于中等收入阶段中国而言，效率下降会加大步入"中等收入陷阱"的风险，进而使中国不能够顺利地实现工业化（黄群慧等，2017）。

4. 企业大而不强

经济发展离不开企业的兴盛，企业是经济价值和社会价值的主要创造主体，一个大国的现代化经济体系更是离不开世界一流企业的支撑。党的十九大报告提出"培育具有全球竞争力的世界一流企业"。这意味着中国大企业已经发展到了需要思考如下两个问题的时刻：什么是世界一流企业？如何成为世界一流企业？

在经济微观基础上，过去40年可能最大的变化在于中国大企业的崛起。1996年中国有2家企业入榜全球500强企业，2017年中国内地有109家企业入榜，中国台湾地区有6家企业入榜，共有115家企业进入全球最大的500强企业名单。美国2017年是132家，2016年是134家，中国跟美国的差距是17家。按照中国每年以增加6个竞争企业的速度在追赶，到2020年，中国可能超过美国，成为全球大企业数量最多的国家。这一切都是我们在过去40年经济高歌猛进带来的结果。

大企业的行业分布甚至包括股权分布，与过去40年的经济成就、经济增长模式是密切相关的。在2017年"世界500强"中有48家中央企业，国家电网、中国石油和中国石化分别居第二、三、四名。在过去40年，基本上是投资拉动的模式，对生产力要素的需求量非常大，这种情况下，提供要素的这些领域产生了大量大企业。

入榜"世界500强"是否就一定意味着该企业已经属于"世界一流企业"？答案必然是否定的（黄群慧等，2017）。现实情况是，在反映企业发展质量的主要经济指标（如资产收益率、劳动生产率、技术创新、国际化程度等）上，中国入榜企业同美国、德国、日本等发达国家的入榜企业相比，还存在很大差距，尤其是在品牌价值、公司社会声誉与业界影响力等方面，更是存在明显的短板和不足。

截止到 2017 年年底，中国十大 A 股市值公司跟美国十大市值公司对比，前十大企业，九家是提供生产要素的。其中，七家提供货币要素，两家提供资源要素。这些企业"大"，但是不一定"伟大"。中国 2018 年 A 股上市公司平均的投资资本收益率①是 3%，意味着 2018 年里中国最大的上市公司平均 1 块钱带来的资本投资回报只有 3 分钱，这是不高的。背后带来一个启示，在企业的规模到达一定程度之后，中国经济发展应该做出一个新的变化，应该朝更有质量、更有效率的目标转型。

过去 40 年急于完成工业革命，这种情况下速度、规模可能是压倒性的。但现在我们到了一个新的阶段、新的时代、新的时期，这个时候因为过去 40 年高速发展积累了一些结构性的问题，包括产能过剩，杠杆过高等，我们在延续过去的发展路径，再依靠过去形成的企业微观基础，让中国经济的发展很难维系。

三、新时代企业绿色发展之路

工业文明时代的灰色发展使全球进入"生态负债"时代，无论是出于世界新经济革命的内在驱动，还是所谓"碳政治"意蕴下的国际秩序再构建，绿色发展的理念和范式都已跨越理论纷争，成为人类新文明演进的主流"正道"。

新时代企业作为经济增长的重要支柱，是研发绿色技术、实施绿色管理、壮大绿色产业、发展绿色经济的急先锋和主力军。

（一）绿色发展的时代背景

1. 企业绿色发展的世界潮流

从全球范围来看，几乎所有行业都在积极推进绿色发展，每一个致力于可持续发展的企业均将绿色管理作为生产经营的一个内在要求，作为承担社会责任的重要工作。

以世界财富 500 强的头号企业美国沃尔玛公司为例，早在 2005 年沃尔玛公司就明确提出其环保目标：100% 使用可再生能源、实现零浪费、出售对资源和环境有利的产品，并在 2008 年与美国环保协会共同实施了"绿色供应链行动"，引发了众多企业对绿色管理的关注。美国戴尔公司强化绿色认证管理，根据全球各地不同的自然环境，提供 TCO（欧洲）认证、中国环境认证、台湾 GreenMark、韩国生态标签和日本绿色 PC 认证的产品。2001 年日本索尼公司建立了绿色合作伙伴标准，对供货商产品进行严格的质量和环保考核标准，向通过者授予绿色合作伙伴证书。从 2008 年开始韩国现代公司加大对环保车型的投入，经美国"忧思科学家联盟"报告评定，其成为 2014 年美国市场上"最绿色"的汽车制造公司。

2. 国内形势对企业绿色发展提出硬要求

当前，中国经济社会发展面临着日益严峻的生态环境挑战。2015 年环境保护部发布的《2014 中国环境状况公报》显示，尽管我国高度重视环境质量问题，主要污染物总量减排情况也在不断改善，但环保形势依然严峻，尤其是大气污染、饮用水安全及土壤污染等方面的形势严峻。该公报的相关数据显示，新标准检测下的 161 个城市中，

---

① 注：投资资本收益率即 ROIC，是衡量一个国家、一个企业资本的使用效率。

有145个城市的空气质量超标。目前，中国正处于工业化和城镇化加速发展的阶段，"三期叠加"矛盾，资源环境约束加大，如果仍坚持粗放型发展模式，生态环境将进一步恶化。

企业绿色发展的形成是一个较为长期的过程，尤其是改革开放后，以经济建设为中心的时代，企业绿色发展还并未像现在这样受到重视。我国企业绿色发展有其自身形成的一个历史进程，通过对其进行把握，可以与当前企业绿色发展的一般现状进行有效对比，找到发展所取得的成绩和所存在的不足，并对未来发展趋势进行有效的展望，从而对我国企业绿色发展的基本情况有个整体的把握。

(二) 我国企业绿色发展的历史进程

企业绿色发展模式的形成不是一蹴而就的，经历了一个较为长期的过程，从最初的初步产生、深化发展再到后来的逐步成熟以及目前的继承创新这四个较为完整的发展阶段。

1. 企业绿色发展的初步产生（1973—1983）

1972年6月，我国派代表团出席了联合国人类环境会议。从此把环境保护工作正式列入议程，1973年召开了第一次全国环境保护会议。1973—1983年，是我国环保工作的起步时期。1983年召开的第一次全国环境保护会议迈出了保护环境的第一步。在这次会议上，第一次承认中国存在环境问题，并且还比较严重。

这次会议之后，国务院设立了环境保护领导机构和办事机构，我国的环境保护工作开始起步。从第一次全国环保会议至1978年底党的十一届三中全会这一时期，环境保护事业发展极其缓慢，虽然在周恩来等老一辈国家领导人的关怀和群众的强烈呼声下，我国在工业污染治理、"三废"综合利用、城市的消烟除尘等方面做了一些工作，取得了一定的成绩，但这时期主要是简单模仿西方国家的做法，是以单纯治理污染且主要是工业污染为主，开发性的理论研究和实用技术还很少，急于求成的倾向也逐渐暴露。

2. 企业绿色发展的深化发展（1984—1995）

从1983年到1988年，是我国环保工作实现重要转变的时期。在这时期，已经清醒地意识到，中国不能走发达国家走过的"先污染后治理"的老路。在1983年召开的第二次全国环境保护会议上，确定将环境保护作为我国的一项基本国策，提出了"经济建设、城乡建设、环境建设要同步规划、同步实施、同步发展，实现经济效益、社会效益、环境效益的统一"的战略方针。这是我国第一次在战略高度上确定环保工作的指导方针。鉴于当时拿不出很多钱用于环保事业的实际情况，会议明确提出，把强化环境管理作为环保工作的中心环节，实现了思想认识和工作方式上的一个重大转变。

这一时期制定了环境保护的大政方针；制定并颁布和实施了一批法规、行政规章和规范性文件，加强了环境管理，为环保事业的发展奠定了较为坚实的基础。但这一时期工业污染源治理仍是环保事业的重点，"预防为主，防治结合"并未得到彻底的贯彻实施。

3. 企业绿色发展的逐步成熟（1989—1995）

1989年召开的第三次全国环境保护会议，把第二次会议制定的大政方针具体化了，形成了"预防为主、防治结合""谁污染谁治理调整为谁污染谁付费""强化环境管理"三大政策体系和八项环境管理制度，把不同的管理目标、不同的控制局面和不同的操作方式组成了一个比较完整的体系，基本上把主要的环境问题置于这个管理体系的覆盖之下，这为解决环境问题提供了政策保证。

在这一时期，以环保规划和计划为指导，以环境目标责任制为龙头，以水污染防治为重点，进一步加强环境法制建设，强化环境监督管理；流域污染综合防治取得进展；城市环境综合整治步伐加快；逐步规范了自然生态环境的建设和管理。

1992年在巴西里约热内卢召开世界环境与发展大会以后，世界上大多数国家包括中国努力实现传统发展战略向可持续发展战略的转变，我国的环境保护面临着发展的新机遇和新挑战。我国总结了环境保护工作几年来的经验，也吸取了国际社会的新经验，提出了环境与发展的十大对策，集中反映了当前和今后相当长一个时期的环境政策；环境保护工作的范畴已不仅局限于环境污染的防治、生态环境的恢复等领域，而是要扩展到经济发展、社会进步等更广泛的范围。

4. 企业绿色发展的继承创新（1996至今）

1996年7月我国召开了第四次全国环境保护会议。为了确保跨世纪环境目标的实现，编制出台了《污染物排放总量控制计划》和《跨世纪绿色工程规划》，同时出台的还有一系列保证措施。这标志着我国的环境保护工作已经进入逐渐成熟的时期。2002年1月第五次环境保护会议召开，提出加强环境保护是我国的一项基本国策，是坚持可持续发展的重要组成部分，关系到现代化和民族复兴大业。

2006年4月召开第六次全国环境保护会议，会议提出需要坚持经济社会全面协调可持续发展。2011年1月召开第七次全国环境保护工作会议，会议提出《国务院关于加强环境保护重点工作的意见》及《国家环境保护"十二五"规划》两个文件指导环保事业发展。

（三）企业绿色发展的几个转变

绿色技术范式需要实现经济维度的绿色化转向绿色技术范式的出现，首先就是应该体现在技术在经济维度上与传统技术范式的不同，技术作为其经济功能性的体现，在经济领域绿色观念的全面深入实践就是实现经济维度的绿色化转向，所有绿色技术范式首先要做到的就是环境友好型的技术转向。传统技术范式在传统经济理念的引导下造成了当今的环境危机、能源危机、经济危机，绿色技术范式作为传统技术范式的迭代就必然要出现可以实现生态替代型的绿色技术，以此为基础实现人与自然之间、社会与自然之间、眼前利益与长远利益之间、当代人与将来人之间实现协同、全面的发展考量。作为对工业技术范式的反思、批判、扬弃与超越的绿色技术范式，实现传统技术范式在经济实践领域的绿色转向，以实现"生产最优"向"生态最优"的转向、"无限增长"向"有限增长"的转向、"价格导向"向"价值导向"的转向（杨博，2017）。

1. "生产最优"向"生态最优"的转向

所谓"生产最优"指的就是在生产过程中实现利润的最大化与生产成本的最小化，以达到经济利益的最大化，这就是要将技术的进步与发展的首要目标定在实现经济

（社会）生产力的不断发展上面，以经济（社会）生产力时刻带动经济的不断前进，因此是否能实现"生产最优"也就成了评价技术好坏的唯一标准。

工业文明的发展就是依靠工业技术来实现人类同自然界进行交换物质与能量，并以此为基础实现了社会经济的空前发展与社会生产力史无前例的强大，正是因为如此才使得在经济空前发展的背后，生态环境没有得到应有发展，而且还存在了相对农业文明的后退。究其根本还是因为传统工业技术范式没有把握好人与自然间张力的合理性，而仅是想用一个简单机械的方式将世界描绘成一副天下大同的场景，将生态发展的需求同化为人类需求的一部分，甚至是人类需求的简单附庸，当人类需求得以满足时，生态需求就变得不那么重要了。当然，这也使得技术发明者对该技术的需求就认作是技术应用者对该技术的需求，完全没有理解到对技术发明所有者具有时空效应以及技术应用本身所具有的限定性条件的束缚，这就使得本为生产所发明的炸药，最终却成了推动战争升级的武器条件。

工业技术忽略的"技术社会化"的差异性，忽略时空限制，不考虑是历史条件，仅以"生产最优"为金科玉律，这也使得环境成本成了外在成本在不断地被肆意破坏使用，为追求效率最大化也使得工业化分工下的劳动者被孤立化与机械化，最终导致的就是劳动者的异化。

正如卢卡奇在《历史与阶级意识》一书中所提到：随着对劳动过程中泰勒制的现代心理分析，生产最优（生产合理性）的机械化分工已经发展到了工人灵魂之中，工人的心理活动已经同其人格相隔离，人格也成了客体化的东西，再加入计算的概念，成了方便分配到合理部门的要素条件（卢卡奇，1996）。

相对传统工业技术范式，绿色技术范式追求的是"生态最优"，所谓"生态最优"就不再是以经济效益最大化为标准，而是要以绿色理念为基础，以生态中心主义为原则，将社会发展与生态发展视为一个系统，将这个系统的整体性发展最为首要的目标与任务。虽然技术人员与科学工作者都认为环境问题的解决是刻不容缓的，可是在社会实践中必然会掺杂一定的社会问题与社会文化影响，因此在解决问题的过程中就必须要对当地特性进行科学分析，将社会文化与制度构成相结合，总之环境问题的解决是十分艰难的。从绿色发展的角度看（Gare，2006），现代环境危机的根源就是"生产最优"，同时也是人性缺失的根源，绿色技术才是真正的理性技术。在新事物出现的过程中，主客体之间的界限是很模糊的，机器在工业时代也视为客体，可现如今拉图尔也认为机器也是主体网络中的一员。

绿色技术范式的出现就是对本体论的挑战（Thrift，1996），是对笛卡儿以来二元论对抗，绿色技术范式的出现就是在说明现代生态危机等环境问题的出现不是由于运用技术而造成的结果，相对而言这只是在技术理性失去控制的情况下所产出的意外。绿色技术范式就是要技术运用过程中社会理性的本真还原，不再忽略对技术运用具有限制性的历史条件与时空条件，使得技术运用从生产最优这一单一标准向生态最优的对条件标准的全面转化，并实现对环境危机与人性危机的解决。

2. "无限增长"向"有限增长"的转向

在工业主义看来，技术之所以存在的唯一意义与目的就是实现经济的快速增长，环境仅是外部考量而不计入经济考核体系。这就使得传统工业技术范式的两大错误观点：一是认为社会发展就是经济增长；二是认为经济增长应当是线性增长、变量增长，应变量就应该增长。随着数次工业革命的推进，是人类看到一个随着技术不断进步，自然资源不断被开发利用，并以此不断推进经济增长，借助技术更新实现生产力的快速提高，不断地开发出更为廉价的资源，以此抵消人类经济发展对于资源利用的压力。而这正是一直以来资源环境问题未得到重视的原因之一。

人类开始认为即便是不能找到替代资源，依然可以利用技术制造出可以替代的资源，就好像 19 世纪人类为得到照明用的鲸鱼油而肆意捕杀鲸鱼，可就在鲸鱼即将灭绝之际，人类开发出了煤油替代了鲸鱼油，不但找到了替代品更是节约了成本提高了效率。工业技术出现的本身就是现代化文明在不断进步的重要标志，其跟随人类文明的演化而实现了进化，与此同时也成了再次推进人类文明发展的驱动力，实现了社会、自然乃至整个人类文明的不断前进，在这样一个看似循环推进的机制中，技术发展就可以实现一个无限增长的人类文明发展图景。也就是说在一个无资源限制与阻碍条件的情况下，工业技术所带来的经济发展同样就是没有极限的增长。

但现在由于绿色技术范式的出现却对"无限增长"提出了质疑与回应，因为环境不能存在于人类社会经济系统之外，环境也不能是经济考量的外在，更不能出现对自然资源进行肆意掠夺的出现。在绿色技术范式看来，人类同生态环境是在同一个生态系统之中，是一个整体性的共生系统，在这样的一个整体性系统中，增长并不等同于发展；毕竟所谓增长也只是实现了数量的变化，可发展确实要在量增长的前提下还要有质的变化（提升）。过犹而不及，经济的增长不是共生系统的发展，而且即便是经济的增长也不可能是无极限的，毕竟当人类开发的量不高于自然环境的自我修复力时才能实现社会与自然的共同发展，也就是说资源开发还是存在一个临界点的，同时就证明了增长的有限性，即要想保证现实的人类利益同生态环境利益的共同实现就必须要看到具有极限性的发展这一点。而另一个现实就是自然的自我修复能力是很难得到提升的，人类对于自然资源又只会从经济利益的角度探究，就不可能找到自然修复与自然资源分配的合理张力，像水资源与空气这样的自然资源，因为利益所占用的是公共资源，所以就很难划分，又不得不去关注公共系统中道德伦理（Garrett，2013）。总之，要想实现工业文明的经济利益最大化与经济增长的无限极是不可能实现的，将环境成本视为绿色技术范式研究外部成本，忽略增长极限只会受到大自然的无情报复，人类利益更是无从谈起。

3. "价格导向"向"价值导向"的转向

在以往的技术范式引导下，对自然资源的价值衡量长此以往都是以市场价格为标准，且将之定义为资源开发利用的依据，这就是一种价格导向型的技术生产，然而价格对于资源环境的价值反映是有限的，主要是因为：一是市场行为存在信息的不对称性，虽然价格是围绕价值波动的，但是当出现市场失灵时，人类为了各自利益的最大化就会出现不正常的价格，而绿色技术范式就会以综合价值作为生产导向以克服价格的局限性；二是在实践过程中因为市场价格未计入环境成本，当计入环境成本后成本高于市场价格就会出现企业亏损，不计入就会造成污染的持续增加。

总之，以价格为导向的传统技术范式是存在很大局限性与弊端的，工业市场价格引导就会使得环境保护陷入"二律背反"悖论中。这不会解决现在人类所面临的这些困境，还会对人类生存产生严重的威胁。

在"生态现代化"一词中："就包含了生态经济与绿色资本主义双面含义，这是既要提倡经济发展，又要看到只关注经济的危险后果；既要追求经济体系的价格目标，也要看到体系所处的具体自然环境与历史政治条件"（Mikulak，2011）。"市场的存在也应该是一个整体性的集需求、生产和目标的市场，但比如自然需求这一类的许多需求是无法通过市场调节自发发现的"（Herman and Farley，2004）。"这就需要一个合法框架的出现，在这个框架下就可以集中分散的环境问题，将这框架变为调节市场与被市场调节的框架主体"（Hajer，1995）。至此，我们可以说绿色技术范式必将会替代传统工业技术范式，因为其不仅关注到了传统工业技术范式所看到的价格经济要素，更是重视平衡多方面价值，试图找到一条实现技术、人、自然三者可以和谐共处的技术道路，除了寻找最优化的经济与成本收益，还要努力解决由于简单市场价格导向所带来的各种弊端。

这三个在经济维度下的技术范式的绿色化转向，其实质就是要改变工业技术范式以经济作为发展评价标准的单一视角的弊端，同时要在绿色技术的绿色理念的系统性、整体性理念的指导下，实现对经济效益的多元评价，以此来解决发展过程中人与自然发展不协调的矛盾，以实现人类发展与多方效益的全面进步，而这就是在经济领域证明了绿色技术范式必将替代传统工业技术范式。

四、新时期企业绿色管理理论与实践

中国正处于城镇化加速发展的阶段，"三期叠加"矛盾，资源环境约束加大，如果仍坚持粗放型发展模式，生态环境将进一步恶化。节能减排在很大程度上必须依靠产业转型升级、提质增效才能实现经济社会的持续健康发展，这必然对企业的管理提出更高的要求。

为应对国内经济社会发展面临的日益严峻的生态环境挑战，走可持续发展之路，企业在战略、营销方式、财务和企业文化等方面必须践行绿色管理理念，大力推进生态文明建设。

（一）"绿色管理"的概念界定

1. 绿色管理的理解

许多学者对于绿色管理所给出的概念解释，从各个不同的侧面和角度，按照各自的认识，基本上说明了绿色管理的内涵，总体上它们之间是大同小异的关系。绿色管理有广义与狭义之分[①]。广义的绿色管理包括三个层次：一是指宏观绿色管理是指以中央政府为主体，通过对政府行为、企业行为与社会公众行为三者进行协调和整合，以达到整个国家社会经济可持续发展的宏观管理活动。宏观绿色管理往往是通过中央政府的政策、法律、法规、经济杠杆和对国民的宣传、教育等方式实现的，管理的对象

---

① 资料来源：原创力文档 https://max.book118.com/html/2015/0911/25152894.shtm。

是全国、全社会范围的，本质上是全社会的可持续发展的管理。二是中观绿色管理是指以一个地区、行业或部门为范围，为实现环境保护和可持续发展而进行的一系列管理活动的总称。三是微观绿色管理是指以组织（包括作为营利组织的企业和其他非营利组织）为主体进行的可持续发展管理活动，它以本组织内与环境保护和可持续发展相关的一切活动为对象。

因此，以企业为主体的绿色管理是微观绿色管理的一部分，即企业的绿色管理。以企业为主体的绿色管理就是狭义绿色管理。

狭义的绿色管理主要指微观绿色管理，由于约定俗成的原因，一般所说的"绿色管理"仅指以企业为主体的绿色管理。本文将以企业为主体的微观绿色管理的概念界定为：绿色管理就是企业在公众日益增长的绿色消费需求和环保舆论压力下，在政府适当的激励与约束条件下，主动将环境保护和可持续发展观念纳入企业生产、经营与管理的决策之中，对产品开发、设计、生产、流通和促销等过程全面"绿化"，使企业的全部生产经营活动朝低消耗、低污染、高附加值的方向发展，通过生产和经营绿色产品，在市场上获得绿色竞争优势，在社会上获得政府的鼓励和保护，赢得公众的信赖与支持，满足消费者的绿色消费需求，实现经济效益、社会效益和环境效益三者的兼顾，从而促进社会经济和企业自身的可持续发展的企业经营管理活动的总称。

2. 绿色管理的重要性

对于绿色管理为什么重要，研究者有两种不同的观点：一种观点强调环境社会责任（Environmental Social Responsibility，ESR）的重要性，认为企业采纳绿色管理是企业应尽的社会责任；另一种观点认为，绿色管理之所以重要，是因为它能够给企业带来经济利益（波特假设）。

Marcus 和 Fremeth 认为，绿色管理之所以重要，是因为人们期望管理者：一是更聪明和负责任地利用资源；二是保护环境；三是减少产品生产中空气、水、能源、矿产以及其他材料的耗费；四是尽可能地回收和再使用这些产品；五是尊重自然的平和、宁静和美丽；六是消除工作场所和社区中可能危害人们健康的有毒物质（吴建祖和曾宪聚，2010）。

3. 绿色管理与传统管理的比较

（1）经营管理观念的升华。经过近一个世纪的探索和发展，企业的经营管理观念已从以产品为导向发展到以人类社会的可持续发展为导向，并在此基础上提出了绿色经营管理观念。与传统的经营管理观念相比较，绿色经营管理观念是在20世纪50年代由产品导向转向顾客导向的、具有根本性变革基础上的又一次升华。绿色经营管理观念与传统经营管理观念的差异主要表现在三方面：一是绿色经营管理观念是以可持续发展为导向的经营管理理念。绿色经营管理观念认为，企业在其生产、经营和管理的各项活动中，要顺应可持续发展战略的要求，注重地球生态环境保护，促进经济与生态协调发展，以实现企业利益、消费者利益、社会利益及生态环境利益的兼顾；企业要以可持续发展为目标，注重经济与生态的协同发展，注重可再生资源的开发利用、减少资源浪费、防止环境污染；绿色管理强调消费者利益、企业利益、社会利益和生态环境利益的四者利益的统一，在传统的社会经营观念强调消费者利益、企业利益与社会利益三者有机结合的基础上，进一步强调生态环境利益，将生态环境利益的保证看作是前三者利益持久地得以保证的关键所在。二是绿色经营不仅要注重企业的经济效益，而环境效益。绿色经营管理观念要效益为重点，企业不仅要考虑消费者欲望和需求的满足，而且要符合消费者和全社会的最大长远利益，变"以消费者为中心"为"以社会为中心"。企业一方面要搞好市场研究；不仅要调查了解市场的现实需求和潜在需求，而且要了解市场需求的满足情况，以避免重复引进、重复生产带来的社会资源的浪费；另一方面要注意企业和竞争对手的优劣势分析，以扬长避短、发挥自身的优势，来提高营销的效果，增加全社会的积累。同时，企业要注重选择和发展有益于社会和人民身心健康的业务，放弃那些高能耗、高污染、有损人民身心健康的业务，为促进社会的发展、造福子孙后代做出贡献。三是绿色经营管理观念更注重企业的社会责任和社会道德。绿色经营管理观念要求企业在活动中不仅要考虑消费者利益和企业自身的利益，而且要考虑社会利益和环境利益，将四者利益结合起来，遵循社会的道德规范，实现企业的社会责任。

（2）管理目标的差异。传统经营管理无论是以产品为导向，还是以顾客为导向，企业都是以取得利润作为最终目标。传统经营管理主要考虑的是企业利益，往往忽视了全社会的整体利益和长远利益。其研究焦点是由企业、顾客与竞争者构成的"魔术三角"，通过协调三者之间的关系来获取利润。传统经营管理不注意资源的有价性，将生态需要置于人类需求体系之外，视之为可有可无，往往不惜以破坏生态环境利益来获得企业的最大利润。

绿色管理的目标是使经济发展目标同生态发展和社会发展的目标相协调，促进总体可持续发展战略目标的实现。企业实施绿色经营管理，往往从产品的设计到材料的选择、包装材料和方式的采用、运输仓储方式的选用，直至产品消费和废弃物的处理等整个过程中，都时刻考虑到对环境的影响，做到节约资源、安全、卫生、无公害，以维护全社会的整体利益和长远利益。

（3）对待绿色问题的态度不同。传统的经营管理将自然资源与环境问题排斥在企业生产、经营与管理的决策范围之外，将全球日益严重的环境问题、能源问题、资源问题及生态问题等与绿色相关的问题，视为企业经营管理的外在压力和挑战，当作企业的"麻烦"和"包袱"；恰恰相反，绿色管理认为，开发和生产经营绿色产品，不仅对人类有利，而且也可以增加企业利润和竞争力。因此，绿色管理将这些与绿色相关的问题看作企业可以开发的商业机会，将自然资源与环境问题纳入企业生产、经营与管理的决策之中，开发和利用这些商业机会，达到既提高企业经济效益，又增进生态环境效益与社会效益的目的。

与传统经营管理不同，绿色管理强调企业生产、经营及管理活动中的"绿色"因素；注重绿色消费需求的调查与引导，注重在生产、消费及废弃物回收过程中降低公害、符合绿色标志的绿色产品的开发和经营，注重绿色生产和绿色营销，在原料采购、能源选择、产品设计、生产制造、产品包装、定价、渠道选择、促销、服务、企业形象树立等生产经营全过程中都要考虑以保护生态环境为主要内容的绿色因素。

（4）绿色管理更注重长远利益。绿色管理更讲究企业要"从长计议"，追求企业长远利益，利用后发优势，最终在竞争中占领主动。绿色管理的矛盾主要表现在企业的眼前利益、自身的局部利益、企业和消费者、社会的总体利益和长远利益的冲突。尽管传统经营管理也重视将企业利益同消费者利益及社会长远利益结合起来考虑，但它并未重视可持续发展及环境保护问题。而绿色管理则尤其重视企业生产经营活动与自然环境的关系，要求企业在满足消费者需求，争取适度利润和发展水平的同时，注重生态平衡和环境保护，减少环境污染，节约和保护自然资源，维护人类社会长远利益及其长远发展，将环境保护视为企业生存与发展的条件和机会。因此，绿色管理比传统管理更注重人类的长远利益。

（5）绿色管理要求企业全方位的"绿色化"。绿色管理的过程实际上是企业全方位绿色化的过程，即建设绿色企业的过程。建设绿色企业，实现企业的绿色化，实施企业绿色战略，与开展企业绿色经营、进行绿色管理几乎是同义语。绿色管理不但要求企业家的绿色化（绿色企业家）、企业战略的绿色化、生产经营与管理的思想观念和意识的绿色化、企业组织的绿色化、企业管理职能的绿色化，而且要求企业生产的绿色化、经营的绿色化，总之是企业一切行为和活动的绿色化，企业全方位整体的绿色化。绿色管理从企业的选址和建设到生产工艺流程，从原材料采购到生产制造过程，从产品设计到生产技术的选择，从能源的选用到产品的包装，从市场营销到消费过程及废弃物的处理到整个产品的生命周期，都必须注意对生态环境的影响。

（二）企业绿色管理的动机和理论解释

1. 企业绿色管理战略相关文献

绿色管理是企业把环境保护的观念融入经营活动，并从各个环节控制污染、节约能源，以期实现经济、社会和环境保护等可持续发展目标。

企业绿色管理战略是指企业管理经营活动与自然环境相关关系的模式，是为企业遵守环境规则行为，以减弱对环境负面影响而采取的一系列自愿行为（Sharma，2000），是围绕自然环境问题而形成的企业战略。Sharma 和 Vredenburg（1998）认为，企业绿色管理不能仅仅作为一个职能部门战略，局限于治污设备的安装与使用，而应该把企业绿色管理战略放在企业总体战略高度层面上。

2. 企业绿色管理内容

已有文献对于企业绿色管理研究主要可以归纳为两个学派：资源能力学派和过程管理学派。

（1）资源能力学派。以 Hart（1995）为代表的资源能力学派认为，企业绿色管理按照战略能力的高低，可依次分为污染治理、产品管理和可持续发展。

污染治理作为企业绿色管理战略的最低阶段，主要通过原材料绿色化、循环利用以及技术创新来降低污染排放量，对各个污染环节的持续改进、提高资源利用率，进而降低生产成本。

相比仅仅针对企业污染治理，产品管理是贯穿于整个产品生产价值链的绿色管理战略，选择对环境影响最小的原材料和开发设计的过程。

这一绿色管理战略注重于产品对环境的作用，从原材料的选择到消费者绿色需求的塑造，从而强化消费者的品牌偏好和忠诚度。

这一绿色管理战略注重对企业上下游利益相关者整合能力的培养,核心企业由此获得了在绿色供应链中的先发优势地位。而执行可持续发展战略的企业则将眼光放眼于全球范围和全体利益相关者,无论是在发达国家还是发展中国家,无论是否存在非营利组织压力,企业特别是跨国公司,要承担起实现可持续发展的责任。

(2) 过程管理学派。过程管理学派则从系统学视角研究了企业绿色管理战略。Darnall 和 Edwards (2006) 从系统的视角研究了环境管理体系 (Environment Management System, EMS)。环境管理体系是一种使得企业组织不断减少对自然环境影响的管理系统,是要求应对来自外部组织规制和监管而产生于组织内部的决策、评估、规划和实施的系统。环境管理体系由一系列的企业内部环境政策以及评估体系,包括对自然环境的影响,确立、落实环保目标以及监控目标的实现。

现实中针对企业内部环境政策制定、执行和评估而开发出来的环境管理系统已被广泛运用。在 2003 年,美国已经有 3 553 家工程采用了该系统 (Darnall and Edwards, 2006),在世界范围内自从 1996 年,超过 88 800 家工厂采用了由 ISO14001 所认证的环境管理体系。

过程管理学派的研究和 Hart (1995) 所阐述的第二阶段产品管理战略有异曲同工之处。二者区别在于,企业的关注点在绿色管理过程上还是在最终产品上。关注过程的绿色管理战略是指绿色管理贯彻到企业每一项经营活动中,包括产品研发、原材料采购、能源消耗、供应管理、生产销售以及废弃品回收利用等整个过程 (Sharma and Henrique, 2005; Klassen and Mclaughlin, 1996)。由于企业管理者面临着较大的短期业绩压力,关注过程的绿色管理战略则更适合企业,因为关注过程的绿色管理战略比关注产品的绿色管理战略能够更快地反映在财务报表上 (Christmann, 2000)。

3. 企业绿色管理分类

每个企业面临环境问题时的处理积极程度并不相同,所以每个企业绿色管理战略层次也存在差异,下表列出了绿色管理战略分类 (Murillo et al., 2008)。学者们对于绿色管理战略分类的研究主要分为两类:一类是关注企业应对环境问题时的态度;另一类是企业绿色管理的战略层次。

关注于企业应对环境问题态度的分类都借鉴了企业社会责任模型的模式:反应型、防御性、适应性和主动型,由低到高地反映了企业在战略形成和实施方面对于环境问题的关注度逐步增强 (Henriques and Sadorsky, 1999; Sharma and Vredenbur, 1998)。

Roome (1992) 将企业对环境问题的态度划分为五类:第一类为不遵守,表示企业以消极态度应对环境问题,将其视为负担并逃避所面临的环境规制。第二类为遵守,表示企业会被动遵守环境规制,但还只是消极应对。第三类为遵守+,表示企业的绿色管理不仅限于消极应对环境管制,还能积极主动地进行绿色管理。第四类是商业与环境双卓越,表明企业能够系统地应对环境问题,并将其提高到企业战略决策层面,通过对商业和自然环境两种关系的有效管理,取得良好的环境和财务绩效。第五类是领导优势,表明企业能够通过积极应对环境问题,进行绿色管理从而获得相应的竞争优势。

Sharma 和 Vredenburg (1998) 将绿色管理战略分为反应型和前瞻型,前者指企业被动应对环境问题，而后者指企业能够主动地、积极有效地进行绿色管理。他们还对加拿大石化产业进行了案例和实证研究，发现企业如果实施前瞻型绿色管理战略，能够更好地处理生态环境带来的不确定性，但实施这一战略需要企业具有相应的资源和能力保证，这种资源和能力则是企业竞争优势的源泉。

关注于企业绿色管理战略层次的分类始于Hart（1995），基于其所构建的自然资源基础观，他将绿色管理战略总结为污染预防、产品监控和可持续发展三个阶段，并对这三个阶段企业相应的资源能力支持及获取的竞争优势进行了阐述。

Sharma 和 Henrique（2005）针对加拿大纸品行业，将企业绿色管理战略分为污染控制、生态效率、再循环、生态设计、生态系统管理和业务重新定义。

Murillo等人（2008）则根据企业利益相关者的划分及重视程度，将绿色管理战略分为被动反应型、关注规制反应型、关注利益相关者反应型、全面环境质量反应型四类。

以上分类反映了企业绿色管理战略上的态度和战略层次，从消极回避到积极应对，从低层次的污染治理到高层次的全面环境质量管理。由于每个企业所处的发展阶段、所拥有的资源和能力会有差异，企业应根据自身的实际情况选择合适的绿色管理战略（表2-2）。

表2-2 绿色管理战略分类

关注点	代表人物	绿色管理战略分类
关注企业应对环境问题态度	Roome（1992）	不遵守（non-complianc）、遵守（compliance）、遵守+（complianceplus）、商业与环境双卓越（commercial and environmental excellence）、领导优势（leading edge）
	Sharmaand Vredenburg（1998）	反应型（reactive）、前瞻型（proactive）
	Henriques and Sadorsky（1999）	反应型（reactive）、防御型（defensive）、适应型（accommodative）、前瞻型（proactive）
关注企业绿色管理战略层次	Hart（1995）以及Buysse and Verbeke（2003）	污染治理（pollution prevention）、产品管理（product stewardship）、可持续发展（sustainable development）
	Sharma and Henriques（2005）	污染控制（pollution control）、生态效率（eco-efficiency）、再循环（recirculation）、生态设计（eco-design）、生态系统管理（ecosystem stewardship）和业务重新定义（businessre definition）
	Murillo et. al.（2008）	被动反应型（passive response）、关注规制反应型（attention to legislation to legislation response）、关注利益相关者反应型（attention to stakeholders' response）、全面环境质量反应型（total environmental quality response）

4. 企业绿色管理的动机和理论解释

学者们通常运用三种理论解释企业绿色管理：一是环境经济学从最基本的成本收益的角度去分析绿色管理，认为企业实施绿色管理是为了避免外部监管风险或取得经济收益。二是学者从战略管理理论出发，探索绿色管理能否为企业带来短期或长期的竞争优势，将企业长远优势塑造作为绿色管理的动机。三是制度理论则从合法性视角，研究外部压力和内部认知对企业绿色管理的影响。这三种理论解释各具代表性，均具有一定的解释力和不足之处，本文接下来对此进行回顾。

（1）环境经济学视角。经济学的视角是基于企业是一个"理性人"假设，这种观点认为，企业绿色管理是决策者根据目前或预期的成本风险与收益进行分析而做出的选择（Khanna et al.，2009），并且管理层的这种分析过程不仅仅停留于企业短期利益衡量，也会出于对企业长期竞争优势的考虑。所以，经济学视角探讨的主要问题是企业如何通过绿色管理来提高其经济效益和利润表现。

传统观点认为，企业进行绿色管理是外部环境规制强加给企业的额外成本，是企业对外部规制成本进行内部化的一种手段。新古典经济学认为，这种环境规制会降低企业生产率，增加其生产经营成本，提高其未来投资的不确定性，从而削弱企业全球竞争力（Gray，1987）。

然而，这种模式已经被许多学者所挑战（Porter and Linde，1995），他们认为新古典经济学所采用的静态方法会导致其结论上的偏差，企业绿色管理可以为企业创造更好的经济表现，而并非一味地增加企业运营成本。企业进行绿色管理不仅有利于外部环境，也有利于企业本身，因为实施绿色管理能够帮助企业发现新的投资机遇，导致可以实现成本和收益的"双赢"，这一论点又被称为"波特假说"。

Ambec 和 Lanoie（2008）实证研究表明，绿色管理至少可以通过七方面增加企业收益：更好地进入某个特定的市场；产品差异化；出售污染控制技术；降低外部利益相关者风险；原材料、能源和服务的使用成本降低；降低资金成本；降低劳动力成本。

国内学者焦俊和李垣（2011）也指出，企业实施绿色管理可以提高其生态效率，通过减少浪费、降低能耗、循环利用等降低产品流动成本，进而改善企业财务绩效，并且实施绿色战略可以减少企业因违反环境规制而面临的风险，降低企业遭受的环保处罚和诉讼费用，进而增加企业经济收益。

在这方面的分歧，客观上大大推动了企业实施绿色管理与企业绩效之间的实证研究，但迄今为止这个问题并没有得到一致的结论，认为企业实施绿色管理能够推动其经济绩效的研究主要针对商品市场和资本市场两个方面研究（图2-1）。孟晓飞和刘洪（2003）认为，企业绿色管理更重要的驱动力来自于为消费者创造具有价值的绿色产品或服务。在商品市场上，消费者越来越多地开始关注产品的健康或环境因素，不同于以往对产品传统属性。例如，质量和价格等的关注，产品的绿色属性被消费者赋予了较高的优先级，甚至愿意为此支付更高的产品价格（彭海珍，2007）。由此可见，当企业进入日益增长的绿色市场，可以通过对绿色产品的开发和投资，进行绿色营销，通过产品差异化优势获得收益（Bansal and Roth，2000）。

另外，资本市场也会对企业的绿色管理做出正面评价，或对不良环境行为做出负面反应。Klassen 和 Mclaughlin（1996）发现，当企业面临环境保护危机时，如油轮泄漏事故之后，在纽约证交所和美国其他证交所上市企业市值会产生极大的负面影响，而当环境保护奖宣布时，获得该类奖项的企业其市场表现会得到大幅度改善，但是在污染严重的行业这种效应并不显著。

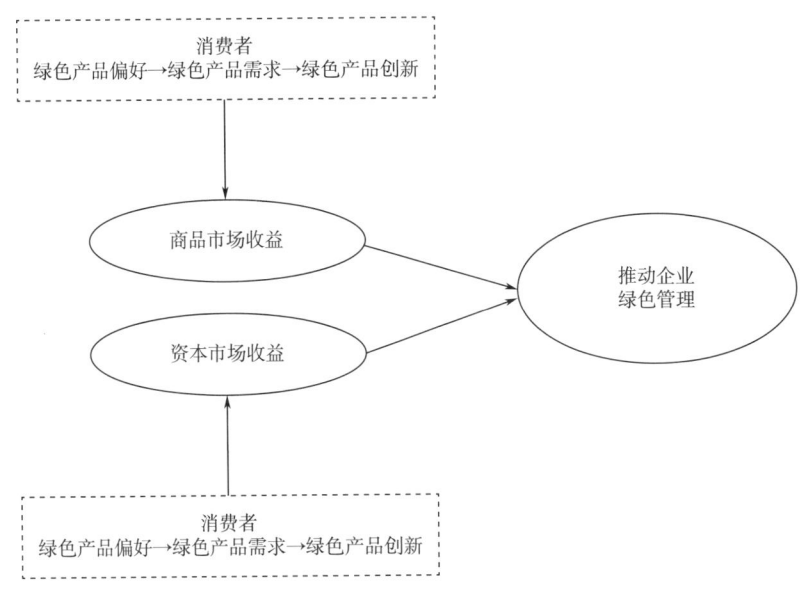

图 2-1 企业绿色管理的经济动机

Khanna 等人（2009）也通过实证检验发现，企业绿色管理决策具有经济理性，并且能获得财务意义上的收益。所以，当企业察觉到这些经济收益和风险时，它们则会认为企业必须进行绿色管理。

（2）战略管理理论资源基础观。资源基础观认为，企业竞争优势来源于所拥有的异质资源（Wernerfeit，1984）。现有基于资源基础观的研究主要强调外部环境的经济、法律、社会、地理等中独特资源对企业竞争优势的影响，忽视了自然生态环境对企业形成长期竞争优势的限制或作用（沈灏等，2010）。

Hart（1995）在资源基础观的基础上，整合了自然环境资源对企业产生的约束和机会，提出了自然资源基础观（Natural Resource Based View）。自然资源基础观对企业和其所生存的自然环境之间的关系进行了思考，认为企业绿色管理会促使企业形成独特的、稀缺的、不可模仿资源或能力，进而获得相应的竞争优势。

自然资源基础观认为，企业绿色管理能力发展由三个相互联系的战略命题构成污染防治、产品管理与可持续发展（表2-3）。

表 2-3 自然资源基础观的理论框架

战略能力	绿色行为	关键性资源	竞争优势	代表人物
污染治理	减少污染排放	持续改进	成本优势	焦俊和李恒（2011）；Christmann（2000）
产品管理	降低产品生产周期中的环境成本	外部利益相关者整合	先发优势	Vachon and Klassen, 2006; Rao and Holt, 2005
可持续发展	减少企业成长和发展中的环境负担	共同愿景	未来竞争地位	Porter and Linde, 1995; Rugman and Verbeke, 2000

此后，许多学者沿着绿色管理—企业竞争优势获取—经济绩效的思路进行了研究。例如，Russo 和 Fouts（1997）实证研究指出，通过对异质资源的管理来提升企业的环境绩效，是企业获取竞争优势并改善经营绩效的有效手段。

Aragon-Correa 和 Sharma（2003）整合了权变理论、动态竞争能力理论和自然资源基础观，分析了在企业—自然资源之间互动关系以及企业如何运用竞争优势应对不确定、复杂的自然资源环境。

Hart（1995）认为，绿色管理能够从四个方面给企业带来成本优势：一是实施绿色管理能够对企业面临的污染问题进行整体规划，节省污染控制的设备安装和运转成本。二是提高产品生产效率，通过提高原材料、能源及其他资源的使用效，降低单位产品生产成本。三是调整企业运作方式，重新进行企业流程再造，减少产品、原材料等资源循环时间。四是降低环境事故的发生概率，减少企业应对环境管制成本和违规风险。

产品管理是贯穿于整个产品生产价值链的绿色管理战略，注重企业如何整合上下游价值链的利益相关者，进行绿色管理，相关的文献主要集中于绿色供应链管理。同时，最终产品生产商受到日益严格的环保法规规制和来自于各类利益相关者的压力，开始关注其上游供应商的绿色管理水平及环境绩效，实施绿色供应链管理（Koplin et al.，2007；Vachon and Klassen，2006）。

绿色供应链管理涉及产品的设计、生产及使用全过程，是以环境友好为目的地进行产品设计、采购、生产、使用及废弃品回收的过程，同时还包括在供应链中的绿色管理策略制定、执行和评估以及对下游合作关系的管理化（Zsidisin and Siferd，2001）。

Rao 和 Holt（2005）指出，实施绿色供应链可以提高企业竞争力，进而促进其绩效，并且绿色供应链一定是整体供应链的绿化，而不会单单出现在某个特定的供应链阶段。

Vachon 和 Klassen（2006）运用内部化理论（Buckley and Casson，2003），对供应链中环境问题进行了研究，定义出构成绿色供应链实践（GSCP）的两个基本概念：环境监测和环境合作。

环境监测是指企业通过市场或者公平交易，以评估和控制其供应商的活动。

环境合作是指直接参与了供应商开发环保解决方案的活动。

环境监测包括运用公开披露的环境记录或特定调查问卷来收集供应商环境表现，也包括通过买方或独立第三方（Min and Galla，1997）对供应商进行审计。对上游供应商的审查备受关注，因为在顾客心目中，游供应商的环境表现已经和核心企业紧密地联系在一起。核心企业以采用自愿或实施标准化的方法对供应商实施环境监测，越来越多的标准化运用到企业对供应商的筛选中，如要求供应商通过 ISO14001 认证。

与环境监测有所不同，环境合作则是需要核心企业投入特定的资源同链上下游企业进行合作，以解决供应链内环境问题。这些活动有可能从供应链内成员的相互协作中捕获相应的附加值，减少对环境的影响。具体的环境合作包括对环保行为的总体规划，环境方面知识共享，对新产品设计、生产流程的共同规划，合作研发以及减少在物流过程的资源浪费。环境合作并不追求即期的回报，而更注重实现环境友好业务和产品的整个过程。

另外，国内外也有一些研究分析了政府在企业绿色供应链中的作用（Mitra and Webster，2008；朱庆华和窦一杰，2011）。朱庆华和窦一杰（2011）建立了绿色供应链中考虑产品绿色度和政府补贴的博弈模型，考虑这两种因素在绿色供应链中的作用和建立了完全信息下古诺模型。Mitra 和 Webster（2008）建立了生产商和再生产商的两阶段博弈模型，分析了政府补贴给予的不同情况以及获得的相应效果。Hart（1995）认为，可持续发展是企业绿色管理的最高阶段，可持续发展的含义包括企业跨越各种边界（例如，跨越国界、非营利性组织等）进行的环保技术合作，强调环保技术对企业可持续发展以及未来竞争地位的重要性。

在绿色技术创新方面，Porter 和 Linde（1995）认为，企业所实施的绿色管理，使得企业更注重环保技术发展与能力建设，并且绿色管理所激发的技术创新可以获得所谓的"创新补偿"（Innovation Offsets），来补偿企业在实施绿色管理方面所花费的成本。创新性补偿除了能够为企业绿色技术创新在节约原材料、资源能耗方面降低成本获得补偿（Christmann，2000；Hart，1995），也能通过激发消费者对环保产品的需求，扩大市场份额来提高销售收入（Bansal and Roth，2000；Porter and Linde，1995），更为重要的是，环保技术有利于提高企业所处行业的环保进入壁垒，在未来竞争中赢得先机（焦俊和李垣，2011）。

（3）制度理论与合法性视角。根植于组织社会学的制度理论则认为，企业经营决策或经营绩效未必是基于经理人的经济理性分析（DiMaggio，1998），而侧重于考虑组织外部压力和社会期望等非效率的视角。这种观点强调政府管制、市场要求和社会期望等制度因素对组织管理、结构与绩效的影响，认为企业进行绿色管理动机是加强企业在某一特定制度、规范、文化环境中的合法性（Legitimacy）（King and Lenox，2005；Delmas，2002），从而获得各方利益相关者的支持。

Jennings 和 Zandbergen（1995）首次将制度理论引入企业生态可持续发展领域，探讨了如何建立可持续发展制度以及该制度如何在组织之间发展与传播。他们认为，绿色管理是企业投资和运用其在社会和生态两大系统中自然资源来适应获取制度合法性的手段，并且他们运用制度理论分析了规制、规范和认知或文化三维制度因素对企业进行绿色管理的影响，使得这三个维度成为制度理论解释影响企业绿色管理外部因素的重要理论支持。

国内学者杨东宁和周长辉（2005）在原有制度理论基础上，将企业绿色管理的制度下驱动力分为外部合法性和内部合法性。外部合法性是先前所讨论的三维制度因素，内部合法性则是组织内部利益相关者对组织管理意愿、要求及接受程度，包括企业战略导向、组织学习能力以及组织经验和传统（图 2-2）。

在规制维度方面，企业绿色管理主要受遵守环境规制的驱动。Henriques 和 Sadorsky（1999）对加拿大公司的不同利益相关者进行了分析实证结果表明，政府规制在企业绿色管理战略中发挥了重要作用。Sharma 和 Henriques（2005）研究了加拿大林业经理人对利益相关者的看法，他们认为政府规制推动了企业早期的绿色管理，但在后期污染控制、生态可持续发展中，企业的绿色管理已经超出了政府规制对其的最低要求。

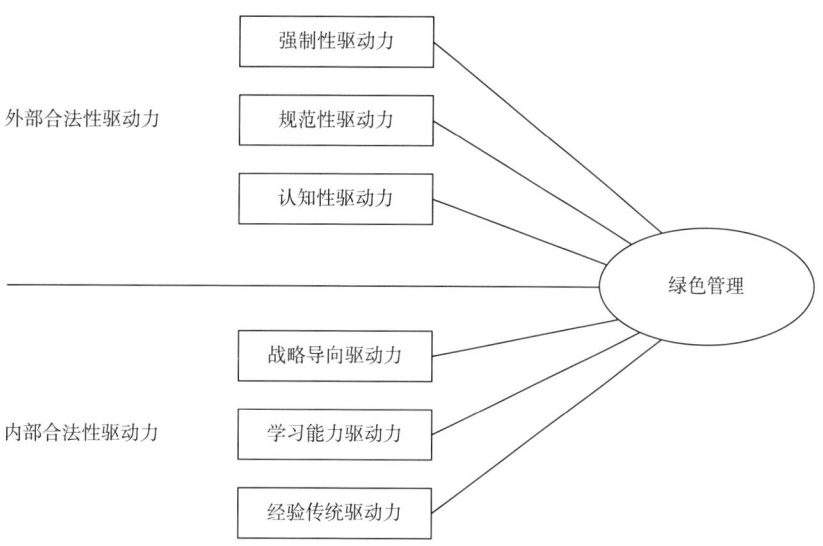

图 2-2　绿色管理的制度合法性

也有学者对环境规制工具进行了细分研究，考察哪些环境规制工具会对企业绿色管理产生影响。例如，Downing 和 White（1986）的研究也表明，相比直接命令型规制，基于市场激励的规制如排污费、许可证等会对企业产生更强的绿色创新激励。

规范维度方面的研究较为丰富，学者们不仅研究认为企业面临的来自媒体和环保团体等方面的社会压力能推动企业绿色管理（Sharma and Vredenbury，1998），并且对于不同类型企业应对不同类型利益相关者而进行的绿色管理进行了详细分析（Besser，1999）。Sharma 和 Vredenbury（1998）认为，企业应当实施绿色管理以同当地社区、环境组织、政府和其他非经济利益相关者建立良好的关系。

Henriques 和 Sadorsky（1999）认为，顾客、股东和当地社区会的压力会促进企业绿色管理，而相比之下，政府和媒体压力对已经实施绿色管理的企业影响并不重要。Murillo 等人（2008）对西班牙企业研究发现，如果企业能从多个利益相关者感受到绿色管理压力，其执行绿色管理的可能性越大。

国内学者也发现，来自供应商、消费者以及竞争者的压力会促使企业改善其环境表现（杨东宁和周长辉，2005）。对于不同类型的企业而言，小企业可能会因为其经营风险较大而更积极主动应对当地利益相关者的需求，进而实施绿色管理（Besser，1999）。同时，Darnall 等人（2010）也发现，由于小企业资源需求弹性小以及决策流程简单，并且对来自价值链上下游的压力更加敏感，往往会更主动地采取绿色管理以应对利益相关者要求。与之相反的是，大企业会更积极应对公众或其他监管机构的利益相关者诉求，Arora 和 Cason（1995）研究发现，美国大型制药企业会更积极参与美国环保局发起的 33/50 计划，以鼓励企业自愿减少有毒化学品的排放。

随着战略管理视角对企业绿色管理解释的兴起，学者们将目光从影响企业绿色管理的外部因素转向了企业内部，基于制度理论的企业内部合法性研究近年来也受到了学者的关注。企业绿色管理的决定因素不仅仅来自于外部利益相关者的压力，而是取决于企业管理者对外部压力的准确的认知、判断水平以及及时、合适的反应程度（Sharma，2000；Banerjee，2001；Julian and Ofori-Dankwa，2008；David et al.，2007）。国内学者杨东宁和周长辉（2005）则实证检验了企业内部战略、组织学习和经营对绿色管理具有正向影响。

（4）三种理论对企业绿色管理研究比较及评述。对于企业实施绿色管理的理解，环境经济学、战略管理理论和制度理论均有不同的见解和主张。

在梳理现有文献的基础上，本研究发现上述三种理论视角下关于企业绿色管理的研究分别关注不同的问题。环境经济学主要关注环境规制工具对企业是否实施绿色管理和实施绩效。战略管理理论则打开了企业内部黑匣子，研究绿色管理对企业竞争优势的影响以及作用机制。制度学派则从内外部合法性角度，研究利益相关者对企业绿色管理的驱动力。下表对这三种理论视角下绿色管理进行了归纳比较（表2-4）。

表2-4 三种理论对企业绿色管理的研究比较

研究理论	环境经济学	战略管理	制度理论
代表人物	Porter和Linde（1995）	Hart（1995）	Jennings和Zandbergen（1995）
分析层面	产业、组织	组织	组织
研究方法	实证检验	案例分析、实证检验	案例分析、实证检验
研究议题	环境规制工具对企业绿色管理和绩效的影响	绿色管理对企业竞争力的影响	内外合法性压力对企业绿色管理驱动力
不足与未来研究方向	（1）企业内部因素对规制工具和绿色管理关系的影响；（2）规制工具对绿色管理的触发机制	（1）企业所实施的绿色管理对外部环境的影响和互动；（2）企业特征对绿色环境—战略—绩效之间关系的影响	（1）系统的企业绿色管理驱动力模型；（2）对制度剥离（De-institutionalization）的分析

总体而言，基于上述三种理论的绿色管理研究已经取得了丰富成果，但这些理论视角的研究也存在一些不足之处。环境经济学理论将企业抽象为单纯的理性决策者，遵循一种简单的、机械的"刺激—反应"模式（Cleff and Rennings，1999），并且环境经济学仅仅停留在产业层面，没有涉及企业内部要素对绿色管理的影响，因而无法研究规制工具对绿色管理的触发机制。所以，这部分研究主要集中于规制工具和绿色管理之间的实证检验，无法更加深入到企业内部运作机理的理论探讨。

战略管理则弥补了环境经济学的不足，运用资源基础观分析了实现企业绿色管理的内部途径，并且相关研究既包含了企业绿色管理的战略层面，也涉及对绿色管理执行层面，如绿色供应链管理的研究。

战略管理理论也存在研究空白，相关研究仅停留在外部环境如何影响企业绿色管理战略，但缺少企业实施绿色管理战略对外部环境的影响，或者二者之间的互动。例如，跨国公司所实行的绿色管理战略可能会对东道国的环境制度产生一定的影响。

另外，关于企业绿色管理战略—绩效之间的关系研究也比较少，企业规模、特征可能会因企业绿色管理战略而产生的竞争优势有所影响,也可能对绿色管理战略—绩效之间的关系产生调节作用。

制度理论关注点集中在企业内外部合法性,研究各种利益相关者对企业产生的压力,进而驱动企业实施绿色管理。合法性视角虽然对企业内、外部因素均有涉及,但尚未能提出一个完整的驱动力模型,研究框架略显松散,缺乏系统性,并且缺少对各影响因素概念区分的研究,也没能分析驱动因素之间是否兼容或互斥。

制度理论另一个比较大的遗憾是未能对制度剥离进行分析。企业开始实施绿色管理是对原有外部环境规制和企业内部政策进行去除和剥离的过程,在此阶段可能会面临原有制度的挑战,企业如何应对这些陈旧的内、外部制度,进而贯彻新的绿色管理制度,是未来可能的一个研究方向。

(三) 中国企业绿色管理实践

近年来,为应对国内经济社会发展面临的日益严峻的生态环境挑战,国家大力倡导可持续发展理念,很多企业都积极响应号召,在企业战略、营销方式、财务和企业文化等方面践行绿色管理理念,大力推进生态文明建设(李红玉和朱光辉,2015)。

1. 企业绿色战略

绿色战略是指企业在绿色经营观指导下,对企业进行绿色开发,在生产、营销和企业文化建设等方面践行绿色发展理念的总体规划方式。

中种集团作为我国唯一以农作物种子为主营业务的育、繁、推一体化中央企业,制定了以"绿色战略"为核心的中长期科技发展规划,开发推广绿色品种,以品种引领种植模式升级、种植结构改善。该公司2012至2014年每年都将销售收入占比超过10%的当期利润投入长周期的育种研发中,2014年新申请7项科研成果专利和24项新品种权,实现了自主育种的新突破;育种研发能力得到国家的进一步肯定,中种集团技术中心被认定为国家认定企业技术中心。

作为老牌国有企业,中国石油化工集团有限公司于2011年8月将绿色低碳发展理念纳入公司的发展战略,强调通过技术创新和技术改造升级与应用,降低生产过程中的能源消耗和温室气体排放,减少环境污染,同时提供绿色、环保、安全、无污染的产品。与此同时,中石化还将持续推进能源结构调整,大力提高能效,发展地热、生物柴油、生物燃料乙醇等低碳能源,优化能源结构,积极研发低碳技术,转变生产、生活和消费方式,践行低碳发展。2012年11月,中国企业发布的首个环境保护白皮书《中国石油化工集团公司环境保护白皮书》由中石化正式发布,宣布其将实施绿色低碳战略,推行节能减排和清洁能源生产。

很多外资企业也制定了绿色战略。

2. 企业绿色设计与制造

绿色设计也称为生态设计、环境设计,是指在产品及其寿命周期全过程的设计中,要充分考虑对资源和环境的影响,在充分考虑产品的功能、质量、开发周期和成本的同时,要优化各种相关因素,将产品及其制造过程中对环境的总体负影响减到最小,使产品的各项指标符合绿色环保的要求。绿色制造是指在保证产品的功能、质量、成本的前提下,综合考虑环境影响和资源效率的现代制造模式。中联重科在绿色设计与制造方面走在国内行业前列。2014年11月,中联重科的新能源产品——CIFAENERG-YA系列混合动力绿色搅拌车,获得世界工业设计领域"红点设计大奖",这是中国工程机械行业首次获得该项殊荣。2015年3月,中联重科推出转型工业4.0智能制造的首个颠覆性成果——"三位一体/二位一体"系统解决方案,通过智能化控制技术,发挥系统内部协同作用,通过PLC智能操控、ERP数据管理,实现数字化作业和数字化管理,节省人工成本。

3. 企业绿色营销

绿色营销是指企业将环境保护和绿色发展作为营销指导思想和企业价值理念,引导消费者进行绿色消费的营销策略和营销方式。近年来,作为全球白色家电品牌,海尔开创的绿色发展模式成功获得了全球用户的认可,2014年海尔公司大型家电销售量第六次蝉联全球首位,在2014年德国柏林国际消费类电子展上海尔推出的博观智慧窗冰箱一举刷新了欧洲市场能效最低、容积最大的对开门冰箱纪录;在2015年中国家电博览会上海尔推出的节能冷柜更是比欧洲当时的最高节能标准还要节能20%,成为行业首台节能标准无法定义的冷柜。凭借绿色营销手段,海尔不断推出节能产品,为全球消费者提供最领先的绿色生活解决方案。

4. 企业绿色财务

从绿色管理的角度来看,普通企业实行绿色财务,与其相对应的就是绿色金融。所谓绿色金融是指在进行投融资决策过程中,应充分考虑可能产生的环境影响,将金融活动中与环境相关的风险和成本融入日常业务,重视环境保护与环境治理,通过相关手段引导社会经济资源的合理配置,促进社会经济可持续发展。绿色金融包括绿色保险、绿色证券、绿色信贷等。自2013年开始,国务院发展研究中心金融研究所与国际可持续发展研究院合作开展"绿化中国金融体系"课题研究,认为中国的经济和金融体系急需向绿色可持续经济发展的"新常态"和绿色金融转型。在绿色信贷领域,银行业金融机构支持节能环保项目的个数从2007年的约2700个上升到2013年的约1.4万个,贷款余额从2007年的约3 400亿元上升到2013年的约16万亿元。在绿色保险方面,根据人保财险和清华大学环境学院联合发布的《2014年度中国企业环境风险报告——基于环境污染责任保险视角》,2011年以来,扬州在全市推广"绿色保险",共计承保重点环境风险企业180家(次),累计承担环境风险责任2 367亿元。近年来,交通银行浙江省分行把绿色经营作为转型发展的重中之重,从资本消耗、运营成本、资产风险、综合收益和团队面貌等方面入手,潜心梳理当前业务中低耗高效的品种,形成以托管、按揭、POS收单等为代表的低资本消耗绿色产品,以线上交易、E贷链、银卫安康为代表的电子化运营绿色渠道,以代理企业财险、国债等为代表的零风险运作绿色代理,以产业链客户、家庭基本账户等为代表的绿色客户,以实现三项达标升级、支行综合竞争力强等为重点的绿色网点。

5. 绿色企业文化

绿色企业文化涉及企业及其员工在长期的生产经营实践中逐渐形成的为全体职工所认同遵循、具有本企业特色的、对企业成长产生重要影响的、对节约资源和保护环境及其与企业成长关系的看法和认识。海尔将低碳、循环、节能、减排等理念融入企业的生产实践，要求夏天控制室内空调温度不低于26℃，倡导员工购买低能耗车，改造办公照明设施，实施小功率照明控制，实现"人来灯亮，人走灯灭"的智能控制，举办员工"画与话"等活动，展现了企业文化的绿色元素①。

（四）中国绿色管理实证研究

1. 绿色管理、企业形象与竞争优势

工业活动的迅速发展，造成了全球性的环境问题，且已成为企业经营的必要任务，然而各大企业在20世纪80年代才明显重视企业经营与环境冲击之间的关系（Shrivastava，1994）。企业是自然环境中的一环，企业永续发展应注重企业与自然环境之间的平衡，因此企业的科技发展与成长理应有一定程度的限制（Gladwin et al.，1995）。企业经济发展迅速，虽有利于经济与获利，但却可能对自然环境造成破坏；反之，若企业发展程度过于保守，虽可履行对自然环境的责任，然却使组织获利未达最佳化。目前，全球人口约为75亿人，联合国经济和社会事务部2019年6月17日发布2050年时，全球人口数可能上升至97亿。届时，全球资源的消耗与使用势将更为迅速；对于企业而言，若无一套系统性的方法与实务以顺应环保趋势，终将不利于人类发展与企业生存。

近年来，鉴于各种利害关系人对于环境保护的不同观点，致使企业不得不着手关心有关环境保护的议题，相关研究也开始强调利害关系人的重要性，以满足各种利害关系人的需求，彰显利害关系人与企业环境保护实务之间的强烈关联性（Buysse and Verbeke，2003；Henriques and Sadorsky，1999）。环境保护已成为人类生存与发展的关键，诸如顾客、股东、监督机构、债权人、基金管理者、环境保护团体和政府单位等，皆对企业环境绩效（Corporate Environmental Performance）颇具兴趣（Xie and Hayase，2007）。企业越来越难以忽略环境保护的议题，在获利之余，也将环境保护列为重点发展策略，因为企业已了解到，他们无法忽略产品生产的环保特性（Slater and Angel，2000；Zhu and Sarkis，2006）。就当代企业经营与管理而论，每个企业都必须面对诸多的利害关系人，所以利害关系人的环境保护态度以及对环境的关心，无形之中，对于企业而言造成莫大的压力；纵使企业本身未将环境保护议题视为重点，在诸多利害关系人的驱使下，许多企业也开始实行某种程度的绿色管理，以满足利害关系人的需求以及顺应产业整体的发展趋势。

因此，在利害关系人的压力与产业趋势的发展下，企业绿色管理已成为不可避免的事务。然而，即使企业管理者已了解到环境保护有益于企业本身与利害关系人，企业仍可能试图专注在那些显而易见、却缺乏意义的管理行动，以作为污染排放绩效不彰的掩护。值此之际，许多学者开始提出企业不应被动顺应利害关系人与产业趋势以推动绿色管理，更应该主动、积极地发展绿色管理，方有助于取得市场地位与先机（González-Benito and González-Benito，2005）。预应式（Proactive）的绿色管理可以透

---

① 2013年的海尔环境报告书。

过资源输入的有效运用、废弃物的减少与移除不必要的生产流程来减少成本,促使企业在此过程中获得创新与独特的竞争优势,且较能避免竞争者的模仿(Berrone and Gomez-Mejia,2009)。综合上述,可了解企业绿色管理与竞争优势具有不可分割的脉络关系。然而,在过去研究中,此关联性却多以阐述观点为主,直到近期才在学术领域中开始强调,相关实证研究仍较为缺乏。

以文献为基础,中国绿色管理实证探讨了绿色管理、企业形象与竞争优势发展的脉络关系,运用结构方程模式(Structural equation modeling)检验变量间之关联性。

(1)研究架构。研究基于文献探讨,发展本研究假说与架构运用结构方程模式进行分析。结构方程模式之特性在于其具有整合的效用,可将不同分析路径在同一模式中完成分析。本研究将绿色管理、企业形象与竞争优势进行整合,如图2-3所示。

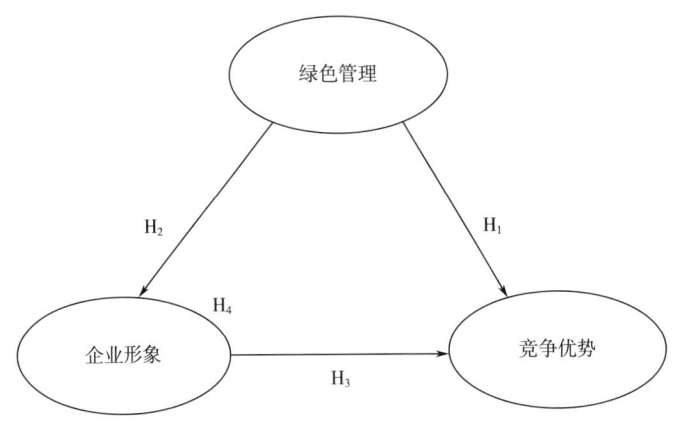

图2-3 研究架构

(2)研究工具。绿色管理题项系由研究者自行发展,经过8位专家的焦点团体访谈①以及与13位专家的模糊德怀术②建构而成。焦点团体访谈系针对绿色管理的题项内容进行讨论,以获得符合现况的题项,增加题项效度。模糊德怀术则在取得专家意见的收敛共识,题项解模糊值皆至少达到0.63。绿色管理变项经以上分析后,计有8个构面、24个题项,构面名称为"组织、管理与管理者和管理思想的发展与演进""管理环境""作业管理""营销管理""人力资源管理""财务管理""科技管理"以及"企业的全球化与成长发展",分析时以GM1~GM8表示。企业形象6个题项与竞争优势7个题项,则分别参考Javalgi等人(1994)与Porter(1985)之研究,依据中国大陆产业特性发展与修饰而成,分别以CI1~CI6与CA1~CA7作为代表。所有题项以李克特5点量表作衡量,在经过7位有关学者的专家效度检验后得以施测。在信度分析方

---

① 焦点团体访谈系为一种取得资料的质性方法,通常研究者会预先订定讨论主题,邀请对讨论主题具有洞见的相关学者提供意见并进行交流,以获得对讨论主题更深入的了解。

② 模糊德怀术则为一种判断专家意见是否趋于一致的量化分析方法,一般而言,以题项之解模糊值大于0.6作为专家意见收敛与否的标准,若解模糊值大于0.6,即为专家意见趋于一致的佐证。

面,绿色管理为0.97,企业形象为0.89,竞争优势为0.96,显示各变项之内部一致性良好。

(3)研究对象。研究对象为中国大陆企业的主管与员工,总计发放550份问卷,回收问卷为341份,有效问卷数为286份,有效回收率52%。其中,在性别方面多为男性,有147人,占51.4%;在学历方面多为大学或大专者,有188人,占65.7%;在服务部门方面以研发部76人较多,占26.6%;工作年资于5年以内者162人最多,占56.6%;职位以员工居多,有127人,占44.4%;产业类别以高科技业者85人较多,占29.7%;公司总员工人数为51~100人者居多,有77人,占26.9%。

(4)研究结果:一是常态性检验。为进行结构方程模式之最大概似法,样本必须符合常态性,也就是说,态势绝对值应小于3,峰度的绝对值应小于10。本研究变项有三,绿色管理、企业形象与竞争优势,其态势与峰度,如表2-5所示,可知变项态势与峰度皆符合标准,变项之分布为常态性。二是结构方程模式分析。研究采用二阶段模式进行分析,先进行测量模式的检验,了解模式的潜在含义后,再进行结构模式的检验。测量模式分析之摘要表,如表2-6所示。在模式估计上,可由误差变异数为负值、β太接近1以及标准误太大作为违犯估计的检验。本研究之误差变异数皆为正值(0.12~0.43)、β未有太接近1者(0.69~0.92),且标准误都不大(0.04~0.11),显示本研究模式之估计值适当,可继续检视其他要项。本研究之适配度指标,Normed chi-square为3.04,RMR为0.03,NFI为0.90,CFI为0.93,SRMR为0.05,皆为可接受之数值。

表2-5 本研究变项之常态性检验

变项	平均数	标准差	态势	峰度
绿色管理	3.71	0.66	-0.34	0.62
企业形象	4.16	0.64	-0.31	-0.55
竞争优势	3.86	0.80	-0.35	0.05

研究之β与R^2分别大于Jöreskog与Sörbom所建议的0.45与0.20,显示本研究各测量变项具有聚合效度,可以有效代表所属的变项,且具有良好的信度。平均变异数萃取在0.60~0.79,大于Fornell与Larcker建议的0.5,显示本研究测量变项可以有效地衡量潜在变项的构念。组合信度则至少达到0.90,按Kline所指出,代表本研究各潜在变项中的测量变项的内部一致性良好。最后,在区别效度方面,理论模式(潜在变项变异量设为1)的卡方值为724.57,各限制模式(潜在变项之相关依序设为1)的卡方值在1 245.49~1 740.31,卡方值之差异量介于520.92~1 015.74,显示本研究模式之各潜在变项之间是可以区别的,并非是同一个构念。

表 2-6　本研究测量模式分析摘要表

变项	构面	β	R^2	平均变异数萃取	组合信度
绿色管理	GM1	0.72**	0.52	0.70	0.95
	GM2	0.79**	0.62		
	GM3	0.84**	0.71		
	GM4	0.89**	0.79		
	GM5	0.87**	0.75		
	GM6	0.86**	0.73		
	GM7	0.86**	0.74		
	GM8	0.86**	0.74		
企业形象	CI1	0.77**	0.59	0.60	0.90
	CI2	0.80**	0.64		
	CI3	0.79**	0.63		
	CI4	0.81**	0.65		
	CI5	0.77**	0.60		
	CI6	0.69**	0.47		
竞争优势	CA1	0.91**	0.82	0.79	0.96
	CA2	0.92**	0.85		
	CA3	0.91**	0.84		
	CA4	0.90**	0.81		
	CA5	0.89**	0.78		
	CA6	0.84**	0.70		
	CA7	0.84**	0.69		

注：**$p<0.01$，表明系数在99%的置信水平下显著。

鉴于测量模式与结构模式为等同模式（Equivalent Models），其估计值与适配指标值皆为一致，故不再赘述，直接说明本研究模式各影响路径的关系，如图2-4与表2-7所示。绿色管理对竞争优势的β值为0.47**，绿色管理对企业形象的β值为0.54**，企业形象对竞争优势的β值为0.41**。单独考虑绿色管理对竞争优势的β值为0.69**，再加入企业形象的分析后，绿色管理对竞争优势的β值降为0.47**，仍达到显著水平。根据Barron与Kenny所指出，自变项与依变项的直接效果为显著，在加入中介变项后，若自变项对依变项的效果为不显著，即为完全中介模式，若自变项对依变项的效果下降但仍达到显著水平，则为部分中介模式。据此，本研究模式符合部分中介模式的特性，企业形象在绿色管理与竞争优势之间具有中介效果。

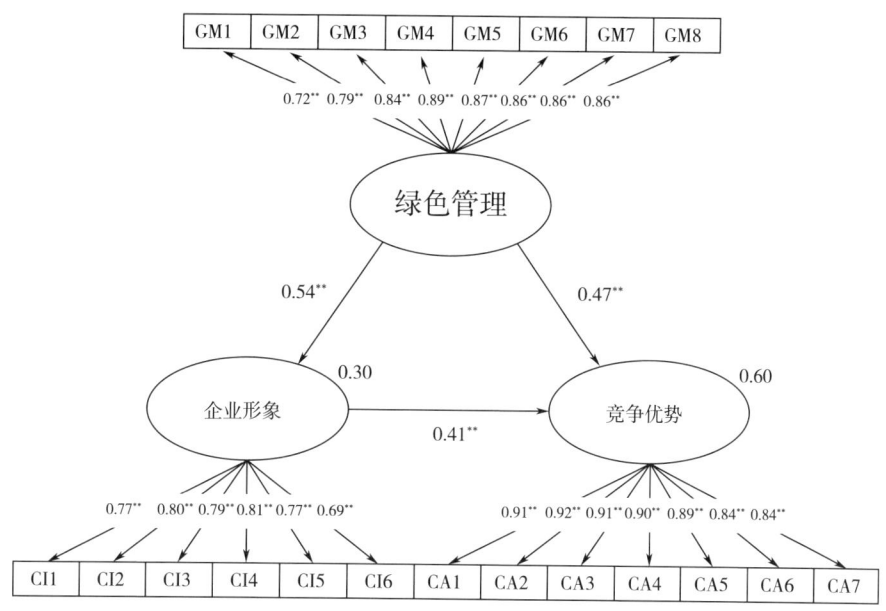

图 2-4　结构模式分析

表 2-7　结构模式分析摘要表

研究假说	β	t 值	结果支持
绿色管理对竞争优势	0.47**	7.90	是
绿色管理对企业形象	0.54**	7.91	是
企业形象对竞争优势	0.41**	7.13	是

研究假说一（绿色管理对竞争优势具有正向显著影响）获得支持，企业绿色管理的实行确有助于竞争优势的获取。Berrone 与 Gomez-Mejia（2009）、Russo 与 Fouts（1997）指出，企业可透过生产流程的改善，促进资源运用的最佳化，进而产生竞争优势。对于中国企业经营来说，企业本身虽大多拥有良好的生产力，然而，竞争者也为如此，若欲以量制价或规模经济产生竞争优势，是相对不易的做法。绿色管理兼具降低生产成本与提升制造效率之效用，在生产更多且消耗更少的情况下，其结果就是独特的竞争优势。

研究假说二（绿色管理对企业形象具有正向显著影响）获得支持。Tucker 与 Melewar（2005）认为，企业应找出有效管理企业形象的方法，让利害关系人对企业具有正面的知觉形象。就此而论，研究者认为，绿色管理就是建立企业形象有效的方法之一，现在中国企业的利害关系人接受过更多的信息与教育，也更了解什么是绿色管理，企业在绿色管理上的用心与努力，在利害关系人而言皆具加乘效果。Hart（1995）更直接提出绿色管理可促进正面企业形象的观点。中国企业绿色管理之实务是履行社会责任之表现，有助于建立主管与员工对企业的正向知觉，身为企业成员的一分子将感到荣誉与使命，甚至主动向外界宣扬企业的这些良好实务，成为企业的活动式宣传。

研究假说三（企业形象对竞争优势具有正向显著影响）与研究假说四（企业形象在绿色管理对竞争优势的正向影响关系中具有中介效果）也获得支持。企业形象在利害关系人心目中，具有诸如提升满意、促进购买和建立忠诚等功效，这些功效都是成功企业所展现的特性。企业特性与文化是竞争者难以模仿的项目，由企业形象所带来的竞争优势，将更具独特性且较不易被取代。此外，Brammer 与 Millington（2005）指出，若企业实行社会责任的程度越高，则企业形象也越高，将带来更强的竞争优势。就本研究结果而论，中国企业绿色管理已为利害关系人心目中的一种社会责任表现方式，有利于建立企业形象与竞争优势。对于中国企业管理者来说，除了可以运用绿色管理的实施以直接产生竞争优势，也可透过企业形象建立所带来的诸多效益，对企业竞争优势提供贡献。对于欲展现社会责任的中国企业来说，绿色管理也成为在企业在发展或赞助慈善活动时的另一选择，也可以说，绿色管理是企业社会责任展现的"差异化"方式。

2. 竞争型绿色管理战略的构建

经济高速发展和工业文明的进步改变了社会生产和人类生活，然而以牺牲环境利益为代价的经济发展也造成了惨重的代价。全球变暖、资源短缺、各种自然灾害层出不穷迫使人们开始反思经济发展与环境保护的关系。"绿色日""节能减排"等词汇出现在人们的视野，人们开始追求一种"低碳环保"的生活方式。2011年中央经济工作会议指出要大力发展循环经济、环保产业、绿色经济，强化节能减排和应对气候变化，增强企业和全社会的节能减排内生动力。

政府越来越关注环境问题，而企业作为社会经济环境中重要的一环，既是社会物质财富的创造者，也是资源的使用者与承载者，有义务承担环境保护的责任。从宏观方面，政府应承担起环境保护的义务，以推动可持续发展战略的实施；从微观方面，"绿色管理"逐渐成为企业践行节能减排的重要途径。其实，企业实施绿色管理是必然的选择，对内可实现资源优化配置，降低生产成本；对外可以适应资源节约型和环境友好型社会，树立企业社会责任感，优化企业形象，增强竞争优势。

目前，绿色管理理论已经得到了学术界与企业界的广泛认可和支持。然而，纵观学术界，绿色管理研究多从"制度理论"出发，现有研究停留在概念、原因、模式、措施等层面，较少从企业本身出发，对企业绿色管理行为实施的后续研究较少。纵观企业界，多数企业的绿色管理迫于政府规则管制、金融机构、股东、客户等利益相关者及企业社会责任的压力，是一种"被动型绿色管理"，或者说"反应型绿色管理"。

从某种意义上说，学术研究是实践的指示标，或许正是由于企业缺乏绿色管理实施后果的深刻理解，造成"被动型绿色管理"的广泛存在。本文认为竞争优势的增强是企业实施绿色管理的根本动因。当企业意识到实施绿色管理能够提升企业竞争优势的时候，就会主动实施绿色管理，而不是迫于各种利益相关者压力消极被动地实施绿色管理。为了提高企业绿色管理的主动性，本文运用规范研究与实证研究方法探讨企业绿色管理活动与企业竞争优势的关系。

（1）企业绿色管理与竞争优势关系模型设计。在经济社会可持续发展的大背景下，企业必须重视绿色管理才能获得持久竞争优势，并不只是为了利益相关者的压力。通过文献总结，我们构建了"企业绿色管理与竞争优势关系的理论模型"（图2-5），具体如下：

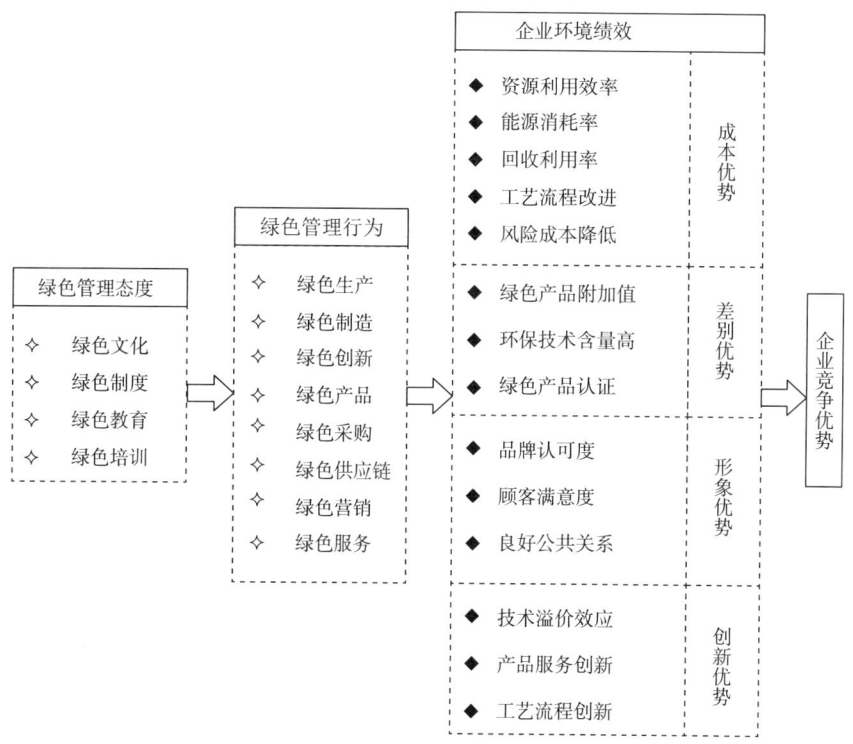

图 2-5　绿色管理与竞争优势关系模型

第一，企业绿色管理态度包括高层管理者绿色价值观、企业员工对绿色管理、环保价值的认可、相关的组织支持等对企业绿色管理行为起到促进作用。根据相关文献，我们认为企业绿色文化、绿色教育与培训、绿色管理制度建设等可以作为反映企业绿色管理态度的相关指标。

第二，企业绿色管理行为主要包括绿色生产、绿色制造、绿色产品研发、绿色采购与绿色营销、绿色供应链等。上述企业绿色管理行为分别通过提高资源利用率、降低能源消耗率、提高产品附加值、提高顾客满意度等影响企业环境绩效指标，进而影响企业竞争优势。

第三，企业绿色管理行为是企业竞争优势的获得效应，其依据就在于绿色管理能够为企业带来成本优势、差别优势（先动优势）、形象优势以及创新优势，从而提高企业整体竞争优势。例如，企业绿色生产与制造提高了资源利用效率与产品回收利用率，降低了能源消耗量与风险信任成本，这些因素降低了企业成本，使企业获得竞争对手不具备的成本优势，从而有利于提升企业竞争优势。企业通过绿色技术创新推动"技术溢价效应"，提升了企业创新优势，进而促进企业竞争优势的增强。

具体来说，企业绿色管理是竞争优势的来源，其依据在于：

①绿色成本优势：一是资源利用效率，资源紧缺伴随生产成本上升成为制约企业扩大再生产的重要因素。Russo 和 Fouts（1997）指出，绿色管理是提升企业经营绩效和竞争优势的重要手段，而绿色管理主要是通过对资源的有效管理来实现。企业通过绿色管理活动可以更有效地提高资源利用率，从而提高企业竞争优势。企业内部资源利用的无效率通常表现在物料使用不安全或制成品管理太差，导致没有必要的浪费，产品的生命周期中埋藏着很多隐性成本增加了企业成本。二是资源转化效率，绿色管理行为提倡"循环"与"再利用"，可以提高产品与原材料的回收利用率。一方面，绿色管理强调废弃物循环再利用的观念，推行废弃物管理有利于提高资源转化利用率，达到资源化的目的。另一方面，垃圾是放错地方的资源，企业通过一些简单的工序就可以让自己闲置的垃圾"变废为宝"。实践表明，许多企业通过"废弃物循环再利用"减少了废弃物所占的处理时间和空间，通过简单的改造为这些"工业副产品"找到了市场。三是生产工艺流程改进，成本优势还来自于企业生产制造工艺、流程的改进，包括生产工艺流程的重新设计与创新。一方面，企业通过生产方式的调整，简化或者剔除非必要步骤，降低循环时间，提高生产效率。绿色技术创新可以通过改进装备、调整工艺参数与路线、科技研发等方式降低资源消耗，提高资源利用效率。另一方面，企业通过一些简单的改装和自动化就可以节约日常运作成本。四是环境风险与信任成本，企业绿色管理行为可以降低环境规制遵守成本，降低环境风险。环境风险是指企业迫于环境污染危机支付的环境污染费用的风险，还包括信用风险。一方面，企业实施绿色管理可以规避环境风险，从而降低企业环境规制遵守成本以及环境规则破坏的品牌信用成本，从而提高企业竞争优势。另一方面，企业实施绿色管理可以获得享受优惠政策的权利。政府管理部门通过税收优惠、环保违规罚款等多种经济杠杆管理企业环境保护问题。

②绿色差别优势：一是先发优势，企业实施绿色管理，率先获取环境保护技术上的领先，可以优先或者排他性地获得一定的稀缺资源。绿色管理可以帮助企业建立行业定位优势。企业建立与其能力、资源相匹配的环境保护规则和标准，成为相关行业管理规范与技术标准的先行者与制定者，影响政府与其他社会团体规制或法规的制定，增加竞争对手的遵守成本。这一能力也将成为竞争者的障碍，使得其他竞争者难以模仿。企业通过绿色管理预测政府将来的环境规制从而在现阶段就采取相应的技术措施，也会比将来再实施相应措施来得更加节省成本。二是可以带来产品溢价效应。企业作为绿色管理创新的开拓者，采取差异化战略，满足消费者绿色需求，开发绿色产品，进而增加绿色产品附加值，提升产品品质，获取更高的利润，获得先行者优势。一般而言，绿色产品具有环保友好和技术含量高等优势，有较高的毛利率，有利于同行业内其他企业产生差异，帮助企业迅速占领市场。企业可以针对绿色产品收取相对高的价格，获得差异化优势并进一步获得竞争优势。此外，企业可以在产品设计和包装设计上体现绿色产品理念，增加差异化优势。绿色产品包装具有节省材料、易于自行分解与回收利用的特征，有利于获得消费者的认可。三是绿色认证绿色认证或绿色标志是企业通过绿色产品获取更高竞争优势的途径。绿色标志表明产品不但质量符合标准，

而且在生产、使用、消费和处置等过程中符合环境保护要求,对生态环境和人体健康没有损害。拥有绿色标志的产品不仅具有一般使用价值,还有特有的环境价值。绿色标志越来越成为消费者用来选择"优质环保"产品的指示。市场上越来越的绿色认证将绿色产品与普通产品分离,使得没有绿色认证或绿色标志的产品变得越来越没有竞争优势。

③绿色形象优势是企业竞争优势的重要来源:一是可以提高顾客满意度,企业实施绿色管理有利于获得消费者的认可,提高顾客满意度和品牌忠诚度,进一步帮助企业建立消费者的品牌偏好和忠诚。消费者在选择公司、品牌时更倾向于选择那些重视环境保护的企业,这表明企业实施绿色管理可以获得客户的认可,优化企业形象(Sen,2004)。企业实施绿色管理有利于创建绿色企业形象。绿色产品、绿色服务以及企业绿色形象更能得到消费者认可,提高顾客满意度,从而增加企业市场份额。二是增强品牌效应,企业绿色管理方面的投资不仅避免了环境保护抗议,也帮助企业获得了卓越的企业形象。绿色管理对企业绿色形象有正面的影响,而绿色形象对企业也非常重要,尤其是在消费者环保意识崛起与严峻的国际环境保护法规背景下,诸如银行、信托投资公司等金融机构越来越关注企业环境问题,合格的环境评估报告是获得贷款的必要条件。三是提升公共关系,企业实施绿色管理是履行社会责任的表现。绿色管理是政府、消费者、股东、社会团体等各相关利益相关者的共同期望,企业实施绿色管理、承担社会责任,关注自身经济活动造成的影响,改善外部环境,优化同政府、社区、客户等利益相关者关系,树立良好的企业形象,提高市场声誉,有利于改善与利益相关者的关系,获得良好的公共关系,增强企业竞争优势。四是应对危机管理,从长远看,绿色管理是企业获得持久竞争优势的必然选择。有些学者和企业家或许觉得绿色管理是企业的附加行为,可有可无。然而,从长远来看,实施绿色管理确实是企业战略管理不可缺少的组成部分。绿色管理不只为企业提供应对环境污染和资源节约的重要方法,最为关键的是,当一个企业不能很好地处理环境污染问题的时候,会使企业价值迅速流失,甚至企业数十年精心培育起来的品牌信誉可能毁于一旦。因此,企业绿色管理是企业"预防式"危机管理的重要组成部分。

资源低效利用导致的污染,企业可以通过绿色技术创新提高原材料利用率与生产效率,降低投入成本,弥补环境保护成本。严格的环境管制可以带动企业创新。针对绿色管理的创新统称为绿色技术创新,通常有两种形式:一种是企业处理污染经验技巧的提高,这种类型的创新在没有改变产品其他性能的情况下,大大减少了污染控制的适应成本;另一种是既解决了环境污染问题,同时又使生产工艺流程或相关产品本身得以改善。第二种形式的创新带来双重效益,是更加有效的创新。企业利用环境保护问题关注的机会设计创新技术、产品和服务,帮助客户应对环境问题,赢得新的市场份额。创新还包括"观念"的创新,企业利用绿色管理创新帮助消费者形成新的环保定义,开拓崭新的环保定义市场空间。企业绿色管理行为,特别是绿色产品研发与创新可以推动产品升级换代。实施绿色管理的企业往往比其竞争对手更具创新性和进取性,比大多数人更早发现新出现的问题,从而为应对影响市场的不可预测的力量做好更充分的准备。这些企业也更擅长发现新的机会,帮助客户降低成本并减轻环保方面的负担。

（2）实证分析。本研究以北京市中小企业的主管和员工为研究对象，总计发放问卷600份，回收问卷381份，有效问卷319份，有效回收率为53%。调查问卷的受访者以男性为主，学历方面多为大学或大专学历获得者，在服务部门方面以研发部门较多，产业以高科技产业从业人员为多。问卷调查主要采用拜访和当场填写的方法，以保证问卷的准确性和回收率。

①研究变量与衡量指标（表2-8）。

表2-8　绿色管理与竞争优势关系对照图

变量	衡量指标	问项	
绿色成本优势（A）	A1 资源利用效率	Q18	能源消耗率/原物料消耗率
		Q10	废弃物管理
	A2 资源转化效率	Q17	回收再利用率
		Q20	废弃物（废气废水等）排放
	A3 环境风险与信任成本	Q21	生产环境意外安全事故减少
		Q23	环保违规罚款减少
绿色差别优势（B）	B1 先发优势	Q7	绿色经营目标
		Q9	绿色管理相关法律法规
		Q19	原料消耗率
	B2 产品溢价效应	Q11	兼顾生产与环境保护
		Q15	绿色环保产品
	B3 绿色认证	Q8	全球绿色管理趋势
		Q4	绿色管理策略制定
绿色形象优势（C）	C1 顾客满意度	Q5	绿色管理预测分析
		Q12	运用绿色管理塑造企业形象
	C2 品牌效应	Q2	对社会整体负责
		Q6	绿色管理教育与培训
	C3 公共关系	Q13	绿色绩效奖酬
		Q16	绿色产品设计/绿色产品
绿色创新优势（D）	D1 技术溢价效应	Q14	减少环境污染成本
		Q24	环保知识增长
		Q22	生产工艺流程效率提高
	D2 产品服务创新	Q1	绿色价值观创新
		Q3	企业绿色经营理念重要性

②多元线性回归分析。为探讨企业绿色管理与企业竞争优势的关系，根据前述企业绿色管理与竞争优势关系模型，运用多元回归模型测量反映绿色成本优势、绿色差别优势、绿色形象优势、绿色创新优势的企业绿色管理行为与企业竞争优势的关系（表2-9）。

专题二 新时代绿色发展与绿色管理

表2-9 相关系数

变量	未标准化系数		标准化系数		
	B的估计值	标准误	β分布	t	显著性
（常数）	2.910	1.370		2.124	0.034
绿色成本优势	0.818	0.081	0.573	10.138	0.000
绿色差别优势	0.088	0.120	0.060	0.733	0.064
绿色形象优势	0.024	0.126	0.015	0.187	0.042
绿色创新优势	0.351	0.119	0.195	2.951	0.003

注：上表中被解释变量为企业竞争优势。

由表2-9可得，多元回归标准化回归模型如下：

企业竞争优势 = 0.573×绿色成本优势+0.060×绿色差别优势+0.015×绿色形象优势+0.195×绿色创新优势

标准化系数的绝对值越大，表示自变量对"企业竞争优势"变量的影响越大。从标准化回归方程式中可以看出，四个预测变量中以"绿色成本优势"以及"绿色创新优势"两个自变量对依变量的影响最大，其次是"绿色差别优势"和"绿色形象优势"。四个自变量的标准化回归系数值均为正数，表示其对依变量的影响均为正向，四个自变量绿色成本优势、绿色差别优势、绿色形象优势、绿色创新优势的回归系数显著性检验的 t 值分别为 10.138（$p=0.000<0.05$）、0.733（$p=0.064>0.05$）、0.187（$p=0.042<0.05$）、2.951（$p=0.003<0.05$）。回归系数未达到显著的自变量有"绿色差别优势"。

企业实施管理可以促进企业成本优势、差别优势、创新优势与形象优势的提升，从而推动企业竞争优势的增强。其中，成本的节约与效率的增强最显著。企业通过推行绿色管理，提高了资源利用效率和产品回收率，有助于减小风险成本和信任成本，有利于提升企业竞争优势。通过实证分析，我们发现：企业实施绿色管理可以降低原物料与能源消耗率消耗率、通过废弃物管理增加产品回收再利用率、减轻废弃物排放从而减少环境污染成本，增强生产效率。

（3）竞争型绿色管理战略的构建。绿色管理是一个被动绿色管理到主动绿色管理转变的连续过程。企业只有从战略高度实施绿色管理，促进绿色管理技术创新，降低企业成本，提高资源利用效率，才能有效地提升竞争优势。竞争型绿色管理战略是指从企业竞争优势的获得角度出发，从绿色管理促进企业竞争优势的结果出发，"反向"构建企业的绿色管理战略。因此，"竞争型绿色管理战略"包括各种有利于提升企业成本优势、差异化优势、形象优势与创新优势的企业绿色管理行为。

根据全文研究思路与研究结论，本文构建了"竞争型绿色管理战略"模型（图2-6）。"竞争型绿色管理战略"模型包含两个基本要素（B1和B2）和四个必要要素（E1、E2、E3和E4），其中基本要素是指主动型绿色管理与绿色管理态度。

第一，竞争型绿色管理战略是一种"主动型绿色管理战略"。主动型绿色管理战略

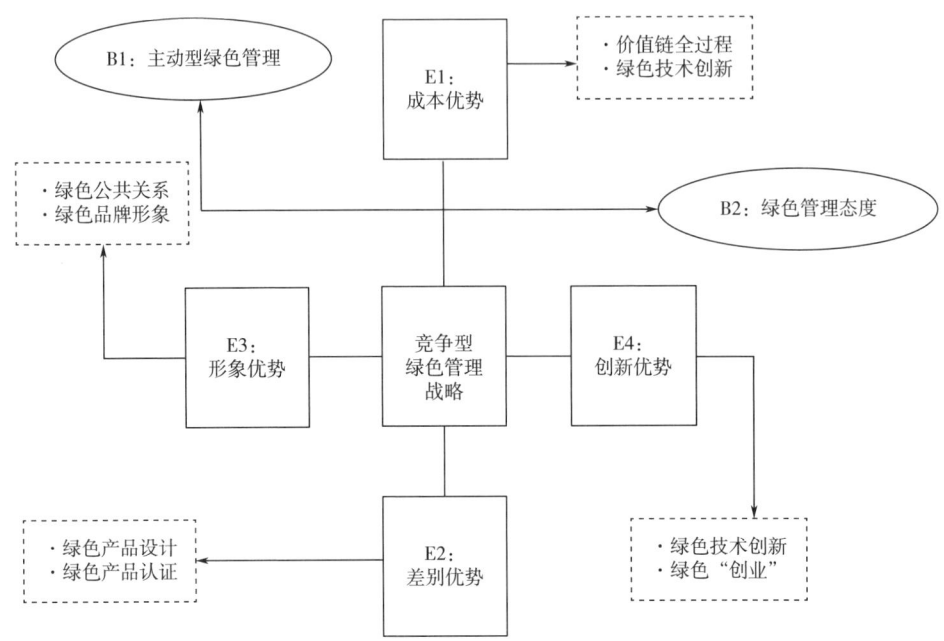

图 2-6 竞争型绿色管理战略模型

是企业持续竞争优势的重要来源。主动型绿色管理战略除服从制度规范外，还进一步采取自愿性行为，通过各种主动措施和清洁生产技术来预防和减少环境破坏，以期减少企业生产经营活动对环境的不利影响，其最显著的特征是通过绿色管理行为构建竞争能力。只有基于自愿型的绿色管理行为才有可能形成竞争性环境战略并为企业带来竞争优势（胡美琴，2008）。竞争型绿色管理战略要求企业从战略管理高度实施绿色管理，根据企业所处的动态环境选择合适的绿色管理战略。

第二，竞争型绿色管理战略强调管理者及其员工对绿色管理的支持。通过上文的实证分析，我们发现，绿色管理态度对企业竞争优势有正向显著影响。绿色管理是全体员工共同推行的全过程的管理，员工对环境保护与绿色管理的投入影响各环节企业绿色管理活动的实施，影响企业环境绩效的高低，影响企业成本优势、差异化优势、创新优势与企业形象优势的获得，从而影响企业竞争优势的高低。因此，企业应将绿色管理理念视为生产经营目标之一，制定绿色管理战略，开发绿色管理课程，对员工绿色管理绩效进行奖励，改善企业绿色管理态度进而提高企业竞争优势。当企业绿色管理得到有力的资源和能力支持时才能更有效的创造竞争优势。

图 2-6 中，"竞争型绿色管理战略"模型包含四个必要要素：成本要素（E1）、差别要素（E2）、形象要素（E3）与创新要素（E4）。

第一，竞争型绿色管理战略强调"成本"要素。绿色成本优势是企业竞争优势的重要来源：一方面是竞争型绿色管理战略强调绿色技术创新与绿色工艺流程的改善，提高资源利用率和产品回收率，以降低企业成本；另一方面是竞争型绿色管理战略要求绿色管理和企业其他生产经营环节的无缝连接。在企业的运营层面，多数企业的绿色管理战略并未能与日常业务无缝衔接。根据"价值链"绿色管理理论体系和企业绿色管理与竞争优势关系的理论模型及实证分析,我们可以发现:企业绿色管理行为贯穿企业生产经营的全过程,竞争优势的获取依赖于全过程全员的绿色管理实践。实现企业绿色管理与其他所有生产经营环境的无缝连接是提升企业竞争优势的重要手段。

第二,竞争型绿色管理战略强调"差别"要素。差别优势是企业竞争优势的来源之一。差别优势通过绿色产品与绿色服务体现。绿色产品以其独特的"产品质量""环境友好型"著称。绿色产品认证与绿色产品价格是企业取得高附加值、提升产品竞争力的重要手段。差别优势还表现在企业的先动优势上,企业通过实施绿色管理,通过学习效应和定位优势,率先获取环境保护技术上的领先,可以优先或者排他性的获得一定的稀缺资源。

第三,竞争型绿色管理战略强调"形象"因素。形象优势是企业竞争优势的来源之一。伴随消费者意识的觉醒,市场竞争由低成本战略、质量竞争、柔性生产方式竞争转移至品牌形象与环保关注的竞争。在这一市场条件下,绿色管理成为企业获取竞争优势的主要因素。竞争型绿色管理战略:一方面要求企业树立环保责任,完善与各利益相关者的关系;另一方面企业应努力创建绿色品牌形象。为提高顾客认知,激励消费者环保需求,企业可以通过"典型客户群示范效应"以及各种形式的宣传教育培养消费者绿色消费理念。

第四,竞争型绿色管理战略强调"创新"因素。竞争型绿色管理战略重视绿色技术创新的作用,提倡通过技术创新弥补环境支出成本,是一种"技术型绿色管理战略"。通过上文对企业绿色管理与竞争优势关系的实证研究,我们发现两者具有较强的相关性。企业运用清洁生产和循环经济,注重绿色产品设计和绿色技术创新,是获得成本优势、创新优势以提升企业竞争优势的重要途径。此外,企业若能以绿色管理为契机,倡导公司内部绿色创业,开发绿色产品与产业,也是提升企业竞争优势的重要途径。

参考文献

[1] Ambec S, Lanoie P. Does it pay to be green? A systematic overview [J]. Academy of Management Perspectives, 2008, 22 (4): 45-62.

[2] Aragon-Correa J A, Sharma S. A contingent resource-based view of proactive corporate environmental strategy [J]. The Academy of Management Review, 2003, 28 (1): 71-88.

[3] Arora S, Cason T N. An experiment in voluntary environmental regulation: Participation in EPA's 33/50 program [J]. Journal of environmental economics and management, 1995, 28 (3): 271-286.

[4] Banerjee S B. Managerial perceptions of corporate environmentalism: Interpretations from industry and strategic implications for organizations [J]. Journal of Management Studies, 2001, 38 (4): 489-513.

[5] Bansal P, Roth K. Why companies go green: A model of ecological responsiveness

[J]. Academy of Management Journal, 2000, 43 (4): 717-736.

[6] Baron R M, Kenny D A. The moderator-mediator variable distinction in social psychological research: Conceptual, strategic, and stastical consideration [J]. J Pers Soc Psychol, 1986, 51: 1173-1182.

[7] Berrone P, Gomez-Mejia L R. Environmental performance and executive compensation: An integrated agency-institutional perspective [J]. Academy of Management Journal, 2009, 52 (1): 103-126.

[8] Besser T. Community involvement and the perception of success among small business operators in small towns [J]. Journal of Small Business Management, 1999, 37 (4): 16-29.

[9] Brammer S, Millington A. Corporate Reputation and Philanthropy: An Empirical Analysis [J]. Journal of Business Ethics, 2005, 61 (1): 29-44.

[10] Buckley P J, Casson M. The future of the multinational enterprise in retrospect and in prospect [J]. Journal of International Business Studies, 2003, 34 (2): 219-222.

[11] Buysse K, Verbeke A. Proactive environmental strategies: A stakeholder management perspective [J]. Strategic Management Journal, 2003, 24 (5): 435-470.

[12] Buysse K, Verbeke A. Proactive environmental strategies: A stakeholder management perspective [J]. Strategic Management Journal, 2003, 24 (5): 435-470.

[13] Christmann P. Effects of "best practices" of environmental management on cost advantage: The role of complementary assets [J]. Academy of Management Journal, 2000, 43 (4): 663-680.

[14] Cleff T, Rennings K. Determinants of environmental product and process innovation [J]. European Environment, 1999, 9 (5): 191-201.

[15] Darnall N, Edwards D. Predicting the cost of environmental management system adoption: The role of capabilities, resources and ownership structure [J]. Strategic Management Journal, 2006, 27 (4): 301-320.

[16] Darnall N, Henriques I, Sadorsky. Adopting proactive environmental strategy: The influence of stakeholders and firm size [J]. Journal of Management Studies, 2010, 47 (6): 1072-1094.

[17] David P, Bloom M, Hillman. Investor activism, managerial responsiveness, and corporate social performance [J]. Strategic Management Journal, 2007, 28 (1): 91-100.

[18] Delmas M A. The diffusion of environmental management standards in Europe and in the united states: An institutional perspective [J]. Policy Sciences, 2002, 35 (1): 91-119.

[19] DiMaggio P J. The New Institutionalisms: Avenues of Collaboration [J]. Journal of Institutional and Theoretical Economics, 1998, 154 (4): 696-705.

[20] Downing P B, White L J. Innovation in Pollution Control [J]. Journal of Environmental Economics and Management, 1986, 13 (1): 18-29.

[21] Fornell C, Larcker D F. Evaluating structural equation models with unobservable variables and measurement error [J]. Journal of Marketing Research, 1981, 18 (1): 39-50.

[22] Gare A. Postmodernism and the environmental crisis [M]. Routledge: 2006.

[23] Garrett H. the Tragedy of the Common [J]. Science, 2013, 162: 1243-1248.

[24] Gladwin T N, Kennelly J J, Krause T. Shifting paradigms for sustainable development: Implications for management theory and research [J]. Academy of Management Review, 1995 (20): 874-907.

[25] González-Benito J, González-Benito O. Environmental proactivity and business performance: An empirical analysis [J]. Omega, 2005, 33: 1-15.

[26] Gray W B. The cost of regulation: OSHA, EPA and the productivity slowdown [J]. The American Economic Review, 1987, 77 (5): 998-1006.

[27] Hajer M A. The Politics of Environmental Discourse: Ecological Modernization and the Policy Process [M]. Oxford: Clarendon Press, 1995.

[28] Hart S L. A natural-resource-based view of the firm [J]. Academy of Management Review, 1995, 20 (4): 986-1014.

[29] Henriques I, Sadorsky P. The relationship between environmental commitment and managerial perceptions of stakeholder importance [J]. Academy of Management Journal, 1999, 42 (1): 87-99.

[30] Herman E D, Farley J. Ecological Economics: Principles and Applications. [M]. Washington: Island Press, 2004.

[31] Javalgi R G, Traylor M B, Gross A C, et al. Awareness of sponsorship and corporate image: an empirical investigation [J]. Journal of Advertising, 1994, 23 (4): 47-58.

[32] Jennings P D, Zandbergen P. Ecologically Sustainable Organizations: An Institutional Approach [J]. Academy of Management Review, 1995, 20 (4): 1015-1052.

[33] Jöreskog K G, Sörbom D. LISREL 7: A guide to the program and applications [M]. Chicago: SPSS, 1989.

[34] Julian S D, Ofori-Dankwa J. Understanding strategic responses to interest group pressures [J]. Strategic Management Journal, 2008, 29 (9): 963-984.

[35] Khanna M, Deltas G, Harrington D. Adoption of pollution prevention techniques: the role of management systems and regulatory pressures [J]. Environmental and Resource Economics, 2009, 44 (1): 85-106.

[36] King A A, Lenox M. The strategic use of decentralized institutions: Exploring certification with the ISO 14001 management standard [J]. Academy of Management Journal, 2005, 48 (6): 1091-1106.

[37] Klassen R D, McLaughlin C. The impact of environment al management on firm performance [J]. Management Science, 1996, 42 (8): 1199-1214.

[38] Kline R B. Principles and practice of structural equation modeling [M]. New York: The Guilford, 1998.

[39] Koplin J, Seuring S, Mesterharm M. Incorporating sustainability into supply management in the automotive industry—the case of the Volkswagen AG [J]. Journal of Cleaner Production, 2007, 15 (11-12): 1053-1062.

[40] Marcus A A, Fremeth A R. Green management matters regardless [J]. Academy of Management perspectives, 2009, 223 (3): 17-26.

[41] Mészáros I. Socialism or Barbarrism [M]. New York: Monthly Review Press, 2001.

[42] Mikulak M. the Nature of Capitalism: How Green Can We Grow [J]. ProQuest Dissertations and Theses, 2011: 30-32.

[43] Min H, Galle W P. Green Purchasing Strategies: Trends and Implications [J]. International Journal of Purchasing and Materials Management, 1997 (4): 10-17.

[44] Mitra S, Webster S. Competition in remanufacturing and the effects of government subsidies [J]. International Journal of Production Economics, 2008, 111: 287-298.

[45] Murillo L J L, Garcés A C, Rivera. Why do patterns of environmental response differ? A stakeholders' pressure approach [J]. Strategic Management Journal, 2008, 29 (11): 1225-1240.

[46] Porter M E. Competitive advantage: Grating and sustaining superior performance [M]. New York: The Free Press, 1985.

[47] Porter M E, Linde C. Toward a new conception of the environment-competitiveness relationship [J]. The Journal of Economic Perspectives, 1995, 9 (4): 97-118.

[48] Rao P, Holt D. Do green supply chains lead to competitiveness and economic performance [J]. Journal of Operation and Production Management, 2005, 125 (6): 898-916.

[49] Roome N. Developing environmental management strategies [J]. Business Strategy and the Environment, 1992, 1 (1): 11-24.

[50] Rugman A M, Verbeke A. Multinational Enterprises and Public Policy [M]. London: International Business, 2000.

[51] Russo M V, Fouts P A. A resource-based perspective on corporate environmental performance and profitability [J]. Academy of Management Journal, 1997, 40 (3): 534-559.

[52] Sen B S. Integrating Social Responsibility and Marketing Strategy ‖ Doing Better at Doing Good: When, Why, and How Consumers Respond To Corporate Social Initiatives [J]. California Management Review, 2004, 47 (1): 9-24.

[53] Sharma S. Managerial interpretations and organizational context as predictors of corporate choice of environmental strategy [J]. Academy of Management Journal, 2000, 43 (4): 681-697.

[54] Sharma S, Henriques I. Stakeholder influences on sustainability practices in the Canadian forest products industry [J]. Strategic Management Journal, 2005, 26 (2): 159-180.

[55] Sharma S, Vredenburg H. Proactive corporate environmental strategy and the development of competitively valuable organizational capabilities [J]. Strategic Management Journal, 1998, 19 (8): 729-753.

[56] Shrivastava P. Castrated environment: Greening organizational studies [J]. Organization Studies, 1994, 15: 705-726.

[57] Slater J, Angel I T. The impact and implications of environmentally linked strategies on competitive advantage: A study of Malaysian companies [J]. Journal of Business Research, 2000 (47): 75-89.

[58] Thrift N. Spatial Formations [M]. London: Sage Publication, 1996.

[59] Tucker L, Marshall L. Corporate Reputation and Crisis Management: The Threat and Manageability of Anti-corporatism [J]. Corporate Reputation Review, 2005, 7 (4): 377-387.

[60] Vachon S, Klassen R D. Extending Green Practices across the Supply Chain [J]. International Journal of Operations and Production Management, 2006, 26: 795-821.

[61] Wernerfeit B A. Resources-based View of the Firm [J]. Strategic Management Journal, 1984, 5 (1): 171-180.

[62] Worster D. Nature's Economy: A History of Ecological Ideas [M]. Cambridge: Cambridge University Press, 1994.

[63] Xie S, Hayase K. Corporate environmental performance evaluation: A measurement model and a new concept [J]. Business Strategy and the Environment, 2007 (16): 148-168.

[64] Zhu Q, Sarkis J. An inter-sectoral comparison of green supply chain management in China: Drivers and practices [J]. Journal of Cleaner Production, 2006, 14: 472-486.

[65] Zsidisin G A, Siferd S. Environmental purchasing: a framework for theory development [J]. European Journal of Purchasing and Supply Management, 2001 (7): 61-73.

[66] 曹芳萍,温玲玉,蔡明达.绿色管理、企业形象与竞争优势关联性研究 [J]. 华东经济管理, 2012 (10): 123-128.

[67] (美) 丹尼尔·贝尔. 资本主义文化矛盾 [M]. 严蓓雯,译. 南京: 江苏人民出版社, 2007.

[68] 黄群慧. 着力提升实体经济的供给质量 [N]. 光明日报, 2017.

[69] 黄群慧. 振兴实体经济要着力推进制造业转型 [N]. 经济日报, 2017.

[70] 黄群慧,余菁,王涛. 培育世界一流企业:国际经验与中国情境 [J]. 中国工业经济, 2017 (11): 7-27.

[71] 焦俊,李垣. 基于联盟的企业绿色战略导向与绿色创新 [J]. 研究与发展管理, 2011 (1): 84-89.

[72]（美）杰里米·里夫金.第三次工业革命[M].张体伟,孙豫宁,译.北京：中信出版社,2012.

[73]（美）克里斯·安德森.创客：新工业革命[M].潇潇,译.北京：中信出版社,2012.

[74]（美）维克托·迈尔-舍恩伯格,肯尼思·库克耶.大数据时代：生活、工作与思维的大变革[M].盛杨燕,周涛,译.杭州：浙江人民出版社,2013.

[75]（美）蕾切尔·卡逊.寂静的春天[M].李长生,吕瑞兰,译.上海：上海译文出版社,2008.

[76]李红玉,朱光辉.企业蓝皮书：中国企业绿色发展报告No.1[M].北京：社会科学文献出版社,2015.

[77]廖涵,卢宣皓.论经济新常态及对企业创新的启示[J].企业经济,2016(5)：23-29.

[78]卢卡奇.历史与阶级意识[M].杜智章等,译.北京：商务印书馆,1996.

[79]孟晓飞,刘洪.绿色管理塑造企业绿色竞争优势[J].华东经济管理,2003,17(4)：77-79.

[80]彭海珍.影响企业绿色行为的因素分析[J].暨南学报（哲学社会科学版）,2007(2)：53-58.

[81]沈灏,魏泽龙,苏中锋.绿色管理研究前沿探析与未来展望[J].外国经济与管理,2010,32(1)：18-25.

[82]施里达夫·拉夫尔.我们的家园——地球[M].夏堃,译.北京：中国环境科学出版社,1993.

[83]涂子沛.大数据[M].桂林：广西师范大学出版社,2012.

[84]吴建祖,曾宪聚.绿色管理的动力：社会责任还是经济利益？[J].管理学家（学术版）,2010(4)：75-78.

[85]吴敬琏.努力确立中国经济新常态[J].中国经济报告,2015(4)：18-23.

[86]杨博.绿色技术范式研究[D].北京：中共中央党校,2017.

[87]杨东宁,周长辉.企业自愿采用标准化环境管理体系的驱动力：理论框架及实证分析[J].管理世界,2005(2)：85-95.

[88]张海娇,曹芳萍.竞争型绿色管理战略构建——基于绿色管理与竞争优势的实证研究[J].科技进步与对策,2013,30(9)：96-100.

[89]张维迎.拯救中国经济的关键是企业家[J].中国房地产业,2015(4)：38-41.

[90]朱庆华,窦一杰.基于政府补贴分析的绿色供应链管理博弈模型[J].管理科学学报,2011(6)：86-95.

专题三
知识经济与知识管理

自20世纪90年代以来，无论在经济学范畴，还是管理学等领域，都见证了哲学家Francis Bacon所言"知识就是力量"这句话的深刻内涵。在Peter Drucker称为"后资本主义"社会的时代，"生产的含义"不再是资本，也不是自然资源、土地和劳动力，而是知识，知识正成为组织制胜的支配性资源，知识的创造、传播、共享和利用是组织保持持续竞争优势的关键所在。知识正符合Barney（1991）提出的能够产生持续竞争优势的资源要求，即知识不仅是有价值的，而且是很难模仿和不可替代的，知识虽然不是构成组织竞争优势的唯一来源（Wright et al.,1994），但如果缺乏对知识的开发和运用，蕴涵在组织员工中的巨大潜能就不可能被开发利用，组织创新就会失去原动力。

在知识经济时代，组织的知识管理出发点是把知识视为组织最重要的战略资源，给予最大限度地掌握和利用，以此形成组织竞争力的核心，从而提高组织的创新和应变能力；组织知识管理的最终目标是通过合适的管理方式方法，采取一定的策略，在信息系统的基础上，发展出知识管理系统（KMS），最大限度地将知识转换为财富。

企业如何对待知识和成功地加强知识管理已成为现代管理的主题之一。本专题回顾并解释不同领域中有关知识管理的理论。

一、从工业经济到知识经济

经济全球化与知识经济的浪潮对世界经济格局的影响日趋明显。过去工业社会所形成的发达国家与发展中国家的经济差距，正在逐步让位于知识经济相对工业经济的领先优势，超越工业社会的局限，前瞻经济全球化的影响，使我们能够积极地面对知识经济的挑战（韩小明，2000）。

（一）从"增长的极限"到"以知识为基础的经济"

自1973年"罗马俱乐部"发表了《增长的极限》的研究报告以来，人类不得不面对的一个客观现实：在人口—资源—环境的约束下，经济增长存在着难以逾越的极限。支撑工业经济增长的物质资源，绝大部分是不可再生的，以工业经济的方式利用这些物质资源，边际收益是递减的，物质资源的稀缺性在与人口、环境的相互关系中显得格外不协调，其结果必然是经济增长的极限。

1. "增长"为何有极限

自工业革命以来，"稀缺原理"和"递减趋势"成为工业社会经济学的经典定律，经济的增长始终伴随着技术的进步，但人类社会始终未能摆脱"物质资源稀缺"和"边际收益递减"的阴影。《增长的极限》肯定了技术进步的积极作用因素，但无力消除由于"物质资源稀缺"和"边际收益递减"所形成的"经济增长的极限"。正如该研究报告中所指出的那样,"当技术进步造成新的选择机会时",保持人口、资源、环境之间平衡状态的条件"可以有计划地改变和慢慢调节""技术进步使得数量不变的资本所提供的服务慢慢地增加"。现实世界中的技术"能缓和问题的症状,但难以改变造成问题的根本原因",认为具有间断性特征的工业社会的技术进步,只能在一定程度上推后,却无力消除这一极限。原因是技术进步在工业社会同样具有边际收益递减的趋势,工业社会的技术进步无论是扩大了可利用物质资源的种类,还是提高了现有物质资源的利用效率,都可能对自然环境和社会环境产生正负两个方面的影响,或许正是技术进步的这种负面影响,决定了工业社会的技术进步也具有边际收益递减的趋势。

报告发表后,接踵而至的两次(1973年和1979年)"石油危机",使当时处于"石油经济"发展阶段的发达国家的工业社会,在"滞胀"中结束了战后经济增长的"黄金时代"。这似乎印证了"罗马俱乐部"的观点。

2. 以知识为基础的经济

但进入20世纪80年代之后:一方面是以电子信息技术为代表的高新技术产业迅猛发展;另一方面是石油输出国组织再也无法像以前那样,利用他们手中的石油武器挑战全球经济了。国际市场上包括原油在内的物质资源性初级产品的价格不断下跌,使人们明显地感到物质资源,包括不可再生的自然资源对经济发展(尤其是对发达国家)的约束极大地弱化了。在许多发达国家,高新技术产业的人才短缺日趋严重,工资水平逐步攀升。所有这些迹象都表明,至少在部分发达国家,已开始步入以知识经济为特征的信息社会。

进入20世纪90年代之后:人们的观念和社会舆论的导向已经发生了根本的变化:信息社会、知识经济,成了发达国家的政府宣言;在OECD(经合组织)的以"以知识为基础的经济"为题的研究报告中,第一次公开估计"OECD"主要成员国国内生产总值(GDP)的50%以上是以知识为基础的。

从对经济增长的支持来看,发达国家的经济增长有65%来自高新技术产业,美国IT产业1998年在GDP增长中所占的比重超过80%。按照人们通常的方式理解,它意味着这些国家的经济已具有知识经济的特征。此时,无论是发达国家,还是发展中国家,都已开始对知识经济倾注高度的注意力。世界银行1998—1999年度的《世界发展报告》从知识的角度来分析研究发展问题。报告中明确指出,"穷国与富国以及穷人与富人之间的差距,不仅在于穷国和穷人获得的资本较少,而且也在于他们获得的知识较少"。这些情况至少表明,至此已没有人否认,以知识经济为特征的信息社会的来临。

在一些未来学家看来,信息社会早在20世纪50年代后期的发达国家就已开始,其重要标志:一是1956年在美国历史上第一次出现从事技术、管理和事务工作的白领工人数量超过了蓝领工人,它意味着有史以来大多数人要处理信息,而不是生产产品。二是1957年苏联发射了第一颗人造地球卫星,开启了全球卫星通信的时代,它标志着全球信息革命的开始。

但是,这并不意味着工业社会的结束。20世纪70年代的诸多事件,如"罗马俱乐部"的报告对全世界的震动,说明当时即使是发达国家的舆论也普遍认为,人类社会并未超出工业社会的范畴;"石油危机"所显示的受物质资源(从矿产资源转到石油资源)制约的工业经济的脆弱性,表明包括发达国家在内的世界经济仍具有明显的工业社会特征。因此,至少在20世纪80年代之前,尽管人们已看到信息社会、知识经济的曙光,但还不能说发达国家已经开始步入知识经济时代。

3. 三种经济模式的比较

在农业经济时代,经济增长依托的主要经济资源是土地和人口。农业发展受制于两方面:一是土地和人口的数量对经济增长的约束;二是土地的边际收益呈递减趋势(朱相远,2013)。

以知识形态存在的耕作技术和生产经验对于农业经济发展具有重要作用。随着第一次产业革命,即农业革命兴起,人类发展出种植业与畜牧业。将种子、水、肥料等,通过土地的耕作播种,转换成粮、油、果、菜、棉、麻等种植业产品;将种畜、种禽、种蚕、牧草、饲料等,通过畜牧业,转换成肉、蛋、奶、丝、毛皮等产品。但与土地和人口的作用相比,这种知识资源的作用则要退居其次,这由农业生产本身的特征所决定。在农业经济时代,虽然也运用畜力、风力、水力等自然能,但未能利用化石燃料作为能源,因而生产力十分低下,主要遵循物质不灭定律,表现为物质质量的转化。其交换运转表现为物流,产业称为第一产业,主要生产要素为土地和劳动力,如威廉·配第所言"土地为财富之母,劳动力为财富之父"。

由于农业社会经济的封闭性,不存在今天意义上的国际经济关系和市场竞争问题。因此,决定国家富裕程度和强盛与否的主要因素是本国土地、人口资源的状况和军事能力(保卫本国资源或掠夺别国资源)。

在工业经济时代,经济增长所依托的主要经济资源是以不可再生的自然资源为基础的物质性资源。尽管以知识形态存在的工业技术和管理已成为经济增长的重要推动力,而且,每一项新技术的应用都可以在一定程度上缓解物质资源对经济增长的约束和抑制边际收益递减的趋势,但不可能从根本上改变这种约束和趋势。在工业社会,虽然物质资源具有重要的经济意义,但决定国家经济实力、富裕程度和国际竞争力的核心因素,并不是或者主要不是自然资源的禀赋,而是通过各种方式(如科学的、贸易的或军事的方式等)获取物质资源的能力与有效利用物质资源的工业能力。

工业经济从农业的物质质量转化为主,发展成以能量转化为主。能源巨大开发,机器广泛使用,创造出人类历史上无法比拟的巨大财富。其交换运转除物流外,又增加了能流,如电网、油气管道等。其主要生产要素为资本、能源、机器、技术工人。可以说,资本为财富之母,能源为财富之父。工业经济,使一切奴隶主义、封建主义的自然经济都相形见绌,逐渐淘汰出局,而唯有工业资本主义的市场经济模式才适合工业经济的发展。工业经济发展了几百年,其发展为社会创造了巨大财富,但也造成了社会的障碍与困境:全球气候反常、生态失衡、环境污染、资源枯竭、能源短缺、新传染病不断,再加上贫富悬殊、私欲膨胀、社会动荡、恐怖活动频发。这些障碍与困境,严重阻挡世界的发展进程。

在知识经济时代,尽管土地资源和物质资源仍是经济增长中不可或缺的经济资源,但"知识成了经济最重要的资源""随着信息社会的到来，我们的经济才有史以来第一次可以建立在一种不仅可以再生，而且可以自生的重要资源上"。这时，"知识生产力已成为生产力、竞争力和经济成就的关键因素"；也只有在这时，经济增长才可能摆脱物质资源稀缺性的约束，资源投入的边际收益才有可能避免递减的趋势。这时，决定国家经济实力、富裕程度和国际竞争力的核心因素是迅速获得和有效利用最新知识和信息资源的能力。这种能力的载体，不可能是人体以外的物质对象，只能是人本身。

从 20 世纪初，自然科学研究，出现了相对论与量子力学。这就导致新的技术革命，其标志为第一台电子计算机的出现。到 20 世纪 90 年代，人类又出现了新一轮产业革命。这是继农业革命、工业革命后的第三次产业革命——知识产业革命或称智慧产业革命。知识革命将推动全球由工业化转入知识化或智慧化，由工业经济转为知识经济，由市场经济转为网络经济，其形成的产业叫第三产业或称现代服产业。

三种社会经济模式的变化其实是三种物质运动形态的变化。迄今为止，人类对物质运动的认识，逐步深入，至少已认识到三种物质运动形态：质量、能量、信息量。这三者是密不可分、相互统一、相互转化的。任何一种物质运动都包含这三个要素。无论大到天体，小到分子、原子、基本粒子都有一定的质量，都含有一定的能量，也含有一定的信息量。

质量、能量、信息量（物流、能流、信息流）决定了三种产业革命：推动质量转化的农耕产业革命、推动能量转化的工业产业革命、推动信息量转化的知识产业革命；从而形成三种经济模式：经营产品的农耕经济（自然经济）、经营资本的工业经济（市场经济）、经营思想的知识经济（网络经济）。

对知识经济要恰如其分地把握，避免走入误区。有这样一种认识，认为既然已进入知识经济时代，今后主要是发展高科技产业，那些传统工业就无足轻重了。这种观点显然是片面的，也是有害的。

（二）知识经济的深刻理解

1. 知识经济的特征

"知识经济"作为"以知识为基础的经济"是信息社会的主要经济特征。作为一种区别于农业经济、工业经济的经济类型，包含着知识的生产、传播和利用的经济化和产业化的规定。作为具有经济意义的知识生产、知识传播和知识利用，首先是为满足市场需求，其次是创造市场需求的营利性活动。

知识经济的现实意义，除了强调经济属性之外，更主要的原因在于，它将有助于我们把握知识经济作为信息社会的主体产业所具有的特征。知识经济以信息转化为主，以电脑、网络与人脑形成智能产业，包括信息技术、生物技术、纳米技术、低碳技术、绿色技术等。知识经济的产业相对于与之并存的传统产业而言，至少具有三个主要特征：

（1）产业特征。一是以知识（科学、技术、管理等）作为主要的经济资源投入，并在经济增长中发挥主要作用，其产品具有较高的知识含量（通常所说的科技含量）；二是由于知识资源不同于物质资源的利用方式（如可多次重复或叠加使用）和其主要依托的有效利用知识资源的能力具有相对稀缺性，因此知识经济产业的产品或服务要比工业经济产业具有更高的附加值；三是从满足和创造市场需求的意义上讲，偏爱领先的产品或服务与"赢者通吃"的竞争特点，使得知识经济产业中的组织在自己的领域中，有可能获得比工业经济产业中的组织更高的市场占有率。

（2）产品特征。产品是以知识为主，其运转过程表现为网络上的信息流。知识经济克服了工业经济的各种弊端。知识经济靠每个人的智力创造财富，不需要剥削剩余价值。知识经济的产品属于非物质的无形资产，如各种发明专利、设计、软件、产品标准、品牌、版权、作品等。这些产品从本质上讲，不具有排他性。工业经济的产品，皆具排他性。因此，知识经济产品分配时，就可实现"按需分配"的原则。知识经济产品不具有工业品的排他性，故用不着"按钱分配"，而可"按需分配"。人不再成为物质财富的奴隶，而成为物质财富的主人。

（3）财富特征。在知识经济时代里，财富的创造和积累并不直接取决于资源、资本、硬件技术的数量、规模和增量，而是直接依赖于知识的积累和利用。知识的作用和价值超过了其他任何一种资源，成为社会发展的主要动力，这不仅仅是一种数量上的增长，而且是有了质的飞跃。知识的威力将会渗透在社会、经济、文化生活的各个方面；将会改变人们的思维方式、工作环境、生活习惯，知识资本、知识经济产业化、知识主管等新名词的出现也反映了这种动向；它还将推动人和自然的协调、实现可持续发展；特别是作为知识经济时代的一个重要标志，就是信息革命的崛起，信息革命使地球变小了，进一步促进了经济的全球化。

2. 产业的构成

与农业经济与工业经济的关系不同，工业经济与知识经济不是同一层次的经济。对于这一点，从工业社会的视角是很难观察和理解的。当我们用工业社会的眼光看待产业结构时，区分出三次产业。当第一产业在国民经济中占有较大比重时，我们将它定义为农业社会，而当第二产业在国民经济中占有较大比重时，我们将它定义为工业社会。但是，当第三产业在国民经济中占有较大比重时，我们却很难将它定义为信息社会，因为第三产业与知识经济产业并不是等价的。虽然在信息社会中第一、二产业的比重肯定不及第三产业，但正如目前北京市第三产业的比重虽已超过50%，却不能说北京市已经进入了信息社会，具有了知识经济的属性，这就是用工业社会的视角观察问题的局限性。

近年来，一些人希望在上述结构分析中引入第四产业的概念，以弥补这一视角的局限性，但区别于第一、二、三产业的第四产业究竟包括什么产业，这是个很难准确界定的。其实，农业经济与工业经济也存在一定程度的层次差异，只是它不及知识经济与工业经济的层次差异那么突出而已。

在工业社会，传统工业占主体地位，但其产业结构不仅比农业社会复杂，而且在不同发展阶段，产业结构也有所不同。在工业社会的初期和中期阶段，在传统产业的范围内，符合通常所说的三次产业的结构状况；在工业社会的后期阶段，虽然传统产业（包括农业、工业和服务业）仍占主体地位，而且传统的服务业也会在其中占有较大的比重，但高新技术产业（包括农业、工业和服务业）已经占有了一定的比重，并成为国民经济的重要支柱之一。这时，创新型产业虽已出现，但在国民经济中所占的比重还很小。

在信息社会，传统产业已经逐步缩小，就如同在工业社会传统农业的比重逐步缩小一样；而创新型产业的比重已经占有主体地位，集成型产业则占有与创新型产业相适应的比重（因为二者之间是由供求关系连接的）。由于无论是知识创新还是科技创新，都是以知识为基础的，因此创新型产业应该是典型的知识经济产业，而信息社会以知识经济为特征，主要是着眼于创新型产业。

产业之间在存在联系的同时，也存在许多交叉。在此情况下，构成知识经济的知识产业就不是这些产业的简单加总，而要做必要的归类和剔重，并在此基础上形成比较完整的知识产业的行业构成（梁昊光，2014）。

从我国的实践来看，构成知识经济的主要产业，一般包括信息产业、高新技术产业、文化产业及文化创意产业，这些产业毫无疑问具有明显的知识经济特征，属于知识产业范围。但是，一个完整的知识产业的集成，并不是所有上述产业的简单汇集，这些产业在分类的思想上符合知识产业的性质要求，这是划分知识产业时要着重予以体现的。但是这些产业类型划分时基于不同的主题，它们之间有许多交叉重复的行业内容，必须加以剔除。剔去信息产业、高新技术产业、文化产业及文化创意产业的交叉内容得到知识行业统计范畴与分类体系（表3-1）。

表3-1　"知识产业"的行业范围与分类

行业门类	类别名称	国民经济行业代码
知识产业的六大行业门类	信息传输、计算机服务和软件业	G（60、61、62）
	金融业	J（68、69、70、71）
	科学研究、技术服务和地质勘查业	M（75、76、77、78）
	教育	P（84）
	公共管理和社会组织	S（93、94、95、96、97）
	高新技术产业（高新技术产业不含软件业，因此软件业包含在信息传输、计算机服务和软件业）	H
部分包括知识产业；所属行业的六个大类行业	农林牧渔业服务业	A（01、05）
	商务服务业	L（74）
	卫生	Q（85）
	新闻出版业	R（88）
	广播电视电影业和录像业	R（89）
	文化艺术业	R（90）

3. 产业测度指标体系

知识经济对社会经济的影响是全方位的，不仅是在经济领域，在科学技术、教育、文化、管理、社会服务等领域都已经或正在受到知识经济的影响，这种影响主要通过技术知识的扩散、传播而发挥作用。从数量上认识这种影响的程度，对于认清各行业的发展状况和趋势，制定相应的有效对策都有重要的参考作用。胡鞍钢和任皓（2016）通过知识流通、知识存量、知识投入、知识产出等维度构建知识经济的综合指标体系（表3-2）。

（1）信息化指数。信息化指数引用国家统计局统计科学研究所"信息化统计评价"研究组何强发布的中国信息化发展指数（IDI）研究报告（何强和龚振炜，2014），不另行测算。测度指标包括每百万人发明专利申请量、人均电信产值、第三产业从业人员的比重、人均国内生产总值、第三产业增加值比重、全社会研发经费比重、人均信息消费额、互联网普及率、电话拥有率、电视机拥有率、计算机拥有率等。

（2）R&D科学研究与试验发展占GDP比重。R&D投入强度是知识产业发展共振性最强的因素。R&D经费支出结构测度了三个层面：一是R&D经费支出的部门来源结构，二是R&D经费支出的内容结构，三是R&D经费支出的行业结构。据历年《北京市统计年鉴》中的R&D投入和GDP数据计算得出。

（3）每万人口专利。专利是反映拥有自主知识产权的科技成果指标，分析专利增长对知识产业（经济）的影响可以通过观察专利申请量的行业分布与相应行业的生产增长做关联分析，也可以从宏观角度通过建立专利申请量与知识产业增长的模型认识两个指标间的关系。每万人口专利数利用专利申请量和常住人口计算得到。

（4）知识产业比重。按照表3-1的统计口径，依据国民经济行业分类标准及其统计方法，计算知识产业占GDP比重。

表3-2　知识经济测度指标

维度	指标	变量
知识投入	R&D投入	R&D/GDP
知识流通	信息化发展水平	信息化指数
知识存量	知识产权	每千人专利比重
知识产出	产业发展水平	产业比重

（三）知识经济的主要影响

1. 经济增长的最重要因素

长期的经济增长主要取决于以下五个主要因素：人口的增加、资本存量的增加、劳动力质量的提高、资源配置效率的改善、技术进步，其中后四个因素是引起生产率提高的主要原因（胡鞍钢和李春波，2001）。由于在增长理论上的杰出贡献而获得诺贝尔经济学奖的经济学家索洛（Solow）研究发现美国劳动生产率的提高中只有大约1/8~1/4归功于资本存量的增加（投资），其余部分归功于其他三个因素。此后，罗默的知识溢出模型和知识驱动模型、卢卡斯的人力资本模型继续做出开创性的贡献，内生经济增长模型（又称新经济增长模型）又以数学模型对此实证结果做出了内生的解释，认为知识因素影响经济增长的途径主要是通过知识的影响和人力资本的作用（Lucas，1988；Romer，1986)①。

在知识经济时代，知识和信息等无形资产已成为经济增长最重要的要素。对1929—1982年美国经济增长的因素研究发现，经济增长中25%可归因于一定教育水平的劳动投入增长，16%归因于工人平均教育质量的提高（文茂伟，2013）。同时，资本增长仅可解释经济增长的12%，最大的增长因素（占34%）归因于知识的增长或狭义技术进步（Andersson Thomas和陶怡，2013）。梁昊光（2014）以北京为例构建知识经济贡献测度指标，并应用AHP方法测度2001—2011年北京城市发展的知识经济贡献度，知识产业增加值占GDP比重指标对指数提升的贡献率维持在30%~65%的较高水平，2011年达到69%。信息化发展指数指标对总指数的贡献率保持在20%~35%。贡献率分析表明，近5年来，北京市知识经济总水平（总指数）的提高主要依靠知识产业占GDP比重的稳步提高和信息化的稳定发展实现。

大量的国际研究表明，知识因素是解释各国或地区之间增长率差异最重要的因素，而资本投资增长率的差异性并不像人们所想象得那么大。经济增长的主要来源不是资本积累，而是全要素生产率（TFP）的增长（Easterly and Levine，2001）。

在发展中国家TFP对经济增长具有潜在的重要性，特别是在人力资本能够迅速扩展和深化时，TFP的增长率会明显提高（World Bank，2000）。巴罗则认为人力资本积累是发展进程的重要部分，而且通过跨国数据回归研究发现人力资本（教育水平）与经济增长之间存在显著的正相关关系。根据世界银行专家计算（World Bank，1998），从20世纪60年代到90年代中期各国经济增长率的差异，人均资本增长只解释了24%~29%，而反映知识以及其他要素的全要素生产率（TFP）增长解释了70%以上。

2. 组织形态的变化

在知识经济条件下，知识是企业最宝贵的资源，企业获取知识、应用知识、创造知识的能力决定了企业的竞争地位。知识经济发展导致产品生产模块化，企业运营网络化，模块化已成为知识经济背景下企业发展的重要理念。

（1）模块化。模块本身是特定知识的集合体，模块实际上成为企业参与技术与知识分工的工具，模块间的合作实际上是企业之间在技术、知识上的合作。而成功的技

---

① 在罗默（Paul Romer）和卢卡斯（Robert E. Lucas）开创性的工作之前，统治经济增长理论的主要是新古典经济增长模型，但是新古典模型用物质资本来解释经济增长，而结果却是在没有外生技术进步（知识的作用）的情况下，经济体系无法实现持续的增长；只有当存在外生的技术进步或外生的人口增长时，经济体系才有可能实现持续的增长。内生经济增长理论（又称新经济增长理论）的发展方向是克服新古典模型的缺点，将解释长期持续经济增长的技术进步和劳动力质量的提高等因素内生化。内生增长理论产生于20世纪80年代中期，西方经济学界通常以罗默1986年的论文《收益递增与长期增长》和卢卡斯1988年的论文《论经济发展的机制》的发表作为新经济增长理论产生的标志。罗默（1986）的思路是增长的原动力来源于知识的积累，由于知识具有非竞争性和部分不可排他性，知识不仅为其发明者和所有者带来利益，还增加了全社会知识的总量，对所有的生产者做出贡献。卢卡斯于1988年发表了以人力资本为核心的另一种新经济增长模型，在新古典经济增长模型中引进生产人力资本的教育部门。卢卡斯认为，人力资本具有两种效应，既有内部效应，又有外部效应。人力资本的内部效应是指人力资本可以提高人力资本拥有者的生产率，人力资本的外部效应是指人力资本可以提高所有生产要素的生产率，这是人力资本的正的外部性。在卢卡斯模型中，经济可以在不依赖外生力量的情况下实现持续增长，人力资本的积累就是增长的来源。后来的经济增长模型基本上是按照罗默或是卢卡斯的思路继续探索，超越完全竞争，把以知识或人力资本为基础的经济增长发展到垄断竞争等其他市场结构条件下。

术合作是以良好的社会资本为基础的，社会资本有利于促进知识在不同模块间的流动与共享。可见，在同等条件下，外部社会资本丰富的企业更有利于拓展对外合作、扩大自己的影响力和能力边界。如果企业能与外部保持良好的关系，则可以较多地将非核心业务外包，适当缩小企业的实体边界，从而更好地专注于核心业务或核心环节，让资产"变轻"，有助于花更多的精力来研究市场，对市场的变化更快地做出反应，提升企业核心竞争力。反之，如果企业与外部的协作困难，缺乏对外部资源的整合能力，则可能将更多的业务"内部化"，这会扩大实体边界，让资产变"重"。一个企业的资产过"重"之后，会牵扯较多的精力来管理资产，从而降低对市场变化的反应能力。

另外，在模块化网络中，企业虽处于网络的节点环节、专注于自身模块的工作，通过自身节点为网络提供价值，也通过与其他模块的联系获取需要的资源，但企业的视野却应放眼于整个网络，决不能局限于节点本身，应看到自身节点在网络中所处的位置、与其他节点的联系、为网络提供的价值与贡献等。为适应不断变化的环境，企业所处的价值网络处于不断的变化与演变之中，企业必须要着眼于整个网络，预测其演变的趋势，让自身模块的努力方向适应整个网络可能演变的需要。要做到这一点需要企业具有战略分析的能力与眼光，更需要网络中企业实现信息的共享，共同判断环境及网络的演化趋势，共同调整其在网络中的定位与努力的方向。

在动态的环境下，模块企业之间不仅要防止机会主义行为，更要通过协作共同应对环境的挑战，模块企业之间不应该也不可能静态地、机械地坚守最初约定的合作模式，他们相互之间必须根据环境的需要动态地调整合作形式，动态适应整个网络的演变。要做到这些都需要有外部社会资本的支撑企业才能更好地通过网络扩大自己的能力边界。

（2）网络化。在知识经济条件下，企业的竞争逻辑、制胜法宝、优势来源等都发生了深刻的改变，为了更好地集中所拥有的资源于自己最擅长的领域和环节，整合更多的资源，以提升竞争力、创造更多的价值，企业的能力边界与实体边界出现了分离。企业关注的重点已不是交易成本最小化而是价值创造最大化。

那么，在这样的条件下，企业的边界是如何决定的呢？这时，企业边界不再单纯以成本最小化为决定标准，而是主要以价值创造最大化为决定标准。企业创造的价值由两部分组成：一部分是企业实体边界内直接创造的价值 V1；另一部分是企业整合实体边界外资源创造的并可被企业获取的价值 V2。当两部分价值之和最大时，企业的边界最优。

一项活动或业务到底该放在企业实体边界的内部还是外部，取决于放在内部时创造的价值 V1 与放在外部时创造的 V2 的关系，如果 V1>V2 则应扩大企业规模以扩张实体边界，反之则应缩小企业规模以收缩实体边界。在同等条件下，社会资本对 V1 和 V2 的创造产生了很大作用，从而影响了企业边界。企业既可以规模变大边界变大；也可以规模变小边界变大（徐礼伯和沈坤荣，2014）。

二、知识

知识是一个广泛而抽象的概念——早在古希腊时代，西方哲学已经使用这一概念来界定认识论上的争议。迄今为止,管理史上的种种挑战在本质上都根源于人类的"知识问题"(Hayek,1945)。组织管理所面临的挑战令研究者为之着迷,同时又让实践者深感困惑。不论是自古希腊以来所讨论的"物性的知识",还是关于"人性的知识"以及哈贝马斯所谓"解放的知识"①,哲学家们都试图从不同的视角为人们洞察和改造世界(包括组织)提供方案。

(一) 管理的终极目标

1. 知识是获得自由的工具

在整个管理领域,自由何以可能?哈贝马斯认为,自由的实现要求首先获得知识。更多的研究也指明:自由不在于幻想中摆脱自然规律而独立,而在于认识这些规律。如何认识?答案归结于知识。

《论语·里仁篇》云:"里仁为美,择不处仁,焉得知?"认为知识或智慧如果不以人的本性,即人与人的和谐为内在原则,就不能称之为"知"。

《礼记·中庸》这样描述:"博学之,审问之,慎思之,明辨之,笃行之"。为学的这几个递进阶段充分体现了知识的重要性。做任何事情,要博学,什么知识都要掌握。然而,不要学了知识就以为是学问,还要谨慎地思考,明确地辨别。

古人的这些经典洞察在今天的管理领域同样可行。不同之处在于,知识不可置疑地成为当今时代主要的生产要素,它是社会的轴心因素和支配力量。对知识的高度重视已是文明社会进步的基本标志,更是人类获得自由和解放的前提。

人在本质上是自由的存在,是追求意义和价值的存在。自由的实现永远是个动态过程、历史的发展过程。自由本身是对现实的否定,我们之所以向往自由是因为我们没有实现自由,因而才说自由属于应有的领域,它一直处于被追求中。马克思说:"一个种的全部特性、种的类特性就在于生命活动的性质,而人的类特性恰恰就是自由的自觉的活动。"马克思自由思想的真蕴及其当代境域在于:当我们说知识是认识必然的成果时,知识便获得了和自由的直接关系,即人们获得知识的目的是为了走向自由(马克思,1985)。一句话,知识是获得自由的工具,是打开自由之门的一把钥匙。

2. 自由是管理的最高境界

组织管理的核心是人,而人的终极向往在于解放,意味着管理的最高境界是实现人的自由和解放。由于管理是人的哲学的复兴,是人的主体性认识的苏醒,所以组织管理的一切活动都必须使主体归位,要在社会环境中考虑人的因素,脱离人的组织管理活动就会从根本上失去价值和依存(屠兴勇和杨百寅,2011)。

自由意味着要摆脱自然,它是实现自我的一种状态。解放(Emancipation)描述了一种过程,个体和群体通过该过程从压抑的社会和思想意识条件中获得自由,尤其针对社会性地限制人类发展和思想意识的关联(Mats et al.,1992)。Sambrook 说:"人力

---

① 注:哈贝马斯的三种旨趣说:技术的认知旨趣(经验-分析的科学研究)、实践的认知旨趣(历史-解释学的科学研究)、解放的认知旨趣(具有批判倾向的科学研究)。

资源开发的重要属性是解放①。"（Sambrook，2009）在管理领域，人力资源开发的前辈已意识到他们能力所及的工作是——或者应当是——有助于解放的。从此前的分析来看，社会批判理论对自由与解放的价值追求并不是某种任意的、非理性的特定价值追求，毋宁说是人们日常生活所指向的普遍目的。从人的"自由发展"的历时性而言，知识经济使人的"自由发展"的一些因素和前提条件有了长足的发展。然而，这些因素和前提条件本身的发展，并不等于人的"自由发展"已成为可能。由于工业文明力挺生产的经济逻辑，致使在组织中产生了一种人性失败的感觉，尤其使人的"自由"受到了巨大的蒙蔽。

结果是，知识经济与人的"自由发展"关系复杂性的主要表现变为知识经济对人和社会发展作用的过程性和不平衡性。我们不能简单地从这种不平衡性中推导出人"自由发展成为绝对"的结论，否则就会在逻辑上陷入"二律背反"。

（二）数据、信息与知识

在信息技术的文献中，很多文章是通过知识、信息和数据的区分来解决知识的定义问题。这一假设似乎可以这样理解：如果知识与信息、数据没有区别，那么讨论知识管理就没有新鲜感和吸引力了（Maryam et al.，2012）。

1. 传统观点

数据是没有加工的数字和事实，信息是被处理过的数据，知识是经过鉴别的信息。由于数据、信息和知识这几个概念每一个都会随情境、有效性和可释性的变化而产生差异，因此从数据到信息再到知识的这一层假设在谨慎评估的情况下是站不住脚的。有效区分信息和知识的关键，并不在于假定的信息或知识的内容、结构、准确性或者效用方面，而在于知识是个人意识所拥有的信息；它是一种与事实、程序、概念、解释、想法、观察和判断有关的个性化信息（可能是新的、唯一的、有用的或者准确的，也可能不是）。

2. Tuomi 的观点

Tuomi（1999）提出了一个突破传统的观点，认为从数据到知识的层级结构的常规假设事实上是完全相反的：知识必须是先于可表达的信息以及先于形成信息的可测量的数据存在的。既然这样的话，那么"原始数据"也就是不存在的——甚至最初级的"数据"的识别和收集也已经被人们的思维和知识过程所影响了。

Tuomi（1999）认为知识已存在，然后被阐明、被表达并被构建成为信息，而当信息被分配为固定的表现和标准的解释后就形成了数据。对于这个观点的批评来源于知识并不外在于任何代理人（认知者）的事实：知识不可避免地被人的需求以及他最初的知识构成所塑造（Tuomi，1999；Fahey and Prusak，1998）。因此，知识是新刺激流入所引发的认知过程的结果。与这一观点相一致，我们假定一旦信息在个人脑海中进

---

① 作者认为在现实层面上，解放首先奠基于人力资源开发中的"授权"：授权需要组织的哲学，主要通过其管理体系表达出来。授权要确保个体成员在组织使命、理想和战略的框架中取得成功。相应地，组织授权的环境必须支持（个体）自由地去实现。在此意义上，个体最终将获得自由。还可参见 Duvall C K. Developing individual freedom to act：Empowerment in the knowledge organization［J］. Participation and Empowerment An International Journal，1999，7（8）：204-212.

行了处理，信息就转换成为知识，而当知识以一种文本、图表、词句或者是简单符号形式被阐明和展示出来，就变成了信息。

这种知识观点的一个重要的启示是：如果人们想要对数据和信息达成同样的共识，就必须要求他们共享一定的知识基础；另一个重要的暗示是：组织中用于支持知识的系统与其他的信息系统并不存在明显的本质区别，但这一系统允许使用者自己定义信息，并从信息和数据中获取知识（图3-1）。

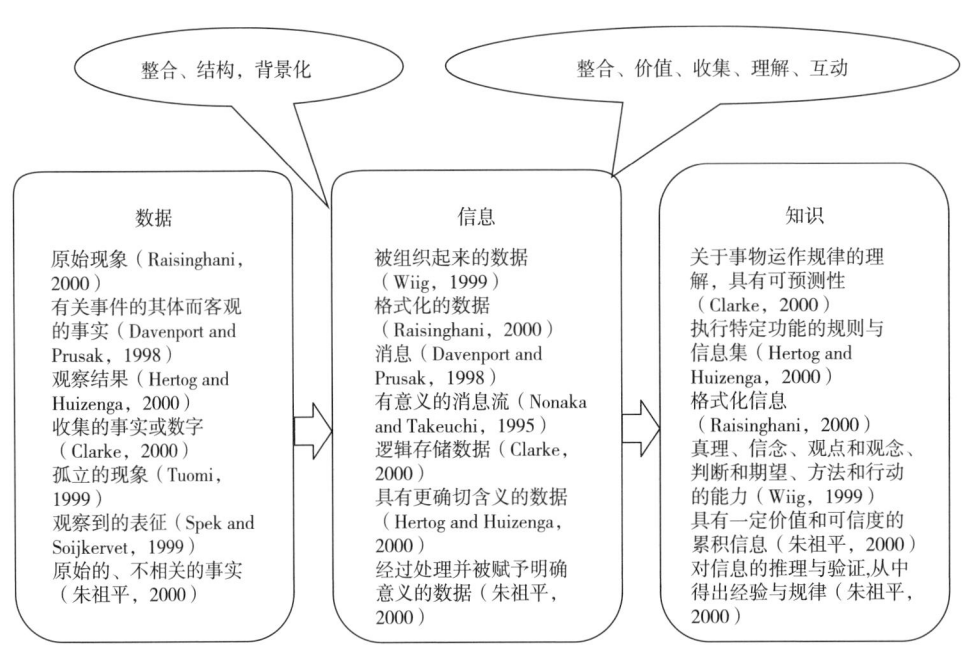

图 3-1 数据、信息与知识

资料来源：[1] 李祖强. 组织文化对知识创造和知识应用的影响研究 [D]. 杭州：浙江大学，2008.
[2] 戚永红，宝贡敏. 国外知识管理研究述评 [J]. 科研管理，24（6）：36-43.

3. 知识的多角度考察

知识被定义为一种增强实体有效行动能力的合理信念（Nonaka，1994）。知识可以从以下几个视角来考察：一是一种思想状态；二是一种对象；三是一种过程；四是一种获取信息的条件；五是一种能力。

第一种观点将知识被描述成一种认知状态或认知事实，而认知是从经验和学习中得到的一种理解状态。知识也被描述成认识、发现和学习的范围和总和（Schubert et al.，1998）。将知识视为一种思想状态的观点，强调使个体拓展其知识范围来满足组织的需要。

第二种观点将知识定义为一种对象（Carlsson and El Sawy，1996）。这种观点假定知识是一种可以被储存和控制的事物（即一种对象）。

第三种观点将知识还被视为一种认知和行动的过程（Carlsson and El Sawy，1996）。这个过程观点强调专业技能的应用。

第四种观点是将知识视为一种获取信息的条件。根据这种观点，知识一定要被组织起来使获取和检索内容变得更加便利。这种观点可能被认为是对象观的延展，特别强调认识对象的可获得性。

第五种观点知识被认为是一种影响未来行为的潜在能力（Carlsson and El Sawy, 1996）。Watson（1999）进一步丰富了这一观点。他认为知识不仅是具体行动的一种能力，也是一种应用信息的能力；学习和经验可以获得解释信息并确定何种信息对于决策是必要的能力。

（三）知识的类别

关于知识概念和知识分类的理解是重要的，因为在知识管理领域理论的发展受到不同知识类型区分的影响，从而能为知识管理系统的设计提供启发。

根据知识的特性和属性，知识可按照多种标准和维度进行分类，各种分类方法也都从某一侧面去体现知识的属性，并无绝对优劣之分，可在实际应用中根据组织管理的需要去进行知识分类。

1. 知识的两个维度

依据 Polanyi（1962/1967）和 Nonaka（1994）等人的观点，组织知识可以从两个维度来分析：隐性的（Tacit）和显性的（Explicit）。

知识的隐性维度（指的就是隐性知识）根植于行为、经验并涉及具体的情境，包括认知因素和技术因素（Nonaka，1994）。认知因素指的就是个人的思维模型，包括思维导图、信仰、范例和观点。技术因素包括具体的技能、技艺和应用于具体情境下的能力。例如，接近某一个特别顾客的最佳方式——用阿谀奉承的方式，用一种强卖的方式，或者是用一种简单实用的方式。

知识的显性维度（指的就是显性知识）可以用符号或者自然语言的形式来阐述、编码以及交流。例如，购买电子产品时附赠的用户手册，其中有关于产品准确操作的知识。知识也可分为个体知识和集体知识（Nonaka，1994）。

按照波兰尼关于隐性知识的原有定义，隐性知识是不能显性化的。隐性知识和显性知识之间是泾渭分明的。一旦隐性知识"显性化"了，就不再是"隐性知识了"。

同样，按照 Nonaka 的 SECI 模型，关于知识转化的起点和终点也是很明确的。可问题是处在转化过程中的一些知识，我们确实很难分辨出它们的性质是"隐性"的还是"显性"的。于是，在 SECI 模型中就存在着一些"自相矛盾"的情况：同一种知识在转化前是隐性的，但在转化以后又变成显性的或者同一种知识在转化前，对于一些人而言是隐性的，但是转化到另一个人以后，就变成显性的。特别是在 Nonaka 所强调的"外在化"和"内在化"这两个知识螺旋上升的关键步骤（即 SECI 中"Extemaliza-tion"和"Intemalization"这两个环节），这种逻辑上的自相矛盾就凸显出来。

2. 知识分类

尽管显性和隐性分类有些深奥、微妙，但显性和隐性的知识分类还是被广泛引用。有一些人认为，知识可分为陈述性的（知道是什么）、程序化的（知道怎样）、因果性的（知道为什么）、条件性的（知道何时）以及关系性的（知道与何相关）。

还有一种实用的知识分类方法是仅仅识别对组织有用的知识类型。例如，关于消费者、产品、流程以及竞争者的知识,包括最佳实务、技能、启发式规则、模式、软件代码、业务流程和模型;组织结构、技术和业务框架;项目经验(目标、工作计划和报告)以及诸如核对表和调查等用于完成流程的工具。

(1)一般分类。依据 Polanyi(1962,1967)、Nonaka(1994)及其他学者的理论,知识的类别一般可分为以下几种(表3-3)。

表3-3 知识的一般分类及举例

知识类型	定义	举例
隐性知识	知识根植于行为、经验并存在于具体情境	应对特定客户的最好的方式
认知隐性知识	精神模型	个人对因果关系的信仰
技术隐性知识	用于特定工作的程序性知识	外科手术技能
显性知识	相关的、可概括的知识	某一区域主要消费者的知识
个体知识	个体创造与固有的知识	完成任务所获得的认识
社会知识	团队创造与固有的知识	团队间的沟通规范
陈述性知识	知道是什么	适于某种疾病的药物
程序性知识	知道怎样	如何管理一种特别的药品
因果知识	知道为什么	理解药品起作用的原因
条件性知识	知道何时	理解什么时候配药
关系性知识	知道与何相关	理解药品与其他药品的相互作用
实务性知识	与组织有用的知识	最佳实务、业务结构、项目经历、市场报告

其实,知识的各种形态是一个连续体,显性知识和隐性知识处于这个连续体的两端,介于两端之间的是另一类知识可称其为中性知识。

中性知识包括伪隐性知识、假隐性知识和假显性知识(王铜安等,2005)。

伪隐性知识是指当语言发展不完善,调制效率或信息传递效率较低时,采用联结学习的方式获得的知识。

假隐性知识就是那些从形式上属于隐性知识(没有被规范化、系统化和编码化),但是它们又已经超出了隐性知识的那种"只可意会不可言传"的知识。

假显性知识是那些从形式上属于显性知识(已经被规范化和编码化),但就其实质而言,尚不能指导实践,不能进行交流和共享,因此不属于真正意义上的显性知识。可以看出,基于知识形态的整合主要实现过程是把隐性知识转化成中性知识,再将中性知识转化成显性知识的过程。

(2)马克斯·博斯迈的知识分类:一是公共知识,可以传播和扩散;二是专有知识,能够编码,但难以扩散和传播;三是个人知识;四是常识,没有编码,但是扩散广泛。

(3)PeterNovins 和 Riehard Armstrong 的知识分类。将知识按适用性和可转移性两个维度进行分类,将知识分为四类:一是 Quick Knowledge,即易访问知识;二是 Broad-based Knowledge,即广泛适用的知识;三是 Complex Knowledge,即复合知识;四是 One-off Knowledge,即一次性的知识。

(4) OECD 的知识分类。OECD 在 1996 年发表的《以知识为基础的经济》报告中,从知识经济的应用角度把知识分为四类:一是 Know-what,知道"是什么的知识",即事实知识;二是 Know-why,知道"为什么的知识",是指客观事物发展变化的原理和规律方面的知识,即原理知识;三是 Know-how,知道"怎么做的知识",是智能性的知识,包括特殊技艺、能力、诀窍以及识别组织、控制方面的技能等,即技能知识;四是 Know-who,知道"谁能做的知识",涉及谁知道和谁知道如何做某些事的信息的知识,它包含了特定社会关系的形成,有可能接触有关专家并有效地利用他们的知识,即知人的知识。

前两种知识容易以文字的形式进行表述,属于可编码的知识,即显性知识;后两种难以用文字的形式进行表述,属于隐性知识。

(5) 知识生命圈。任何一种知识都不可能长期在组织中占据着同样的位置,知识也有其萌芽、发展和衰退期,随着组织的变化,知识的位置也会发生变化,因此知识生命圈是按照知识在组织中的生命周期所处的阶段进行划分的:一是发展中知识(Promising knowledge),这种知识处于萌芽阶段,但未来可能会引发组织的重大变革;二是核心知识(Core Knowledge),这种知识当前正对组织产生重大影响,组织核心竞争力的体现;三是基本知识(Basic Knowledge),是组织基本经营活动所必须具备的知识,相对于核心知识而言,这种知识易于获得;四是过期知识(Out dated Knowledge),在组织的经营活动中已基本不再使用,已有新的知识来进行替代。有学者在波兰尼分类的基础上,将知识分为四类:一是显性知识,容易获得并容易理解,而且容易交流的知识;二是系统化知识,难以获得并难以理解,但是容易交流的知识;三是关系型知识,容易获得并容易理解,但是难以交流的知识;四是隐性知识,难以获得并难以理解,而且难以交流的知识。

3. 隐性知识与显性知识的价值

个体知识由个人创造并储存于个体中;集体知识由集体行为创造并储存于集体中。Nonaka(1994)和其他人(Spender,1996a;Spender,1996b)的理论极大地依赖于隐性知识和显性知识以及个体知识与集体知识的区别,但这些理论并未就这些知识类型间的关系做出具体说明。

这种分类在解释方面面临的另一个潜在问题是"隐性知识比显性知识更具有价值"的假设,这相当于将无法阐述的知识与其价值等同起来。除了 Bohn(1994),几乎无人敢贸然认为显性知识比隐性知识更有价值。

如果显性知识更具价值这一观点被接受,那么发展知识管理过程的信息技术平台就非常重要(信息技术将被用来帮助阐释、存储和传播知识)。

单纯地比较显性知识与隐性知识的价值是片面的,二者不是截然对立的两种知识状态,而是相互依赖并共同提高知识质量的关系:隐性知识形成了发展和解释显性知识必须的背景(Polanyi,1975)。

隐性和显性知识之间不可分割的联系意味着只有当个人拥有必要的共享知识的水

平时，他才能够真正交流知识，如果说隐性知识是理解显性知识的必备条件，那么为了使 B 理解 A 的知识，就必须使他们在相关的知识基础上有所重叠（一个被共享的知识空间）（Tuomi，1999；Ivari and Linger，1999）。然而，我们可以通过信息技术加强"弱关系"（Pickering and King，1995），以此拓宽知识分享的宽度。但是，缺少共享知识的空间，信息技术在知识交流中的真正意义就会遭到质疑。矛盾在于信息技术研究者回避信息技术在知识管理中的应用，而组织研究者对此又表示质疑。使矛盾进一步激化的是，知识管理挑战的本质是跨团队的整合知识，而在此过程中信息技术起到了重要的作用。

值得注意的是，一定数量的关联性信息对于其他人理解个人或组织知识是十分必要的。

这样的观点可能会引起争论，即知识共享的空间越大，团队中个人需要分享的情境就越少，因此显性知识的价值越高，信息技术应用于知识管理中的价值就越大。另外，团队中知识共享的空间越小，对于情境信息的需求就越大，相关的显性知识就越少，因而信息技术在知识管理中应用就越少。

相较于显性知识，隐性知识目前引起的兴趣和获得的关注更多。然而，隐性知识并不能独立为组织提供机会和应对挑战，处于 SECI 模型转化场（"Ba"）中"非隐非显"的隐性知识，正如量子物理学"薛定谔猫悖论"中，处于装有毒药的箱子中而生死难辨的"薛定谔猫"一样，让人迷惑不解。这种逻辑上的"自相矛盾"，在有些文献中（邵昶和丁栋虹，2009）就被称之为 SECI 知识转化模型中的"薛定谔猫悖论"[①]。这是由于隐性知识的动态性所决定的：它总处于一种知识和能力的叠加状态，也就是具有"波粒二象性"。

而显性知识则是一种和能力完全脱离的形式（邵昶和丁栋虹，2009）。因此，隐性知识要和显性知识进行对接就必须进行知识和能力的剥离。例如，当一个人只能凭直觉做好一件事情或者只能碰巧做好一件事的时候，此时的隐性知识和认知能力的结合十分紧密，还不能向显性知识转化。后来，随着这个人隐性知识的积累，在逐渐把握做这件事的内在规律以后，他可以做好这件事情的概率就大大增加了，此时他的隐性知识就逐渐明确下来，可以进一步向显性知识转化。此外，在隐性知识和能力相剥离的同时，隐性知识还必须从个体层面进行剥离。

从心理学的角度，知识积累的过程也是能力培养的过程。由于显性知识比较简单，一般不会和能力纠缠在一起。显性知识可以被表达和记录，因此更可能应对合法性假

---

① "薛定谔的猫"是由奥地利物理学家薛定谔于 1935 年提出的有关猫生死叠加的著名思想实验，是把微观领域的量子行为扩展到宏观世界的推演。这里必须要认识量子行为的一个现象：观测。微观物质有不同的存在形式，即粒子和波。通常，微观物质以波的叠加混沌态存在；一旦观测后，它们立刻选择成为粒子。实验是这样的：在一个盒子里有一只猫，以及少量放射性物质。之后，有 50% 的概率放射性物质将会衰变并释放出毒气杀死这只猫，同时有 50% 的概率放射性物质不会衰变而猫将活下来。根据经典物理学，在盒子里必将发生这两个结果之一，而外部观测者只有打开盒子才能知道里面的结果。在量子的世界里，当盒子处于关闭状态，整个系统则一直保持不确定性的波态，即猫生死叠加。猫到底是死是活必须在盒子打开后，外部观测者观测时，物质以粒子形式表现后才能确定。这项实验旨在论证量子力学对微观粒子世界超乎常理的认识和理解，可这使微观不确定原理变成了宏观不确定原理，客观规律不以人的意志为转移，猫既活又死违背了逻辑思维。

设这一挑战（Jordan and Jones，1997）。这会促使决策者以牺牲隐性知识为代价而支持显性知识，因为显性知识被认为更加合法、公正。此外，鉴于某些知识的短暂性，显性知识可能会导致一种刚性和死板，这将会阻碍而不是改善绩效。

国内学者杨百寅教授对这两种知识的差异进行了更为深入的探究和考辨，认为隐性知识是难以表述清楚、隐含于过程和行动中的知识，而这恰恰又是创造更多价值的源泉。隐性知识因其难以复制与易增殖的特性而受到越来越多组织的重视，并已成为组织创造和保持竞争优势的关键因素。显性知识独立于认识者之外，它没有捕获到一些模棱两可问题的复杂性，进而不能提供知识概念的一种全面描述。不过，这种知识在价值上能够中立，因而有利于明确规范程序，进而为管理的科学性奠定了坚实的知识基础。

Ikujiro 等人（1998）宣称："组织的知识管理就是源于显性知识和隐性知识的不断会谈。"不可否认的事实是，知识管理中的知识不论何种形式，皆与人紧密关联（Timothy et al.，2008）。人是知识创造和传播的内生力量，人的心理意向（表现为一些情感因素）和对知识的诊断是知识重用的决定因素。在此意义上，显性知识和隐性知识的分法无法全面体现人的因素及人与知识的关系在管理中的作用。

三、知识管理

知识管理是知识的整合、创造、共享、转化等活动，旨在通过对企业各种知识的管理，帮助企业发展内部知识交流和应用的技术、结构和系统，让企业中的各种信息、能量、物质以知识的形式得以获取、存储、更新、创新，使知识积累并提高企业创新能力。

（一）不同视角下的知识管理理念

对知识的不同认知将会产生不同的知识管理理念（Carlsson and El Sawy，1996）。

如果知识被看作一种对象，或者等同于获取的信息，那么知识管理就应当关注建立和管理已储存的知识。

如果知识是一种过程，这意味着知识管理的关注点应该是知识的流动、创造、分享以及分配过程。知识能力观所对应的知识管理，其关注点在于构建核心能力，理解技能的战略优势及创建智力资本。这些多样化的知识概念的主要启示是：每一种观点都意味着一种知识管理的战略以及一种不同的知识管理系统。

表 3-4 总结了以上讨论的不同知识观以及它们对知识管理和知识管理系统的启示。

表 3-4 知识观及其内涵

知识视角		知识管理（KM）	知识管理系统（KMS）
知识与数据和信息的对比	数据是事实和原始数据 信息是处理过的/被解释的数据 知识是个性化的信息	KM 关注向个体揭示潜在的有用信息并促进信息的吸收	KMS 与现有的信息系统并没有根本性的差异，但是有助于用户笑话信息
思想状态观	知识是了解和理解事物的思想	KM 强调通过信息的提供来强化个人的学习和理解能力	信息技术的作用是获取知识源而不是知识本身

续表

知识视角		知识管理（KM）	知识管理系统（KMS）
对象观	知识是一种可以被存储和操作的对象	KM的关键是建立和管理知识储备	信息技术的作用包括收集、存储并转移知识
过程观	知识是应用专业技能的一个过程	KM关注知识的流动和知识的创造、共享和分配的过程	信息技术的作用是连接不同的知识源并创造更宽、更深层次的知识流
信息获取观	知识是一种获取信息的条件	KM关注内容的获取和检索	信息技术的作用是为定位有关信息提供有效的搜索和索引机制
能力观	知识具有影响行为的潜在能力	KM关注核心能力的建立和战略技能的理解	信息技术的作用在于通过支持个人和组织能力的发展来强化智力资本

以上讨论中有三个要点：一是特别强调对数据、信息和知识间区别的理解，并从这些区别中获得启示；二是由于知识是个性化的，为了个人和团队的知识能够对其他人有所裨益，知识必须采用一种可以被接收者理解的方式来表达；三是储存起来的知识几乎是无用的，只有那些在个体的意识层面经过反省、启发和学习过程积极处理过的信息才是有用的。

尽管上述定义没有一个是完全准确的，当然也没有一个是完全不准确的。对于知识管理的定义会随着组织的不同而不同，甚至在不同的实践活动中也会不一样。拥有高级的计算和交流工具的信息技术学科将知识看成是一种提供IT系统来存储信息的技术活动；而研究组织知识的学者们将知识看成是组织的资产，并强调对其进行综合利用的必要性；组织学习方面的研究则指出了创造知识的学习过程的重要性。

为了理解知识管理的根本，我们应该就广义上的知识管理的界定达成一致。上述视角的整合一直较为缺乏。这是为什么大量的研究都采用IT视角的方法或将知识简单看成是一种资产（Davenport，1998），而对于更为重要的过程的关注却缺失了的原因（Ruggles，1998）。

综合上述不同的研究视角，一种可行的知识管理的定义是：知识管理是一系列通过获取、共享和应用知识来推进组织运营、实现组织目标的过程、活动和实践。

知识管理不等于信息管理：首先，知识管理作为一种正式的有意的行为已经在很多企业得到实施。但实际上，我们也相信很多的知识管理的实践和努力根本就不算是真正的知识管理，而是在知识管理的外围区域进行了一些活动，企业通过使用知识管理这一术语来界定非知识管理活动，但其出发点仍然是希望从知识管理的宝库中获益。其次，对知识管理概念的这种"生搬硬套"只是一种直觉逻辑。当我们频繁地将知识管理的特征归纳为通过借助适当的信息技术工具"在正确的时间将正确的信息传递给正确的人"时，知识管理从学科建立之初就在被频繁地看成是信息管理的近亲。因此，知识管理也就被很多企业看成是在组织中采用适当的IT工具来管理知识的活动。在这种思想指导下,数据仓库、数据挖掘、商业智能(BI)、在线分析程序(OLAP)、商业绩效考核(BPM)、客户关系管理(CRM)、企业资源计划(ERP)、协作管理、群件、搜索和检索技术的应用、语义网络以及语义文本挖掘工具的应用、文档管理、图像管理、网络会议的应用、在线学习的应用、专家定位器(专家黄页)、最佳实践数据库的应用、企业信息门户(EIPs)都被看成是知识管理工具,而包含有部署或使用上述应用工具的项目也被称之为知识管理项目。EIPs、文档管理、最佳实践等更被认为是知识管理最为热衷的应用,在知识管理文献中有大量包含以上内容的案例分析和描述。如今,很多的门户开发商们将他们的搜索和检索能力描绘成知识管理已经见怪不怪了,就好像只要使用门户,那么一个人和组织就可以自动地来管理知识、发现知识了。在上述所有的 IT 应用中,第一代的知识管理应用最为广泛的应该就是最佳实践数据库了(Joseseph and Mark,2005)。

资料来源:李岱素. 知识管理研究述评 [J]. 学术研究,2009(8):83—88.

(二)知识管理的主流范式

知识管理领域的主流研究遵从波兰尼—野中郁次郎的显性—隐性知识范式。

1958 年,英国学者波兰尼对知识进行了分类。波兰尼(2000)认为,人类的知识有两种。通常被描述为知识的,即以书面文字、图表和数学公式加以表述的,只是一种类型的知识。而未被表述的知识,像我们在做某事的行动中所拥有的知识,是另一种知识。他把前者称为显性知识,后者称为隐性知识。

此后,日本学者胜见明和野中郁次郎(2006)研究了显性知识和隐性知识的相互转化,建构了 SECI 模型:社会化(Socialize)——由隐性知识到隐性知识、外化(Externalize)——由隐性知识到显性知识、内化(Internalize)——由显性知识到隐性知识、组合(Combine)——由显性知识到显性知识。

这四个过程不断循环,知识不断被创新并螺旋上升,也称为螺旋式知识创新模型。他提出的 Ba 理论认为,Ba 是知识生成的环境。但未研究隐性知识怎样转化为显性知识。其后的研究者也有对知识生成的研究,但其着眼点大多落在研究知识生成的环境因素及其之间的互动上。这一分类法已经被广泛接受,并形成了波兰尼—野中郁次郎范式。

组织的"知识观"(KBV,knowledge-based view)已经在战略管理的文献中出现(Nonaka and Takeuchi,1995)。这种观点是在 Penrose(1959)提出并由其他人拓展(Wernerfelt,1984;Barney,1991;Conner,1991)的组织"资源观"(RBV)的基础上建立和发展起来的。

知识观认为,对于有形资源来说,它们的组合和应用方式影响到其对组织的价值和贡献。作为无形资源的知识也一样,组织知识根植并贯穿于组织的组织文化、特性、惯例、政策、体系、文件以及组织的个体员工等诸多方面(Spender,1996a;Spender,1996b;Grant,1996a;Grant,1996b;Nelson and Winter,1982)。由于以知识为基础的资源通常很难模仿且具有社会复杂性,因而知识观假定知识资产可能会为组织带来可持续的竞争优势。然而,就组织的价值而言,组织拥有的知识固然重要,但更重要的是组织能否有效运用现有知识,这种新知识的创造能力和运用知识资产来获取竞争优势的能力尤为重要。需要强调的是，信息技术在实现组织资源观的过程中发挥了重要的作用。先进的信息技术（例如，互联网、内联网、外联网、浏览器、数据存储、数据挖掘技术和软件代理）能够系统化、强化并促进大规模的组织内部以及组织之间的知识管理。

尽管在组织中，知识编码、存储和转移的概念并非新兴事物，并且员工发展项目、组织政策、组织惯例、组织程序、组织报告和组织指南多年来一直起着这样的作用（Alavi and Leidner, 1999）——但是组织和管理实践目前正变得愈加以知识为中心。例如，标杆管理、知识审计、最佳实务转移以及员工发展，总体上都显示了组织知识和无形资产的重要性（Spender, 1996a; Spender, 1996b; Grant, 1996a; Grant, 1996b）。

（三）知识管理理论的演进与发展

有学者（付彦，2004）从历史的角度将组织知识管理理论的演进过程分为三大阶段：

1. 早期活动和实践阶段

20 世纪 50 年代之前的早期知识管理的活动和实践阶段。

这一阶段人类在实践中逐步积累了大量的知识，不断创造出新的知识，并在自觉不自觉中传播和共享知识。

2. 萌芽阶段

20 世纪 50 年代至 90 年代初期的知识管理思想的萌芽阶段。

这一时期，随着计算机和互联网的发展，组织界开始有意识地利用计算机技术进行内部信息管理，出现了一些与知识管理相关的思想，较早的相关论述包括《加州管理评论》1965 年 4 月发表的赫希和韦纳的文章《转化新知识以实现经济增长》。20 世纪 80 年代中期，人们开始对组织内部知识的作用感兴趣。

最具影响力的当属彼得·德鲁克于 1981 年在《哈佛商业评论》上发表的《新型组织的出现》一文，也有人认为管理大师彼得·德鲁克是知识管理研究的先驱者。在该文中，德鲁克认为，未来的典型组织应该被称为信息型组织，它以知识为基础，由各种各样的专家组成。这些专家在基层从事不同的工作，自主管理，自主决策……知识主要体现在基层，体现在专家的脑海里。由此可见，早在 20 世纪 80 年代德鲁克就已经认识到在未来组织中，专家头脑中的知识将是非常重要的。

除此之外，同一时期还有许多有关信息管理和学习型组织的文章发表，这些思想后来都成为系统知识管理理论的重要组成部分。例如，达文波特曾于 1992 年 10 月与埃克里斯和布鲁萨克在《斯隆管理评论》上发表了《信息政治》一文；雷·斯达塔于 1989 年 4 月在《斯隆管理评论》上发表了《组织学习——管理创新的关键》一文；彼得·圣吉于 1990 年 10 月在《斯隆管理评论》上发表了《领导者的新工作——创建学习型组织》一文。

这些思想都是在信息技术背景下涌现出来的新思想，与知识管理思想共同并存，相互影响，并彼此融合。但这一阶段，与知识管理相关的思想仍然散见于研究信息技术、管理新趋势、组织形态、人力资源管理等方面的文章之中，尚未形成以知识管理为专门研究对象的系统理论。

3. 形成和发展阶段

20世纪90年代之后的系统知识管理理论的形成和发展阶段。这一阶段的典型特点是：正式提出了"知识管理"一词，开始形成专门以知识管理为研究对象的系统理论，其理论框架不断得到丰富和发展。

在美国，"管理知识"一词最早于1986年前后在人工智能领域采用。当时DEC公司的一个小组，包括德布瑞·阿密顿（Debra Amidon）等人，开始研究如何通过技术来改进学习；同时，美国知识研究学会董事长兼CEO卡尔·维格（Karl Wiig）当时领导的另一个小组也在研究人工智能问题，该小组早在1984年就开始考察组织中知识的作用。卡尔·维格于1986年首次在苏黎世国际劳工组织（ILO）会议的报告中提出"知识管理"一词。德布瑞·阿密顿与丹·迪曼塞斯库于1988年在普渡大学的关键问题圆桌会议技术和战略小组论文集中发表了论文《面向21世纪管理知识资产：关注研究型组织集团》，这可能是最早明确谈及"管理知识"的文章。

1990年，卡尔·维格在国际知识工程协会第二届国际年会论文集中发表了《知识管理：导论》一文，可能是世界上第一篇正式以知识管理命名的文章，成为系统知识管理理论初步形成的一个重要标志。维格本人也从关注技术方法转向了以人为中心的方法上来，开始从认知学的角度进行研究，并成为知识管理领域理论和实践的先驱者。

20世纪90年代中期，已有许多公司从事知识管理实践，包括道化学公司、德州仪器公司、安永公司、麦肯锡公司、惠普公司、巴克曼实验室、英国石油公司等。

位于美国波士顿的安永组织创新中心早在1996年就开展了一个"管理组织知识"的项目，由17家公司赞助，其中，由托马斯·达文波特、戴维·德龙、迈克尔·比尔斯发表的一篇报告《建立成功的知识管理项目》，对许多公司知识管理项目的实践活动进行了总结。与此同时，哈佛大学也出现了一些研究知识管理问题的案例，较早的包括克里斯托弗·巴特里特于1996年6月发表的《麦肯锡公司：管理知识和学习》案例以及麦克拉斯·萨瓦瑞和安·玛丽·查德于1997年9月发表的《安永公司的知识管理》案例。之后，一些相对更为理论化的文章开始大量出现。

对知识管理的大量关注应该在1996—1998年期间，正好与经合组织1996年发表《以知识为基础的经济》的报告相吻合，在知识经济的热潮之下，研究组织微观主体的知识管理日益受到关注，这使得系统的知识管理理论得以初步形成和发展。其中，具有标志性意义的事件是：《加州管理评论》在1996年4月出版的"知识与公司"特刊，收集了加州大学伯克莱分校举办的"知识与公司第一届年会"上来自日本、美国和欧洲各国的学者和知识实践者们的大量有关知识管理的论述，至今仍有非常重要的影响，由此也展开了关于知识管理的全面而系统的研究和实践。

除美国之外，日本也是早期的知识管理实践者和理论研究者。加州大学伯克利分校汉斯商学院的首位施乐杰出知识学教授野中郁次郎早在1991年1月就在《哈佛商业评论》上发表了《知识创新型组织》一文，产生了重要影响，并被收录于哈佛商学院1998年出版的《〈哈佛商业评论〉论知识管理》一书中。以他为主的研究队伍在20世纪80年代早期就开始关注创新问题以及如何加速日本大型公司的创新过程的问题，对世界理解本田、佳能、松下、夏普等成功的日本组织在知识创新方面的秘诀有着重要贡献。后来，他从迈克尔·波兰尼（Polanyi，1962/1967）及其隐性知识概念中获得灵感，开始从认识论的角度进行研究，并在 1995 年与竹内（Takeuchi）合作出版了《知识创新型公司》一书，产生了深远的影响，该书对知识管理领域进行了重新界定，他将自己的"知识创新"概念与卡尔·维格提出的"知识管理"概念进行对比，认为后者是在信息技术影响下创造出来的一个不太合适的术语。

在知识管理的起源中，除日本、美国之外，瑞典学者也是早期先行者之一，尤以卡尔·艾瑞克·斯维比（Karl Erik Sveiby）为代表。他认为，一个没有传统生产的组织中，唯一的生产因素是员工的知识和创造性，唯一的资源就是知识。1986 年，他在《技能知识型公司》一书中提出了一种"能力型战略"方法，并在 1986 年出版了《知识管理》一书，这可能是世界上第一本以知识管理命名的书，书中没有谈到信息技术，而是谈及用一种战略方法来管理知识资源，尤其是管理知识工作者。他还曾在 2001 年撰文探讨过知识管理的起源，认为知识管理有三个起源：美国的信息/人工智能起源、日本的知识创造/创新起源和瑞典的战略/测评起源。由此可见，美国关于知识管理的观点更多受到 IT 的影响，相比而言，日本和瑞典更强调以人为中心的知识观。

与此同时，知识管理也受到发展中国家的关注。在中国，1998 年成为中国学术领域的"知识经济年"。2000 年，国家自然科学基金管理科学部将"组织知识管理问题研究"作为鼓励研究领域，从此掀起了知识管理的研究高潮。但由于实践的滞后，国内更多的研究还摆脱不了对国际前沿的追踪状态。

4. 我国知识管理研究演进

学者赵丽梅和张庆普（2012）以共词分析、社会网络分析和绘制科学知识图谱等方法为基本理论依据，对我国知识管理领域的前沿研究主题进行了探讨。他们的研究发现，我国的知识管理研究热点呈现出明显的阶段性差异，从最初的基础概念辨析到理论探讨和技术实践的分野，从理论和技术的二元研究范式到三大研究导向的形成和新的研究视角的出现，研究热点向多元化方向发展的趋势日趋明显。

1999—2001 年间，我国知识管理的研究处于基础概念辨析、相似概念比较及相关概念探讨阶段，随后出现分支领域多元化的趋势，研究热点逐渐分散。

到 2002 年，我国知识管理研究已脱离了概念辨析比较阶段，研究重心已转变为对知识管理基础理论较为深入的研究，并开始将知识管理理论应用于某些实践领域，出现了理论探讨和技术实践的分野。

与 2002 年相比，2003 年知识管理理论研究和知识管理技术实践的分野更加显著，知识管理理论研究主要引入了学习理论，而知识管理技术实践的研究主要以知识挖掘为主要导向，并且出现了从纯粹的显性知识挖掘向隐性知识挖掘过渡的倾向。2004—2005 年，我国知识管理的研究导向更加明确，大致可分为组织行为与战略管理、知识管理技术实践以及基础理论与应用研究类三大导向，研究热点更加分散，主要有知识共享、知识转化、知识管理的绩效评价等。

2006—2007 年知识转移成为我国知识管理领域新的研究热点，而且这一阶段我国的知识管理研究有了新的研究视角——社会网络分析，但更多的只是从已经存在的社会网络关系的外在结构特征的角度进行理论探讨或实证研究，从知识个体的内在驱动力或动机态度角度进行研究的少之又少。

四、知识管理过程和内容

知识管理在很大程度上被看作是一个涉及多种活动的过程，不同文献对于这一过程的描述存在细微的差异。一般来说，知识管理过程是以构建基于知识社会学（Holzner and Marx，1979；Gurvitch，1971）的知识管理为框架①。根据这一框架，作为知识系统的组织由广泛认可的四个"知识过程"组成：一是创造（也被称之为建构）；二是储存/索引；三是转移；四是应用（Holzner and Marx，1979）。这些主要的过程还可以被细分为诸如创造内部知识、获取外部知识、存储知识于文本或惯例中（Teece，1998）以及内部和外部知识的更新与共享等。

组织作为知识系统的这种观点，既意味着组织知识具备认知和社会属性，又体现出组织知识涵盖了个人的认知和实践与集体的（如组织的）实践和文化两部分，这些知识管理过程并不是一个单一的活动集，而是一个相互关联相互交织的一系列活动。

（一）知识获取

1."学"以致远

知识必须在组织特定的历史、文化和管理背景下才能被用作价值创造的源泉，而其创造本身是一种学习的过程。任何一种知识，本质上都起源于智慧的思想。

学习与知识密不可分，知识离不开学习，反过来促进学习：一方面，知识是学习的内容，也是学习的目的。无论是个人的学习活动，还是组织内各层次的学习活动，都是以获取和应用知识为直接目的。要想实现这个目的，必须了解知识的特征、遵循知识与学习相互转化的各种规律。在教育界得到认可的建构主义学习理论，尤其重视知识的作用并致力于探讨获取和认识知识的方法，它强调知识是学习者主动行为的对象。人们用自己的思维方式去观察、去推理、去探究、去验证，对已有知识进行修正、判定、批判并不断探索未知、认识未知、吸收未知、积累未知并掌握未知知识的过程，是知识从无到对的积累与创造过程，也是人们进行学习实践的过程。可见，知识贯穿整个学习过程，是学习的内容与目的。另一方面，学习是知识得以传播与再创造的动力。但是，这个过程不可能自动完成，必须通过学习来实现。学习能够促进知识的积累、流动和应用，促进知识共享和知识管理，促进组织构建知识体系。

《论语·为政篇》云："学而不思则罔，思而不学则殆""学"是一种输入和存储，而"思"则是利用和创新，知识正是在学与思之间不断碰撞出来的火花。

Mick Cope（1998）明确断言，公司在竞争中保持优势的关键在于不断进步，而进步的唯一出路就是学习。

阿里·德·赫斯（1998）也指出，我们正在从资本社会转向知识社会，那些在激烈竞争中生存下来的组织都有一些共同点：它们的成功基础在于不断学习，能对环境做出敏锐的反应，并能创造性地思考问题，反复实践，修正计划，不断加强自身的竞

---

① 注：有学者对知识管理提出了不同的模型，如 Marc Demerest 创建的知识管理的模型认为知识管理过程有四个阶段构成：知识的建构、知识的传播、知识的使用和知识的体现，随后 Fawzy Soliman 和 Keri Spooner 通过修正这种模型，提出了五种阶段知识管理链（创造知识、获得知识、组织知识、进入知识和使用知识）。

争力。对组织而言，学习的本质是为自己来应付应变的能力。学习除了能重新塑造员工自我之外，还最终帮助达成团体目标。在哈贝马斯看来，社会进化的动力来源于人们的"学习"机制，它是人们知识能力增长后对社会自觉选择的结果。

实际上，上述这些无论在学术界还是在组织界都与 Argyris（1978）提出组织学习概念（Organizational Learning）交相辉映①。

组织学习有两种隐喻：获得（Acquisition）和参与（Participation），其最大的特点是以共享的知识基础为核心，利用相关的组织学习机制，循环和加速知识的创造和转换，依靠应变策略来处理危机和动荡。由于知识是在不同的文本中被获得和被使用的，所以组织学习不得不努力改变或重新设计自身以适应不断变化的内外环境，从而保持可持续竞争的优势（这符合学习型组织发展的客观要求）。由此可见，知识的共享性是知识社会每个成员的第一生存法则，知识的增进（而非生产力的发展）乃社会进步的关键因素。对于以知识为主要竞争优势来源的组织而言，固然学习不可能为组织提供一劳永逸的应对方案，但它有助于组织做出正确的决策，以适应市场的变迁。

2. 批判的反思："学习"的精神内核

哈贝马斯区别了组织管理中的两种学习过程：一种是"反思的学习"，另一种是"非反思的学习"（Jüergen Haberams，1975），二者既可以是生活世界合理化过程中不同阶段学习方式的区别，也可以是同一个时代专门商谈和日常交往之间的差异。这里的"学习"并不关涉对具体知识的掌握，毋宁说是获取知识的能力以及通过认知作用完成对有碍于组织发展东西的改进。

批判理论的核心是进行自我反思——既自觉地把现实的实践力量作为自身构成的要素，又反思地澄清自身在复杂的社会转变中的作用。Axel Honneth 曾言："今天的批判理论的关键难题包含在这样的问题之中，我们如何才能获得一种分析的框架，既能把握社会统治的结构，同时又能确定社会转变的资源"。有效的管理正是立足于分析的框架，从社会转变中汲取养分，找寻各种要素之间的动态关联。按照哈贝马斯的理论，组织的发展本身即为批判，并且始终是批判。他强调，"彻底的认识批判最终只能以再现类的历史的形式进行，并且反过来，从以社会劳动和阶级斗争为媒介的类的自我产生的观点来看，社会理论只有作为认识着的、意识的自我反思才是可能的"（Ackerman and Halverson，1999）。

组织在学习过程中获得的批判性知识，是以"自我意识将知识呈现于意识之内并予以反思"的能力为前提。从国内外组织发展的历史来看，批判性思考可以发生在任何时代。只要涉足学习领域，批判性思考在所难免。在此意义上，所谓"修炼"，本质上是关于一系列批判性思考的感悟。

组织学习机制一旦形成，组织不同层次的相关人员会主动或者被动地学习知识，以应对呈现在我们面前的种种不确定性。个体唯有通过精神上的、行为上的和情感上的过程才能使自己的内在状态与外部世界发生关联，在此基础上，借以批判的反思才

---

① 有资料显示，Cangelosi 和 Dill 于 1965 年首次提出了组织学习的概念，其后 Argyris 和 Schon 将此概念推向新的发展阶段。

能将"学习"贯彻、进行到底。而且,参与管理中的学习最为重要的是:从我自己的错误中学习,也从别人的错误中学习。如此一来,组织生存的秘诀向我们揭示了学习(借助于它可以实现知识与人力资源之间的互动)这个概念在管理史上的崇高地位,并为组织走向"长寿"开创出强大的生命力。

无论就知识内容而言,还是就能力结构而论,组织的批判性学习过程是逐级重构的,从而使学习具有一定程度的指向性。在一个由不同阶段构成的学习过程中,存在着层级之划分、能力之强弱的差别。约翰·斯图亚特·密尔(1957)说:"做一个不满足的人比做一个满足的猪好;做一个不满足的苏格拉底比做一个傻子好。"个人也好,组织也罢,皆应在理性分析的基础上反思所想与行为是否偏颇、是否格格不入。根据现有资料,组织的学习存在于道德、实践、交互行为和用共识调节行为冲突等领域。只不过知识整体理论更为强调,由于活性知识在理想和价值观上对组织的战略发展产生了不可估量的作用,所以在组织学习过程中,道德情感领域的学习比其他领域(如马克思的劳动)更具一定的优先性。

组织管理可以追溯至认识论上思想禁锢被打破以后个人"自主思考"的权利,与此相对应,批判性反思作为学习的精神内核必然关涉哲学维度上的"主体性"思想。国外有研究指出,唯科学论忽视了对认识主体兴趣的反思,而客观主义的反映论将事实绝对化,抹杀了认识过程中主观认识能力。这两者没有充分体现到人之主体性,所以在获取知识的过程中,我们一定要坚持批判的观点(指向客观主义和唯科学论)。

依照知识整体理论,学习知识对处于转型时代的组织发展来说是性命攸关的,而学习又奠基于沟通,即学习的实践在组织和群体中依赖于交流。沟通与交流、学习有着密切的联系,并奠基于一定的文化现象。哈贝马斯也对当代社会的文化多样性现象给予特别关注,他把现代社会的文化间关系看作是不同文化之间如何更好地进行"互补性学习过程"(Jüergen Haberams,2006)的问题。"人"同时具有理性与学习的能力:"理性表达具有可批判性,也具有可改进性,我们能够纠正失败的努力,如果我们能成功地确认我们的错误的话,论证这个概念与学习的概念是交织在一起的。"(Jüergen Haberams,1975)

3. 组织的知识获取

知识获取实质上是指组织将内外部环境中的知识转换到组织内部,服务于组织生产经营和发展需要。知识获取的来源有多种,Yli-Renk 等人(2001)提出组织可以充分利用外部的关系资源进行知识的获取和开发。

有效的知识获取可以给组织带来明显知识储备优势和知识结构优势,有助于提高组织的对知识的整合吸收能力,也为组织知识应用平台的建立和持续奠定基础。

罗珉(2005)认为,知识获取的结果对后续知识管理过程影响很大,直接关系到整个知识价值链的效率(Fawzy Soliman and Keri Spooner,2000),并提出的五种阶段知识管理链(创造知识、获得知识、组织知识、进入知识和使用知识)。

知识获取的最理想结果就是能让合适的人在合适的时候获得合适的知识(包括知识的内容和形式),并将其运用在合适的地方,完成既定目标任务。任何知识都不是孤立存在的,而是内嵌于由供应商、客户、竞争对手以及组织本身共同构成的知识网络中，组织要善于借助内外知识网络获取所需要的各种知识资源。

（二）组织学习类型

按照学习的层次，可以将学习分为个人学习、团队学习、组织学习和跨组织学习，围绕知识进行的组织学习，根据知识的不同类型和学习的不同目的，可能有不同的学习形式。其中，双元学习理论，单环学习、双环学习是被广为接受的学习理论。双元学习是当前组织理论关注的热点，指的是探索学习、利用学习两种基本学习方式的平衡。

1. 双元学习

探索式学习、利用式学习是两种基本组织学习方式，其选取的不合理会影响组织绩效，如会让组织陷入"失败陷阱"或"能力陷阱"，现有的研究也阐明两种学习的不平衡导致国内组织处于创新的不利境地，进而影响了其绩效产出。因此，组织亟须开展双元学习行为，有效利用现有知识的同时，也能较好地把握未来变动的技术趋势。

（1）探索式学习。根据 March 的理论，探索学习是以"搜索、变异、冒险、实验、应变、创新"等为特征的学习行为，强调新知识的创新与追求。

探索式学习会为组织带来新知识领域的技术，具备新技术知识能让组织更适应市场需求或者能让组织进入全新的细分市场，从而形成相对竞争优势，进而提升其绩效。故探索式学习对组织绩效特别是长期绩效有提升作用。然而，许多研究也关注到探索学习与绩效间具有阈值效应，即过度探索会增加组织的知识成本，反而负向影响绩效。实证研究发现，将探索能力控制在合理范围内，更有利于组织长期绩效的提升。

已有研究指出，作为知识存量的组织经验积累有利于新机会的识别，而新的技术/市场机会能给组织带来多样化、有价值的知识信息，从而推动组织探索式学习的开展；而且更全面、更具异质性的知识存量会促进知识间的相互交流，使得知识在组织内部相互激荡，更利于非预见性知识的产生，从而更益于组织的探索式学习。

（2）利用学习。利用学习则是以"提炼、筛选、生产、效率、执行、实施"等为特征的学习行为，强调现有知识的利用与挖掘。两种学习方式牵涉到不同的学习过程，共同构成了组织生存及发展的基础。

利用式学习侧重对组织现有知识基础的挖掘与利用，这会使得组织产品越发成熟完善，会更好满足顾客需求，从而直接增长组织市场收益；而且利用学习所收获的短期收益会为探索学习提供资金保障，有利于组织长期绩效的获取。

利用式学习是在与先前知识相关的领域内开展的本地搜索行为，拥有更多的知识存量，说明组织有着更丰富的问题解决经验，从而利于现有知识能力的精练、改进与集成，而专业技术知识的存量积累使得组织在现有知识挖掘、利用上更具潜力，因此较多的知识存量会更利于利用式学习的开展。

（3）知识存量的影响。知识存量对组织探索学习、利用学习都有着积极推动作用。而学习能力是组织生存发展的关键能力之一，作为基本学习模式的探索学习与利用学习对组织绩效有着直接作用。然而，过分强调利用学习，则会让组织陷入"能力陷阱"，重复利用现有知识，导致路径依赖，影响组织的创新性。故单一的探索或利用都不会达到最优绩效，需采取二元平衡的方式，即开展探索学习确保预期发展的同时也进行利用学习以提供当前的保障。成功的组织都是从单向思维向双元平衡转变的结果，国内学者孙永磊等人（2014）也通过实证研究发现平衡的双元能力更利于合作创新的开展。

2. 单双环学习

（1）单环学习。所谓单环学习，只是通过一般的学习，寻求行为和结果之间的匹配，以保证组织的正常运转。从本质上讲，单环学习可以维持组织的正常行为，但不能取得改进效果。

单环学习强调的是对现状的"认知"。在单环学习中，企业通过具体经历的观察、回顾和思考形成抽象概念，再在新环境中检验概念，发现和纠正其中的不足与错误。但是在此过程中并没有质疑和改变组织的基本意愿、信念和价值观。企业可以利用单环学习来获取经验、察觉和解决问题、判断和预测未来，但是组织的政策和目标并未发生变动。单环性学习培养的是企业扫描环境以及控制目标实现的能力。另外，在单环学习型组织中，掌权者沉迷于自己的想法，对组织环境漠不关心。

很显然，单环学习是一种改良性学习、维持性学习，只适用于发生可预测的常规性波动的环境中的企业，有利于改善日常程序。但是一旦环境变动的不确定性加剧，如果企业仍以单环学习应对的话，就会导致组织知识的刚性而阻碍企业灵活地适应环境。

（2）双环学习。所谓双环学习是指进一步追问组织行为的前提是否恰当，通过克服"习惯性防卫"造成的认知障碍，谋求从行为的前提变量（即行为的前提假设）上取得根本性改善。

如果说，单环学习强调的是对现状的"认知"。那么，双环学习就是强调对造成现状原因的"反思"，而且是从自身出发的反思。"双环学习"要求管理者的行为是基于所掌握的信息，并对有关问题进行辩论并做出反应。他们乐意顺时而变，愿意向他人学习，这样就产生了一个学习和理解的循环。大多数组织对单环学习的模式非常拿手，但在双环学习上却困难重重。

在双环学习中组织不仅为了提高效率和实现目标而总结经验和对策，还要在对组织准则、目标、战略和价值观质疑的过程中学会发现问题和解决问题。所以，企业必须形成鼓励怀疑，欢迎挑战，勇于放弃的态度，培养开放，变通的学习精神。双环学习是创新型学习和认知性学习，与单环学习相比更适用于动态的环境中的企业组织。

不同形式学习的共同作用能够促进个人创造并积累隐性知识，能将隐性经验的知识转化为可以理解和陈述的知识，通过群体共享来实现隐性知识的传播以及隐性知识转化为显性知识。接下来，这些知识被应用到实践中并循环下去，这个过程的完成必须要经历学习的过程。总的来说，学习是组织获取知识的重要手段。

3. 知识源途径

演化经济学认为创新搜索（Search）是组织解决问题的活动，可以帮助组织获取多样性的知识源，为组织带来技术和知识新的组合。

目前，国内外有关创新搜索的分类主要为创新搜索范围、创新搜索深度与宽度、创新搜索的内外部知识源和知识获取模式。

先前的研究大量关注创新搜索范围,即本地搜索(Local search,也称为利用性搜索)与远程搜索(Distant search,也称为探索性搜索)。Katila 和 Ahuja(2002)提出创新搜索包括搜索深度和宽度,Laursen 和 Salter(2006)进一步通过实证研究分析了组织外部搜索宽度(组织广泛探索新知识的程度)和搜索深度(组织经常重复利用现有知识的程度)对组织创新绩效的影响。

针对创新搜索的外部知识源和获取模式,不少学者认为供应商、客户、竞争对手、大学、研究机构等是组织进行创新搜寻的主要外部知识来源;外部知识获取模式包括联盟、合作研发、非正式交流、雇用员工、逆向工程、专业知识培训、技术许可、专利购买等。

同时,也有学者从外部技术获取中是否存在正式协议或契约来进行划分知识获取模式,把基于正式协议、契约等建立起来的诸如联盟、研发合作、技术许可和购买等作为一个整体来考虑,为知识搜索的正式获取模式,把非正式交流和接触、雇用员工、反求工程等使用非契约或超越契约的作为知识搜索的非正式获取模式。

还有少数学者进一步把技术获取模式与搜索深度和宽度相结合,按照获取模式来界定搜索宽度与深度。

根据知识搜索的正式化程度划分外部知识搜索:第一类是通过签订正式的合同或契约来进行知识搜索的方式,如与设备供应商、客户、同行组织、公共机构等组织建立合作关系以及技术许可、专利购买、专业知识培训等,这些方式属于正式化程度较高的,把它界定为正式外部知识搜索,相应地把组织利用正式外部知识源或搜索通道的数量定义为正式外部知识搜索宽度。第二类是使用非契约或超越契约的方式搜索知识,如与供应商、客户、同行组织、公共机构等组织员工私下非正式会谈与接触,雇用竞争对手的研发人员及非正式雇用科研机构的研发人员(兼职),逆向工程等,把它界定为非正式外部知识搜索,非正式外部知识搜索宽度即为组织利用非正式外部知识源或搜索通道的数量。

(三)知识创造

组织知识创造包括在组织的显性和隐性知识中发展新内容或替换已有内容(Pentland,1995)。通过社会协同过程以及个人的认知(比如反省)过程,在组织范围内,知识被创造、分享、扩充、放大、确证(Nonaka,1994)。这种模式将组织知识创造视为知识的显性和隐性维度之间的连续相互作用以及知识从个人层到群体层和组织层移动的螺旋式增长流。

1. 知识创造的一般模式

知识创造的四种模式(图3-2)被定义为:社会化、内化、整合和外化(Nonaka,1994)。

S(Socialization)指社会化过程,它是通过把隐性知识汇聚在一起进行交流共享经验产生新的隐性知识的过程。因为隐性知识具有特定的背景条件,难以公式化,所以获得隐性知识的关键就是通过共同活动来体验相同的经验。

社会化的典型事例就是传统的学徒制中师傅对徒弟的知识和经验的传递,如书法、绘画、舞蹈、武术等的学习,学徒学习技艺不是通过书本或语言就可以学习掌握,而

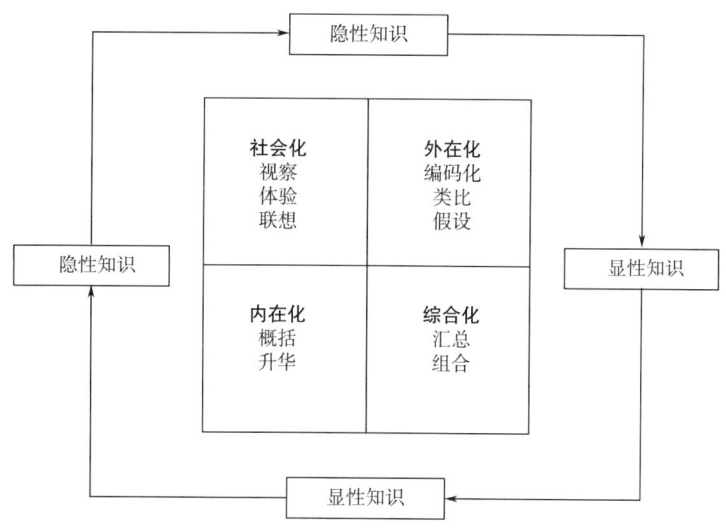

图 3-2 SECI 模型

是在实践中不断地通过观察、模仿、感悟等达到掌握的目的。

E（Externalization）指外部化过程，即把隐性知识清晰地表达出来成为显性知识的过程。隐性知识向显性知识的成功转换依赖于一连串的隐喻、类比、范例、概括、归纳和抽象提炼，以便从隐性知识中引发出新的明晰的概念（如最佳实务或所学经验的接合）。当隐性知识变得明晰起来，知识就具体化了。

C（Combination）指组合化过程，即将显性知识（如文献调查）的各个成分或分立系统相互交叉、结合，形成更为系统或更为复杂或形成新的显性知识的过程。这个系统比起组合的各个成分系统性更强、内容更丰富，具有原来各子系统所没有包括的内容或知识，形成新的知识。

I（Internalization）指内部化过程，它是个体或组织吸收显性知识并使其转化为新的隐性知识的过程。把显性知识转化为隐性知识（如从阅读和讨论中学习和理解的知识），成为个人或组织在新的条件下内在化了的知识，用来拓宽、延伸和重构组织成员的隐性知识，以提高其应对环境变化的实际工作能力。

这 4 种模式并不是单一的而是相互依存的。也就是说，每一种模式都依赖于、贡献于、受益于其他的模式。例如，当一个人通过与另一个人互动而获得一种新的想法时，社会化模式就可能会导致新的知识产生。另外，社会化模式可能包括现有的隐性知识通过观点讨论的方式从一个成员转移到另一个，新的组织知识可能本质上并没有被创造出来，仅仅对于接收者来说是新的知识。

在大多数情况下，整合模式包括一个中介步骤——个人从显性资源中汲取洞见（即内化）并将新的知识编码成为显性形式（外化）。最后，内化可能包括现有的显性知识到个人隐性知识的简单转化或当显性知识触发了新思想时，也创造了新的组织知识。

2. 知识生成场景——Ba

学者赵国杰等人（2010）对野中郁次郎提出的知识创新的基础——Ba 理论（胜见明和野中郁次郎，2006）进行了分析，Ba 是日文词汇，中文一般将其翻译为"吧"。事实上，在最初多是用"巴"①，但后来多写作"吧"且流传开来。在原著作中"巴"被定义为知识分享、创造和使用的背景环境。在知识创新过程中，"巴"的创造和再创造是个关键。国内学者后来不再音译，改用"场"来称谓"巴"。野中郁次郎等人认为，"巴"即知识的动态流转及相互作用的空间，包括源发场（Originating Ba）、互动场（Interacting Ba）、网络场（Cyber Ba）、练习场（Exercising Ba）等。

显然，野中郁次郎所谓的知识多指组织所应用的 R&D 知识。如果是纯科学知识的生成与转化将有很大的特殊性。这表明知识应该分类分层研究。

一些学者提出了知识发酵理论，认为 Ba 是知识发酵的场所，知识的产生是一个如生化发酵一样的过程（和金生，2002）。知识创造过程是一个高级的智能过程，绝不可能是一个如低级生化发酵过程之类的生物化学过程。知识发酵理论研究当属还原论研究策略。

之所以采用此种策略：一方面是由于缺乏对知识生成过程的深入认识，另一方面在于缺乏对理论来源及概念本源的探索。正如我国著名哲学家庞朴先生所言（庞朴，2006）："巴"源于中国，日本学者虽用到"巴"，但并不知其本意、深意。在日本，"巴"的一种含义是指一种图案，日本神社里一种比较典型的"三元图"，这种"三元图"源于"巴"；另外的含义是指日本传说中的一种特殊的动物叫作"巴"。这种动物整天追着自己的尾巴咬，却总也咬不到，因此总在那里转圈。

从这两种解释都可看出"巴"暗含旋转的含义。庞朴先生进一步考证出：在中国，"巴"的图案用"水的漩涡"表示，与中文"玄"有相同的图形表示法。"玄"是中国哲学的一个范畴，也是道家的基本范畴。"玄"有三种意思：一是黑色，黑里透红就是玄色；二是遥远；三是高深莫测，奥妙。引申出来，玄有时代表宇宙本体。古人认为水是生命之源，管仲就先于泰罗斯数百年认为"万物皆源于水"，对水有一种崇拜之情。由于光照的关系，水的漩涡本身看起来是黑色的；古人认为漩涡是奥妙的，是深不可测的；万物来自漩涡，万物最后又归到漩涡里去。

由此可知，"巴"表达了一种互动，产生新东西的源，并且能吸纳物质，有旋转强化的含义，隐喻着自行演化或改进其结构的意象。认为知识管理中的"巴"应该界定为一个"自组织系统"，而且可以比拟为欧洲 17 世纪时的"沙龙"概念的自组织体系。

赵国求（2000）认为，知识在漩涡"巴"中激荡，产生了新的知识。知识的生成转化是各行为主体在"巴"中，通过场物质相互作用的活动过程与行为结果（威廉·卡尔文，1996；苏珊·格林菲尔德，1998）。

---

① 注：京瓷公司的"阿米巴模式"与此处的"Ba"不同。阿米巴经营就是以各个阿米巴的领导为核心，让其自行制订各自的计划，并依靠全体成员的智慧和努力来完成目标。"阿米巴"（Amoeba）在拉丁语中是单个原生体的意思，属原生动物变形虫科，虫体赤裸而柔软，其身体可以向各个方向伸出伪足，使形体变化不定，故而得名"变形虫"。变形虫最大的特性是能够随外界环境的变化而变化，不断地进行自我调整来适应所面临的生存环境。

3. 知识生成创造路径

知识的生成和转化是知识的拥有者"人与人"之间的场物质相互作用的过程。依据赵国杰（2010）学者建构的知识生成转化路径图，知识在主体间生成和转化的路径，如图3-3所示。

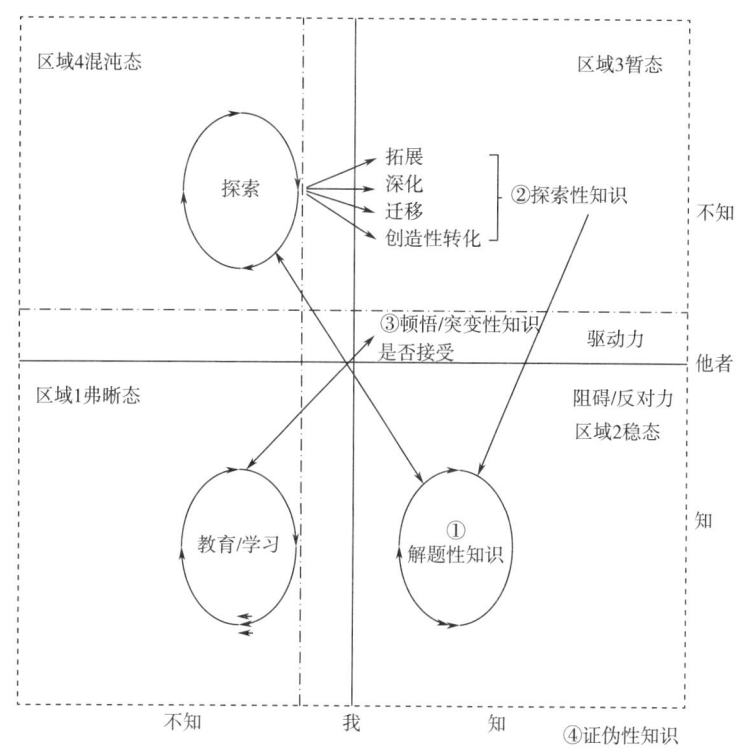

图3-3 知识生成转化路径

图3-3中的整个矩形，即"窗"代表知识生化的四大区域（窗口），矩形的长和宽分别代表知识主体"我"与"他者"。根据知识是否被主体认知，将整个矩形分为4个区域，即我不知他者知（区域1），对"我"而言，知识处于弗晰态；我知他者知（区域2），知识处于稳态；我知他者不知（区域3），知识处于暂态①；我不知他者不知（区域4），处于混沌态②。

---

① 注：1965年，美国控制论专家查德（L. A. Zadeh）第一次提出了弗晰集合的概念（"弗晰"是英语中Fuzzy一词的译名，也可以译为"模糊"），从此诞生了一门新的应用数学——弗晰数学。十几年来，它发展得很快，据初步统计，它的文献几乎已经涉及到数学的各个分支。不少专家认为，数学的发展已经由古典数学、统计数学进入到弗晰数学的时期（至少是并行的）具有重大的意义。

② 混沌理论是一种兼具质性思考与量化分析的方法，用以探讨动态系统中无法用单一的数据关系，而必须用整体，连续的数据关系才能加以解释及预测之行为。"一切事物的原始状态，都是一堆看似毫不关联的碎片，但是这种混沌状态结束后，这些无机的碎片会有机地汇集成一个整体"。混沌一词原指宇宙未形成之前的混乱状态，古希腊哲学家对于宇宙之源起即持混沌论，主张宇宙是由混沌之初逐渐形成现今有条不紊的世界。在井然有序的宇宙中，西方自然科学家经过长期的探讨，逐一发现众多自然界中的规律，如大家熟知的地心引力、杠杆原理、相对论等。这些自然规律都能用单一的数学公式加以描述，并可以依据此公式准确预测物体的行径。

在"我不知他者知"的区域中,意识主体"我"将感到心理紧张(失衡)。主体"我"通过不断的学习有可能掌握"我"原来不知的知识。这个过程中,教育与学习是其中最关键的因素。对于习得的"新"知识,"我"有可能接受也可能不接受。

如果接受,就进入了"我知他者知"的区域2。这个区域的知识,即是目前知识管理的研究对象,我们将其界定为第一类知识。这类知识将应用于理论研究或生产生活实践,统称为"解题性知识"。如若"我"不接受,则可能进入其他两个区域。

(四)知识储存与转移

1. 存储/索引

虽然组织一直在创造并学习知识,但知识也会被遗忘(也就是说不记得或者失去已掌握知识的线索)(Darr et al., 1995; Argote et al., 1990),因此存储、整理和索引组织知识(即组织的记忆)(Walsh and Ungson, 1991; Stein and Zwass, 1995),便形成了有效的组织知识管理的一个重要方面。组织记忆包括以各种组成形式记录的知识,包括文本文档,储存在电子数据库中的各种结构信息,储存在专家系统中的已编码的个体知识,已记录的组织流程以及在个人和个人网络中获取的隐性知识。

与知识创造过程相似,个人与组织记忆的区分在文献中也有记载。个人记忆是建立在个人观察、经历和行动的基础上(Sanderlands and Stablein, 1987; Nystrom and Starbuck, 1981)。

集体或组织的记忆被定义为"来源于过去、经验和事件的并影响组织现在行为方式的知识"(Stein and Zwass, 1995)。组织记忆的外延大于个人记忆,包括组织文化、组织变革(生产过程和工作程序)、组织结构(正式的组织角色)、组织生态(工作环境)和信息档案(包括组织内部的和组织外部的)(Walsh and Ungson, 1991)等组成部分。

组织的记忆被分为语义记忆和情景记忆(Stein and Zwass, 1995; El Sawy et al., 1996)。

语义记忆指的是总体的、显性的和可被阐述的知识(例如,组织的年度报告档案)。

情景记忆指的就是具有特定情境和特定位置的知识(例如,特殊环境下组织的决定以及其结果、地点和时间)。

记忆可能对行为和绩效有潜在积极或消极的影响。就积极方面来说,以过去经验为基础和参考的组织变革可以使变革实施更顺利(Wilkins and Bristow, 1987)。记忆可以帮助我们以标注或流程的形式来储存和再次使用工作方案,同时可以避免将资源浪费在重复之前的工作上。记忆对个人和组织绩效存在潜在的消极影响。在个人层面,记忆会导致决策偏见(Starbuck and Hedberg, 1977)。在组织层面,通过增强某单一循环的学习(定义为检测和更正错误的过程),记忆可能会引致现状的保持。这可能衍生出稳定而连贯的组织文化,并以此来抵制变革(Denison and Mishra, 1995)。

2. 知识转移过程

我们已经讨论了知识创造和知识存储/索引的过程,我们将图形扩展为图3-4,并考虑知识转移的重要问题。现在图3-4中的箭头变为双向的箭头。在图形中:箭头D

代表知识应用的过程；箭头 E 代表学习或者新知识的创造过程，这一过程发生在个人应用知识并观察结果的过程中；箭头 F 代表个人显性知识向团队语义记忆的转移（例如，这一过程会发生在当个人向其服务组织中的其他人展示他们的报告时）；箭头 G 代表从个人隐性知识向团队情景记忆可能的转移。

个人从集体语义和情景记忆中学习也由箭头 F 和 G 反映。事实上，集体的情景记忆在帮助个人解释从集体的语义记忆中学习到的知识是重要的。

如下图所示，知识管理中的重要过程就是知识的转移。

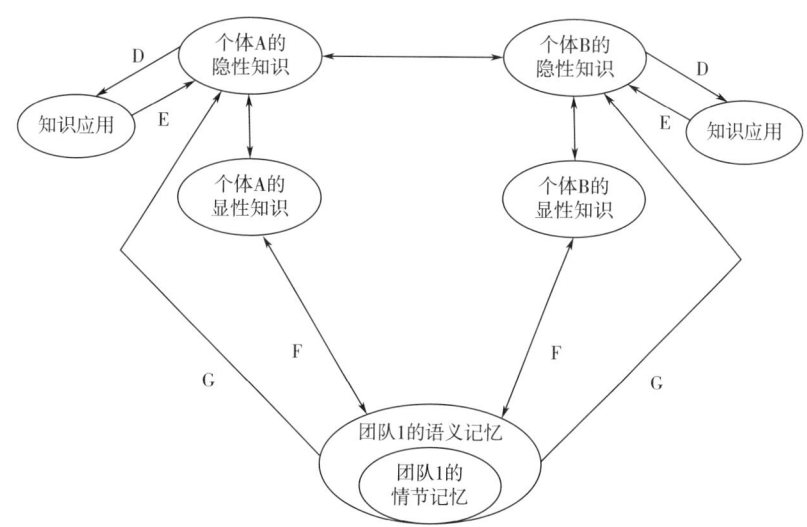

图 3-4　团队内部成员间的知识转移

图 3-4 中的每一个转移过程都用箭头表示出来了。转移发生在多种层面上：个体之间的知识转移，个人到显性源头的知识转移，个人到团队的知识转移，团队之间的知识转移跨越团队的知识转移以及从团队到组织的知识转移。

考虑到组织认知的分散性特点，在组织环境中一个主要的知识管理过程就是知识向需求方和使用方的转移。然而，这并非一个简单的过程，组织通常不知道他们所了解的是什么，也不知道他们在定位和检索组织内知识的系统漏洞（Huber，1991）。沟通过程和信息流驱使知识在组织内转移。

3. 影响知识转移的因素

Gupta 和 Govindarajan（2000）从 5 个因素方面将知识的转移（在他们的文献中称之为知识流）概念化：一是源头知识的感知价值；二是知识源的动机意向（也就是说，他们分享知识的意愿）；三是存在和丰富的传输渠道；四是接收单元的动机意向（也就是说，他们从源头获取知识的意愿）；五是接收单元的吸收能力，这不仅仅指获取和吸收知识的能力，还包括使用知识的能力（Cohen and Levinthal，1990）。

最不可控的是第五个因素：知识需在接受者的观念中经历一个再创造的过程（El Sawy et al.，1998）。再创造的过程依赖于接受者对处理外来刺激的认知能力（Vance and Eynon，1998）。

4. 知识转移渠道

知识的转移渠道可以是正式的、非正式的、个人的、非个人的（Holtham and Courtney，1998）。

非正式的机制，如不定期的会议，非正式的研讨会或者喝咖啡间隙的交流等，可以有效地推动知识的社会化，但传播不够广泛（Holtham and Courtney，1998）。这样的机制在小型组织中会更加有效（Fathey and Prusak，1998）。然而，这样的机制可能会引起一定数量的知识缩减，由于缺少一个正式的知识编码过程，不能确保知识准确地在成员间传递。与之并行的问题就是接受者处理知识的能力。学习问题包括接收者对所交流知识的过滤，按自己的标准解释知识，或仅向特定的知识拥有者学习（Huysman and Creemers，1998）。

正式的转移机制，如培训课程和参观考察可以确保知识的散播，但却会阻碍创造性。个人渠道，如学徒制或人事调转，可能更有利于传播高情境化的特定知识。而非个人渠道，如知识库，对那些在其他环境中也适用的普适知识是最为有效的。

人事调动是一种正式的、个人的知识传播机制。这种调动在日本十分普遍，他们将一部分团队成员安插到其他成员的常规工作中，允许他们获取合作者储备的隐形知识。这种传播方式的一个优势在于无须事先将隐性知识转化为显性知识。学习过程即可发生，从而节约了时间和资源，并且保护了原知识（Fathy and Prusak，1998）。有效的转移机制取决于被转移的知识类型。像个体间交流要制造"关怀"一样，组织层面的交流也要存在一个亲近的、紧密的接触面。已有研究发现狭窄、疏远的接触面会阻碍学习和知识分享（Inkpen and Dikur，1998）。

（五）隐性知识显性化的过程机制

隐性知识与显性知识的相互转化是一个辩证统一的思维过程，也是企业内部知识创造、分享、扩散、传播的过程，它源于"隐性知识和显性知识的不断对话"（Nonaka and Takeuchi，1995）。

隐性知识显性化这一主题并非单纯指以上的"外在化"过程，即把隐性知识显性化这个过程从 SECI 统一整体中割裂开来，隐性知识显性化应以社会化为基础，在后续阶段还要与综合化和内在化紧密联系，这才是通过隐性知识显性化达到企业知识总量增加和知识质量提升的完整过程（魏勇军，2005）。

根据知识的来源，企业创新增长的知识源可分为内部知识源和外部知识源。企业获得核心竞争优势的根本途径是获取、吸收、利用和创造隐性知识。获取、吸收隐性知识，要以企业的知识存量为基础获取、吸收来自于企业外部知识源的隐性知识创造和利用隐性知识的主要方式是充分挖掘员工头脑中的隐性知识，使隐性知识在组织内部迅速流转，实现隐性知识在组织内部的共享。

隐性知识的显性化是一个连续的动态过程，由于隐性知识是高度个人专有的，它的存在依附于一定的载体，存在企业员工的头脑中，团队或者组织的共同信念和价值观、心智模式以及组织文化之中。

企业组织具有层级结构，个人是构成组织的最小单元，团队如工作组、项目组等任务导向型组织则是最小的组织单元。

因此，按照 Nonaka 的观点，我们将企业组织分为三个层次：个人层次—团队层次—企业层次，加上企业的外部知识源，我们将从这四个层次对隐性知识显性化过程进行分析。

对于企业隐性知识显性化问题的研究，从外部知识获取入手，通过对个人隐性知识向企业各个层面隐性知识和显性知识的转化过程及其实现方式的深入研究，揭示出企业内部隐性知识显性化的运动规律。

1. 外部知识获取中的隐性知识显性化

外部知识获取是通过吸收外部技术知识提高企业的技术能力。在从外部获取技术知识的过程中，无论采取何种技术通路，都可将技术知识获取过程分解为显性知识和隐性知识获取。

外部知识获取中的显性知识是技术知识获取过程中的技术成果的说明性或操作性、使用材料所表达的知识以及技术成果未说明但可以查阅到的背景知识。

知识获取中的隐性知识是技术成果不能或没能用语言文字符号表达出来的、有关技术成果的构思、设计、试制及生产的技术诀窍类知识以及技术成果研发单位及其员工的理念、精神、价值观等文化层面知识和具体管理知识。例如，研发人员解决具体问题的技巧和经验、操作设备的技术经验等。

（1）技术成果的隐性知识。技术成果的隐性知识分为三部分：一是隐藏在研发人员头脑中的认识思考过程类隐性知识，如洞察力、直觉、感悟、思维模式等。二是隐藏在研发人员及其生产人员具体设计、试验、试生产各阶段的操作过程中的技能、技巧等经验类隐性知识。三是隐藏在技术成果中研发单位及其员工中的理念、精神、价值观等文化层面的隐性知识以及具体管理知识。

（2）技术成果的消化与吸收能力。在技术成果的获取过程中，其中部分显性知识已在技术成果的说明材料中阐述，对技术获取方来说，只要有相应水平的研发人员就可以对其掌握，但是，仅仅对说明材料的掌握并不能够提高技术获取方的核心技术能力。能否提高核心技术能力取决于技术成果的消化、吸收、创新程度，即技术成果的吸收能力，取决于技术成果中隐性知识的吸收能力。因此，必须用程序化的方法对其进行研究，再融合知识获取方的所积累沉淀的技术知识及其文化管理知识对技术成果进行消化、吸收、创新，进而达到提高技术能力的目的。

2. 隐性知识转化

外部知识获取中技术成果的隐性知识转化是根据研发过程对技术成果中隐性知识进行挖掘、获取，其中必须根据研发过程中所需要的背景知识对说明材料中未说明的背景知识进行挖掘获取，因为相关的背景知识是隐性知识的基础，然后才是对隐性知识的挖掘。

对外部知识获取中隐性知识显性化的过程实质上也是分析问题，解决问题的过程。根据技术成果接受方的研发生产人员对获取的隐性知识的整理和自身体验感悟得出，如图 3-5 所示。

将他们的自身体验感悟以及语言文字符号形式表达出来，并将这些编码化的显性知识进一步分类整理，使其系统化、结构化，并将获取的有关技术成果的技术诀窍等知识记录在册集中保管,以备下一阶段使用,将其分别用于以后的研发生产等实践阶段,并不断丰富完善之。在这一过程中,知识接受方管理人员要把各相关专业研发人员组织协调起来,如负责技术成果构思的研发人员,让他们先分组讨论再汇总讨论,使获得的显性知识系统化,结构化。

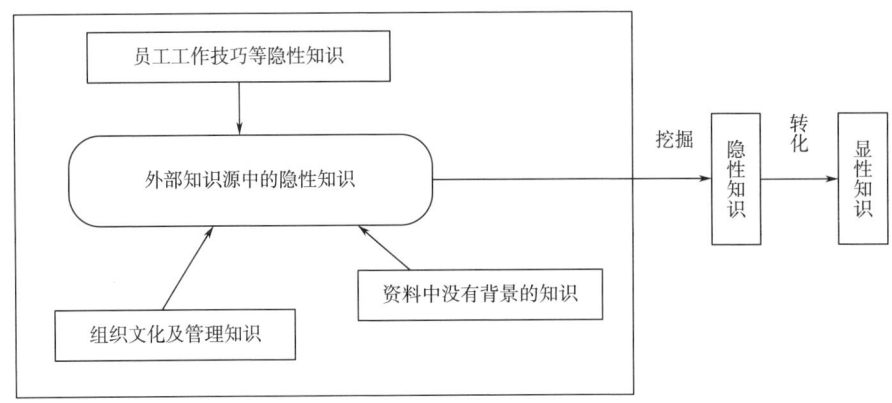

图 3-5 外部知识获取中的隐性知识显性化

(1) 员工个体之间隐性知识显性化。员工个体隐性知识是其他层面隐性知识的知识来源和知识归宿,对员工个体隐性知识的显性化是其他层面隐性知识显性化的基础。

对于可以显性化的隐性知识,经过挖掘、整理和总结等外在化后,在员工个体之间交流共享。例如,对师傅某些可显性化的经验、技能和诀窍等隐性知识,可以由徒弟记录、整理和总结出来,然后转化为徒弟的显性知识。

个人将自己在生产、管理实践中学习和掌握到的技能、诀窍、解决问题的方式记录和整理下来,形成自己的工作报告或总结或者员工个体在长期的工作中,通过观察、实践、模仿等方式逐渐体会到团队或者组织的文化、共同愿景、价值观、工作惯例等隐性知识,员工将这些隐性知识通过整理和明晰化,形成自己的工作惯例和准则。知识管理研究文献中的信息图和知识图描绘了员工在知识技能方面拥有的知识资产,然而因为大多数隐性知识保存在员工个体的记忆中,还应通过更高级的技术使隐性知识转化为显性知识,如可以通过认知图把隐性知识转化为显性知识。

外在化过程就是将隐性知识可编码的部分转化为或替换为编码化的程序和信息的过程。外化过程可以分为两个步骤:一是创造一个"专业化词典",它包括模型以及用来表达这些模型的词汇和语言。二是创造"文件"的过程,即用书面语言对隐性知识的内容进行明晰化阐述。

很多学者对隐性知识编码化的条件进行了深入的研究,他们认为隐性知识的编码化过程需要在一定的经济激励下才能发生,即行为主体会衡量和评估进行隐性知识编码化的成本和受益,如果受益大于编码化的成本,那么行为主体就将会对其隐性知识编码化,反之行为主体将不会进行该种转化(图 3-6)。

(2) 员工个体与团队之间的隐性知识显性化。员工个体与团队成员之间的隐性知识显性化过程是双向进行的,有两条途径:一是对某些可显性化的个体隐性知识尽量

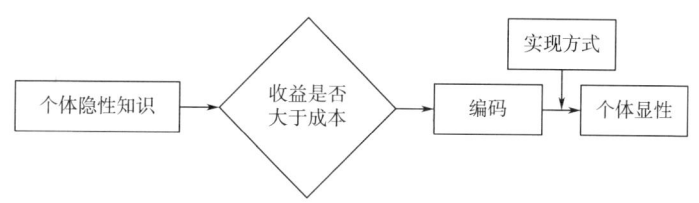

图 3-6　个体隐性知识显性化

显性化和编码化，通过外在化模式高效交流和转化为团队显性知识。例如，团队中技术或者管理专家通过当场演示、现场指导，把自己的技能技巧和管理经验传递给团队成员，再对其中的某些可以显性化的知识，通过外在化模式，使其成为团队显性知识。二是对难以显性化的团队隐性知识，如团队所掌握的隐性技能，团队成员的默契协作能力等，可通过组织学习方式便于团队对员工个体的影响和员工自己的感悟，以社会化方式流动，转化为个人隐性知识，而对其中可显性化的团队隐性知识尽量总结并编码化，形成员工的工作惯例和准则，这就转化为个体显性知识。

（3）员工个体与企业组织之间隐性知识显性化。对于员工个体某些可显性化的隐性知识通过综合化方式不断系统化，与企业组织拥有的多种知识有效整合，从而转化为企业组织的显性知识。

与此同时，企业组织中的企业文化、价值体系、心智模式等认识类隐性知识，通过影响和渗透社会化方式传播给员工个体隐性知识，其中某些可以显性化的企业隐性知识，根据企业发展需要进行显性化和编码化，形成操作规范和工艺文件，通过外在化方式传递给相关的员工个体转化为员工个体的显性知识。

（4）转化的其他方法。个体头脑中的隐性知识，将其显性化往往比较困难，在将这些隐性知识显性化的过程中，除了主要通过概念性的语言文字描述外，还要将不能用概念性的语言文字表达的隐性知识用隐喻、类比、假设和模型、动作细分标准化等方法最大程度表示出来。

隐喻作为比喻性语言，且大多受直觉的驱使，两件看起来不相关的事务间建立联系，所以它带来了差异和冲突。

类比是比较两个对象的不同与相同，隐喻中蕴涵的差异加以调和，从而达到分析问题、解决问题的目的。类比等方法主要用于认识思考过程类隐性知识的显性化。

微型复印机的开发就是一个运用类比方法生产新产品的好例子。动作细分标准化主要用于操作经验类隐性知识的显性化，如日本松下电器公司通过模仿大阪国际饭店首席面包师和面的动作开发出灵巧使用的家用面包机。

隐性知识转化为组织显性知识后，这种组织组织已经不是个人知识简单的叠加，而是经过整合提升之后的新知识，它丰富了企业的组织知识库，通过组织显性知识向个人隐性知识的内化过程实现个人知识的更新。这样，企业内部隐性知识的转化过程完成了一次循环，无论是个人知识还是组织知识都实现了质和量的积累与升华，一次知识转化循环做好准备可见，企业内部隐性知识转化过程是一个循环往复、周而复始的过程，每一次隐性知识的流动转化都丰富了企业的组织知识库。

(六) 知识整合

知识观理论揭示了组织竞争优势的根源，这一根源是知识的应用而不是知识本身。

1. 知识整合方式

Grant（1996b）认为，要知识整合包括四种方式：一是将组织及个人知识显性化，从而形成易于遵循的规则或指令（Rule/Directives）；二是将具有专业知识的员工与特定的任务相匹配，形成程序化（Sequencing）的运作流程；三是多数常见问题的解决方式按照组织惯例（Organizational Routines）进行；四是组建项目团队（Self-contained Task Teams）处理复杂性和不确定性高的任务。

Gold 等人（2001）指出，组织如果能够有效将知识应用于组织战略制定、营销管理、知识创新等方面，将会更好地发挥知识的杠杆作用。在本研究中，这些活动统称为知识杠杆（Knowledge Leverage）。

Grant（1996b）定义了创造组织能力的 3 种主要的知识整合机制：指令、组织惯例以及独立任务团队，具体如下：

①指令是指一系列具体的规则、标准、程序以及说明，这些指令是通过专家的隐性知识向显性知识转化和知识的整合发展而来的，目的是使非专家的交流更为有效（Demsetz，1988）。例如，包括危险废弃物的处置或者飞机的安全检查及保养。

②组织惯例指的是对任务绩效、协调形式、互动协议和过程规范的开发。这种机制允许个人应用和整合专业知识，而不必向其他人阐述和解释。惯例可能是相对简单的（例如，流水线等基于连续时间模式的组织活动），也可能是高复杂性的（例如，飞行机组驾驶大型客机）。

③创造独立任务团队。在某些情况下，任务的不确定和复杂性阻碍了指示和组织日常工作的规范性，这时需要具有必要知识和专长的个人组成团队来解决问题。

2. 整合途径

随着理论研究的不断深入，更多的组织开始实施知识管理实践。但对国内一些组织而言，其现阶段最关心的还是如何实现对组织已有知识的集成，即如何把现有的散布于组织各个角落的知识充分地整合起来形成组织最终的核心能力。

对于知识整合的途径研究有两个不同的研究视角：一是组织内部的知识整合途径研究；二是组织之间的知识整合途径研究。由于组织之间的知识整合研究以组织内部的整合为基础，本文主要聚焦于组织内部的知识整合途径研究。

虽然对知识整合途径问题进行深入研究的成果不多，但一些相关研究可作为借鉴。

Andreu 和 Ciborra（1996）从组织间的知识整合轨迹研究出发，把知识从隐性—显性、个体—集体、内部—外部三个维度进行区分，提出了组织间知识整合的三种路径。严格意义上讲，他们的研究只是确定了知识整合活动的先后顺序，并非真正意义上的实现途径研究，但是其对知识的三个区分纬度值得借鉴。

鲁若愚和陈力（2003）提出，组织知识整合的对策是建立知识整合的支持平台；知识整合的主要工具是知识挖掘；知识整合的孪生伙伴是知识分享。他们的研究其实质是强调了知识整合平台的重要作用，知识整合平台只是实现知识整合的一种工具，严格意义上也不属于知识整合途径研究，但是其提出知识平台可以借鉴。

任皓和邓三鸿（2002）提出了四种知识整合方式：知识形式的整合、知识分类的整合、知识立体的整合、知识用途的整合。其中，知识的形式整合就是从知识形态的变化过程实现整合，其核心思想还是 Nonaka 的 SECI（Socialization，Externalization，Combination，In-ternalization）模型；知识的分类整合就是把各种门类、各种学科的知识进行分类，使知识明晰化、结构化和有序化，把难以利用的知识整合为具有利用价值的知识；知识的立体整合就是在知识管理过程中将知识分为横向知识和纵向知识，然后分别进行整合的方法；知识的用途整合就是在知识管理过程中，根据知识的不同用途将知识库中的知识进行整合，然后用于实际管理的过程图。任皓等从分类的角度相对系统的提出了知识整合的四种实现方式，其提出的基于知识形态和知识分类的整合具有一定的借鉴意义，但是知识立体整合与知识用途整合稍显牵强。也有一些研究者认为 Nonaka 和 Takeuch（1995）提出的 SECI 模型所描述的知识形态循环也具有知识整合的功效。也可以从知识的形态（借鉴 Andreu、Nonaka、任皓等观点）、知识的主体（借鉴 Andreu、Nonaka 等观点）和知识的平台（借鉴陈力、任皓等观点）三个方面来考虑知识整合的实现问题，即知识在隐性和显性之间的变化过程如何实现知识的整合；知识在个体、群体或者组织等不同层级知识主体上的转移如何实现知识整合；知识从原始的文档管理系统到高度综合的 ERP 系统等不同的知识平台的转移过程如何实现知识整合，如图 3-7 所示。

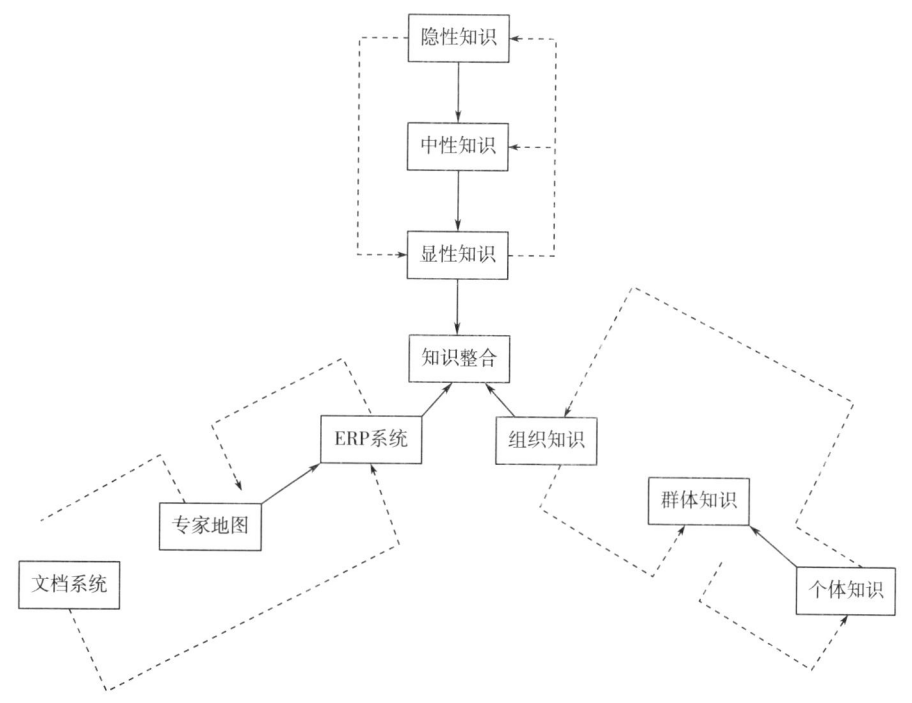

图 3-7　组织内部知识整合

3. 整合形式

（1）基于知识形态的整合。从知识形态的视角来研究知识整合，其实质就是讨论如何通过分析知识形态的变化来考察知识整合的实现。Boiral（2002）将知识形态分为可表达的知识和隐性知识，隐性知识的主要特性是个性化本质、含蓄的特质、难以编码和操作关联性。显性知识可以通过沟通来呈现，它们在个体间的转移会呈现出迅速、明确、高效的特征；隐性知识则通过应用来呈现，它们在个体之间的转移呈现出缓慢、高成本和不确定的特征（Kogut and Zander，1992）。知识的各种形态是一个连续体，显性知识和隐性知识处于这个连续体的两端，介于两端之间的是另一类知识，本文称其为中性知识。中性知识包括伪隐性知识（汪应洛和李勖，2002）、假隐性知识和假显性知识（王铜安等，2005）。伪隐性知识是指当语言发展不完善，调制效率或信息传递效率较低时，采用联结学习的方式获得的知识。假隐性知识就是那些从形式上属于隐性知识（没有被规范化、系统化和编码化），但是它们又已经超出了隐性知识的那种'只可意会不可言传'的知识；假显性知识是那些从形式上属于显性知识（已经被规范化和编码化），但就其实质而言，尚不能指导实践，不能进行交流和共享，因此不属于真正意义上的显性知识（秦世亮等，2004）。从图3-8中可以看出，基于知识形态的整合主要实现过程是把隐性知识转化成中性知识，再将中性知识转化成显性知识的过程。

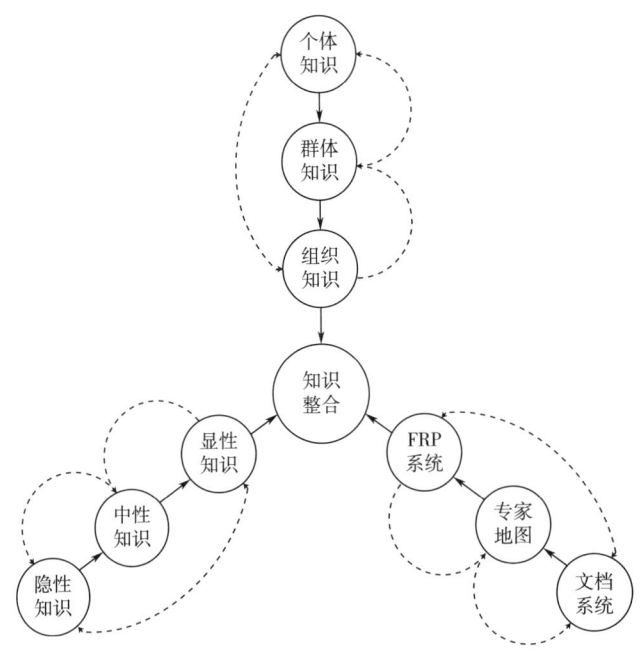

图3-8　知识整合途径

（2）基于知识主体的整合。因为所有的知识都被特定的主体所拥有，所以从知识主体的视角来研究知识整合。按照组织行为学的分类方式，知识的主体包括三类：个体、群体、组织。个体知识就是个体所拥有的学识、技能、经验等，其知识形态更多地表现为隐性知识。从知识创造的角度来看，个体层次上的知识创造是组织知识创造的基础和源泉，为更高层次的知识创造提供了能量和动力；更高层次的知识创造为个体知识创造提供了有利的环境和氛围。群体知识就是一个群体所拥有的文化、经验以及处理问题的能力等,它是个体知识的集成者和组织知识的提供者,群体知识通常是共享的结构化知识。组织知识就是整个组织对外所表现出来的组织文化、竞争能力等,它是组织内各类知识的综合与集成。

组织知识不能脱离组织中的个体或群体的知识而独立存在,但又不是个体或群体知识的简单加和,其具有单个个体或群体无法具有的知识特质。在组织知识系统中,个体知识、群体知识的互动、交流与对话所形成的组织知识,最终构成了组织的整体能力。知识型员工的才能通过组织知识的集成与整合最终转化成产品和服务,进而转化为组织的利润和市场价值。Demsetz 强调知识的专用性及每位员工知识获得能力的有限性,认为组织必须在组织内部整合每一员工的专门知识。因此,从知识主体的角度来看,把个体知识转移成群体知识,再把群体知识转移成组织知识的过程就是一个知识整合的过程。沿着知识主体所进行的知识整合是多途径、多方向的动态循环的过程。正如 Nonaka 和 Takeuchi(1995)描述的那样,在一个组织内部知识可以实现个体间的转移、个体和群体间的转移、群体间的转移、个体和组织间的转移、组织和群体间的转移等多种方式。

知识整合是通过知识在不同主体间的转移和循环来实现,所以整合的过程始终处于一种流动、循环的状态。

(3) 基于知识平台的整合。对知识管理平台(系统)的研究一直是知识管理研究的一个重要分支。Park 等将知识管理系统分成六个功能或工具;Park 和 Kim(2003)在对第四代 R&D 设计和实现的知识管理系统的框架进行研究时,建议采取如下的知识管理系统分类方式:知识门户、文档管理系统、信息获取系统、工作流管理系统、协同工作系统、分析系统;Davenport 和 Prusak(1998)通过对一些成功知识管理的案例研究,提出流行的工具包括:员工能力库、在线搜索系统、专家网络、基于案例的经验库。徐福缘等人(2004)参照 SECI 模型的四个知识转化过程,认为在不同的 SECT 阶段适用不同的知识管理工具。

4. 知识管理应用的挑战

将组织视为一个知识系统,表明知识管理由一系列连续的动态过程、嵌入在个人和团队的实践活动以及物理结构所构成。在任何时间,既定组织的任意部分中,个人和集体都可能参与到知识管理的不同部分或过程中。因此,知识管理不是一个分立的、单独的、自成一体的组织现象。

知识管理在个人、团队及组织层面所面临的主要挑战。一个主要的挑战就是使个人的知识对于其他人来说可用并有意义(Ackerman and Halverson,1999)。图 3-9 解释了在组织环境中知识管理活动的网络。

图 3-9 中引入了两个新的团队,即团队 2 和团队 3 来解释潜在知识在集体间的转移。为了简化这一过程,分别用一个成员代表团队 2 和团队 3。

图 3-9 描绘了知识在个人和集体间的转移过程。一旦个体 A 与个体 B 分享(转移)某些知识,个体 B 的知识过程可能被激发。例如,个体 A 的知识转移可能引起个体 B 的知识创造。个体 B 可能选择应用知识,并与其他成员探讨或者记录知识。

知识在个人之间完成了流动,知识管理的一个主要挑战,就是使这些流动变得简

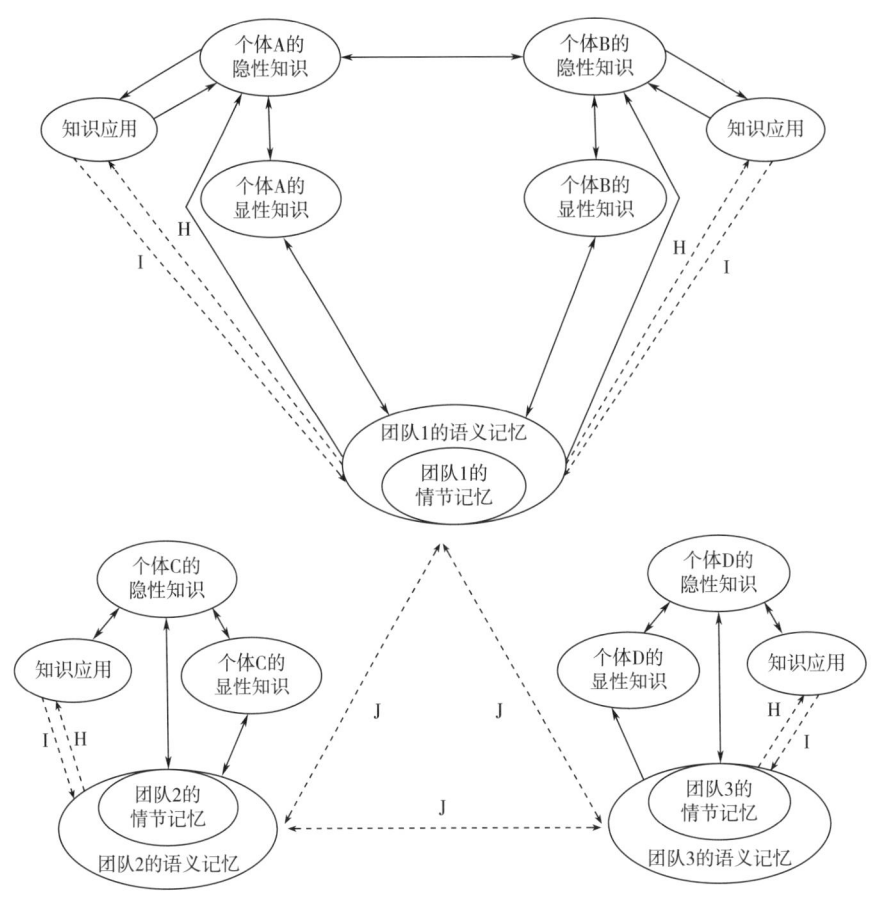

图 3-9 团队内部个体间的知识转移

便,以便于最大量知识的转移(假设个体创造的知识有价值而且可以提高绩效)。

团队或者实践社区中的个体知识也可以被发展成集体知识(他们的记忆集合来源于非正式的电子邮件交流以及正式的知识库)。

个人与团队通过知识转移机制(个人可能与团队中成员在决策会议上分享知识)或集中存储机制(计算机文件或者日常会议)联系在一起。如果有需要,个人可以通过访问集中记忆来帮助制定决策(箭头 H)。

个人从知识的应用过程中学习新知识,同时将他们学到的知识嵌入到他们的隐性知识空间和集体的情景记忆中(箭头 I)。组织的知识流程由个人和团队的知识流程总和构成。

在这种情况下,一个团队可能已经获得知识并将其应用于某种特定情境中,并以一种特定的程序形式进行知识编码。通过允许其他集体进入集体记忆系统(箭头 J)或者促进集体间对话的方式,可以与其他集体共享"最佳实务"。

图 3-9 阐明了在团队的层面上,这意味着使一个团队的情景记忆可以被其他团队获取,也就代表着团队成员关系的交叠。将知识编码为语义记忆既不能确保知识被有

效地传播也不能确保知识被有效地存储（Jordan and Jones，1997）。集体间的知识转移不仅会受到情景记忆匮乏带来的挑战，而且在知识通过实践操作传递给其他团队时，也会受到团队的语义记忆可能被修改带来的挑战（也就是说，一个新的重要的总结了产品设计上缺陷的文件，现在在海外的研发单元团队内部是可用的）。尽管一个团队意识到并选择去获取其他团队的语义记忆，那么接受的团队怎样验证信息并决定是否可以应用？团队的看门人（跨团队的沟通者）可能扮演两个团队情节记忆间联系者的角色，因此增加了知识转移的相关性。在一个拓展的网络中，存在某些确定的组织的设计，尤其是实务社群和知识创造空间的建立个体扮演跨边界的沟通者，来搜寻能增强他们单元的方法。简单地说，利用信息技术带来的启示来加强信息管理，不仅仅是增强个人和组织层面上的知识创造和存储的过程，也要改善组织中个人间的联系。

参考文献

［1］Ackerman M S，Halverson C. Organizational Memory：Processes，Boundary Objects and Trajectories：the Thirty-Second Annual Hawaii International Conference on System Sciences，Los Alamitos，CA.，1999［C］. IEEE Computer Society Press.

［2］Alavi M，Leidne R D. Knowledge Management Systems：Emerging Views and Practices from the Field［J］. Communications of the AIS，1999，1（5）：1-11.

［3］Andreu R. C C. Organizational Learning and Core Capabilities Development：The Role of Information Technology［J］. Journal of Strategic Information Systems，1996，5（2）：111-127.

［4］Argote L，Beckman S，Epple D. The Persistence and Transfer of Learning in Industrial Settings［J］. Management Science，1990（36）：1750-1763.

［5］Argyris C. Organizational Learning：A Theory of Action Perspective［M］. Mass：Addison Wesley，1978.

［6］Barney J B. Firm Resources and Sustained Competitive Advantage［J］. Journal of Management，1991（17）：99-120.

［7］Bohn R. Measuring and Managing Technological Knowledge［J］. Sloan Management Review，1994，36（Fall）：61-73.

［8］Boiral O. Tacit knowledge and environmental management［J］. Long range planning，2002，291-317（3）.

［9］Carlsson S A，El Sawy O A. Gaining Competitive Advantage Through Shared Knowledge Creation：In Search of a New Design Theory for Strategic Information Systems［D］. Lisbon：1996.

［10］Clarke S. The closure of the russian labour market［J］. European Societies，2000，2（4）：204-212.

［11］Cohen W M，Levinthal D A. Absorptive Capacity：A New Perspective on Learning and Innovation［J］. Administrative Science Quarterly，1990（35）：128-152.

［12］Conner K R. A Historical Comparison of the Resource Based Theory and Five

Schools of Thought Within Industrial Organization Economics: Do We Have a New Theory of the Firm [J]. Journal of Management, 1991, 17 (1): 121-154.

[13] Darr E D, Argote L, Epple D. The Acquisition, Transfer and Depreciation of Knowledge in Service Organizations: Productivity in Franchises [J]. Management Science, 1995, 41 (11): 1613-1750.

[14] Davenport T H L. Working Knowledge [M]. Boston: Harvard Business School Press, 1998.

[15] Davenport T, Prusak L. Working Knowledge: How Organizations Manage What They Know? [M]. Boston, MA: Harvard Business School Press, 1998.

[16] Demsetz H. The theory of the firm revisited [J]. Journal of Law, Economics, & Organization, 1988, 4 (1): 141-161.

[17] Denison D, Mishra A. Toward a Theory of Organizational Culture and Effectiveness [J]. Organization Science, 1995, 6 (2): 204-223.

[18] Easterly W, Levine R. It's not factor accumulation: stylized facts and growth models [J]. World Bank Economic Review, 2001, 15 (2): 177-219.

[19] El Sawy O A, Gomes G M, Gonzalez. Preserving Institutional Memory: The Management of History as an Organization Resource [J]. Academy of Management Best Paper Proceedings, 1996 (37): 118-122.

[20] Fahey L, Prusak L. The Eleven Deadliest Sins of Knowledge Management [J]. California Management Review, 1998, 40 (3): 265-276.

[21] Fawzy S, Keri S. Strategies for Implementing Knowledge Management: Role of Human Resource Management [J]. Journal of Knowledge Management, 2000, 4 (4): 337-345.

[22] Gold A H, Malhotra A, Segars H. Knowledge Management: An Organizational Capabilities Perspective [J]. Journal of MIS, 2001, 15: 185-214.

[23] Grant R M. Prospering in Dynamically Competitive Environments: Organizational Capability as Knowledge Integration [J]. Organization Science, 1996, 7 (4): 375-387.

[24] Grant R M. Toward a Knowledge-based Theory of the Firm [J]. Strategic Management Journal, 1996 (17): 109-122.

[25] Gupta A, Govindarajan V. Knowledge Flows within Multinational Corporations [J]. Strategic Management Journal, 2000 (21): 473-496.

[26] Gurvitch G. The Social Frameworks of Knowledge [M]. Oxford: Basil Blackwell, 1971.

[27] Hayek F. The use of knowledge in society [J]. The American economic review, 1945, 35 (4): 519-530.

[28] Hertog F D, Huizenga E. The knowledge enterprise : implementation of intelligent business strategies [M]. Singapore: World Scientific Publishing Company, 2000.

[29] Holtham C, Courtney N. The Executive Learning Ladder: A Knowledge Creation

Process Grounded in the Strategic Information Systems Domain: the Fourth Americas Conference on Information Systems, Baltimore, MD, 1998 [C].

[30] Holzner B, Marx J H. The Knowledge Application: The Knowledge System in Society [M]. Boston: Allyn-Bacon, 1979.

[31] Huysman M, Creemers M D. Learning from the Environment: Exploring the Relation Between Organizational Learning, Knowledge Management and Information/ Communication Technology: the Fourth Americas Conference on Information Systems, Baltimore, MD, 1998 [C].

[32] Ikujiro N, Patrick R, Dai S. The Art of Knowledge: Systems to Capitalize on Market Knowledge [J]. European Management Journal, 1998, 16 (6): 673-684.

[33] Inkpen A, Dikur I. Knowledge Management Processes and International Joint Ventures [J]. Organization Science, 1998, 9 (4): 454-468.

[34] Ivari J, Linger H. Knowledge Work as Collaborative Work: A Situated Activity Theory View [D]. Los Alamitos: IEEE Computer Society Press, 1999.

[35] Jordan J, Jones P. Assessing Your Company's Knowledge Management Style [J]. Long Range Planning, 1997, 30 (3): 392-398.

[36] Jüergen H. Religion in the Public Sphere [J]. European Journal of Philosophy, 2006, 14 (1): 4-8.

[37] Jüergen H. Legitimation Crisis, trans [M]. Boston: Beacon Press, 1975.

[38] Katila R, Ahuja G. Something old, something new: A longitudinal study of search behavior and new product introduction [J]. Academy of Management Journal, 2002, 45 (8): 1183-1194.

[39] Kogut B, Zander U. Knowledge of the firm. combinative capabilities. And the replication of technology [J]. organization studies, 1992, 3: 383-397.

[40] Laursen K, Salter A. Open for innovation: The role of openness in explaining innovation performance among UK manufacturing firms [J]. Strategic Management Journal, 2006, 27 (2): 131-150.

[41] Lucas R E. On the Mechanics of Economic Development [J]. Journal of Monetary Economics, 1988, 22 (1): 3-42.

[42] Maryam Alavi, Dorothy E. Leidner, 郑文全. 知识管理和知识管理系统: 概念基础和研究课题 [J]. 管理世界, 2012 (5): 157-169.

[43] Mats, Alvesson, Hugh, et al. On the Idea of Emancipation in Management and Organization Studies [J]. Academy of Management Review, 1992, 17 (3): 425-432.

[44] Mick C. Leading the Organization to Learn [M]. UK: Financial Times Pitman Publishing, 1998.

[45] Nelson R R, Winter S G. An Evolutionary Theory of Economic Change [M]. Cambridge, MA: Belknap Press, 1982.

[46] Nonaka I T H. The Knowledge Creating Company: How Japanese Companies Cre-

ate the Dynamics of Innovation [M]. New York: Oxford University Press, 1995.

[47] Nonaka I. A Dynamic Theory of Organizational Knowledge Creation [J]. Organization Science, 1994, 5 (1): 14-37.

[48] Nystrom H, Starbuck P C. Hand-book of Organizational Design [M]. New York: Oxford University Press, 1981.

[49] Park Y, Kim C C. On the linkage between knowledge activities and knowledge management system function [D]. Shanghai: 2003.

[50] Penrose E T. The Theory of the Growth of the Firm [M]. New York: Wiley, 1959.

[51] Pentland B T. Information Systems and Organizational Learning: The Social Epistemology of Organizational Knowledge Systems [J]. Accounting, Management and Information Technologies, 1995, 5 (1): 1-21.

[52] Pickering J M, King J L. Hardwiring Weak Ties: Interorganizational Computer-Mediated Communication, Occupational Communities and Organizational Change [J]. Organization Science, 1995, 6 (4): 479-486.

[53] Polanyi M. The Tacit Dimension [M]. London: Routledge and Kegan Paul, 1967.

[54] Polanyi M. Personal Knowledge [M] //Prosch M P A H. Meaning. Chicago: University of Chicago Press, 1975: 22-45.

[55] Polanyi M. Personal Knowledge: Toward a Post-Critical Philosophy [M]. New York: Harper Torchbooks, 1962.

[56] Raisinghani M S. Knowledge management: A cognitive perspective on business and education [J]. American Business Review, 2000, 18 (2): 105-108.

[57] Romer P M. Increasing returns and long-run growth [J]. Journal of political economy, 1986, 94 (5): 1002-1037.

[58] Ruggles R. The State of the Notion: Knowledge Management in Practice [J]. California Management Review, 1998, 40 (3): 80-89.

[59] Sambrook S. Critical HRD: A Concept Analysis [J]. Personnel Review, 2009, 38 (1): 61-73.

[60] Sanderlands L E, Stablein R E. The Concept of Organization Mind [M] //DiTomaso S B A N. Research in the Sociology of Organization. Greenwich, CT,: JAI Press, 1987: 135-162.

[61] Sawy O A E, Eriksson I, Raven A, et al. Understanding shared knowledge creation spaces around business processes: precursors to process innovation implementation [J]. International Journal of Technology Management, 1998, 22 (1-3): 139-149.

[62] Schubert P, Lincke D M, Schmid. A global knowledge medium as a virtual community: the NetAcademy concept [J]. AMCIS 1998 Proceedings, 1998: 618-620.

[63] Spender J C. Making Knowledge the Basis of a Dynamic Theory of the Firm [J].

Strategic Management Journal, 1996 (17): 45-62.

[64] Spender J C. Organizational knowledge, learning and memory: three concepts in search of a theory [J]. Journal of organizational change management, 1996, 9 (1): 63-78.

[65] Starbuck W H, Hedberg B. Saving an organization from a stagnating environment [J]. Strategy+structure=performance, 1977, 2: 45-80.

[66] Stein E W, Zwass V. Actualizing Organizational Memory with Information Systems [J]. Information Systems Research, 1995, 6 (2): 85-117.

[67] Teece D J. Capturing value from knowledge assets: thenew economy, markets for know-how and intangible assets [J]. California Management Review, 1998, 40 (3): 55-79.

[68] Thomas Andersson, 陶怡. 全球知识经济时代背景下的区域发展及繁荣治理 [J]. 研究与发展管理, 2013, 25 (2): 55-65.

[69] Timothy K, Michele H J. Accomplishing Knowledge: A Framework for Investigating Knowing in Organization [J]. Management Communication Quarterly, 2008, 21 (4): 455-459.

[70] Tuomi I. Data is More Than Knowledge: Implications of the Reversed Hierarchy for Knowledge Management and Organizational Memory [D]. Los Alamitos, CA: IEEE Computer Society Press, 1999.

[71] Vance J, Eynon D. On the Requirements of Knowledge-Transfer Using IS: A Schema Whereby Such Transfer is Enhanced: the Fourth Americas Conference on Information Systems, Baltimore, MD, 1998 [C].

[72] Walsh J P, Ungson G R. Organizational Memory [J]. Academy of Management Review, 1991, 16 (1): 57-91.

[73] Watson R T. Data Management: Databases and Organizations [M]. New York: John Wiley&Sons., 1999.

[74] Wernerfelt B. A Resource-Based View of the Firm [J]. Strategic management journal, 1984, 5 (2): 171-180.

[75] Wilkins A L, Bristow J. For Successful Organization Culture, Honor Your Past [J]. Academy of Management Executive, 1987 (1): 221-229.

[76] World B. World Development Report [M]. New York: Oxford University Press, 1998.

[77] World B. Quality of Growth [M]. New York: Oxford University Press, 2000.

[78] Wright P M, McMahan G C, McWilliams. Human resources and sustained competitive advantage: a resource-based perspective [J]. International journal of human resource management, 1994, 5 (2): 301-326.

[79] Yli-Renko H, Autio E, Sapienza H J. Social capital, knowledge acquisition, and knowledge exploitation in young technology-based firms [J]. Strategic Management Jour-

nal, 2001, 22 (6-7): 587-613.

[80] (美) 阿里·德赫斯. 长寿公司 [M]. 王晓霞, 译. 北京: 经济日报出版社, 1998.

[81] 付彦. 企业知识管理理论的历史演进与发展 [J]. 经济与管理研究, 2004 (06): 57-59.

[82] 韩小明. 从工业经济到知识经济: 我国发展高新技术产业的战略选择 [J]. 中国人民大学学报, 2000 (03): 34-41.

[83] 何强, 龚振炜. 2013 年中国信息化发展指数 (Ⅱ) 国际比较研究 [J]. 调研世界, 2014 (03): 10-15.

[84] 和金生. 知识管理与知识发酵 [J]. 科学学与科学技术管理, 2002 (3): 63-66.

[85] 胡鞍钢, 李春波. 新世纪的新贫困: 知识贫困 [J]. 中国社会科学, 2001 (03): 70-81.

[86] 胡鞍钢, 任皓. 中国高技术产业如何赶超美国 [J]. 中国科学院院刊, 2016, 31 (12): 1355-1365.

[87] 梁昊光. 知识经济贡献度测度及其对北京城市发展的启示 [J]. 地理研究, 2014, 33 (09): 1629-1635.

[88] 鲁若愚, 陈力. 企业知识整合研究 [J]. 科研管理, 2003, 24 (3): 32-38.

[89] 罗珉. 论知识管理范式 [J]. 财经科学, 2005 (03): 69-75.

[90] 马克思. 1844 年经济学哲学手稿 [M]. 刘丕坤, 译. 北京: 人民出版社, 1985.

[91] (英) 迈克尔·波兰尼. 个人知识: 迈向后批判哲学 [M]. 许泽民, 译. 贵阳: 贵州人民出版社, 2000.

[92] 庞朴. 谈玄说无 [N]. 光明日报, 2006.

[93] 秦世亮, 万威武, 朱莉欣. 个人知识和企业知识创造 [J]. 研究与发展管理, 2004, 16 (1): 55-60.

[94] 任皓, 邓三鸿. 知识管理的重要步骤——知识整合 [J]. 情报科学, 2002 (06): 650-653.

[95] 邵昶, 丁栋虹. SECI 知识转化模型中的"薛定谔猫悖论"及其理论阐释 [J]. 中国工业经济, 2009 (2): 87-97.

[96] (日) 胜见明, (日) 野中郁次郎. 创新的本质 [M]. 北京: 知识产权出版社, 2006.

[97] (英) 苏珊·格林菲尔德. 人脑之谜 [M]. 上海: 上海科学技术出版社, 1998.

[98] 孙永磊, 党兴华, 宋晶. 基于网络惯例的双元能力对合作创新绩效的影响 [J]. 管理科学, 2014, 27 (02): 38-47.

[99] 屠兴勇, 杨百寅. "知识整体理论"及其在管理领域中的应用 [J]. 清华大

学学报（哲学社会科学版），2011，26（06）：125-135.

[100] 汪应洛，李勖. 知识的转移特性研究 [J]. 系统工程理论与实践，2002（10）：8-11.

[101] 王铜安，赵嵩正，罗英. 知识转化灰箱模型与企业知识管理策略的研究 [J]. 科研管理，2005（05）：86-89.

[102] （美）威廉·卡尔文. 大脑如何思维 [M]. 杨雄里，梁培基，译. 上海：上海科学技术出版社，1996.

[103] 魏江，王铜安，喻子达. 知识整合的实现途径研究——以海尔为例 [J]. 科研管理，2008（03）：22-27.

[104] 魏勇军. 企业隐性知识显性化的路径分析 [D]. 长沙：湖南师范大学，2005.

[105] 文茂伟. 知识经济禀赋组织增进社会资本与组织资本路径探析 [J]. 科技管理研究，2013，33（03）：208-212.

[106] 徐福缘，顾新建，祁国宁，等. 企业知识管理的实现技术与工具 [J]. 系统工程理论方法应用，2004（01）：38-42.

[107] 徐礼伯，沈坤荣. 知识经济条件下企业边界的决定：内外社会资本匹配的视角 [J]. 中国工业经济，2014（10）：85-96.

[108] （英）约翰·斯图亚特·密尔. 功用主义 [M]. 唐钺，译. 北京：商务印书馆，1957.

[109] 赵国杰，吕毅，陈新桃. 知识管理研究范式变革初探 [J]. 科学学与科学技术管理，2010，31（06）：90-93.

[110] 赵国求. 奇妙的思维——思维过程物质基础探源 [M]. 武汉：湖北人民出版社，2000.

[111] 赵丽梅，张庆普. 我国知识管理研究前沿演进趋势知识图谱 [J]. 科学学与科学技术管理，2012，33（01）：90-98.

[112] 朱相远. 知识经济与社会主义——十八大后中国及世界向何处去 [J]. 经济界，2013（01）：8-18.

[113] Alavi M，Leidner D E，郑文全. 知识管理和知识管理系统：概念基础和研究课题 [J]. 管理世界，2012（05）：163-175.

[114] Marc Demarest. Understanding Knowledge Management [J]. Long Range Planning，1997，30（3）：374-384. [2] Fawzy Soliman，Keri Spooner. Strategies for Implementing Knowledge Management：Role of Human Resource Management [J]. Journal of Knowledge Management，2000，4（4）：337-345.

[115] Ch，Argyris，D，et al. Organizational Learning：A Theory of Action Perspective [J]. Reis：Revista Española de Investigationes Sociológicas，1997. See Cangelosi V E，Dill W R. Organizational Learning：Observations Toward A Theory [J]. Administrative Science Quarterly，1965，16（2）：175-203.

专题四
创新与管理创新

一、创新

创新是人类存在的必然选择和结果,是通向自由与繁荣的必由之路,人类社会不断进步的历史就是一部不断创新的历史。创新作为一个独立的研究领域出现至今已历经大半个世纪,有关创新的探讨一直在继续。近年来,创新得到社会的广泛关注,《牛津创新手册》(*The Oxford Handbook of Innovation*)就社会科学引用文献索引(SSCI)的统计研究发现,社科类论文中题目涉及创新的学术文章占所有学术研究文章的比例已经相当高了。创新能赋予资源新的能力,并使其创造价值(Drucker,1985),常被视为经济发展的根本动力,因而也成了经济增长理论的核心概念(熊彼特,1990)。创新已被社会的不同层面所接受,无论是国家战略层面还是地方政府、企业都已经认识并高度重视创新在当今社会经济发展中的巨大作用。

(一)创新与创新体系

1. 创新的内涵

熊彼特在1990年的《经济发展理论》一书中指出:创新就是"建立一种新的生产函数",即把一种从来没有过的关于生产要素和生产条件的"新组合"引入生产体系;德鲁克认为创新是赋予资源以新的创造财富能力的行为;我国学者汪应洛也认为创新就是建立新的生产体系,使生产要素和生产条件重新组合以获得潜在的经济效益,就是从新要素的建立到形成物质生产力并成批地进入市场获得收益的整个过程。从这些解释中可以看出,学者们对创新的界定一般都是从创新的经济性质出发,认为创新是建立新的生产函数,实现新的经济价值。

虽然对人类来讲创新有其可度量的经济价值,但这并没有把握创新的全部特征。创新不仅仅有技术创新,还有组织创新、社会文化创新、制度创新等;从创新的广义价值判断,既包括经济价值因素,还包括人的价值的实现;放在历史的长河中来衡量,创新是一个开放、发展、多层次的系统。

在企业中,"创新"被广泛用于各种场合,既包括企业层面的技术创新、管理创新、工艺创新、制度创新、文化创新、营销创新、组织创新,还包括企业间合作形式的创新、金融创新等。对于企业来说,只有通过市场检验的创新才能称得上是真正成功的创新,如果企业要想使技术或产品创新通过市场检验,就得做好许多中间环节的工作,如创立创新型文化、组织结构、激励机制等。可见,企业创新是多维的,既包括技术或产品创新,还包括管理创新(Mol and Birkinshaw,2009)。管理创新(Management Innovation)被认为是技术或产品(服务)创新与企业绩效之间的中介变量,具有较强的系统性,难以被竞争对手模仿,因而被认为是企业长期竞争优势的主要来源之一。关注管理创新的组织被视为有战略目光的组织,而只关注具体管理技术变化的组织则显得目光比较短浅(Currie,1999)。

2. 创新的观点

(1) 创新的生命观与生态观。创新的生命观把员工看作创新的有机体和创造力的主体。这种观点认为,尽管创造力存在差异,但每个人都具有其独特的创造力(Dundon,2002),企业创新应是多样化的生态系统,一个过于同质化的组织,不能适应快速变化的环境,组织的多样性为创新提供了条件。欧内斯特·冈德林(2001)对"世界上最具创新精神"的3M公司进行了10多年的跟踪研究,得出的结论是,3M公司之所以能充分激发和提高全体员工的创新能量,最为突出的"天赋"就是培养了一个多种新因素互相促进的总体创新生态环境。

(2) 集成的创新观。集成创新是自主创新的一个重要内容,是一种创造性的融合过程,它把各个已有的单项技术或要素有机地组合起来、融会贯通,构成一种新产品或经营管理方式,创造出新的经济增长点。集成创新更关注实用性,同企业生产和管理的关联度更高,企业更容易找到切入点(徐庆瑞等,2006)。

(3) 创新的系统观。创新的系统观主要包括创新系统理论和系统创新理论两大流派。美国学者纳尔逊和温特在生物进化理论的启示下,创立了创新进化论这一独特新颖的理论分支,它推动了技术创新和制度创新的融合。此后,许多学者在技术、组织、制度、管理、文化的综合性创新研究促成了创新系统理论。也有学者提出了系统创新管理(Systems Innovation Management)的思想和五角星模型(Dooley et al.,2000)。他们认为,系统创新有5个杠杆(Lever),即组织与领导、战略与绩效、授权与分组、再造与改进、学习与沟通。国内学者以席酉民(郑刚,2004)为代表的和谐理论也从系统观角度强调了管理中协同的重要性。创新的系统观认为,创新是一个复杂自适应系统,应从系统观角度来全面考虑创新中的各要素。

(4) 用户、供应商创新观。顾客和供应商在产生新产品创意中的作用已在实践中得到检验。这种观点认为,用户、供应商都可以参与到企业的创新过程中,成为创新的源泉。新技术的采用使得企业与用户的互动从"企业开发顾客知识"观向"企业与顾客共同创造知识"观转变,为此一些学者提出了基于ICT技术的分布式创新模型(Distributed Innovation Model),如虚拟用户社区可以使顾客参与到新产品开发(NPD)的过程中来。

(5) 全时创新观。创新不是一种一次性(One-off)的事件(Dundon,2002),而应是涉及各个部门的一年到头永不停止(Year-round)的日常活动。市场竞争的日益激烈和用户对响应速度要求的日益提高使得创新必须时时刻刻地进行,这主要是由于日益增强的基于时间的竞争(Time-based Competition)压力(郑刚,2004)。

(6) 全流程创新观。20世纪80年代末90年代初期,美国学者Michael Hammer提出了流程再造理论,认为企业只有对原有职能制的业务流程实施革命性的变革,通过创新来提高组织效率、灵活性和响应市场的速度,才能以适应环境的变化和顾客需求的日益个性化。

(7) 全员创新观。创新不再只是企业研发人员的专利，而应是全体员工共同的行为。从销售人员、生产制造人员、研发人员到售后服务人员、管理人员、财务人员等，人人都可以成为出色的创新源。

(8) 全球化（全地域）创新观。随着经济全球化的迅猛发展，外包、竞合、战略联盟、虚拟团队等组织形式的出现使得企业的组织边界已超越了地理区域范围，趋于模糊，跨越了地区、行业甚至国家的限制，不仅制造、营销等环节需要全球化，研发等创新活动也需要全球化。

(9) 全面创新观。该理论认为，创新主要分两大类，即技术创新和管理创新。相应地，有两个核心，即技术核心和管理核心。"双核心理论"认为，只有两种创新互相协同，才能使得创新绩效最佳。

3. 创新体系

熊彼特（1999）首次提出"创新"概念并随后在《资本主义、社会主义与民主》《经济周期》两书中运用发展，形成了一套独特的创新理论体系。之后的伦德瓦尔于20世纪80年代首次系统地提出了"创新体系"（SIS）的概念，认为创新体系可以是超国家的，超民族的，可以是国家的、地区的、城镇的、乡村的、企业的。弗里曼（1989）在 Technology Policy and Economic Performance：Lessons from Japan 一书中首次正式提出了国家创新体系的概念。他认为国家创新系统是某一个主权国家的各种机构组成的交织网络，这些机构既包括公共部门，还包括私立部门，它们的一系列活动促进了新技术的从开发到引进最后到扩散、推向市场、产生回报的整个过程。库克于1992年首次使用"区域创新系统"（Regional Innovation System）的概念。

(二) 为什么要创新

随着环境变化的加剧，企业的生存与发展面临着前所未有的挑战，如何应对环境变化成为企业决策者和管理者普遍关注的问题。学术界普遍认为，创新是企业获得竞争力，把握和追随环境动态，确保组织适应环境需求的有力武器。在技术趋同化日益显著的背景下，作为组织竞争力持续和重要来源的创新活动是企业适应环境变化、解决内部运行问题的重要途径。

首先，创新有利于提高企业的生存能力。资源基础理论认为，企业是一个资源的集合，其竞争优势主要来源于资源的差异，创造和维持这种差异是企业持续经营的关键。而创新能力一方面可以挖掘现有资源的潜在价值，提高资源利用效率，另一方面还可以对新获取的资源和现有的资源进行有效整合，实现企业资源的优化配置。换而言之，创新是企业转化资源、塑造资源差异的有效途径，也是企业获取竞争优势的重要手段，有助于提高企业的生存能力。

其次，创新能改善企业现在的生存条件。创新能力是难以被其他企业模仿和替代的重要内部因素，能够产生持续的组织绩效，显著改善企业在市场中的生存条件。Stata（1989）认为，20世纪80年代，造成许多美国公司衰落的真正原因就是管理创新问题，并把管理创新视为充分利用技术领先优势的必要条件。更为重要的是，它还可以帮助企业准确把握外部技术标准的变迁轨迹，保持企业对外部环境的适应性。

Hamel（2006）特别强调，管理创新是企业内外情境匹配和整合的结果，并强调管理创新的意义在于提高资源使用效率、推动企业稳定健康发展、增强企业核心竞争力和形成企业家阶层。

最后,创新活动提升企业绩效。现有大量文献研究表明,企业创新活动中的研发投资对企业绩效具有促进作用。Rouvinen(2002)使用OECD12个国家1973—1997年的数据,通过格兰杰检验发现,研发投入是企业生产率的格兰杰原因;Wakelin(1997)根据英国1988—1996年的面板数据检验发现,研发投资强度与企业生产率之间存在显著的正向关系;Sharma(2012)根据印度1994—2006年的制药企业数据测算发现,研发的产出弹性在10%~13%时,研发投入对全要素生产率的影响系数为15%。

有学者认为,管理创新的作用在于提高生产力,改进产品质量并维持竞争力。政策制定者甚至将管理创新视为部门或国家生产力提升的重要驱动力,如英国贸易工业部和波特报告强调,未能实现最佳管理创新是导致英国生产力水平相对落后的主要因素(Edmondson,2010)。

(三)市场结构与创新动机

在市场结构与创新动机问题上,存在着两种截然对立的观点(韦巍,2013):一种观点认为完全竞争的市场结构使得企业有更强的创新动机,原因在于在完全竞争结构中企业进行工艺创新时,得到的创新收益大于垄断企业的创新收益,故完全竞争企业有更强的创新动机。而垄断者由于存在垄断利润,创新动机较弱,即所谓的更新效应(替代效应)。另一种观点认为大企业更有利于技术创新,其进一步认为完全竞争的市场结构从技术进步的角度上并非一个完美的模型。

那么,上述的两种观点是否相互矛盾呢?不一定。大型企业是研究与开发投入者的观点主要基于这样的前提:大公司相对于小公司而言,拥有更多的投入资源。但是,有人会问,这有什么重要呢?毕竟,如果对小公司而言,创新的收益非常高,企业是可以通过融资投入研究与开发的。但是在现实生活中资本市场并不完善,尤其在研究与开发方面。假设一家小型企业有优秀创意而没有资本来实现,而对于一个风险资本家有资本而无优秀创意,这看似供需之间的一对完美的搭配。问题在于在说服风险资本家投资的过程中,企业必须把创意说出来,这就存在一个问题,即泄露了创意而可能得不到资助。虽然两方可以通过一个所谓的保密协议来减少这种风险,但这个协议可能对风险资本家不起作用,或者风险资本家根本不愿意在这样的协议下签字。那么,这就是为什么大部分研究与开发的资金都是自筹的原因。同时,这也能说明为什么大部分的研发费用都是来自大型公司。

相比而言,预期的竞争产业更能激励研究与开发的观点来自于投机,而不是投入的能力。例如,一家拥有市场势力的公司通过创新增加自身的利润,一家没有市场势力的公司通过创新将零利润变为有利润的情况,即使后者的利润低于垄断利润,但是增幅似乎更大,而且从动机的角度看,这种增幅关系重大。

另外,要注意完全竞争与完全竞争模型并不完全一致,我们假设创新会降低成本,允许创新者降价与其对手竞争,并占领整个市场。这里有个前提是该创新者没有被模仿,实际上是个垄断者。而如果被模仿,所得利润为零,企业创新的动机就大打折扣了。

那么，在这个意义上说，完全竞争在研究与开发问题上，在某种程度上与熊彼特关于完全竞争模型的观点相一致。而熊彼特（1999）认为，最优的市场结构并非完全竞争，而是涉及一定垄断力量的动态竞争的形式。换句话说，也就是涉及一定程度竞争的一种垄断形式。竞争并非来自于在位企业，而是来自于新产品或新流程，用熊彼特的话来说就是创造性毁灭。

继熊彼特之后，很多经济学家和政策制定者赞成完全竞争意味着静态有效配置的观点，但考虑到动态有效性，这种理想就被打破了，这虽然不是说垄断是导致动态效率最大化的市场结构，而是意味着最优系统应该是一种动态竞争。在这种竞争中，短期内始终有一定市场势力——不过只是暂时的市场势力。

创新者在某些情况下是在位企业，有时候是新进入的企业。仔细研究产业情况会揭示一些有意义的模式。尽管从市场角度看，所有的创新都是循序渐进的（例如，未创新的企业仍然活跃），但从组织角度看情况却有所不同。每家企业研究与开发的"生产函数"由一系列能力组成，这些能力与其过去从事的开发工作的种类相匹配。从这一组织意义上说，产业内的有些创新是彻底的。创新如果由在位企业引入，则意味着该企业研发过程的根本变化，并导致以往研发能力的过时。这说明所有的激进式创新（从组织角度）应该都是由新进入者引入，而在位企业大都采用渐进式创新（无论从市场或组织角度）。在位企业确实想投资更多的激进式创新，但相对于新进入者而言，在位企业这样做的生产效率较低。

通过上面的分析，可以得出与上面相似的结论，即在位企业倾向于更多地投资于渐进式创新，而新进入者则是激进式创新的主要源泉。

由于溢出效应的存在，研发创新活动所具有的正外部性使得企业难以收回创新行为所带来的社会总收益，在极端情况下，企业所得收益甚至不能抵偿其对技术研发活动的投资支出，这会损害企业开展研发活动的积极性。在创新活动中，要对创新活动进行适当的保护。而政府补贴，特别是与科研创新、新产品开发有关的补贴，如专利申请资助经费、新产品补助等，能够直接弥补因正外部性所造成的企业研发投入不足，有助于提高企业的创新能力。

（四）创新的知识源途径

任何创新都离不开知识的获取和积累，对企业来说，创新的知识源选择关系到创新活动的成败得失。外部知识搜索是企业获得创新知识源的重要途径，可以帮助企业获取多样性的知识源，为组织带来技术和知识新的组合（Winter and Nelson，1985）。演化经济学和创新管理方面的文献都强调组织外部知识对组织成功创新及获取竞争优势的重要性，以往研究发现，知识搜索宽度的扩大会丰富企业新知识，增加企业知识重新整合的机会，从而有利于企业创新，但过度扩大搜索宽度会增加企业搜索成本，增加知识整合的难度和成本，降低可靠性，进而损害创新（Laursen and Salter，2006）。

先前的研究大量关注创新搜索范围，即本地搜索（Local search，也被称为利用性搜索）与远程搜索（Distant search，也被称为探索性搜索）。目前，国内外有关创新搜索的分类主要为创新搜索范围、创新搜索深度与宽度、创新搜索的内外部知识源和知识获取模式。

针对创新搜索的外部知识源和获取模式，不少学者认为供应商、客户、竞争对手、大学、研究机构等是企业进行创新搜寻的主要外部知识来源（Laursen and Salter, 2006），外部知识获取模式包括联盟、合作研发、非正式交流、雇用员工、反求工程、专业知识培训、技术许可、专利购买等（Guo and Guo, 2011）。

同时，也有学者从外部技术获取中是否存在正式协议或契约来进行划分知识获取模式，把基于正式协议、契约等建立起来的诸如联盟、研发合作、技术许可和购买等作为一个整体来考虑，作为知识搜索的正式获取模式；把非正式交流和接触、雇用员工、反求工程等使用非契约或超越契约的作为知识搜索的非正式获取模式（Pyka, 1999）。还有少数学者进一步把技术获取模式与搜索深度和宽度相结合，按照获取模式来界定搜索宽度与深度（Aschhoff and Sofka, 2009）。

国内学者阮爱君和陈劲（2015）根据知识搜索的正式化程度，把外部知识搜索划分为两类：一类是通过签订正式的合同或契约来进行知识搜索的方式，如与设备供应商、客户、同行企业、公共机构等组织建立合作关系以及技术许可、专利购买、专业知识培训等，这些方式属于正式化程度较高的，界定为正式外部知识搜索，相应地把企业利用正式外部知识源或搜索通道的数量定义为正式外部知识搜索宽度。另一类是使用非契约或超越契约的方式搜索知识，如与供应商、客户、同行企业、公共机构等组织员工私下非正式会谈与接触，雇用竞争对手的研发人员及非正式雇用科研机构的研发人员（兼职），反求工程等，此类为非正式外部知识搜索，非正式外部知识搜索宽度，即为企业利用非正式外部知识源或搜索通道的数量。

当然，对不同类型的企业来说，知识搜索对创新的影响是不一样的。按照阮爱君等人的研究结论，对拥有良好网络关系质量的企业，企业通过扩大正式外部知识搜索宽度可以获得巨大的创新收益。而对没有良好网络关系质量的企业，就可能会导致契约交易过程中的机会主义行为增加，降低知识交换、转移和整合的效率，正式搜索宽度的增加对创新收益非但没有帮助，反而会妨碍创新绩效的提高。对拥有丰富结构洞的企业来说，企业通过扩大非正式外部知识搜索宽度可以提高其创新绩效，而对结构洞贫乏的企业，由于增加非正式搜索宽度，获得的可能更多的是冗余知识，知识搜索成本可能会大于其收益，因此增加宽度反而会降低其创新绩效。企业的吸收能力对正式/非正式知识搜索宽度和创新绩效间的关系也存在差异，企业吸收能力越强，增加正式外部知识搜索宽度越能提高企业的创新绩效；而当吸收能力弱时，增加宽度反而会阻碍创新绩效的提高。吸收能力对正式搜索有显著的影响，而非正式搜索更多依赖私人关系，与企业的吸引力关系不大，所以吸收能力对非正式搜索影响不显著。

所以，企业在选择创新知识源的途径时，要综合考虑。例如，在运用签订正式合同或契约的方式来进行知识搜索时，不能盲目增加搜索宽度，应积极建立企业间良好的信任关系，完善企业与合作伙伴之间的信息共享和共同解决问题机制，提高网络关系质量。在使用非契约或超越契约的方式搜索知识时，要积极建立与不同类型组织及个人的合作关系，减少冗余联系，丰富企业拥有的结构洞。结构洞程度高的企业，可以更多地采用非正式方式获取外部知识，而不一定非要采用成本更高、程序更复杂的正式搜索方式。企业在扩大正式搜索方式宽度的同时，更要修炼内功，加大研发投入，努力培育本企业的吸收能力。而对于那些吸收能力稍弱的企业,可以更多地考虑扩大非正式搜索方式以获取外部知识来提高创新绩效(阮爱君和陈劲,2015)。

(五)战略导向与创新活动

在快速多变的市场、技术环境下,创新和知识构成了企业的核心能力,成为企业获取持续竞争优势的重要源泉(党兴华和孙永磊,2013)。战略管理理论认为,战略导向决定着企业的发展方向,企业开展、实施创新和获取创新收益的差异也是由企业战略导向选择的不同所导致的。不同的战略导向会影响企业对所拥有优势的不同理解,决定着企业外部知识的获取状况、影响创新方式和创新行为、决定企业绩效(Kumar et al., 2012;Lau, 2011;Li et al., 2006)。

战略导向是一种指导企业进行战略设计和规划发展方向的管理倾向、动机和愿景,促进企业理念、构想实现的核心程序或系统。不同的战略导向下,企业对其所拥有的优势有不同的理解,对企业创新活动具有重要影响。战略导向分类有很多种,但是技术导向与市场导向越来越引起人们的关注。

市场导向强调适应变化、利用变化,而技术导向则强调制造变化、制造差异(Zhou and Li, 2010)。市场导向认为企业的竞争优势来源于为顾客创造卓越价值的能力,持这种价值观的企业倾向于以最有效率的方式充分了解顾客需求,密切关注竞争者的战略行为,并通过内部各部门之间的良好协作来满足市场需求(Lau, 2011)。而技术导向则是一种追求超前、开拓、变革、卓越的文化,也是一种倡导学习、鼓励创新的氛围,可以改进企业中各种创新行为以及对创造活动产生巨大而持久的激励作用(Li et al., 2008)。技术导向会鼓励员工保持不断地组织学习和探索,强调新产品、新工艺、新服务的开发和创造,是对原有技术发展路线的突变和颠覆,也是对原有市场的替代和跨越,具有较强的变革性,风险大、见效慢但潜力巨大。市场导向往往会以适应性为主,偏重对市场需求的回应,强调企业的适应能力,注重短期收益,面对不确定时往往会选择维持现状以规避可能的风险;而技术导向则是具有探索性特点,往往会以创造市场需求的突破性创新为主,主要是以技术驱动企业发展,注重的是企业长期的发展,敢于承担风险。

市场导向强调利用和开发现有资源,而技术导向则侧重于对新市场、新知识、新领域的探索,二者往往是同时存在于企业的创新过程之中,企业应当合理配置资源,保持二者的动态交互平衡关系:一方面是可以避免企业过度依赖单一能力所带来的缺陷,也有助于兼顾目前市场状况和培育新的竞争优势;另一方面是有助于增强企业的适应能力,也有利于克服核心能力刚性问题,市场导向和技术导向互相弥补各自不足的同时也可以互相激发各自的优势,更好地适应技术和市场变化,提升创新能力,更大限度地促进企业绩效的提升和持续竞争优势的获得。

不同的战略导向会对组织创新氛围产生差异性影响,市场导向会促进计划型创新氛围的塑造,注重搜集市场和行业发展信息,应对市场变化;而技术导向则倾向于形成学习型和创造型组织创新氛围(王永伟等,2012),这种氛围能够激励员工不断地学习和思考来寻找创新机会,鼓励员工使用新的方法完成工作,产生新颖有创造性的想法并进行实践检验,增强新颖性和有效性的组织创造力产出,进而促进企业创新能力和创新绩效的提升。

国内学者孙永磊等人（2015）通过对苹果公司1997—2014年的纵向案例研究中发现：市场导向在短期内有利于企业绩效的提升，但是不利于长期竞争优势的取得；技术导向具有较大的风险性，无法在短期内获得满意的产出，但是有助于企业保持长期的持续竞争优势；企业应依据市场环境、行业以及企业自身状况有侧重地选择市场导向或技术导向，二者保持适当比例的交互更有利于企业获取更高的绩效；组织创新氛围是战略导向和企业绩效之间的重要中介，不同的战略导向会在组织中塑造不同类型的创新氛围，并产生差异化的绩效结果。

二、创新范式与创新生态系统

普遍认为，以苹果的巨大成功和硅谷的持续领先为标志，创新范式开始了新一轮的变革与升级，这次升级就是从工程化、机械式的创新体系迈向生态化、有机式的创新生态系统，其实质是创新范式的演变。尽管对范式的解释不确定，但范式的本义是指由从事某种特定学科的科学家们在这一学科领域内所共有的世界观、共识和基本观点构成，也可以是科学理论研究的内在规律及其演进方式，包括概念的、理论的、工具的和方法的等（李万等，2014）。

（一）创新范式的演变

在科技进步、国际竞争、生态发展等的驱动下，创新活动组织形态和政府创新政策都开始发生重要变化，创新生态系统随之兴起，并对创新理论的研究，创新模式的演进、创新型国家（区域、城市）建设等产生深远而广泛的影响。迄今为止，创新范式已经历了线性范式（创新范式1.0），创新体系（创新范式2.0），开始进入到创新生态系统（创新范式3.0）的时段。与此相关，企业创新模式、政府创新政策也都开始转向3.0时代。

三种范式的演变反映了西方经济学和管理学界的古典经济学理论、国家创新体系理论以及演化经济学的最新发展，对创新范式的研究已经历了以下三大阶段（Laranja et al., 2008）：

第一阶段，对应于新古典学派和内生增长理论的线性创新模式，认为创新的外部性是创新战略和干预的重点内容。

第二阶段，始于国家创新体系理论的提出与发展。1987年，弗里曼在研究日本的技术政策和经济绩效时，首次提出国家创新系统的概念（弗里曼，2008）。1992年，Lundvall认为国家创新系统的核心是生产者和用户相互作用的学习活动；1997年，经合组织（OECD）认为国家创新体系的核心是强调企业与大学科研院所及其他相关机构间的技术合作和互动，政府在创新过程中发挥自上而下的重要作用。

第三阶段，随着演化经济学的发展，创新的实践揭示出"用户导向"的创新日益重要，进而形成政府（公共机构）—企业（产业）—大学科研—用户（市民）的"四螺旋"创新范式与开放式创新3.0（Carayannis and Campbell, 2010）。

创新范式的演化历程，如表4-1所示。

表 4-1 创新范式的演化历程

创新范式	创新范式 1.0	创新范式 2.0	创新范式 3.0
理论基础	新古典经济理论和内生增长理论	国家创新体系	演化经济学及其新发展
创新主题（关系）	强调企业单体内部	产学研协同	产学研用"共生"
创新战略重点	自主研发	合作研发	创意设计与用户关系
价值实现载体	产品	服务+产品	体验+服务+产品
创新驱动模式	需求+科研双螺旋	政府+企业+学研 需求+科研+竞争 三螺旋	政府+企业+学研+用户 需求+科研+竞争+共生 四螺旋

（二）创新生态系统

1. 创新生态系统的兴起和发展

作为创新 3.0 核心要义的创新生态系统，其兴起和发展的重要驱动力在于科技进步、国际竞争、生态发展等，越来越多的国家和地区开始认识到培育和营建优良创新生态系统的重要性，创新生态系统正在各个层面快速发展。

技术—经济范式的变革是根本动因。技术—经济范式转换，即创新的系统范式从工程化、机械型走向生态化、有机型。根据演化经济学，世界经济进入到一个新阶段，技术-经济范式将发生重大转变，在科技进步的动力结构上，交叉融合成为主导因素，体现出技术进化的群落演替和系统涨落特征；在科技推动产业变革上，体现出制造技术的智能化、生产组织的网络化、价值创造的服务化、能源产消的分散化、消费理念的绿色化的趋势。

国际竞争为创新生态系统发展提供了强大助力。20 世纪中叶以来，实现国家崛起的系统理念越来越纯熟地被使用，主要国家和地区都逐步形成了以创新为焦点的竞争战略——促进国家创新能力。例如，在美国总统科技顾问委员会（PCAST）发表的研究报告中，明确指出，美国的经济繁荣和在全球经济中的领导地位得益于一个强大的创新生态系统；美国要继续维持技术—经济的领先地位，继续提高人民的生活水准，继续成为创新型和技术型领导国家，同样还取决于这个创新生态系统的活力和动态演化情况。

可持续发展是创新生态系统的价值所在。生态化的创新系统范式内在地要求从"生态—经济—社会"系统整体上进行技术创新，近年来，体现资源节约、生态友好理念的低碳技术在全球范围内得到快速发展，促进绿色增长成为创新生态系统的一项重要使命，强可持续理念更深刻地影响到创新资源的空间分布。

当然，创新由于受到各方面广泛关注，并通过营造良好环境来提升创新能力，使创新生态化、系统化的趋势日益明显。

2. 创新生态系统的特征

（1）创新生态系统的特点。创新生态系统突出表现为有机的、动态的系统范式结构。从基本内涵而言,创新生态系统为研究创新系统提供了一种新的视角和研究方法(曾国屏等,2013),具有以下三方面的突出特点:

①通过更强的生物学隐喻来揭示创新的系统范式(杨虎涛,2011),根据演化经济学,创新活动实质上是一种特殊生命过程,在很大程度上,服从于生物学规律,用生物学隐喻可以更深刻地揭示创新过程。创新的过程被揭示为物种、种群乃至群落对环境变迁、扰动形成的应答过程。创新生态系统组成的基本要素是物种,如企业、大学、科研院所、政府等,物种联结形成了各种群落,物种和群落在共生竞合的相互作用中动态演化,并形成系统整体演化,公共政策可通过加强物种的联系来促进创新。

创新生态系统中的生物学隐喻,如表4-2所示。

表4-2 创新生态系统中的生物学隐喻

创新生态系统	生物学隐喻
创新活动（支持）单位	物种
某类创新单元集合	种群
多种创新单元形成群聚共生关系	群落
惯例（库）	基因（库）
新奇的思想、技术、模式等	变异
学习、模仿=创新的大量企业跟进	繁殖
市场竞争	选择
资源禀赋	生境

②通过更顺畅的知识流动来促进创新的价值实现。创新生态系统通过物质流、能量流、信息流实现内部物种、种群、群落之间及与环境之间的物质、能量和信息交换,以维持系统的稳定性和高效性。

③以更可持续的创新涌现来区分创新生态系统的等级。创新生态系统主要包含三大群落(朱迪·埃斯特琳,2010):研究、开发和应用。研究群落以长远的眼光发现新知和观念,开发群落推动产品和服务的生产与交付,应用群落把这些技术进步散布到全世界。创新生态系统进化发展的根本目的在于持续性的创新,可持续性取决于上述三个群落之间实现健康的平衡。

根据以上分析,可以认为,创新生态系统是指一个区间内各种创新群落之间及与创新环境之间,通过物质流、能量流、信息流的联结传导,形成共生竞合、动态演化的开放、复杂系统。

该系统的根本目标是:在可持续发展理念下促进创新持续涌现,通过将创新投入、创新需求、创新基础设施与创新管理在创新过程中的有机结合,实现高质量的经济发展。

(2)创新生态系统的特征。创新生态系统将从过去的关注要素构成和资源配置的静态结构性分析,演变为强调各创新主体之间作用机制的动态演化分析,总体而言,创新生态系统具有以下三种主要特征：

①多样性共创。新物种的多样性是一个创新生态系统保持旺盛生命力的重要基础，是创新持续迸发的基本前提。创新物种通过知识、技术、人才、资本为主要纽带形成了复杂的价值网络，在竞争性合作共生中不断演化发展，当一个系统中这种价值网络或共生关系被打破，系统的平衡性、稳定性就受到了破坏，系统就必须进行调整，以达到新的平衡。多样性共生的特征意味着创新主体与创新环境之间进行着频繁的试错与应答，多样性要求创新生态系统应容纳尽可能多的"创新基因库"，而竞争性合作共生则在一定程度上促使系统达到最适宜的多样性程度。

②自组织演化。良性的创新生态系统不断向前进化发展，持续接近动态最优目标，系统内部要素物种、种群、群落等都是在相互作用、相互适应中不断发展变化，甚至是相互转化，该特征意味着市场对创新资源配置的决定性作用得到充分发挥，促进着系统的良性变异、创新的优化选择、知识的学习扩散，遗传—变异—选择在这个过程中交替发挥作用。政府对创新生态系统的演化至关重要，在相当程度上决定着系统的进化或退化。政府创新治理在推动制度创新、保持技术创新活力等方面尤为重要。

③开放式协同。全球化背景下，一个国家或地区的创新生态系统不再是孤立封闭的"生态圈"，而是广泛联系起来。在开放式环境中，外来创新物种的不断移入，促使创新生态系统不断发生着物种竞争、群落演替，甚至系统的整体涨落。在一个开放式的创新生态系统中，研究群落、开发群落、应用群落、服务群落保持着与外界的密切关联，企业逐渐突破地理边界，依赖整个创新链、产业链和价值链进行根本性创新（对大企业而言是创造性破坏，对中小企业而言，则是创造性累积），换言之，创新型领袖企业之间的竞争已经从单个企业间的竞争演变为两个创新链、两个产业链、两个价值链和两个创新网络之间的竞争。

（三）企业创新模式

1. 创新模式3.0

进入21世纪后，随着科学技术的日新月异，尤其是信息通信技术的普及与快速发展，企业的创新模式发生了一系列变化，有大量的研究关注用户对企业创新日益重要的作用（Adner，2006；俞珊等，2013；孟韬，2012）。

2013年，哈佛商业评论《拥抱创新3.0》总结了企业创新范式演进的特点（蒋德嵩，2013），提出了企业创新模式的演化脉络：从企业创新1.0阶段（closed innovation，封闭式创新，创新源局限在企业内部）到2.0阶段（open innovation，开放式创新，即"非此地发明"，广泛获取来自企业外部的创新源），再到3.0阶段（embeded innovation，嵌入/共生式创新，企业创新行为更加重视资源整合与共生发展）。

社会包容和参与，如图4-1所示。

创新1.0（封闭式创新）强调企业建立内设研发机构进行自行研发，创新驱动力来自于需求和科研的"双螺旋"，在既定供求关系（既有市场）中，创新1.0可以增强厂商供给能力，体现在产品或服务的价格竞争力、性价比、交付速度或服务体系等方面。

创新2.0（开放式创新）瞄准消费者需求，厂商通过改变供给方式创造一种新的消费者需求或挖掘出潜在的消费者需求，并购整合、战略联盟、产业集群等都是供给创

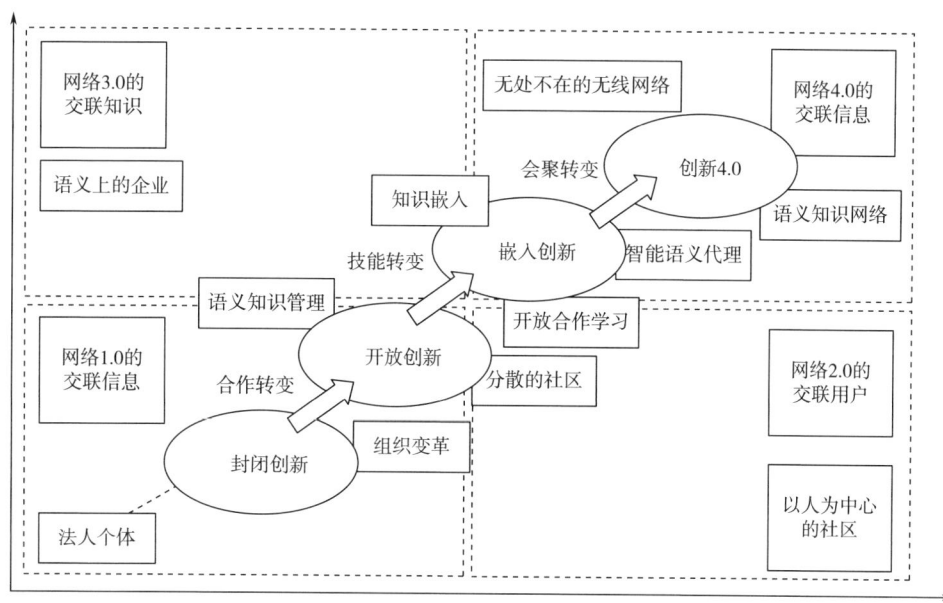

图 4-1　社会包容和参与

新的手段，开放式创新强调产学研协同以及政府、企业、大学科研院所的"三螺旋"。

创新 3.0（嵌入/共生式创新），则进一步体现为产学研用的"共生"以及政府、企业、大学院所和用户的"四螺旋"（Carayannis and Campbell，2010）。生产消费者（Prosumer）的崛起以及产学研用社区生态化创新的新模式，使得企业的核心竞争优势开始来源于由产消者、"粉丝"社区、利益相关者社区、实践社区以及科学社区所构成的创新生态系统。

企业创新模式 3.0 模式——嵌入/共生式创新，如图 4-2 所示。

2. 创新类型

学术界普遍认可管理创新与技术创新同在企业创新系统之内（张璐等，2015）：Daft 以创新思想的起源为依据把企业创新归纳为管理创新和技术创新；Yami 等把企业创新划分为产品创新、管理创新和技术创新；周叶认为制造型企业创新体系主要应该有技术创新、产品创新、管理创新、市场创新、制度创新等子系统构成。

企业创新按照创新幅度和类型的不同，分类为渐进式创新和突破性创新（又名激进式创新）。

渐进式企业创新是基于持续性的创新活动，是对企业中现有的产品、用户关注的性能等方面进行的改善、改进。而突破性企业创新是基于突破性的远离现有企业技术、管理、组织等轨道的创新活动。渐进式创新活动是企业按照市场主流消费者认可的要求和价值观，使现有产品和服务性能得到改善。

突破性企业创新与渐进式企业创新相比是一种非连续性的创新类型，是一个国家、一家企业保持市场稳定的重要因素。突变式创新活动旨在进行一种突破式的改变，如个人用户计算机对于大型计算机而言，就是一种突变式创新。突变式企业创新具有

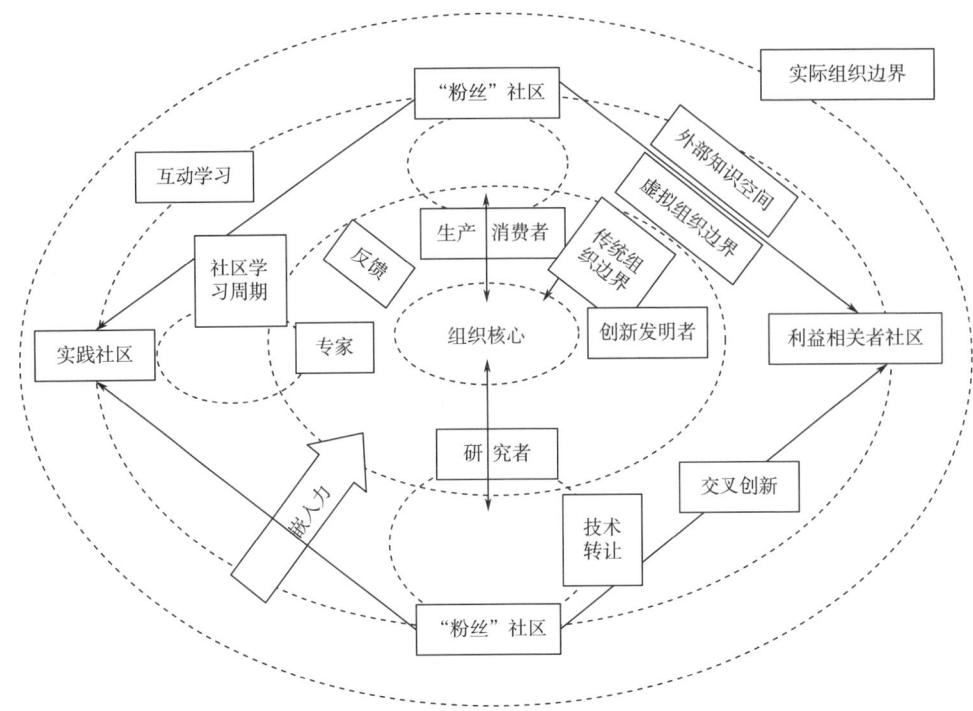

图 4-2　企业创新模式 3.0 模式——嵌入/共生式创新

资料来源：李万，常静，王敏杰. 创新 3.0 与创新生态系统［J］. 科学学研究，2014，32（12）：1761-1770.

"新事物"的特点。突变式管理创新方法是在组织中产生的颠覆性创新活动。与之对比，渐进式管理方法创新是组织遵循循序渐进的原则逐步推进管理创新活动的过程。

渐进性创新旨在通过不断改进来强化企业的竞争优势，通过单环学习即可实现，而突变性创新则旨在利用创新的"创造性破坏"作用来培育企业的竞争优势，因此必须依靠双环学习才能实现（Tushman and Anderson，1986）。Watzlawick 等认为，在变革管理中，渐进性创新侧重于把正在做的事情做得更好，但系统本身相对保持不变，属于一阶变异性变化；而突变性创新通常会导致系统本身发生变化，即因战略变化或者大危机而导致正在从事的业务从基础到核心内容都发生变化，属于二阶革命性变化。

（四）技术创新过程模式

根据美国科学基金会给出的定义，技术创新是指"将新的或改进的产品、过程或服务引入市场"。国内学者傅家骥（1998）综合熊彼特等给出的定义，将技术创新概括为"企业家抓住市场的潜在盈利机会，以获取商业利益为目标，重新组织生产条件和要素，建立起效能更强、效率更高和费用更低的生产经营系统，从而推出新的产品、新的生产方法，开辟新的市场，获取新的原材料或半成品供给来源或建立企业新的组织，它包括科技、组织、商业和金融等一系列活动的综合过程"。20 世纪 80 年代，来自英国萨塞克斯大学的学者把技术创新分为 4 类，包括企业中持续进行的改进，小创新，称为渐进式创新；突破性的、根本性的企业创新，称为突变式创新，也有人称为突破式创新；技术系统的变革；技术和经济范式的改变。由此可见，技术创新主要立足市场变化、追求新奇性以满足消费者需求的差异化。

1. 线性模式

该模式认为，技术创新是由前向后依次推进的过程，根据创新起始环节的不同，它又分为技术推动模式和需求拉动模式。

（1）技术推动模式。该模式是第一代技术创新模式，这种模式认为，技术创新是由科学发现和技术发明推动的，而不是由市场产生。研究和开发是创新的主要来源，当发生重大技术突破时，会出现大量该类型的创新，从而引致技术体系的根本性变革（图 4-3）。

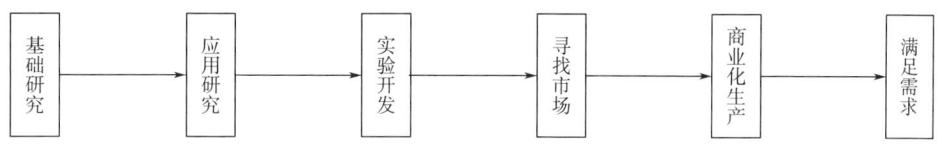

图 4-3　技术推动模式

（2）需求拉动模式。20 世纪 60 年代中期，通过对大量技术创新的经验研究发现，大多数技术创新不是由技术推动引发的，而是始于市场需求引发的，从而导致的技术创新，一般渐进性的创新大多数属于这种类型（图 4-4）。

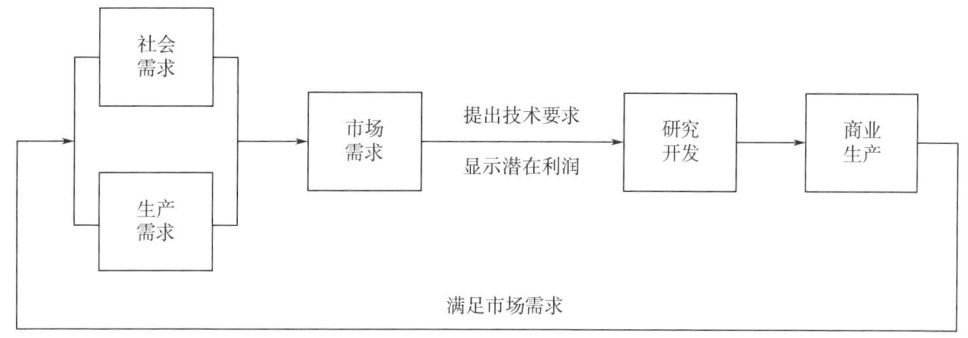

图 4-4　需求拉动模式

2. 交互模式

该模式强调技术和市场需求对创新的共同引发作用，认为创新过程中各环节之间以及创新与市场需求和技术进步之间存在着交互作用的关系（图 4-5）。

3. 链环-回路模式

该模式有 5 条创新路径：一是创新核心链，它起于发明、设计，通过设计、开发、生产，最终销售。二是核心链的反馈回路，这些反馈回路表示对核心链的下一个节点或市场需求的反应，对产品性能做进一步改善。三是创新核心链与知识和研究之间的联系。四和五是表示科学研究与技术创新之间的关系（图 4-6）。

4. A-U 动态模式

这种模式一般包括变动阶段、过渡阶段和特定阶段。在产品生命周期的早期，企

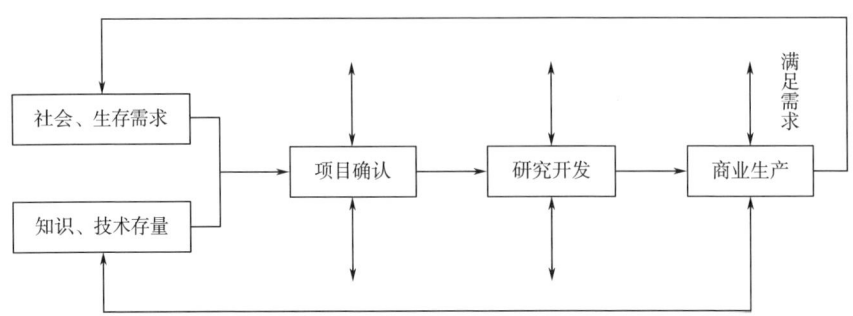

图 4-5 交互模式

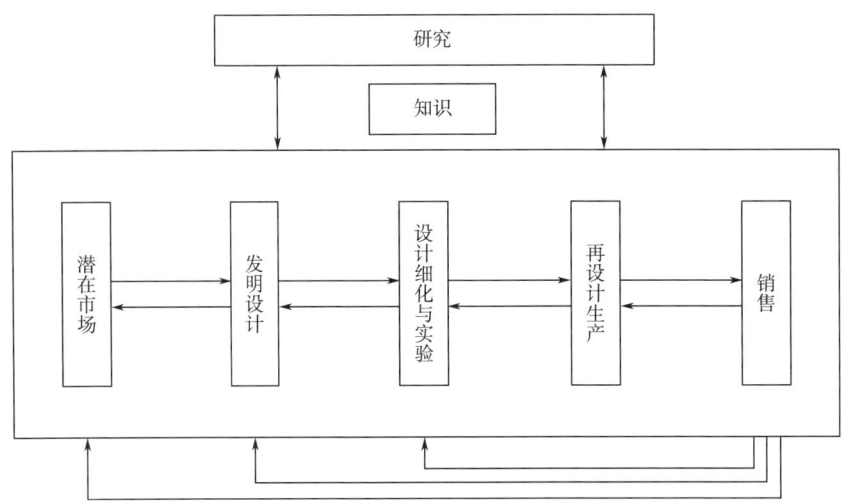

图 4-6 链环-回路模式

业家为满足潜在的市场需求进行一系列的产品创新,产品原型的创新水平很高。由于缺乏统一的设计思想,进入市场的产品类型和功能均存在较大差异。企业在此阶段不断探索完善产品的功能,频繁变动产品设计,制造工艺和产业组织不稳定,工艺创新较少。在过渡阶段,企业在商业与技术上不断尝试、试错,研发支出较高,经济效益往往并不显著,但此阶段极有可能孕育出未来巨大的市场成功。经过大量的技术和市场实践后,产品技术趋于成熟,主导设计已被市场接受,产品标准逐渐建立。在特定阶段,企业为追求规模效益,工艺创新将取代产品创新成为创新的重点。在此阶段,产品设计、生产程序与生产工艺都已成熟,市场需求稳定,产品和工艺创新的频率都较低。企业进一步创新的重点是以降低成本、提高质量和细分市场为目标的渐进性工艺创新。生产过程和企业组织日趋专业化和纵向一体化(图4-7)。

变化趋势特点,如表4-3所示。

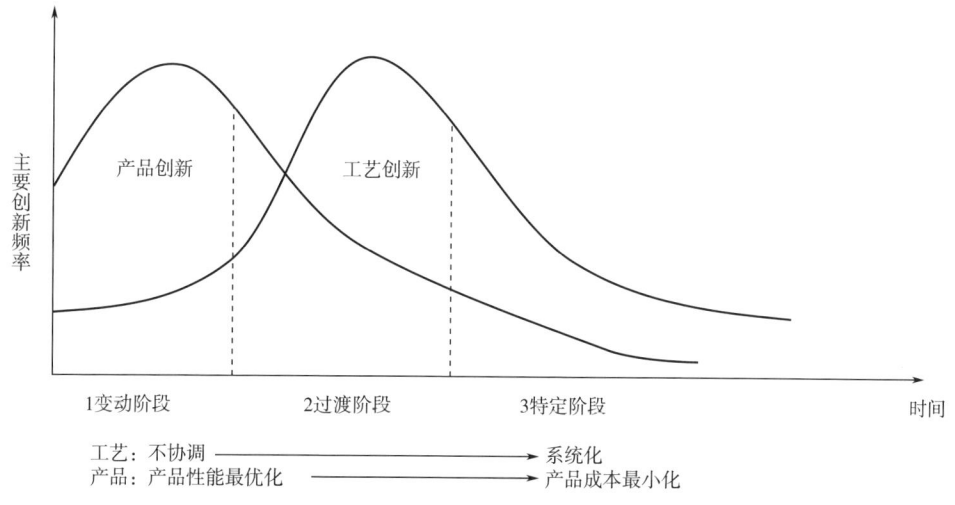

图 4-7　A-U 动态模式

表 4-3　变化趋势特点

产品	从高度变化进入基型设计，进而转向渐进性创新、标准化产品
工艺	制造过程从大量依靠熟练工人和通用设备转向由非熟练工人照管专用设备
组织	从企业家式的有机组织转向多层次——机械型组织，并强调任务和程序，不再鼓励重大创新
市场	从多样化产品、反馈迅速、分散不稳定的状态，过渡到标准化的大宗产品市场
竞争	从大量具有独特产品的小企业转向具有相似产品的少数几家垄断企业

（五）创新是否能被管理

由于创新工作的高度复杂性和不确定性，对创新管理过程本质、规律的认识一直存在争议，学术界对于创新能不能被管理存在两种截然不同的观点，即创新能被管理与创新不能被管理。理解上的差异必将直接导致创新管理研究架构和实践方法论上的差异。如果认为创新可以被管理，那么创新管理框架就会基于传统管理理论的研究架构而展开，创新管理就是对创新过程的管理，在实践中需对创新进行严格计划、控制等传统职能式的管理；如果不能，创新管理就可能需要建构一种新的框架，实践中也需要有新的方法论来指导，这必将最终影响到企业的创新成效（白俊红等，2009）。

1. 创新管理的两个派别

国内学者彭灿（2002）按照对创新管理过程计划和控制的重要性将创新管理研究粗略地划分为"计划"和"非计划"两个派别。

"计划"学派认为，创新管理就是对创新过程的管理，创新过程有其共性，因此是可以计划、组织、指挥、协调、控制的，即是可以管理的。例如，企业产品创新的过程中技术和手段并不是随机的，产品创新是在清晰的框架里形成并有序地发生的。因此，为创新制订正式的计划并努力做好创新计划实施过程中的控制工作，是非常重要的。

"非计划"学派认为创新过程是一个异常复杂、充满"混乱"的"非线性过程"，大多数创新并不是计划的产物，而是某个（些）意外结出的"果实"，它们一般是从一系列相对混乱的事件中开始显现的，其产生也往往是间歇的、无序的，带有许多随机互动和意外，结果通常是无法预测的。也就是说，创新从某种意义上讲是一种随机事件，它难以预料，也难以计划和控制，因此对创新过程管理来说，正式的计划、程序和控制系统存在严重的局限性。国内学者陈玉和（2001）从创新的人性尺度出发，阐明创新的创造性主体特征，从而证明创新的不可管理特性。他认为，创新是创新主体的自主作为，既不可以命令，也不可以计划，尤其是不能本质地异化为人的目的性。创新管理作为一种新的管理问题，不能简单地套用传统的管理框架，这本身是对管理理论与方法的一个挑战，或许是管理理论发展的一个机会，是有待建构的一种管理范式。

从本质上来说，创新是一项非常复杂的、不确定性非常大的活动，这一特征以及创新的人性尺度、创新过程的非线性运行机制，决定了创新活动是不可能被预先计划、事先安排的，创新究竟会取得什么样的成果也是无法准确预期和计量的，所以创新从本质上来说是不可以实现严格计划、控制等传统意义上的管理，创新过程更多地表现为一个自组织过程（Kline and Rosenberg, 1986）。

按照创新管理"计划"学派学者的观点，在假定环境状况不复杂、不确定性较小的前提下，创新是一个线性过程，创新过程是由多个创新活动环节构成的，那么创新管理就是对创新过程中各项创新活动的管理，即在创新过程中对各个阶段的创新活动进行计划、组织、协调和控制等。如果把创新看作是一个过程，把这个过程划分为几个连续的阶段，每一阶段需要不同的参与人，上述的定义就可以理解为在前述假定条件下对"创新过程管理"的定义，而不是"创新管理"的定义。

创新管理是传统管理面临的新问题，是管理实践的新挑战。从本质上来说，创新不是可以预计的活动，创新的进程与完成的时间也不确定，如何完成也没有固定模式，因此对创新也就不可能实现传统意义上的管理。对创新不可以进行传统意义上的管理，并不是说创新就是一种绝对偶然的现象或社会发展"异态"。组织仍然可以以创新为中心，围绕"创新"这一中心主题，使组织的所有活动向有利于创新发生的方向运动、发展，形成支持创新的环境和氛围（创新的协调机制），使创新成为组织运作的一种"常态。"

从这个意义上理解，创新管理就是以创新为中心的管理，其目的就是培育创新的支撑系统，使系统内部各要素协调发展。正如许庆瑞（2000）教授在其《研究、发展与技术创新管理》一书中所指出："企业技术创新系统的建立与完善还在于企业创新的内部支撑系统。"

对创新管理必须注意几个问题：一是对于创新是不可以实现传统意义上诸如计划、组织、指挥、协调、控制等职能式的管理的，我们无法计划和控制创新的发生，更无法准确预期创新活动所能取得的成果；二是虽然无法实现传统意义上的管理，但组织可以创建平台来支持创新的发生（形成创新的协调机制），这个平台包括企业家、制度、资金、组织、文化、人员等方面；三是创新管理的目的就是培育创新的支撑系统，并且形成创新协同机制；四是创新的目标体现在实现人的价值和增加社会福利两个方面，社会福利增加既可以表现为经济价值增加，也可以表现为社会公平与公正的实现；五是创新需要协同，即创新的实现过程是一个协同过程，具有协同效应，是企业（组织）的新生；六是创新管理与一般管理的维持功能不同，创新是创造性地破坏，是打破旧的平衡，建立新的结构是一项变革，是一种进步。

2. 创新管理的层次

创新管理是一个体系，它包括微观（企业）层次的价值管理、中观（产业、区域）层次的集聚管理和宏观（国家、跨国）层次的系统管理（王毅等，2013）。

微观（企业）层次的创新管理正在向价值管理发展，相关研究沿着创新创造价值的链条延伸，破坏性创新、开放式创新、商业模式创新、动态能力、服务创新等领域得到了迅速发展，国内外学者都在这些领域展开研究工作，丰富和发展了创新理论，涉及的研究主题包括创新战略、创新能力、创新组织、合作创新、知识管理、商业模式、服务创新和管理创新等。

中观层次的创新管理的焦点转向集群、网络和平台等，强调企业与相关主体的联结和群体优势，具体体现在区域集群、产业集群、创新网络、共性技术和创新平台等主体。

宏观层次的创新管理仍主要集中于创新系统这一主题。随着经济全球化程度的加深：一方面是宏观层次的创新管理向创新系统要素的跨国界流动发展；另一方面是由多个国家组成的跨国创新系统正向创新生态系统转化，强调生态系统内部各个要素的互惠和共存。

3. 创新管理研究现状和问题

我国企业创新管理研究取得了较大进步，有力地促进了企业技术创新活动的开展和绩效的提高，在该领域的研究具有一定的特色，但总的来说也存在很多问题和不足（王毅等，2013），具体如下：

（1）实证和案例研究偏少。从现有中国期刊收录的被引频次的统计结果看，我国学者在国内发表的被引频次高的论文多为概念研究，实证研究所占比例偏低，案例研究所占比例更低，而实证主义一直在社会科学中有着举足轻重的地位。因此，加强实证研究，尤其是加强案例研究是我国未来管理创新学术研究的发展方向，需要将实证研究与概念研究进行更好的平衡，从而形成中国特色的创新管理理论。

（2）基于国情的创新式研究偏少。如果将目前研究中基于国情的管理创新研究分为三类：模仿型情景、差异型情景和开创型（引领型）情景。在模仿型情景中，主要是模仿国外的管理创新模式；在差异型情景下，由于中国情景与国外存在较大差异，我国与国外研究者采用类似的模式，因此实践效果和影响因素存在较大差异。目前的研究中，模仿式研究偏多，创新式研究依然很少，引领式研究是我国未来研究的发展方向，也是未来管理创新研究的前沿。因此，现阶段我国学者要注重中国情景与世界问题的结合，立足中国，放眼世界，形成具有国际影响力的中国特色的创新管理理论。

（3）研究的范式和深度有待改进和提高。虽然系统、全面创新的思想已经被越来越多的学者所接受，但目前对于如何管理全面创新尚缺乏系统、深入的研究，一些新的理论范式，包括全面创新管理新范式，目前仍处于提出概念和初步探索阶段，尚未进行系统、深入的研究和实证分析，大多仍是思想、理念性研究。

（4）对管理方面的创新关注不够。现有研究过于关注技术创新中的技术因素，而对于技术创新的社会性和其他非技术要素考虑不足。例如，对全员创新、创新的时空域等强调不足。过于关注创新的技术部分，对于技术创新中人的因素研究不足，特别是如何激发全体员工的创新潜力，如何管理全球化、全地域的创新等。

三、管理创新

由于产品创新过程相对独立，易于复制，对组织效益能够产生及时、客观和直接的影响，且效果具有可测度性，企业普遍给予其极大的关注。然而，在日益激烈的市场竞争中，产品趋同化及产品生命周期缩短化等趋势日益突显，使得管理者仅凭产品技术创新已无法应对竞争需求。对此，Stata（1989）率先提出管理创新缺失会对企业发展造成根本性影响，由此改变了企业一味偏重短期效益，追求产品创新的局面，开始关注更为复杂隐蔽且效果具有持续性和滞后性的管理创新，继而涌现出大量企业开展组织结构变革、战略变革、业务流程再造以及精益生产等管理创新活动，推动企业稳定健康发展，为企业创造持续竞争优势。

（一）管理创新与技术创新

1. 管理创新的基本观点

在整个创新研究领域中占主导地位的是技术创新，直到20世纪80年代美国学者Stata（1989）才明确提出管理创新问题，指出企业发展的真正瓶颈是管理创新而非传统意义上的技术创新，开创了管理创新研究的先河。自此，关于管理创新内涵的探讨层出不穷（表4-4）。

表4-4 管理创新的内涵

代表人物	内涵界定
Damanpour等和Evan等（1987/1984）	管理创新是指组织实施团队生产、供应链管理或质量管理系统等新管理实践或理论而产生的组织结构或过程变化
Benhoz（1990）	将管理创新和技术创新、市场创新等进行分析比较，得出除了技术和经济问题，企业还需要解决管理问题，把管理创新从市场和技术的范畴中剥离出来
Abrahamson（1991）	管理创新是组织为了协调输入和输出而实行的组织结构和变化的变革
Birkinshaw和Mol（2006/2008）	管理创新是指发明和实施一种全新的管理方法、过程、结构或技能以更好地实现组织目标的过程
Hamel（2006）	管理创新是对传统管理原则、流程和实践的明显背离或者是对惯常的组织形式的背离，这种背离极大地改变了管理工作的方法

续表

代表人物	内涵界定
Mol 和 Birkinshaw（2009）	管理创新就是企业为提高组织绩效而引进新管理实践的过程
Lynch（2007）	管理创新就是员工培训、倾听员工心声、工作设计和报酬共享
Armbruster 等（2008）	将创新分为技术性产品创新、技术性服务创新、技术性和非技术性工艺创新，其中非技术性创新即是管理创新
常修泽等（1994）	将管理创新视为组织创新在经营层次上的辐射，把管理创新界定为对新的管理方式方法的引入，把降低交易费用视为管理创新的目标
芮明杰（1994）	创造一种更为有效的资源整合范式，这种范式既可以是新的有效整合资源以达到企业目标的全过程式管理，也可以是新的具体资源整合及目标制定等方面的细节管理
李燚（2007）	管理创新不仅是一种在现有结构中降低成本的方法，还可能是对现有资源整合范式本身的改变，这种改变不仅体现为原有绩效的渐进改善，而且可能获得绩效突破式的成长，是资源整合范式的飞跃

资料来源：苏敬勤，林海芬. 管理创新研究视角评述及展望［J］. 管理学报，2010，7（9）：1343-1349.

根据 Mol 和 Birkinshaw（2009）的观点，不同的管理创新定义主要在以下四个方面存在差异：

第一，关于管理创新的研究对象和内容，有些学者认为，管理创新的研究对象应该是对组织的日常管理产生直接影响的管理实践过程和组织结构。但也有学者认为，管理创新的研究对象应该是管理理念和思想体系创新（Abrahamson，1996）。由于前一种观点主张的管理创新研究对象主要涉及具体的管理实践，易于观察，因而常被采纳。

第二，对"新"的界定，目前学者们主要采取两种方法来解决界定新的问题（Mol and Birkinshaw，2009）：一是相对于管理现状来确定是不是创新，采用这种方法的研究大多以组织为研究单位，这样做的好处是容易观察，如 Chandler 首创的 M 型组织结构，即属此类方法，目前很少有把国家等作为研究单位的管理创新研究；二是相对于某特定企业来确定是不是创新，如 Zbaracki 在研究组织内部不同制度因素如何扭曲全面质量管理技巧的作用时就采用了此种方法。创新判定标准之所以不一，是因为管理创新研究存在关注创新实现者和创新采纳者两种不同的倾向，前者注重"创造加实施"，而后者则关注"模仿加实施"（Damanpour and Wischnevsky，2006）。因此，不同的创新主体应该具备不同的能力，即实现创新的能力和吸收创新的能力。

第三，是否必须既有理念又有实践才可称之为管理创新。多数学者坚持认为，管理是一种实践性很强的活动，不仅强调"知"而且更注重"行"（Drucker，1985）。因此，管理创新应该同时满足以上两个条件，也就是既有创新理念又有创新实践。

第四，管理创新的目的，组织及其管理者出于提高绩效等经济目的（Birkinshaw and Mol，2008），为了加强对员工的控制或者仅仅是为了显示自己的权力而进行管理创新。Mccabe（2002）认为前者反映的是个人主义视角，而后者更多地强调嵌入性，两者都有其不足。因此，他建议对两者进行整合，基于管理创新本身及其所处的社会结构之间的互动视角来理解管理创新。

目前，管理学界已经就管理创新研究对象问题基本达成一致，并且把管理创新界定为：组织为了更好地实现目标而发明和实施的新的管理实践活动、管理过程、组织结构或管理技术等。

管理创新研究作为创新研究的重要组成部分，也应该遵循一般创新的研究规律，一般创新研究常根据创新程度把创新分为渐进性创新和突变性创新。目前，管理创新研究还没认识到这种区分的意义，于是就出现了以下三种情况：

①认为渐进性管理创新属于局部性改进，风险较小，而对于模仿者来说风险就更小，加上一些变化过于细微，难以察觉，因此常被忽略。

②认为针对整个管理知识体系的突破性管理创新才会对企业、产业乃至整个经济产生巨大影响，因此管理创新研究者们往往把具有本质变化特征的管理创新或者说突破性管理创新放在首位，甚至用这种管理创新来指代一切管理创新。

③简单粗暴地直接把以上两种不同的管理创新等同起来（Harder, 2011）。

事实上，无论从创新范围还是创新程度来看，都不能武断地在渐进性管理创新和突破性管理创新之间画上等号，因此后续管理创新研究应该对这两种不同的创新进行清晰的界定，并规定明确的观测标准，以提高管理创新研究的精确程度。

2. 管理创新和技术创新

Evan（1966）在对创新发起者的研究中发现，高层管理者发起的创新往往与资源配置、任务结构、职权和奖励有关，并将这类创新称为管理创新；而低层级专业人士发起的创新主要为新产品、流程或服务的创意，即技术创新。在此基础上，Daft（1978）指出，创新包含管理创新与技术创新，而且两者的协同对组织极为重要。Liu等人（2001）进一步指出，对管理创新与技术创新的划分有助于从整个组织层面上把握创新。

相比于国内研究中相对成熟的技术创新领域，管理创新则强调与组织外部环境和内部问题的匹配性，以改善内部运行效率，提高组织绩效或作为技术创新的支撑。管理创新是关于组织结构和管理构成的创新，与组织管理直接相关；而技术创新是关于产品、服务和生产过程技术的创新，与技术有直接的关系（Damanpour, 1991）。

管理创新和技术创新存在显著的差异，这些差异主要体现在以下三方面：

①涉及的范围差异较大。技术创新与技术紧密联系，涉及的范围非常聚焦，在企业内通常只涉及与技术相关的部门和个人，如研发部门、制造部门以及相关人员；而管理创新涉及企业管理的各个方面，不仅包括研发部门、制造部门，还包括后勤管理部门、财务部门、人力资源部门、营销部门等（Evan et al., 1984）。

②实施的主体存在差异。技术创新通常由专业技术人员实施，是一种由下至上的创新；而管理创新通常依赖高层管理者制定决策并推进实施，是一种自上而下的创新（Daft, 1978）。

③影响程度不同。管理创新需要对现有管理体系的解构、新管理体系的建立等过程，并且很多环节需要循环往复，管理创新的过程更加漫长（Hamel, 1998），对企业的影响也更大。

除了显著的差异，管理创新与技术创新相互影响、相互促进：一方面是技术创新为管理创新提供内在动力，是管理创新的技术基础与支撑，对管理创新起促进和推动作用（Hamel，1998）；另一方面是管理创新通过提升企业管理能力，降低技术创新的风险，为技术创新的开展提供保障（Liu et al.，2001）。同时，管理创新可以加速技术创新的商业化进程（李燚和芮明杰，2008），并为企业技术创新成功提供保障。现有研究证明了管理创新对企业绩效具有促进作用。例如，谢洪明、韩子天研究发现，管理创新和企业绩效有正向关系（谢洪明和韩子天，2005）；谢洪明等人发现，管理创新对组织绩效有直接正面的影响作用（谢洪明等，2006）。

随着管理创新的重要性日渐突显，学术界出现大量围绕管理创新过程，效力提升机制、作用机制、传播机制以及决策机制等不同视角的研究，并逐渐形成一个相对独立于主流产品或技术创新的研究领域（苏中锋和孙燕，2014）。

（二）管理创新的实践历程

管理创新是社会经济发展的客观需要，有着深刻的社会经济根源和历史背景。20世纪初期，亨利·福特在汽车工业中创立的大量流水线生产方式适应了当时美国社会小汽车消费大众化的客观需要；20世纪30年代早期，宝洁公司将品牌管理方法正规化，增加企业的无形资产；第二次世界大战期间，通用电气（GE）公司的采购工程师麦尔斯总结整个功能分析和成本分析过程，形成了重要的管理技术——价值工程；20世纪五六十年代日本丰田汽车工业公司创立以准时生产制为核心的丰田生产方式，这是日本汽车工业必然遇到的多品种、小批量的市场制约的产物；20世纪80年代，由于质量的改进，日本企业的产品占领了很大一部分美国市场，在生死存亡的考验面前，摩托罗拉首席执行官鲍勃·高尔文通过倡导六西格玛管理，带领摩托罗拉公司走向了成功（何桢等，2008）。

20世纪80年代以来，随着全球经济一体化的发展、竞争的加剧、信息技术尤其是Internet的发展，企业管理领域产生了很多重要的管理创新理论和方法。例如，在质量管理和生产管理领域，从全面质量管理、零缺陷、ISO9000、卓越绩效模式到六西格玛管理；生产计划管理则从MRP、MRPII、ERP到供应链管理；现场管理从5S、定置管理、目视管理、准时生产（JIT）到精益生产；为了实现组织的创新与改进，出现着眼企业外部的水平比较（Benchmarking）和企业内部变革的组织流程再造（BPR）；知识管理、学习型组织等管理理论可谓层出不穷。

这些案例表明，一项管理突破能给进行创新的公司带来强大的优势，并使行业的领导格局发生翻天覆地的变化。

（三）管理创新的主要研究视角

任何管理创新都是在某种特定条件下形成的，根据Hargrave和Van de Ven等学者的观点，管理创新强调在已有组织中引进一种新的事物，其在本质上就是一种特定形式的组织变革（Hargrave and Van de Ven，2006）。由此从广义上看，管理创新可以被界定为组织管理活动随着时间推移在形式、特征或者状态上的改变，这种改变是新的或者是对于过去的一种全新的变革。

基于已有的相关文献，目前管理创新研究主要基于制度、流行、文化和理性四大视角(薛捷,2011)。

1. 制度视角

制度视角从宏观层面分析管理创新是如何在相关制度和社会经济等条件下产生的,制度视角采用比较法突出制度和社会经济条件在新管理思想和实践形成过程中的重要性。

2. 流行视角

流行视角也被称为时尚视角,就是探讨在一定制度下管理创新是如何发生的。变革者会为组织工作更加有效率而进行管理创新,并会针对特殊问题提出创新性解决方案。具体来看,该视角主要研究供需双方如何通过互动促使管理创新的产生和流行,其中供方是指管理咨询公司、商学院、商业出版机构、学术权威、咨询权威和被视为英雄的管理精英等管理时尚的制造群体;需方则指对新管理技术和方法有需求的企业。正是供需双方的持续互动促进管理创新的传播和扩散。也就是说,在社会因素、心理因素和技术经济因素的影响下,企业往往会产生对新的管理技巧的需求,时尚提出者观察到这种需求后创造出新管理技巧提供给企业,企业进行选择、应用或拒绝,并在应用中产生新的需求,新的需求导致新的供给,新的供给产生新的需求,如此反复循环。

3. 文化视角

文化视角主要探索个人观念和态度对组织引进和实施管理创新的作用,认为管理创新的结果就是对现状的强化。部分研究立足于组织文化对管理创新决策的作用,其他则从创新过程着手。两者达成共识:组织认知一旦建立很难改变,组织引进管理创新不仅是高层管理者的意愿,还是整个组织文化的需要。

4. 理性视角

理性视角从微观层面重点探讨变革者如何驱动管理创新、管理创新受哪些主要因素影响以及管理创新最终会给企业带来什么绩效结果等。

不同视角的比较,如表4-5所示。

表4-5 不同视角的比较

创新的主要研究视角	制度视角	流行视角	文化视角	理性视角
核心问题	特定的管理创新发生的制度和社会条件	新的管理思想在供求方面如何影响它的传播	管理创新如何形成组织内的文化条件以及在何种文化条件下形成	管理者在发明和实施新的管理实践中的角色如何
影响创新过程的关键因素	制度条件和主要影响群体的态度	新思想的提供者以及它们建议的合理性	引进创新的组织文化	驱动组织的内部或者外部流程的关键个体行为
驱动一致过程的行为人的角色	很少论及	很少论及	行为人非常重要,但受到权力关系和传统的制约	在组织情境中,行为人发起并驱动这一过程

续表

创新的主要研究视角	制度视角	流行视角	文化视角	理性视角
分析层面	企业、产业和国家	企业和新思想所针对的市场	个人和企业	个人和企业
变革的过程和创新的结果	其管理思想或实践方面不断进步的变革，可能导致更加有效地工作方式	管理思想经历极力宣传进而幻灭的循环过程，没有证据显示创新导致了长期的收益	社会构建性的变革过程，通常工作方式的变革很小，管理创新的结果很少能达到引进它的高层管理人员的预期	向着更加有效的工作方式不断进步的变革，但不能保证成功

也有的学者从扩散视角研究管理问题。管理创新扩散视角主要研究关注 M 型组织和全面质量管理等具体管理实践在跨组织、跨行业或跨国家间的传播过程。Teece（1980）率先将创新扩散理论引入管理创新领域，得出管理创新与技术创新的扩散方式具有相似性，即不管是管理创新还是技术创新，早期采用者都能获得更多创造利润的机会（Rogers，1995），而未采用者则可能面临绩效低下甚至生存受阻的巨大挑战。由于管理创新和技术创新本身的差异，使得两者的扩散方式又不尽相同：一方面是技术创新受专利保护不能随意模仿，而管理创新不受专利保护，被模仿时因无法律障碍而更顺畅，因此造成在管理创新盛行的同时组织在管理创新方面投资不足；另一方面是管理创新需要较大的启动成本，甚至要求组织重新进行分裂组合，对组织职能和责任重新进行分配，因此管理创新的扩散更缓慢。

管理创新体现为组织管理活动形式，本质上是一个复杂的系统过程。根据管理创新的时序，相关管理创新研究可概括为影响因素、创新过程、组织学习、组织绩效，它们分别解决了与管理创新相关的四大问题（苏敬勤和林海芬，2010）。管理创新的四个研究视角偏重不同的核心或重点问题，对企业实践均有着重要的指导意义。从管理创新事件的时序出发，四者之间存在相互关联的关系，形成有机的统一体。

（四）管理创新的特点

1. 两个层面

从内容看，上述四种管理创新研究视角可以分为两个层面。

从抽象层面来看，管理创新体现的是一种管理思想。Kramer 将管理思想界定为"有关管理者应该做什么的相当稳定的知识体，一个有关假定、公认的原则以及程序规则的系统"（Birkinshaw and Mol，2008），如科学管理、全面质量管理和学习型组织等管理创新便体现出这些特点。

从操作层面来看，管理创新涉及管理实践、管理流程、管理技术和组织结构，包括新的实践、流程、结构或者技术的产生与实施，它们是组织内的工作得以完成的规则和常规的不同方面。在管理创新形成的过程中，新的管理实践与新的管理思想生成之间存在着重要的相互作用。

管理创新，如图 4-8 所示。

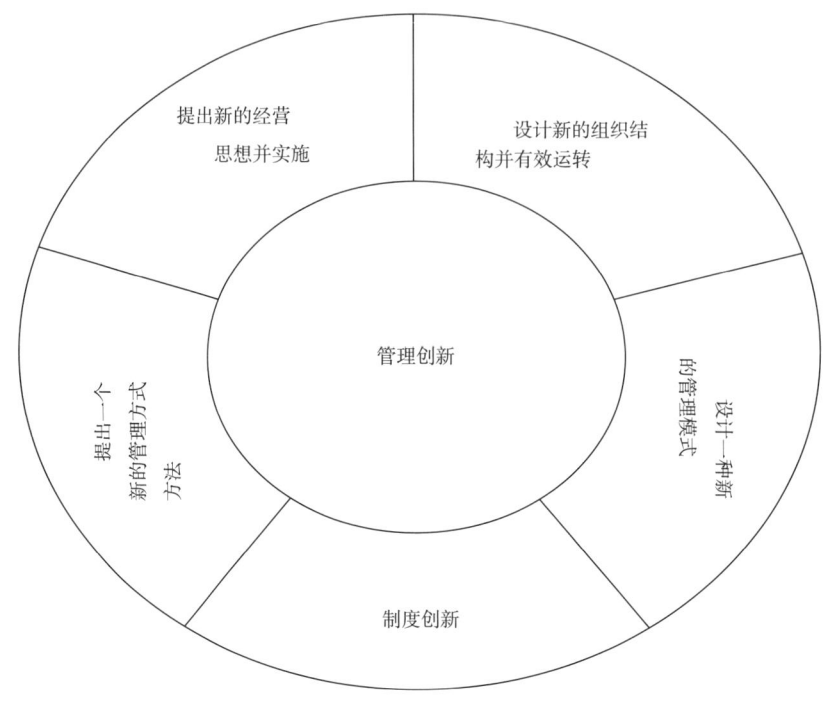

图 4-8　管理创新

2. 管理创新的特点

企业管理创新是一项系统工程，具有系统化的流程，只有持之以恒，加强组织和管理，才能提高管理创新的有效性。Mol 等认为，激进的、系统的和基于创新平台的管理创新才具有获得竞争优势的最大潜力（Mol and Birkinshaw，2006）。Hamel（2006）认为，大胆管理创新的系统过程应该包括致力于解决重大的管理问题、寻找可以揭示新方法的新的管理原则、解析管理信仰和实践、充分利用类推法。Birkinshaw 和 Mol（2008）通过对比技术创新与管理创新，提出了管理创新的四阶段模型，即对现状的不满、从其他来源寻找灵感、创新以及争取内部与外部的认可。企业管理创新既要重视和充分发挥个人的主动性和创造性，又要重视和充分发挥集体的智慧和力量。

与技术创新相比较，管理创新的特性具体体现在以下方面（苏敬勤和林海芬，2010）：

（1）模糊性和不确定性。管理创新的结果具有模糊性和不确定性，技术创新的结果较明确，有些甚至是有形的，容易受到专利的保护，而管理创新的结果较难界定，很难受到专利的保护（Teece，1980）。管理创新结果很难跟技术创新以及其他组织绩效分离，因此管理创新突显描述性，其过程包含更多个人主观因素，因而增加了管理创新绩效测量的难度。

（2）长期性。管理创新是一个漫长、渐进的过程，大部分的管理创新的实施过程都要经历很长的时间段，几年至几十年，有些时候甚至无法界定管理创新的始末。技术创新由物理过程或产品构成，相对易于复制，属于一种易调整和修正的离散型知识资产（Birkinshaw and Mol，2008）。管理创新往往只针对特定的体系，该体系由不同的因素和关系构成而具有高度的复杂性（Mol and Birkinshaw，2006），因此在实施前证明管理创新的合理性难度更大，即便是引进型创新，实施结果同样难以准确评估和预测。

（3）缺乏现成的知识或经验（Birkinshaw and Mol，2008）。大部分组织在管理创新方面均缺乏现成的专业知识或经验。一个大型组织可能雇用大量掌握技术创新技能的专家，但除了个别管理咨询师协助企业寻找系统方法提升组织总体效力和确保组织健康发展以外，几乎没有其他具有管理创新技能的专家，而更多依赖于管理者的个人经验、社会资本和认知等。管理创新专业知识的缺乏，大大增加了管理创新的不确定性。

（4）外部依赖性。管理创新对外部创新推动者的需求和依赖更强烈。外部创新推动者包括学术专家、咨询师和管理精英等。他们为管理创新提供最初的理念、根据甚至方案，并帮助实现创新形成和合法化。外部推动者可能不参与创新实践过程，但为创新过程提供大量关键的投入。内部推动者和外部推动者通过互动在理念与实践之间建起一座桥梁，而管理创新正是两者互动的结果（Birkinshaw and Mol，2008）。

（5）创新决策者的影响。管理创新决策者受创新模糊性和不确定性的影响较大。管理创新是一项系统性高风险工程，关乎企业整体利益及未来发展，既存在类似于丰田通过其精细化管理等创新实践赶超通用和福特等强劲竞争对手，主导欧美市场的繁荣景象；也存在国内大量企业因为实施业务流程再造等管理实践陷入困境的尴尬局面。正是这种不确定性使得决策者对创新的结果产生担忧，因此减少模糊性和不确定性是管理者面临的一项艰巨任务，也突显了管理者的核心作用。

总之，管理创新是一项高风险性系统工程，要求对组织的惯例或基因进行根本性的改变，除了高风险性，其难度也往往超过一般的组织变革和技术创新，加上管理创新要求跟组织情境紧密结合，而组织间内外环境的差异性增加了找到一个有效且通用的创新方式或途径的难度；同时，管理创新是一项关乎组织未来命运的重大决策，对组织影响的全局性超过一般的技术创新。鉴于此，独立于技术创新或专门针对管理创新开展研究，从理论和实践角度而言均有着重要的意义。

（五）管理创新的影响因素

学者崔淼等人（2015）基于国内外主流期刊上的299篇管理创新研究文献的回顾和梳理，对国内外研究中管理创新的影响因素及其作用途径进行了比较分析，并在中国情境视角下分析并解释了中国企业管理创新的特有影响因素，研究结果表明，管理创新的影响因素分布在企业家个体、管理团队和组织的三个层面、六个维度上。

1. 三个层面

个人层面主要由企业家个体的相关因素构成，包括特征和行为两个方面；团队层面主要为高管团队的相关因素，包括特征和行为两个方面；组织层面主要为同组织密切相关的因素，包括内部环境和外部环境两个方面。

国外文献中管理创新的影响因素，如表4-6所示。

表 4-6 国外文献中管理创新的影响因素

层面	维度	因素	作用	机理
个人	特征	企业家精神	正向	影响企业家创新意愿,并有助于形成创新的企业文化
		教育水平	正向	提升对新事物的理解和学习能力以及对新思想的接受能力
		任期	相反	任期长的人与外界环境联系较少,习惯组织现状,不愿意进行改变,任期短的人为建立威信也会避免风险活动
		年龄	负向	年龄小的企业家一方面认为自己没有能力改变现状,另一方面认为为了避免被当作冒险主义者而不敢进行突变型创新
		经验	正向	影响企业家决策关注点,提升风险所向和决策技巧
		领导力	正向	变革型领导直接影响管理创新,并通过组织学习间接影响管理创新
	行为	成就需要	正向	影响企业家创新意愿
		社会资本	正向	有利于获得良好的外部环境和其他资源帮助创新变革
团队	特征	领导力	正向	变革型领导鼓励实施创新,交易型领导减少变革阻力
		任期	相反	任期短的管理者易于提出新的意见,任期长的管理者更有经验,更了解组织,能帮助建立创新的环境
		异质性	正向	影响思维多样性,激发创造性思想
	行为	战略领导行为	正向	影响管理者接受新思想,鼓励员工的创造活动
		社会资本	正向	影响知识和新思想的流入,帮助管理创新实现
		凝聚力	正向	影响组织学习,促进知识流动,影响团队创造力
组织	内部环境	组织规模	相反	组织规模小,创新阻力小;组织规模大,创新动力大
		地理范围	正向	影响面临的环境,接触的思想范围、存在的竞争力
		人力资本	正向	影响知识管理,提高员工创新和冒险精神
		创新文化	正向	影响员工创新行为,帮助创新实施
		组织学习	正向	通过知识的获取和整合影响新思想的引进及管理者决策时所用信息的质量
		内部沟通	正向	产生新思想,促进新思想的融合,为新思想的延续提供环境支持
		组织战略	相反	采用多样化战略创新动力大,创新阻力也大;采用专家战略创新阻力小,创新动力也小
		权力集中	相反	有利于管理者的创新决策;不利于员工的创新行为
		经济激励	正向	影响企业家风险规进能力,进而影响风险倾向
	外部环境	外部沟通	正向	帮助组织成员了解外部信息,为组织带来新思想
		市场资源	正向	激励企业引进管理创新并帮助将其转化为管理创新实践
		专业资源	正向	帮助企业引进管理创新,避免利用市场资源时的成本

2. 四大因素

三个层面所形成的影响因素具体包括制度因素、文化因素、理性因素以及人力资源因素,具体如下:

①制度因素的研究者从宏观层面采用比较法突出制度和社会经济条件在新管理思

想和实践形成过程中的重要性。

②文化因素研究探索个人观念和态度对组织引进和实施管理创新的作用,认为管理创新的结果就是对现状的强化(McCabe,2002)。

③理性因素研究强调组织中关键管理者的作用,认为组织中关键管理者提出创新性方法或措施解决组织所面临的具体问题,然后支持其实施和应用过程(Howell and Higgins,1990)。管理者提出并实施管理创新的目的是提高组织的效率。

④人力资源因素研究主要探讨组织内部员工因素对管理创新采用和扩散的影响。员工培训是影响管理创新尤其是人力资源创新被员工接受,并得以在组织内部顺利扩散的主要因素;拥有更多自主权和责任的员工更容易接受人力资源管理创新项目、全面质量管理或团队合作等新管理实践。也有不少学者研究了工会组织对员工接受创新程度的影响。

此外,还有众多学者从管理者受教育程度、组织规模、竞争层次、专业化程度、职能差异、外部沟通、决策集权、搜寻因素、情境因素、技术变革等方面探讨了其对管理创新的影响(Damanpour,1991;Kimberly and Evanisko,1981)。可见,管理创新的影响因素具有多维性。

(六)管理创新的实现过程

伦敦商学院管理创新实验室,在收集和调查了近百年来出现的包括 M 型组织、全面质量管理、平衡计分卡、现代集成生产线等典型管理创新实践或方法的基础上,首先提出管理创新四个阶段过程模型,即对现状不满,受其他创新来源激励,发明新实践,进行内外部确认(Mol and Birkinshaw,2006)。Birkinshaw 和 Mol(2008)等从横向和纵向两个角度构建管理创新过程模型,其中横向代表管理创新过程的四个阶段:激励→发明→实施→理论化和标识;纵向代表内部促进者和外部促进者在各阶段采取的行动,如图4-9所示。

1. 创新过程的四个阶段

管理创新符合"缺乏引起需要,优势需要决定动机,动机导致行动"(孙艳和陶学禹,1999)的行为基本过程,在企业内外环境变化刺激和创新主体价值观双重作用下,创新主体意识到企业管理中存在不足或有进一步提高的必要,从而引起管理创新。

(1)激励阶段。这一阶段关注的是何种要素和环境因素导致了个体去发展他们自身的管理创新,强调促进一个企业中的个人去试验管理创新的前提和推进因素。

(2)发明阶段。在这一阶段,新的有待验证的管理实践开始出现,其中的一些新的思想随后被组织选中并开始进行实践探索。

(3)实施阶段。这一阶段囊括了从最初的尝试与探索到新的管理实践逐步成熟这段时间内的所有活动,是一个在现实环境中建立管理创新价值的技术过程。

(4)理论化和标识阶段。在这一阶段,创新实践得到理论化,并在组织内得以保留并被制度化,这是一个社会过程,基于这一过程组织内外的个体理解并证实管理创新的有效性进而确立起它的合理性(薛捷,2011)。

2. 创新过程中的主体

管理创新的过程在很大程度上是通过关键行为人有意识和深思熟虑的行动所形成,

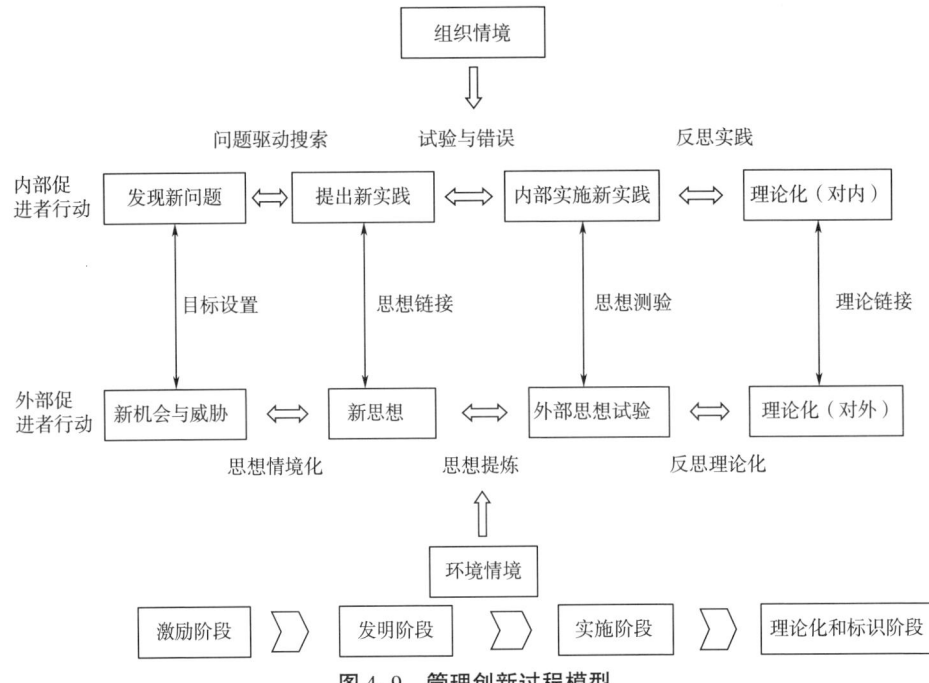

图 4-9 管理创新过程模型

资料来源：崔淼，李鑫，苏敬勤. 管理创新研究的国内外对比及其启示［J］. 管理学报，2015，12（7）：948-956.

有两组主体会参与这一过程，包括内部变革促进者与外部变革促进者。

（1）内部变革促进者。由创新型组织中的员工组成，主动地对存在质疑的管理创新产生兴趣、开展实验并在实践中证明它的有效性（Higgins et al.，1990）。

（2）外部变革促进者。外部的变革促进者在管理创新形成的过程中扮演着重要角色，在这一过程的不同阶段提供专业知识，给予可信性的原始思想并引导企业内的试验与探索，也可以在实施阶段与内部团队一同作为宣传者或者行动研究者来发挥作用；同时，他们还在创新的理论化与传播中发挥着重要作用。外部变革促进者都是独立的咨询顾问、学者或者相关领域的专家，他们主动对新的管理实践产生兴趣、推动其发展、证明其效能的正当性并促进其被采用和保留。

管理创新是一个复杂的、递归的过程，出现在"动机↔发明↔实施↔理论化与传播"这一反复的循环中。该模型所提出的概念框架突出了管理创新得以推进的四个相互关联的阶段和两组关键的变革促进者所扮演的角色，不仅强调创新过程的阶段性，得出管理创新是一个环环相扣的过程，从发现新问题到最后理论化形成一个连续不间断且持续推进的整体，同时还强调内部和外部促进者的作用及两者之间的互动关系，即情境的作用。组织情境（Organizational Context）对于内部变革促进者推进与管理创新有关的核心活动的能力有着直接影响；而环境情境（Environmental Context）会影响到外部变革促进者在致力于解决组织问题时优先考虑的方面和行为。

3. 创新主体的行为

（1）内部变革促进者行为。在动机阶段，内部变革促进者通过识别组织内出现的新问题，产生变革的动机。新问题的识别主要基于对组织现有绩效和潜在绩效感知上的差异而导致绩效下降的问题，可能存在的机会、对于环境变化的预期都可能导致感知上的差异（Ocasio，1997）。在发明阶段，内部变革促进者要提出有待验证的新实践，这一任务的完成与三项活动有关，即问题导向的搜索、与外部变革主体的思想关联（Idea Linking）以及尝试与探索（Trial and Error）。在实施阶段，内部变革促进者开始在内部推广新的实践，开展的活动有：尝试与探索、对探索的反思（Reflectiveness of Experiment）以及思想检验（Idea Testing）。通过尝试与探索，内部变革促进者监测和控制实施过程，并做出实时调整以避免实践与最初的理念背离，可在实践中完善管理创新的思路。在理论化与传播阶段，内部变革促进者的主要任务就是基于创新实践的潜在价值来为管理创新建立正当性（Legitimacy），并进行理论化，基于自己的经验积累，内部变革促进者通过对探索的反思来对创新实践做出解释。与此同时，内部变革促进者还可与外部变革促进者开展交流和沟通，通过面对面的交谈、阅读理论文献和聆听他们的讲演等方式获得外部的理论知识，并将内部的创新实践与外部的理论知识进行理论联系（Theory Linking）。上述两项活动有助于快速推进创新实践在组织内部的理论化进程。

（2）外部变革促进者行为。在动机阶段，外部变革促进者要从现有的商业环境中鉴别出新的威胁和机会，进而提出对于管理变革的需要。外部变革促进者与企业内部的相应人士在管理问题上所进行的交流是激励管理创新的一个重要因素，他们可以与内部变革促进者通过议题设置进行直接对话，并将他们对于环境情境中出现的针对机会与威胁的解释与企业高层管理者所面对的实际问题相关联，进而产生出具有影响力的观点。在发明阶段，外部变革促进者的主要任务就是提出管理实践的新思想，新思想的提出与三项活动的开展有关，即思想的情境化、思想精炼（Idea Refining）以及与内部变革促进者的思想关联。在实施阶段，外部变革促进者缺乏深入的有关目标组织的情境知识（Contextual Knowledge），也不必承担大多数的内部变革促进者必须要承担的后果和责任，因此他们很少会在新思想的内部实施中扮演积极的直接角色，与此相反，他们在推进管理创新的实践中扮演着关键的间接角色。在理论化与传播阶段，外部变革主体则扮演着双重角色。

综上所述，管理创新的四个研究视角偏重不同的核心或重点问题，对企业实践均有着重要的指导意义。从管理创新事件的时序出发，四者之间存在相互关联的关系，形成有机的统一体，如图4-10所示。

（七）德鲁克创新管理思想的四个维度

德鲁克认为，"在这样一个剧变的时代，只有那些不断创新和发起变革的企业才能生存"。尽管现在大多数的企业管理者已经意识到创新的必要性，但在实践中却很少有企业把创新作为特别的工作予以高度重视，更多的管理者只是擅长对企业进行表面上的改进而非实质性的革新，结果自然不会尽如人意。在这样的背景下，学习和探讨德鲁克管理创新的四个维度就具有十分重要的意义（李东明和张坤，2015）。

1. 在不断创新中为企业制造机遇

在德鲁克看来，创新能够激发人的创造性，能够创造出新的理念、新的方法、新的产品和服务，从而能够为企业创造出新的机遇。德鲁克强调，为了适应瞬息万变的

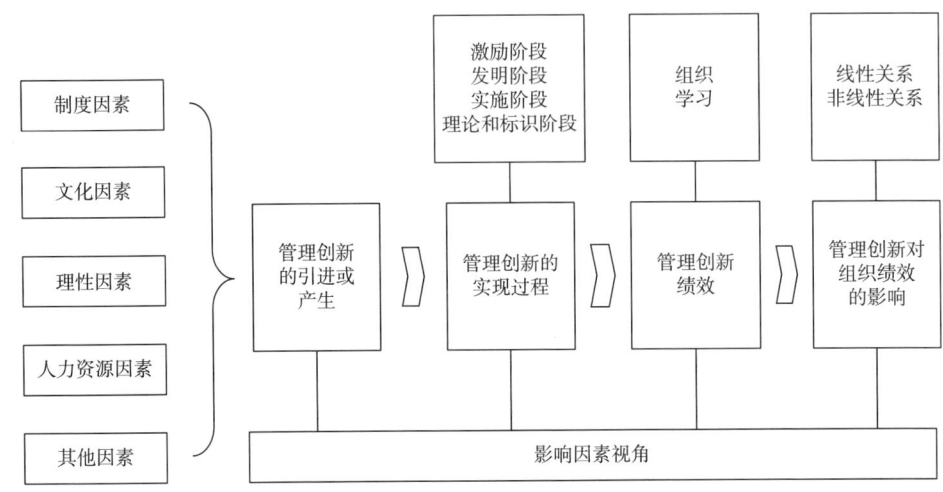

图 4-10 管理创新各视角研究内容及时序关系

市场环境，企业应当善于创新，要不断地为自己营造良好的创新环境，积累创意，并密切关注任何一个可能拥有潜在市场的创意，因为这些创意都有可能为企业打开市场的空白领域。当然，德鲁克在强调企业要善于创新的基础上，也不忘提醒企业，善于创新并不代表有新的设想就马上实践。由于运用新的创意和设想一方面有可能为企业带来机遇；另一方面也有可能会带来难以预料的风险与危机。因此，企业必须在实践中，在保证企业绩效的基础上，加之综合考虑具体情况后再决定是否采用这个新的设想。正是基于这样的认识，德鲁克认为，拥有创新的理念并非是一件难事，但真正有效地运用于实践当中去却并不简单，只要具有可行性和可完善性，即便是看起来不完美、简单粗略的创新，都有可能变成灵丹妙药，为企业的生存与发展带来新的机遇，反过来，倘若不具有可行性，即便是看起来很完美、很吸引人的创新，其实现的概率也是极小的（彼得·德鲁克，2010）。

按照德鲁克的管理逻辑，企业为了进行管理创新，就必须满足三个要求：一是企业的创新管理必须以市场为中心；二是企业成功创新后并不一定马上获得巨大的成就，这要求管理者拥有明确的创新目标，比别人更早的创新，真正做到"人无我有、人有我优、人优我专"，从而抓住更好地机遇；三是"冰冻三尺，非一日之寒"，即创新并非是一蹴而就的，它是以长期艰苦的工作为基础的，需要管理创新者积累充分的知识。

2. 管理创新者要具备独特的战略眼光

作为一名创新者，必须具备独特的战略眼光，能够预见行业的未来发展方向，能够透过现象看到埋藏在事物后面的本质，并具有非一般的判断和预见能力。于是，德鲁克提出，管理者倘若想要创新管理，就需要有一双慧眼，即创新者与普通人最大的不同，就是创新者总是能够发现企业的潜力并以此创造未来，创新者唯有具备严谨的思辨能力，深刻地判断能力以及精准的预测能力，才能真正地实现管理创新。

因此，管理者完全可以通过加强对以下六方面的关注，以求得创新的思路：

第一，意外事件可以成为企业创新的一种机会来源。德鲁克认为，这些意外性事件与其他各种机会来源相比,能够为企业带来更多的创新机会,而且利用它进行创新时风险最小,探索的过程也最省事,但企业领导者几乎总是忽视这些意外性事件背后所隐藏的创新机会,并且容易将之拒之门外。

第二,从程序需要中寻求创新机遇。德鲁克认为,所谓"程序需要"是指存在于一个正在运作的工作程序之中的"特殊需要",是事关整个程序效率的一个有欠缺的环节,这个环节往往容易被管理者忽略,因此管理者必须对该需要有深入的了解,并搞清楚症结的所在,否则就不能确定它的创新方案和规则。

第三,从产业和市场结构的变化中寻求创新源泉。产业和市场结构从外表上看极其稳定,但实际上它们十分脆弱,遇到一点点危难,他们既有的状态就会崩溃;但从另一方面看,这种变化也为企业的创新提供了重要的机遇,一旦发生变化,产业中的每一位成员都必须有所反应,也就必须选择创新。

第四,从人口变化中寻求创新机会。德鲁克认为,这个时代的一个基本假设是,人口本身就是流动性的,随时都可能发生突变,无论对决策者、商人还是政治家,这一假设都应该是他们分析和思考问题时应当注重的第一环境因素,当人口发生变化时,管理者就必须进行创新。

第五,从观念变化中发现创新机遇。德鲁克提醒管理者,当认识已经发生变化后,事物本身并没有发生些许改变,改变的只是它们本身的意义,这一观点主要是针对顾客的认知发生变化而言的,即当顾客的消费观念发生变化时,则意味着巨大的创新机会。

第六,从知识创新中寻找创新的来源。德鲁克认为,在具有划时代意义的创新中,以新知识为基础的创新占第一位,但这种创新也是难以管理的,因为这种创新过程的时间长且往往需要多种知识的复合。

3. 遵循五要三不要的创新原则

企业的创新需要遵循一定的原则,德鲁克对管理者提出必须注意到八个问题,概括起来就是五要三不要的创新原则,具体如下:

首先,必须要做到的五件事情,即所谓的五要原则:一是系统目的明确。二是要多进行实地考察。在德鲁克看来,创新既是概念方面的也是感知方面的。因此,要实现更好的创新,就需要多出去观察、多询问、多倾听。三是创新若要行之有效就需要确保创新简单且专一。创新只有简单、专一才可能为企业更好、更快地创造利润,否则就会毫无条理或者因为过于复杂而不能运作。四是创新规模不宜过大且需要目标明确,德鲁克不大赞同管理者一开始创新就搞得规模很大,这样容易使管理创新具有很大的风险。五是要让创新取得领导地位,创新的目标不一定是成为一个大企业,而是取得领导地位。

其次,是尽量避免的三件事情,即三不要原则:一是不要完全依靠少数聪明人,德鲁克认为,更好地创新都是由普通人或能力较次一点的人来实践的,是从普通的实践经验中提炼出来的。所以,管理者不能完全依靠少数聪明人来实施自己的创新计划,更不能自作聪明,无论是在设计还是在操作中。二是不要三心二意,一次性做很多事情,德鲁克提醒管理者不能分散精力,应专注于单个事项的创新,否则偏离主要目标的创新可能就会变得零散,因此创新工作必须有一个统一的核心,创新努力必须凝聚在一起。三是创新应该立足于现在而不应该着眼于未来。

4. 成功创新必须具备三个必要性条件

对于任何一个企业来讲,都希望进行有价值的创新、成功的创新。德鲁克认为,衡量创新有没有价值或价值大小的标准只有一个,那就是创新的结果对市场和顾客是否有价值。面对瞬息万变的市场,有价值的创新(成功的创新)成为了每个管理者孜孜以求的目标。对此,德鲁克认为,要想实现成功的创新必须具备以下三个必要性的条件:

①成功的创新需要管理者具备相应的专业知识和独特的创新能力,并专注于某个领域,坚持不懈地工作。

②成功的创新需要管理者扬长避短。企业在进行创新的时候也必须充分发挥自己的优势,"扬长避短",使企业具备更大的竞争力和竞争优势。

③成功的创新必须紧密联系市场、专注于市场。创新必须贴合于市场、专注于市场、并由市场来推动。

参考文献

[1] Abrahamson. Management Fashions [J]. Academy of Management Review, 1996, 21 (1): 254-285.

[2] Abrahamson E. Managerial Fad and Fashion: The Diffusion and Rejection of Innovations [J]. Academy of Management Review, 1991, 16 (3): 586-612.

[3] Adner. Match your innovation strategy to your innovation ecosystem [J]. Harvard Business Review, 2006, 84: 98-107.

[4] Armbruster H, Bikfalvi A, Kinkel S, et al. Organizational innovation: The challenge of measuring non-technical innovation in large-scale surveys [J]. Technovation, 2008, 28 (10): 650-657.

[5] Aschhoff B, Sofka W. Innovation on demand—Can public procurement drive market success of innovations? [J]. ZEW Discussion Papers, 2009, 38 (8): 1240-1247.

[6] Benghoz. Managing Innovation: From Adhoc to Routine in French Telecom [J]. Organization Studies, 1990, 11 (4): 531-554.

[7] Birkinshaw J, Mol M J. Management Innovation [J]. Academy of Management Review, 2008, 33 (4): 825-845.

[8] Carayannis D, Campbell E. Triple helix, quadruple helix and quintuple helix and how do knowledge, innovation and the environment relate to each other: A proposed framework for a trans-disciplinary analysis of sustainable development and social ecology [J]. International Journal of Social Ecology and Sustainable Development, 2010 (1): 41-69.

[9] Currie W L. Revisiting management innovation and change programmes: strategic vision or tunnel vision? [J]. Omega, 1999, 27 (6): 647-660.

[10] Daft R L. A Dual-Core Model of Organizational Innovation [J]. The Academy of

Management Journal, 1978 (2): 193-210.

[11] Damanpour F. The Adoption of Technological, Administrative, and Ancillary Innovations: Impact of Organizational Factors [J]. Journal of Management, 1987, 13 (4): 675-688.

[12] Damanpour F. Organizational Innovation: A Meta-Analysis Of Effects Of Determinants and Moderators [J]. The Academy of Management Journal, 1991, 34 (3): 555-590.

[13] Damanpour F, Wischnevsky J D. Research on innovation in organizations: Distinguishing innovation-generating from innovation-adopting organizations [J]. Journal of engineering and Technology Management, 2006, 23 (4): 269-291.

[14] Dooley L, Cormican K, Wreath S, et al. Supporting Systems Innovation [J]. International Journal of Innovation Management, 2000, 04 (3): 277-297.

[15] Drucker P F. Innovation And Entrepreneurship-practice and principles [J]. Social Science Electronic Publishing, 1985, 4 (1): 85-86.

[16] Dundon. The seeds of innovation [M]. New York: AMACOM, 2002.

[17] Edmondson A C. Adoption of promising practices: a systematic review of the evidence [J]. 2010, 5 (3-4): 169-190.

[18] Evan W. Organizational Lag [J]. Human Organization, 1966, 25 (1): 51-53.

[19] Evan, Damanpour F, William. Organizational Innovation and Performance: The Problem of "Organizational Lag" [J]. Administrative Science Quarterly, 1984, 29 (3): 392-409.

[20] Guo B, Guo J. Patterns of technological learning within the knowledge systems of industrial clusters in emerging economies: Evidence from China [J]. Technovation, 2011, 31 (2-3): 98-104.

[21] Hamel G. The why, what, and how of management innovation [J]. Harvard Business Review, 2006, 84 (2): 72-84, 163.

[22] Hamel G. Strategy innovation and the quest for value [J]. Sloan Management Review, 1998, 39 (2): 7-14.

[23] Hamel G. The why, what, and how of management innovation [J]. Harvard Business Review, 2006, 84 (2): 72-84, 163.

[24] Hammer M. Reengineering the corporation [M]. New York: HarperBusiness, 1993.

[25] Harder M. Internal Antecedents of Management Innovation. [D]. Copenhagen Business School, 2011.

[26] Hargrave T J, Van De A H. A Collective Action Model of Institutional Innovation [J]. Academy of Management Review, 2006, 31 (4): 864-888.

[27] Howell J M, Higgins C A. Champions of Technological Innovation [J]. Adminis-

trative Science Quarterly, 1990, 35 (2): 317-341.

[28] Kimberly J R, Evanisko M J. Organizational Innovation: The Influence of Individual, Organizational, and Contextual Factors on Hospital Adoption of Technological and Administrative Innovations [J]. The Academy of Management Journal, 1981, 24 (4): 689-713.

[29] Kline S J, Rosenberg N. An Overview of Innovation [M]. Studies on Science and The lnnovation Process: Selected works of Nathan Rosenberg, 1986.

[30] Kumar K, Boesso G, Favotto F, et al. Strategic orientation, innovation patterns and performances of SMEs and large companies [J]. Journal of Small Business & Enterprise Development, 2012, 19 (1): 132-145.

[31] Laranja M, Uyarra E, Flanagan K. Policies for science, technology and innovation: Translating rationales into regional policies in a multi-level setting [J]. Research Policy, 2008, 37 (5): 825-835.

[32] Lau C M. Team and organizational resources, strategic orientations, and firm performance in a transitional economy [J]. Journal of Business Research, 2011, 64 (12): 1344-1351.

[33] Laursen K, Salter A. Open for innovation: the role of openness in explaining innovation performance among U. K. manufacturing firms [J]. Strategic Management Journal, 2006, 27 (2): 131-150.

[34] Li Y, Liu Y, Duan Y, et al. Entrepreneurial orientation, strategic flexibilities and indigenous firm innovation in transitional China [J]. International Journal of Technology Management, 2008, 41 (1/2): 223-226.

[35] Li Y, Liu Y, Zhao Y. The role of market and entrepreneurship orientation and internal control in the new product development activities of Chinese firms [J]. Industrial Marketing Management, 2006, 35 (3): 336-347.

[36] Liu C C, Tsai M, Chung T. An empirical study on the construction of measuring model for organizational innovation in Taiwanese high-tech enterprises [J]. Journal of Human Resource Management, 2001, 1 (1): 53-71.

[37] Lundvall B. National Systems of Innovation: Towards a Theory of Innovation and Interaction Learning [M]. New York: Pinter, 1992.

[38] Lynch. The Adoption and Diffusion of Organizational Innovation: Evidence for the US Economy [D]. Bonn, Germany: IZA Discussion Paper, 2007.

[39] Mccabe D. Waiting for Dead Men's Shoes: Towards a Cultural Understanding of Management Innovation [J]. Human Relations, 2002, 55 (5): 505-536.

[40] Mol M J, Birkinshaw J. Against the flow: reaping the rewards of management innovation [J]. European Business Forum, 2006 (27): 24-29.

[41] Mol M J, Birkinshaw J. How Management Innovation Happens [J]. Sloan Management Review, 2006, 47 (4): 81-88.

［42］Mol M J, Birkinshaw J. The sources of management innovation: When firms introduce new management practices [J]. Journal of Business Research, 2009, 62 (12): 1269-1280.

［43］Ocasio W. Towards an Attention Based View of the Firm [J]. Strategic Management Journal, 1997, 18 (S1): 187-206.

［44］OECD. Managing National Innovation Systems [M]. Organization for Economic Co-operation and Development (OECD), 1999.

［45］Pyka A. Informal networking and industrial life cycles [J]. Technovation, 1999, 20 (1): 25-35.

［46］Rogers. Diffusion of Innovation [M]. New York: The Free Press, 1995.

［47］Rouvinen P. R&D-Productivity Dynamics: Causality, Lags, and "Dry Holes" [J]. Journal of Applied Economics, 2002, 5 (5): 123-156.

［48］Sharma C. R&D and firm performance: evidence from the Indian pharmaceutical industry [J]. Journal of the Asia Pacific Economy, 2012, 17 (2): 332-342.

［49］Stata R. Organizational Learning: The Key to Management Innovation [J]. Sloan Management Review, 1989 (63): 63-73.

［50］Teece D. The Diffusion of an Administrative Innovation [J]. Management Science, 1980, 26 (5): 464-470.

［51］Trevor M. Technology Policy and Economic Performance. Lessons from Japan [J]. R&D Management, 1989, 19 (3): 278-279.

［52］Tushman M L, Anderson P. Discontinuities and Organizational Environments [J]. Administrative Science Quarterly, 1986, 31 (3): 439-465.

［53］Wakelin K. Productivity growth and R&D expenditure in UK manufacturing firms [J]. 1997, 30 (7): 1079-1090.

［54］Winter S G, Nelson R R. An Evolutionary Theory of Economic Change [M]. Belknap Press, 1985.

［55］Zhou K Z, Li C B. How strategic orientations influence the building of dynamic capability in emerging economies [J]. Journal of Business Research, 2010, 63 (3): 225-231.

［56］白俊红, 陈玉和, 江可申. 创新管理概念、特征与实现问题的探讨 [J]. 科技进步与对策, 2009, 26 (08): 9-12.

［57］包玉泽, 谭力文, 王璐. 管理创新研究现状评析与未来展望 [J]. 外国经济与管理, 2013, 35 (10): 43-51.

［58］(美) 彼得·德鲁克. 管理的实践 [M]. 齐若兰, 译. 北京: 机械工业出版社, 2006.

［59］(美) 彼得·德鲁克. 管理: 下册 [M]. 辛弘, 译. 北京: 机械工业出版社, 2010.

［60］曾国屏, 苟尤钊, 刘磊. 从"创新系统"到"创新生态系统" [J]. 科学学

研究，2013，31（01）：4-12.

[61] 常修泽，等. 现代企业创新论 [M]. 天津：天津人民出版社，1994.

[62] 陈玉和. 创新的概念、创新的发生与创新教育模式 [J]. 煤炭高等教育，2001（02）：34-37.

[63] 崔淼，李鑫，苏敬勤. 管理创新研究的国内外对比及其启示 [J]. 管理学报，2015，12（07）：948-956.

[64] 党兴华，孙永磊. 技术创新网络位置对网络惯例的影响研究——以组织间信任为中介变量 [J]. 科研管理，2013，34（04）：1-8.

[65] 傅家骥. 技术创新学 [M]. 北京：清华大学出版社，1998.

[66] 何桢，韩亚娟，张敏，等. 企业管理创新、整合与精益六西格玛实施研究 [J]. 科学学与科学技术管理，2008（02）：82-85.

[67] 蒋德嵩. 拥抱创新3.0 [N]. 哈佛商业评论，2013-01-05.

[68] （英）克里斯托夫·弗里曼. 技术政策与经济绩效：日本国家创新系统的经验 [M]. 南京：东南大学出版社，2008.

[69] 李东明，张坤. 彼得·德鲁克创新管理思想的四个维度 [J]. 现代管理科学，2015（05）：118-120.

[70] 李万，常静，王敏杰，等. 创新3.0与创新生态系统 [J]. 科学学研究，2014，32（12）：1761-1770.

[71] 李燚. 管理创新中的组织学习 [M]. 北京：经济管理出版社，2007.

[72] 李燚，芮明杰. 不同组织文化中组织学习方式对管理创新成效的影响 [J]. 研究与发展管理，2008（04）：35-40.

[73] 刘波. 图解德鲁克管理思想精粹 [M]. 北京：中国言实出版社，2009.

[74] 孟韬. 网络社会中"产消者"的兴起与管理创新 [J]. 经济社会体制比较，2012（03）：205-212.

[75] （美）欧内斯特·冈德林. 创新沃土：美国3M公司创新机制 [M]. 陈雪松等，译. 北京：华夏出版社，2001.

[76] 彭灿. 创新过程的机制、特性与管理 [J]. 科学学与科学技术管理，2002（08）：52-54.

[77] 阮爱君，陈劲. 正式/非正式知识搜索宽度对创新绩效的影响 [J]. 科学学研究，2015，33（10）：1573-1583.

[78] 芮明杰. 超越一流的智慧——现代企业管理的创新 [M]. 上海：上海译文出版社，1994.

[79] 苏敬勤，林海芬. 管理创新研究视角评述及展望 [J]. 管理学报，2010，7（09）：1343-1349.

[80] 苏中锋，孙燕. 不良竞争环境中管理创新和技术创新对企业绩效的影响研究 [J]. 科学学与科学技术管理，2014，35（06）：110-118.

[81] 孙艳，陶学禹. 试探管理创新的过程模式 [J]. 科学管理研究，1999（01）：15-18.

［82］孙永磊，宋晶，谢永平．企业战略导向对创新活动的影响——来自苹果公司的案例分析［J］．科学学与科学技术管理，2015，36（02）：101-110.

［83］王毅，徐晗，王萍萍，等．我国创新管理研究前沿［J］．创新与创业管理，2013（00）：1-17.

［84］王永伟，马洁，吴湘繁，等．新技术导入、组织惯例更新、企业竞争力研究——基于诺基亚、苹果案例对比研究［J］．科学学与科学技术管理，2012，33（11）：150-159.

［85］韦巍．SCP 范式下 R&D 投入与产业集中度关系研究——基于我国 37 个行业分析［J］．时代经贸，2013（2）：185.

［86］谢洪明，韩子天．组织学习与绩效的关系：创新是中介变量吗？珠三角地区企业的实证研究及其启示［J］．科研管理，2005，26（5）：1-10.

［87］谢洪明，刘常勇，陈春辉．市场导向与组织绩效的关系：组织学习与创新的影响——珠三角地区企业的实证研究［J］．管理世界，2006（02）：80-94.

［88］（美）约瑟夫·熊彼特．经济发展理论［M］．何畏，易家详等，译．北京：商务印书馆，1990.

［89］许庆瑞．研究、发展与技术创新管理［M］．北京：高等教育出版社，2000.

［90］许庆瑞，郑刚，陈劲．全面创新管理：创新管理新范式初探——理论溯源与框架［J］．管理学报，2006（02）：135-142.

［91］薛捷．管理创新的概念内涵及其生成机制研究［J］．科学学与科学技术管理，2011，32（12）：53-58.

［92］杨虎涛．演化经济学讲义——方法论与思想史［M］．北京：科学出版社，2011.

［93］俞珊，郝斌，任浩．开放式创新下的价值共创：理论回顾与拓展［J］．重庆工商大学学报（社会科学版），2013，30（04）：39-46.

［94］（美）约瑟夫·熊彼特．资本主义、社会主义与民主［M］．吴良健，译．北京：商务印书馆，1999.

［95］张璐，长青，齐二石．文献计量视角下我国技术创新与管理创新领域对比研究［J］．科技进步与对策，2015，32（06）：1-7.

［96］郑刚．基于 TIM 视角的企业技术创新过程中各要素全面协同机制研究［D］．杭州：浙江大学，2004.

［97］（美）朱迪·埃斯特琳．美国创新在衰退［M］．闾佳，翁翼飞，译．北京：机械工业出版社，2010.

专题五
资源与能力

现代企业成长理论的奠基人是彭罗斯，之后的成长理论主要探讨的是企业竞争优势的源泉问题，竞争优势理论从彭罗斯的"资源—能力"二分法出发，形成了资源基础论、核心能力论、动态能力论与企业知识论的发展脉络。资源和能力是企业成长的基本条件，资源利用和整合需要能力，能力的大小取决知识创造和运用，能力是核心竞争力的源泉，核心竞争力是建立竞争优势的基础。

企业竞争优势的结果表现为企业利润，利润的来源表现为不同的租金形式。企业租金理论认为，企业的租金形式包括李嘉图租金、张伯伦租金、熊彼得租金、彭罗斯租金和L租金。

一、理解资源与能力的三个纵向链条

资源与能力分析的一个中心问题是如何组织纵向链条（Vertical Chains）。自1985年迈克尔·波特（1997）提出企业"价值链（Value Chain）"的概念后，"供应链（Supply Chain）""产业链（Industry Chain）"的概念相继产生。这三个纵向链条之间是什么关系？是相互替代，还是相互区别？各有侧重？研究这一问题对于建立企业资源与能力的分析框架，具有重要的理论和现实意义。

企业资源与能力分析框架可以分别沿着上述三个纵向链条展开：价值链中研究开发、生产制造与市场营销三者的相互协调；供应链中的资源寻求决策；产业链中的企业定位及其整合产业链方式的选择等。从可操作性看，这样的划分有利于企业更加清晰准确地把握自身的资源与能力状况。

实际上，在经济全球化背景下，企业竞争优势的差异程度全面反映在价值链、供应链、产业链的价值网络的结构差异上，导致了企业价值创造能力的落差，这种落差形成了"瀑布效应"，即处在产业链的集成者位置的企业，通过瀑布效应控制整个产业链，获得强大的竞争优势。

具备这样的资源和能力的企业：一是通过上下游企业一连串的价值创造活动，不断改变产品的性状、赋予其一定的功能属性，满足客户的需求；二是借助供应链活动（商品的空间转移，包括原材料、中间产品和商品在供应商、制造商、销售商、消费者之间的转移和交接过程），降低转移成本；三是对产业链进行整合，即上下游产业通过信息传递、知识共享在价格、产量、策略等方面实现纵向协同，获得一体化的产业链利润，三者的关系（图5-1）。

（一）价值链

价值链是指企业在一个特定产业内的各种活动的组合，它反映企业所从事的活动

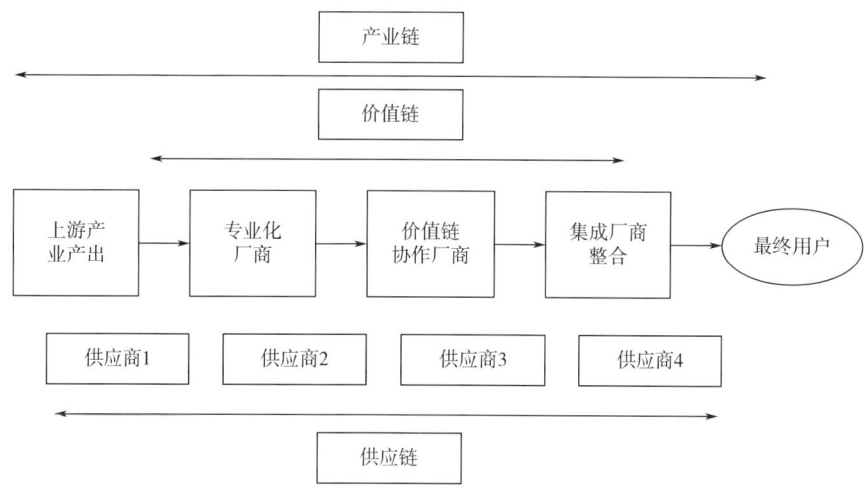

图 5-1　价值链、供应链与产业链

资料来源：刘明宇，芮明杰．价值网络重构、分工演进与产业结构优化［J］．中国工业经济，2012，(5)：148-160.

方式、经营策略、战略途径以及企业各项活动本身的经济效益。

价值链理论是由著名企业战略家迈克尔·波特教授首先提出的，他利用价值链分析企业价值创造活动以及企业竞争优势。他在其成名著作《企业竞争战略》中写道："价值链将一个企业分解为战略性相关的许多活动，企业正是通过比其竞争对手更廉价或更出色地开展这些重要的战略活动来赢得竞争优势。公司必须从其战略出发，优化这些活动之间的联系，以实现其竞争优势。协调联系的能力通常可以降低成本或强化（与其他公司的）差异（图5-2）。"

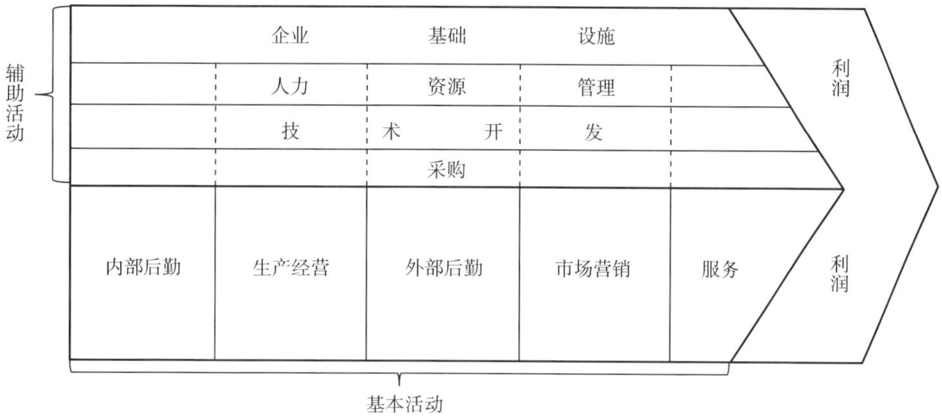

图 5-2　基本价值链

注：波特在其《竞争优势》一书中，把基本价值链分为企业基本活动和辅助活动，并划分出产品、营销、分销等相互分离的活动。其中，基本活动包括内部后勤、生产经营、外部后勤、市场营销和服务。辅助活动包括企业基础设施、人力资源管理、技术开发和采购。

迈克尔·波特还指出价值链并不是简单的独立活动的集合，企业活动之间复杂的内部联系（相关关系）提供了优化它们之间资源配置的机会和协调价值链上各种活动之间、供应商与客户之间、企业各事业部（Strategic Business Unit）之间关系的可能。

波特的价值链通常被认为是传统意义上的价值链，偏重以单个企业的观点来分析价值活动、企业与供应商和顾客可能的连接以及企业从中获得的竞争优势。

现在的价值链概念已发展到"集成物料价值的运输线"（Peter Hines）以及虚拟价值链的观点（Rayport and Sviokla，1995）。也有学者认为价值链是战略各相关活动分解，并通过这些活动比其竞争者更经济而获得竞争优势。但这仅是整个活动过程的一部分，应还包括供应商、分销商和顾客。

价值链必须依靠终端市场拉动和核心企业推动的双向力量才能实现。因此，价值链具有两个驱动力：以顾客为中心的拉动力和以核心企业为中心的推动力。它摒除了传统供应链缺乏合作、供需关系不稳定、资源利用度低、需求信息不能共享、扭曲现象严重、核心企业无法准确把握客户需求等缺陷，发展和优化了管理思想和管理模式。

价值链分析的基本思想是以市场和客户需求为导向，以核心企业为龙头，以提升竞争力、市场占有率、客户满意度和实现利润最大化为目标，以协同运营、协同竞争和多（双）赢原则为运作模式，通过运用现代企业管理方法和信息技术，达到对整个供应链上的信息流、物流、资金流、商流、价值流和工作流的有效规划和控制，从而将核心企业与客户、分销商、供应商、服务商连成一个完整的网链结构，形成一个极具竞争力的战略联盟。通过创建价值链，以实现企业联盟成本领先、标新立异、目标集聚的竞争优势（Thomas and Griffin，1996）。

价值链上的资金流、物流、信息流、价值流不停地循环往复，且由于各种物料从采购到制造再到分销是一个不断增加其市场价值或附加值的增值过程（图5-3），因此价值链的本质是增值链。价值链上每一环节是否增值以及增值多少，都会成为影响企业竞争力的关键。企业获取长期竞争优势的可能性取决于两个因素：一是协同的作用

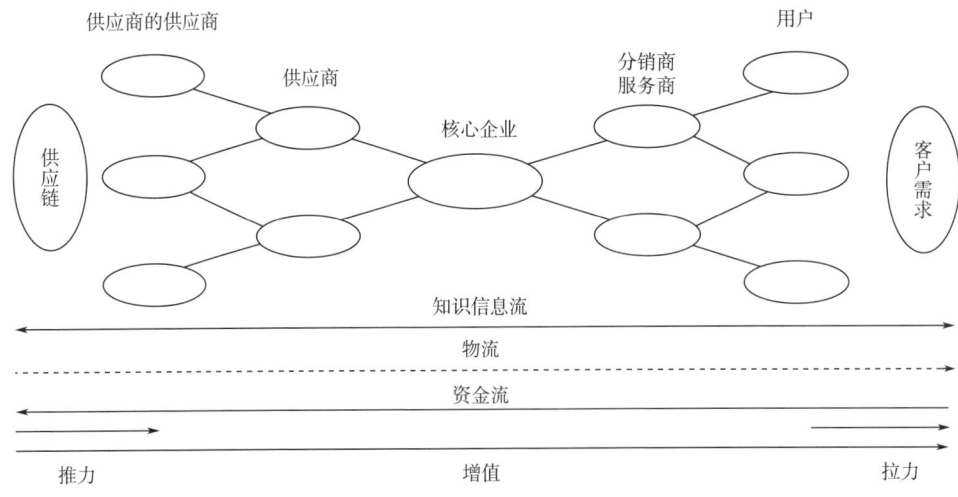

图5-3 价值链—供应链

机制;二是协同效应的不可模仿性(金·B·克拉克和卡利斯·Y·鲍德温,2001)。

1. 价值链协同效应——企业获取长期竞争优势的途径

自迈克尔·波特提出价值链概念①,并将价值链管理作为企业获取竞争优势的重大战略以来,理论界和实务界已经基本上形成共识——价值链理论的核心是在一个企业的众多"价值活动"中,并非每一个环节都创造价值,而是企业价值链上的某些特定环节在进行真正的创造价值活动,这就是企业价值链的"战略环节"。

企业竞争优势,尤其是长期竞争优势是企业价值链某些特定战略环节上的优势;进一步而言,价值链管理的核心目标就是促使企业形成竞争优势,这种优势来源于企业内部的协同效应。

协同效应是指企业在战略目标支配下,内部各机构实现整体性协调后,经过各活动功能耦合而形成的企业整体性功能;它远远超出企业各战略活动的功能之和,可以用"1+1>2"表示,即企业的整体价值大于各部分的价值之和。协同效应产生的价值增值是隐性的、不易被识别的,是企业竞争优势的关键来源。企业的采购、生产、营销以及人力资源管理的协调统一,各分支机构的资源共享、资金互补、人员流动等,都有助于降低成本。

此外,各项战略活动的协调互补,还可以使新的管理经验得以不断推广和创新,也能够使新技术应用于企业的相关活动,实现产品不断创新,同时推动有相似/相类顾客的业务单元增加销售量。

企业各项价值创造活动是相互联系的,只有它们互相协调、步调一致,才能不断降低成本,实现创新,推动企业处于长期竞争优势地位(图5-4)。

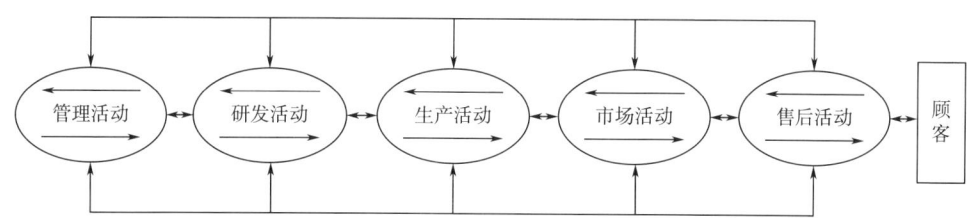

图5-4 价值链协同效应作用机制

现代企业实质上是一个开放系统,为了维持生存和发展,它必须与系统以外的环境不断进行物质、能量和信息的交换,不断调整自己,才能保持整个系统的动态平衡。在此基础上,企业竞争优势的获取与保持,不仅取决于它对价值链的管理,而且取决于对价值系统内外部环境的调整与适应价值系统(迈克尔·波特,1997)(图5-5)。

2. 协同效应的不可模仿性

企业竞争优势的持久性决定于战略模仿的困难性。协同效应所造成的竞争优势来

---

① 资源优化模型的对偶模型具有企业价值链的分析功能,为企业价值链计算提供了新的方法和途径。利用企业资源优化模型提供的影子价格和对偶约束建立的价值平衡关系,为企业价值链评价提供了新的方法和途径。该方法可以全面分析企业经营活动的价值增值过程,可以获得更合理的成本与价值增值信息,为企业经营决策提供科学的分析基础。

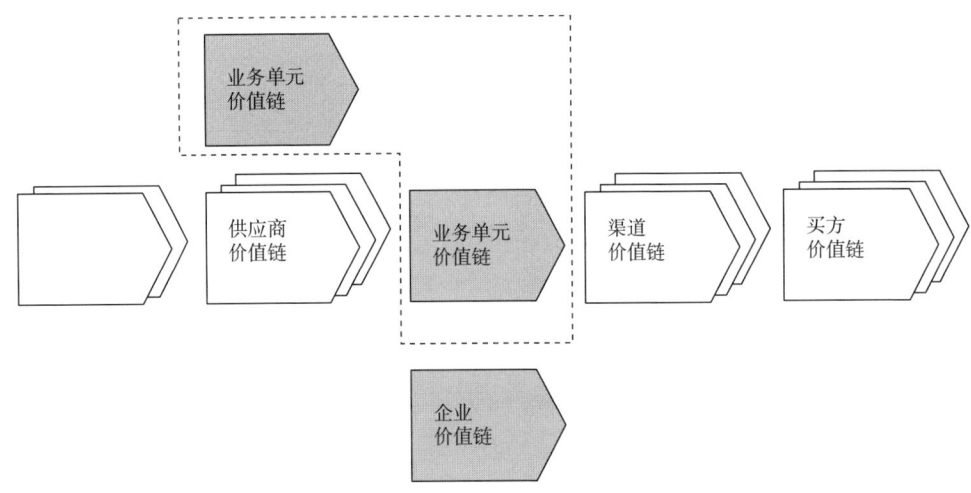

图 5-5 价值系统

源具有模糊性特征,使得竞争对手在短时期内无法找到模仿目标。"1+1>2"不是简单加和,大于 2 的部分,即为协同效应产生的竞争优势。

现代企业是由特定环境、组织管理模式、生产技术等要素组成的统一有机体,各因素之间有形或无形的协调机制与过程,让竞争对手难以识别,从而保证永远占先的地位优势。

正如海尔总裁张瑞敏把海尔的管理经验总结为:海尔管理模式=日本管理(团队精神和吃苦精神)+美国管理(个性发展和创新)+中国传统文化中的管理精髓。

事实上,海尔管理模式绝对不是这三项要素的简单相加;三项要素的比例、融合机制与过程很难为外人所知,也很难加以量化,这就是协同的魅力所在(胡泳,2002)。正因为协同效应的存在,即使对竞争对手阐明经验,他们依然无从模仿。价值链管理能产生协同效应,而协同使企业获得竞争优势,给竞争对手增加竞争难度。

实际上,价值链理论是从微观层面和价值创造的视角阐述了产业链中价值增值的原因和机理。

(二) 供应链

供应链从微观层面考察了企业之间的关联关系,产业链内部联系归根结底还是企业间的联系,这样产业链和供应链间就具有极强的相关性。实际上,供应链理论正是从微观层面和企业管理的视角阐述了产业链中企业间分工协作的形式与内容(孙道银等,2010)。

1. 供应链结构

供应链是一个为保证企业按计划所展开的系列职能活动。例如,供应商认证、管理、物料采购、物流、仓库、质检等。供应链是企业的一个重要管理职能,

供应链(Supply Chain)概念始于 20 世纪 80 年代末,最先由咨询公司的管理顾问提出,并在 20 世纪 90 年代被广泛使用。Stevens(1989)较早地给出了供应链的定义,供应链是一个系统,包括通过前向物流和反向信息流连接在一起的原材料供应商、生

产工厂、配送服务和顾客。

随着全球化经济的形成以及信息技术和电子商务的迅速发展，企业的生存和竞争环境也随之改变。以往，企业面对的主要是行业内对手之间的竞争，而在全球市场和数字经济时代，企业要依靠和上下游企业的联盟与协作，才能在市场竞争中取得优势。真正的竞争不是企业与企业间的竞争，而是供应链与供应链间的竞争。在这种背景下，供应链管理引起了企业界和学术界的极大关注，并在理论和实践中得到了进一步发展。

2. 供应链的合约方式和机制设计

一个市场里可能有多个供应链利益共同体，每个供应链包含着多个经济主体，它们都有自己独立的利益追求，它们的追求目标是不一样的。但是，局部最优并不必然是全局最优，囚徒困境是一个典型的例子。供应链整合的目的是从供应链整体的角度考虑，最大化全局利益，摆脱传统上"各自为战，利益都受损害"的局面。如果合理的机制设计可以使个体利益和供应链整体利益一致起来，那么局部最优就是全局最优，局部最优选择就是全局最优选择。这就涉及供应链机制设计问题，即可以通过设计"游戏规则"，供应链成员根据"游戏规则"选择自己的行动，实现整个供应链的利益最大化。现实生活中，多数产品需求是波动的，上游厂商和下游厂商需要根据需求信息决定生产多少产品，并保持适当的库存，以降低风险和成本。共享需求信息会给双方带来收益吵。然而，下游厂商容易夸大需求，上游厂商则采取相应的对策，从而导致需求信息不能准确传递。在供应链中，上游厂商和下游厂商一般通过讨价还价来决定交易，因而价格方案的设计往往是机制设计的核心问题。

采用博弈论中的拍卖方式，将合约引入供应链机制设计中，可以优化整个供应链效益。供应链的合约设计除了可以增加供应链的整体收益之外，还可以在供应链伙伴之间分担风险。

根据企业之间的交易关系，合约方案一般涉及如下内容：

①决策权的分配。
②定价。
③最少的商品购买承诺。
④回购和退货政策。
⑤分配规则。
⑥延迟交付时间。
⑦数量。

供应链合约主要模式，如表 5-1 所示。

表 5-1 供应链合约主要模式

合约方式	描述	代表性人物
数量折扣 Quantity Discount	通过价格折扣的调整实现订货量最优	Taylor（2002）
弹性订货量 Quantity Flexible	零售商提供需求预测，并承诺至少购买预测数量中一定比例的商品。适合需求多变的环境	Tsay 和 Lovejoy（1999）

续表

合约方式	描述	代表性人物
备份条款 Backup Agreements	零售商承诺订购，供应商持有承诺的订购数量中一定比例的库存，并交付其余。零售商超出订购数量以外的产品将以另外的价格计。零售商风险得以降低	Eppen 和 Iyer（1997）
退货政策 Return Policies	零售商可以把未销售的商品退给供货商。这类协议比较适合流行商品	Emmons 和 Gilbert（1998）
利润共享 Revenue Sharing	通过利润共享实现供需双方利益一致，并通过设定利润分享比例实现总体利润最大化	Cachon 和 Lariviere（1999）

资料来源：孙道银，李猛，纪雪洪．供应链管理研究述评［J］．技术经济与管理研究，2010（06）：54-57．

表5-1中列出了现有研究中关于供应链合约方案和机制设计的部分主要文献。各种机制设计内容如下：

（1）数量折扣。合约用来协调供货商和零售商，以发现最优定购数量。数量折扣中有不同的折扣机制，如总量折扣、增量折扣。

Taylor（2002）提出了制造商奖励给零售商的两种回扣方式：线性回扣和目标回扣。前者是指零售商每销售单位的商品都会得到制造商给予的相应回扣，后者是指只有在零售商销售额度超过某个数额的时候才能获得这种奖励。他同时还分析了何种情况利用何种方式能实现最优。

（2）弹性订货量。合约是用来解决供应链各方面临的需求不确定性问题的。零售商提供预测，并承诺至少购买预测数量中一定比例的商品，供应商则生产超出预测量一定比例的商品。灵活订货体系减少了牛鞭效应①（Tsay and Lovejoy，1999）。

（3）备份条款。

Eppen 和 Iyer（1997）研究了备份条款（Backup Agreements）下的一个随机动态规划模型。他们分析了制造商持有产品比例和零售商超过订购数量的单位罚金对零售商利润的影响。单位罚金的增加必然伴随着利用备份条款积极性的降低，反而导致零售商更多地利用备份协议。在特定的制造商持有比例和单位罚金下，备份条款增加了双方的收益之和。

（4）退货政策。零售商可以把未销售的商品退给供货商。这类协议比较适合流行商品。制造商的生产延迟时间较长，而销售时间很短。零售商决定定购数量，制造商决定批发价格和回购价格。Emmons 和 Gilbert（1998）发现，通过实行回购未销售商品，双方的收益都得到了增加。利用合理的利润分享和损失分配合约，三层供应链上没卖掉的产品退回问题可以得到最优解决。

（5）利润共享。Cachon 和 Lariviere（2005）认为利润共享（Revenue Sharing）合

---

① 牛鞭效应（Bullwhip effect）是营销过程中的需求变异放大现象，指供应链上的信息流从最终客户向原始供应商端传递时候，由于无法有效地实现信息的共享，使得信息扭曲而逐渐放大，导致了需求信息出现越来越大的波动。导致牛鞭效应出现的原因主要有需求信息处理、博弈、批量订单和价格变动。

约会对供应链绩效产生影响。在利润共享合约中，供货商向零售商索要的产品成本比例与供应商分享的零售商销售商品收益的比例是两个关键变量。通过调整分享比例，总能实现双方收益最大化。在一个由制造商、分销商和零售商组成的三层次模型中，结果证明，通过调整三方的收入比例，仍然可以实现供应链整体最优。

在合约的制约下，分散控制的厂商可以实现集中控制下的绩效。从而成为纵向一体化的替代形式。协调良好的供应链系统，兼具纵向一体化和市场两种交易模式的优势，而又一定程度上消除了这两种模式的一些缺点。

总之，在供应链中，总是可以通过合理的转移支付方式，使各个成员的选择和总体最优达成一致，使总体利益得到改善的同时，各个成员的利益都得到改善或者至少没有损害。

3. 供应链管理

从不同角度研究企业供应链管理方式，有内部资源寻求和外部资源寻求之分与中心资源寻求和分散资源寻求之分。

内部资源寻求指企业在系统内部完成原材料的获取和运输、产品的制造或服务的提供以及产品配送和售后服务。外部资源寻求则是企业通过外部交易市场，为企业取得有关投入物的供应或产品配送与售后服务。

企业在内部资源寻求和外部资源寻求两者之间选择何种形式，取决于外部交易成本和内部交易成本的比较。

中心资源寻求是指企业成品的主要投入物，如原材料、半成品等的筹供基本上围绕着该企业的某一中心工厂而展开。

分散资源寻求则是指一家企业的成品的主要投入物的筹供结果并不集中在一个中心工厂，相反，成品投入物的生产分别围绕着若干相距较远的中心工厂进行，即投入物在生产出来以后送往各有关中心工厂。

由于中心资源寻求和分散资源寻求各有利弊，而且一种方式所致的利之所存，正好是另一种方式所致的弊之所在。因此，许多进行国际生产经营的大企业往往采用这二者的折中做法——整合资源寻求（Integrated Sourcing）的方式进行生产。

（三）产业链

随着价值链、供应链等理论的兴起与运用，产业链的研究相对弱化。但是，从产业链发生与发展的实际情况来看，价值链和供应链理论对产业链理论的研究起到了关键的导向作用，具有极其重要的借鉴意义，成为进一步丰富产业链研究的理论基础。

1. 产业链研究

国外对于中观层面的产业链基本没有涉足。战彦领（2009）曾使用 EBSCO 的数据库检索到题目中包含"industrial chain"的文章仅有 10 篇，并且大都是以报道的形式出现，内容主要是为了说明某种产业变化对产业链的影响。这些文章虽然涉及了产业链，但是并没有分析产业链，对产业链发展的内在机理更是无从涉及。由此可以看出，国外有关产业链的研究尚处于空白状态。

我国对产业链关注并得到广泛研究是在 20 世纪 90 年代之后，从某种意义上来说，产业链是比较具有中国特色的经济学概念。据蒋国俊考证最早提出"产业链"一词的是我国学者姚齐源和宋伍生（1985）的《有计划商品经济的实现模式——区域市场》提出将产业链规划作为实现区域经济发展目标的战略重点。而据李心芹等（2004）考证，最早提出"产业链"一词的是我国学者傅国华，1990年至1993年在立题研究海南热带农业发展课题中，受到海南热带农业发展的成功经验的启迪而提出来的[①]。

在经济现实中，对应于不同的最终产品，产业链呈现出各种不同的形态。产业链的不同是由产品特性决定的，这里的产品特性既包括最终产品本身的特性，也包括整个产业链中各个相关产品本身的特性以及这些产品之间的投入产出关系的特性。这些特性主要是由技术因素决定的。逻辑定义为：产业链是指在一种最终产品的生产过程中——从最初的矿产资源或原材料一直到最终产品到达消费者手中——所包含的各个不同性质的产业按照生产逻辑构成的一个完整链条。这里我们强调不同性质的产业是因为随着分工的深化，出现了产品内分工，该分工虽然或分属于不同企业，但可能仍属同一个产业。

2. 产业链类型

产业链是指在一个产业链中的两个上下游产业之间或两个相邻市场之间的关联方式。产业链的类型是由产品特性与生产技术所决定的（郁义鸿，2005）。

所有的产业链不管是由多少个环节构成的，基本可以将其分解为两个相关产业之间或相邻市场之间的关系，这可以看成是产业链构成的"元素"。

这些关系具有不同的关联方式，据此可以对这些"元素"进行分类。

这些"元素"首先可以划分为两大类：一类由上游产业与下游产业之间的纵向关系所构成；另一类由两个并行的产业之间的横向关系所构成。

对于具有纵向关系的产业链环节，两个行业之间存在的是上下游关系，其产品分别具有投入品和最终产品的特性。我们不妨将上游行业的产品记为产品 A，将下游行业的产品记为产品 B。通常假定，下游厂商是直接面向消费者的生产者或上游产品的零售商。

对于这样的上下游关系，可以根据产品 A 是否为中间产品这一属性加以区分。可能存在三种不同情况：一是最终产品；二是纯粹的中间产品；三是产品 A 既可以作为产品 B 的投入品，又可以作为最终产品直接面向消费者。

3. 产业链（价值系统）间的竞争

在消费需求变化越来越迅速、市场范围不断扩大的情况下，一个高效率的价值系统是无法由单个企业建立起来的，而是应当包括与消费者直接接触的零售企业以及上游的批发企业、生产企业、原材料供应商等（周芬和许纪校，2005）。这一要求导致市场竞争从形式到内容的演变：一个具有竞争优势的企业应该获得价值系统中每一个相关环节的有力支撑。企业间的竞争也转变为价值系统链之间的竞争。

产业链之间的竞争是由上下游企业联合组成完整的价值系统而展开的竞争，它是一种联合竞争的形式。

---

① 资料来源：魏然. 产业链的理论渊源与研究现状综述 [J]. 技术经济与管理研究，2010 (06)：142-145.

二、资源与能力

认识和解释企业竞争优势来源一直是企业战略管理研究的中心问题之一。从历史上看，人们对企业竞争优势来源的解释经历了一个由内而外、再由外而内的往返过程。资源基础观作为理解企业竞争优势和企业成长的重要理论依据，在理论界和实践界具有较广泛的影响。但资源基础理论学派众多，下面对资源概念和资源基础理论进行回顾和总结。

（一）资源基础理论①

"企业是什么"和"企业的长期竞争优势从何而来"是资源基础理论所要回答的两个基本问题。资源基础理论认为，企业是"资源的独特集合体"，企业的长期竞争优势来自于企业所拥有和控制的特殊资源和战略资产。

1. 资源基础理论的发展

潘洛斯（Person，1959）是最早赋予资源基础观理论基础的，在其所著的《企业成长理论》一书中，用经济学原理探讨了企业资源与企业成长的关系，提出了"组织不均衡成长理论"，使资源基础观不再只是观念上的讨论而具有了理论上的支撑。潘洛斯认为，企业是"被一个行政管理框架协调并限定边界的资源集合"，企业成长的源泉来自企业的内部资源，企业内部的资源和能力是企业绩效和发展方向的坚实基础。

以后资源基础观的研究一度陷入沉寂，直到1984年Wernerfelt（1984）的论文《企业的资源观》的发表，资源基础观才获得应有的重视。后来一些学者，如（Peteraf，1993；Barney，1991）对其进行了丰富和完善。

进过多年的探索，资源基础理论比较成熟，该理论在战略管理中的运用，形成了战略管理理论的一个学派，即资源基础观（Resource-Based View，RBV）。

2. 主要观点

资源基础观是以"资源"为企业战略决策的思考逻辑中心和出发点，以"资源"连结企业的竞争优势与成长决策。核心观点是，企业是由一系列资源束组成的集合，企业的竞争优势源自于企业所拥有的资源，尤其是一些异质性资源，外部的市场结构与市场机会会对企业的竞争优势产生一些影响，但并不是决定因素。企业专有资产具有特定的租金性质，拥有优势资源的企业能够获得超出平均水平的收益，其租金的性质是"李嘉图式租金"。

该理论基于两个假设作为分析前提：一是企业所拥有的资源具有"异质性"（Heterogeneity）；二是这些资源在企业之间是"非完全流动性"。

企业拥有独特、稀有、难以模仿的资源使得的企业之间可能会长期存在差异，那些长期占有独特资源的企业更容易获得持久的超额利润和竞争优势。资源基础理论的实质就是以企业为分析单位，着眼于分析公司拥有的各项资源，以企业内部资源为分析的基础和出发点，通过探讨独特的资源与特异能力，达到提升企业竞争优势和获取超额利润（Super Normal Returns）目的（表5-2）。

---

① 资料来源：杨春华. 资源概念界定与资源基础理论述评 [J]. 科技管理研究，2008，28（08）：77-79.

表 5-2 企业基础理论的主要观点

时间	代表人物	主要理论观点
1894、1989 年	沃纳菲尔特	企业获得超额收益、保持竞争优势的关键是企业内部的组织能力、资源和知识的积累
1984、1987 年	罗曼尔特	企业间存在效率差异、绩优企业的超额利润源泉来自企业内的不确定的特殊资源以及由此形成的一种"隔离机制"
1986、1991、2001 年	巴尼	企业是异质的,资源是非完全流动性的,只有当资源具有有价值、稀缺的、不可完全模仿和不可完全替代这四个特征时,才能创造持续竞争优势
1987 年	温特	知识和能力是企业获得竞争优势的战略性资源
1988 年	德姆塞茨	企业知识基础论
1989 年	迪瑞克斯和库尔	企业内各种资产的整合是其获得持续竞争优势的关键
1991 年	库勒	资源学说既分析外部的产业环境又考虑内部的资源,是一种新的全面的企业理论
1991 年	罗曼尔特、申德尔、提斯	战略管理突破了新古典企业理论的限制并建立一种资源观的企业理论(企业是异质的,企业间存在效率差异),具有重要的作用
1993 年	皮特瑞夫	与战略资源的四种特性相对应,存在四种竞争战略:异质性战略、不完全流动性战略、事前限制性战略、事后限制性战略,四种竞争战略的组合是获得持续竞争优势的重要条件
1995 年	柯利斯、蒙哥马利	企业资源评估五项标准:模仿性、持久性、可获得性、替代性和竞争优势。资源价值评估应放在产业环境中与竞争对手相比较才能判断出其优劣。
1997 年	罗曼尔特	公司的竞争优势是其所拥有的独特资源及它在特定竞争环境中配置这些资源的方式上。公司的边界由环境机会及其所拥有的资源决定。实施以资源观为基础的战略管理的基本框架是战略三角形
1997 年	福克纳、鲍曼	提出"生产者矩阵""顾客矩阵"战略分析工具,建立了资源观导向的竞争战略和战略管理体系

(二) 资源异质性分析[①]

资源基础观认为资源异质性是企业竞争优势的差异,因而导致企业绩效出现差异的根源的论断。

资源的异质性首先体现在价值方面,对于什么是"有价值的"资源,Barney (1991) 做出了明确的阐述和界定。他认为,资源的有价值性是能够使得企业以比竞争对手更低的成本获得相同的利润或者相同的成本获得更多的利润,那么就能够为企业带来竞争优势。

---

① 资料来源:曹红军. 资源异质性如何影响企业绩效 [A]. 第五届 (2010) 中国管理学年会——组织与战略分会场论文集 [C]. 中国管理现代化研究会,2010.

对于资源的稀缺性，按照学者 Hitt 等人（2001）观点是指这种特殊的资源只被行业内少数的企业所拥有和掌握。

资源的异质性还表现为难以模仿和不可复制的特性 Hitt 等学者认为，不可复制是指竞争对手无法通过技术手段进行复制的资源，而难以模仿则是指进行同样的资源模仿的成本很高。根据曼斯费尔德、斯瓦茨和韦格勒研究，60%的专利技术在四年内会被成功地合法模仿，而且模仿的成本只需要原创成本的 65%，不同产业中的产品和技术的复制和模仿的难易程度是不一样的①。因此，在语义上"难以模仿"与"不可复制"意思表述十分接近。

对于资源难以被（复制）学习和模仿的原因，资源学派认为有以下原因：

1. 历史与路径依赖性

有些资源和能力的形成是企业特定的历史和路径依赖性形成的。只有经历过某段特殊历史的企业才具有的资源和能力（Arther，1989）。对于在特殊时期没能得到这种资源和能力的企业，要在未来某个时期以同样的成本获取这种资源和能力将是极其困难的。当一个企业经过历史和路径依赖得到的资源和能力成为竞争优势时，竞争性企业模仿或复制这种资源和能力的代价将是十分高昂的，当模仿和复制的成本高昂时，这种资源和能力便可成为企业持续的竞争优势和经济利润的来源。

2. 因果模糊性

因果模糊性是指人们对成功企业的成功原因不清楚，其竞争优势和经济利润来自何处。正因如此，竞争对手才不知道如何去模仿或学习这种能力，也不知道到底应当用自己的资源和能力去实施一种什么战略。如果每个人能将自己成功的原因说清楚，那么它的竞争对手也同样能够弄清楚这一点，他们就能够成功地学习和模仿。一旦这些成功的做法被其他企业成功地模仿，这种资源和能力就不再是该企业特有的，作为竞争优势就不存在了。

3. 社会复杂性

具有竞争优势的企业所拥有的资源和能力有时是一些复杂的社会原因形成的。例如，企业高管层的人际关系、企业的文化、企业的形象、社会声誉和各种社会关系等（Dierickx and Cool，1989）。具有这种资源和能力的企业，战略选择的空间比那些不具备这种资源和能力的企业大得多。社会资源作为企业竞争优势的来源，人们看得到，但缺乏这些资源和能力的企业不一定都能成功地获取这些资源和能力。有的企业虽然可以获得，但获取这些资源和能力的成本却比那些通过自然进化而获得这种资源和能力的企业高得多。当获取这种资源和能力的成本高于收益时，它就不成其为竞争优势了。

4. 小决策的重要性

资源学派将决策分为大决策和小决策，大决策是由管理者做出的决策，小决策是

---

① 注：技术专利对那些产品不易合法模仿的产业，如化学工业、医药工业等，其保护企业竞争优势的作用是明显的，因为这些产业的产品是化学配方，难以通过修改配方而成功地模仿。然而，对于机械、电子等诸多产业，产品很容易通过简单地局部变更而成功地合法模仿，专利对竞争优势的保护作用不仅有限，而且它将产品的技术特征更加明显地展现出来，在一定程度上还会损害企业的竞争优势。

企业的职员每天做出的决策。大决策对企业竞争优势的决定作用是明显的，但更经常的是，企业的竞争优势更多地依赖小决策，企业的资源与能力要经过许多小决策而发挥作用。例如，产品质量的竞争力更多地取决于员工日常决策，如是否严格按操作规程操作，是否精益求精等。从可持续的竞争优势来看，小决策比大决策更有某种优势，因为小决策比大决策更难模仿。很多绩效明显优于同行的企业，从大的决策是很难找出其竞争优势的。企业的成功不仅取决于把几件大事做对，而且取决于把许多小事做对，即细节决定战略的成败。

5. 资源异质性真能提升企业绩效

资源基础观理论认为，企业之间之所以会产生差异的根源在于构成企业的资源性质的不同。资源的差别导致了企业竞争优势以及维系竞争优势时间长短的不同。如果企业试图在激烈的市场竞争中获取竞争优势就必须使得企业的资源具有有价值性；如果试图维持长久维持竞争优势就要使得这种有价值的资源满足稀缺性和难以模仿的特性。

从企业的竞争实践来看，没有任何企业能够不凭借资源而获得竞争优势（Moliterno and Wiersema，2007）。但如果企业仅拥有了特质性的资源而未能对这些资源予以妥善的管理和运用，那么静止不动的资源也难以发挥优势。因此，资源基础观的学者也承认企业的竞争优势并不来源于资源本身，而是源于资源运用的动态过程（Ray et al.，2004；Barney，1991）。

鉴于此，很多学者从企业资源整合利用技能的视角出发提出了企业能力的概念，从新的研究途径探讨了竞争优势和绩效差异根源的问题。曹红军等（2011）学者的研究结果表明，资源管理能力各维度对"稀缺性—财务绩效"关系有显著的协同影响作用。这一结果对企业拥有异质性资源却绩效表现不佳的现象提供了一个解释和说明。同时也表明，如果企业不具备相应的资源管理与利用能力，那么即使拥有稀缺性的特质资源也会因资源使用不当而难以获得良好的绩效表现（图5-6）。

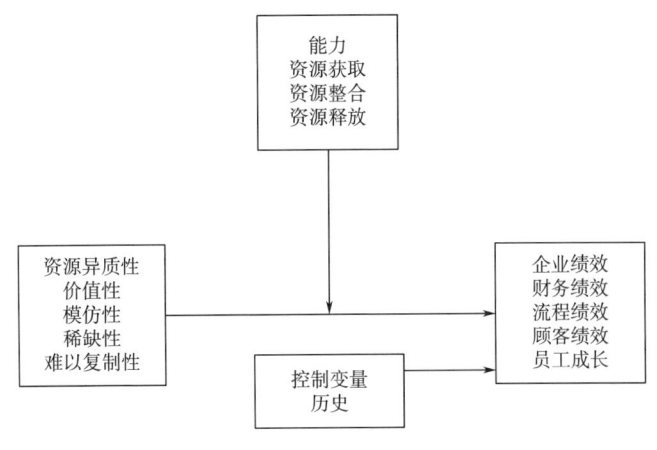

图5-6 资源—绩效

在上图5-6中，资源获取、整合与释放能力是影响"资源异质性—绩效"关系成立的重要边界条件,也是制约资源异质性效能发挥的关键因素。因此,如果企业试图凭借异质性资源获取超额绩效则必须提升其资源获取、整合与释放的能力。在企业掌握的资源特质一般的情况下,资源管理能力的提升能够在一定程度上弥补资源特质差异的不足。

(三)资源整合

根据资源基础观,如果企业拥有有价值的、稀缺的、不可模仿和不可替代的资源,企业就有获得持续竞争优势的潜力。但是,自从20世纪90年代以来,剧烈的竞争使企业不断地根据外部环境来重构其资源基础,资源既可以是来自外部,也可以是企业内部已有的,这就迫使企业通过一定的过程来整合资源,只有经过对资源的整合,企业才能提升其各种动态性能力(Wang and Ahmed,2007),促进企业的成长(Wu,2010)。可见,企业的资源整合过程极其重要(董保宝等,2011)。

资源整合是一个复杂的动态过程,是指企业对不同来源、不同层次、不同结构、不同内容的资源进行选择、汲取、配置、激活和有机融合,使之更具较强的柔性、条理性、系统性和价值性,并对原有的资源体系进行重构,摒弃无价值的资源,以形成新的核心资源体系(Hitt et al.,2001)。

从现有文献看,资源的整合过程可以分为三大阶段,即资源识得(Resources identification and acquisition)、资源配用(Resources allocation and leverage)、资源整合。

1. 资源识得

资源识得主要是企业面向外部的行为。根据Brush等人以及Newbert等人的观点,下列资源识得的内容在创业领域得到广泛应用,多数学者也使用这些指标来分析资源识得问题:

(1)企业识别并获取了财务资源。
(2)企业识别并获取了实物资源。
(3)企业识别并获取了人力资源。
(4)企业识别并获取了智力资源。
(5)企业识别并获取了组织资源。
(6)企业识别了网络并获取了关键资源。
(7)企业识别了网络的价值并获取了资源。
(8)企业了解了竞争者的情况并获取了必要的信息。

2. 资源配用

资源配用(Resources allocation and leverage)是企业内在资源组合与使用的行为。依据Mosakowski、Leonard-Barton和Hitt关于资源配用的观点,下列内容可用来考察资源配用:

(1)企业剥离了无用的资源。
(2)企业在各部门之间配置利用潜在的知识、技能。
(3)企业根据既定目标绑定并利用了各类资源。
(4)企业根据各类资源的特点绑定并利用了这些资源。
(5)企业利用个人资源禀赋来撬动其他的资源为企业服务。

（6）企业利用组织资源禀赋来撬动其他的资源为企业服务。

3. 资源整合

资源整合是在企业生产经营活动过程中所具有的面向外部选择并获取、面向内部配置、激活并利用企业不同种类型资源的过程。按照 Shelby 和 Robert、Hitt 等人以及 Brush 关于资源整合的相关观点，可从六个方面来测量资源整合：

（1）企业满意自己的资源禀赋。

（2）企业能够用整合的资源提升工作效率和效能。

（3）企业对资源的开发与拓展很满意。

（4）企业利用资源完成了跨部门之间的任务。

（5）企业对部门之间的资源共享很满意。

（6）经过整合的资源提升了企业的整体效率和效能。

4. 并购和联盟——战略要素获得的途径

资源学派把企业战略竞争的视线从产品市场引向了要素市场。对产品市场的竞争结果具有决定性影响的资源被称为"战略要素"，寻求战略要素市场的控制性地位成了企业竞争战略追寻的目标。通过企业的并购或联合整合资源，形成新的竞争优势，通过排他性的协议、串谋和其他反竞争性行为垄断性地控制战略要素，进而构造企业在产品市场上的有利地位成了企业战略行动的重要组成部分。

该学派承认企业战略并购是获取那些具有系统依赖性而不可转移的战略要素的一个途径，但它认为，在竞争性的要素市场上，战略并购的成本是难以使企业建立起竞争优势的。该学派更青睐战略联盟，它把战略联盟看成是企业获取重要的战略要素，认为战略联盟是整合企业间不可流动的资源与能力，从而形成战略优势的有效途径。

达斯和哈默尔在分析金融资源、技术资源、物质资源和管理资源在组建战略联盟中的作用后，提出企业拥有的关键资源和能力是组建战略联盟的前提，对于那些不可流动、不可模仿和不可替代的战略资源和能力，企业是能够通过战略联盟而获得的。例如，企业的商誉不可交易，但是却可以转移到一个战略联盟当中（Arther，1989）。当联盟各方为实现某一目标而共享资源、优势互补时，就能形成竞争优势，给联盟各方都带来经济利润。

（四）能力理论

资源基础理论认为竞争优势的源泉在具体的作为物的资源上，造成了资源与资源配置者之间的分离，完全脱离了企业中人的因素。该理论有关资源特质与绩效关系的阐述难以解释为什么同一行业内掌握相同或者相似资源的企业，其竞争优势与组织绩效差异却很大的现象，尤其是简单将资源特质与绩效关联起来的模型并不能系统地阐述为什么拥有特质性资源的企业绩效却表现不佳的问题。例如，我国的一些国有企业虽然掌握了特质性资源，但却并未能凭借这些资源取得超额绩效。

实际上，资源能够发挥多大的效用完全取决于使用它的人，资源异质性的背后是人的异质性。现有理论研究与企业实践表明，企业执行了一项以资源为基础的战略只是其获得竞争优势和超额绩效的充分条件，企业长期绩效来源于多个因素的贡献。

为此，必须重新认识和分析企业，寻求一种全新的理论，以更好地说明：企业是什么？企业竞争优势的源泉是什么？企业如何保持持续的竞争优势？

进入20世纪90年代后，一种全新的企业理论——企业能力理论（Competence Theory of the Firm）应运而生。

研究者把归宿点归于企业所拥有的特殊能力（Distinctive Competence），从企业内在成长的角度分析企业。

虽然学者们指出了资源和企业能力之间相互依存的关联性，但鲜有实证研究探讨如何通过特质性资源与企业能力协同组合提升企业绩效的问题。关于这一问题研究的薄弱在很大程度上削弱了已有理论对企业绩效差异形成的解释力。从实践来看，特质性资源是获取竞争优势和超额绩效的重要物质条件，而以资源利用为核心的企业能力则是制约、影响特质性资源发挥作用的关键因素。因此，只有通过基于资源与能力内在关联的整合分析才能更好地解释企业绩效差异的问题。而这也是本研究设计提出的现实和理论动因。

1. 能力①理论回顾

企业能力理论以 Prahalad 和 Hame（1990）的论文《核心能力理论》（*The Core Competence of the Corporation*）为标志；随后波士顿顾问公司的 Stalk 等人在1992年提出了基于流程的能力理论；Sanchez 和 Heene（1997）在核心能力基础上，提出了基础能力理论。在上述这些理论的基础上，Teece 等人于1997年提出了动态能力理论（表5-3）。

表5-3 能力学派发展脉络及主要观点

时间	代表人物	主要著作	主要观点
1920、1925年	马歇尔	经济学原理	企业内部差异与企业间专业化分工
1957年	赛尔兹尼克	行政管理中的领导行为	特殊的自我创造积累
1959年	彭罗斯	企业成长论	企业内在成长论
1960年	理查德森	信息与投资	企业间的专门化企业知识基础替代论
1972年		产业组织	
1982年	纳尔逊、温特	不确定模仿：竞争条件下企业运行效率的差异分析	无法有效仿制或复制的资源导致企业间效率差异的存在
1984年	里普曼、罗曼尔特	企业资源学说	企业保持长期竞争优势的原因是企业拥有的独特资源
1988年	德姆塞茨	企业理论的再思考	企业知识基础论
1990年	普拉哈拉德、哈默	企业核心能力	核心能力是生产竞争优势的资源

---

① 注：在普通心理学和教育学中，能力（Capability）是完成某种活动所需的素质组合；能力（Competency）是区分优秀者与一般者的个体特征。能力与素质有关，素质是个体在天赋因素和心理因素的基础上，通过实践不断形成和发展的从事各项工作的基本条件，是现实能力的潜在状态，是人能动地把握客观事物的内在根据，也是自身活动力量的内在源泉和动因，能力是素质外在表现、实现和确证。在战略管理中，资源是能力形成的素材。

续表

时间	代表人物	主要著作	主要观点
1991 年	巴尼	企业资源与持续竞争优势	拥有有价值的、异质的、不可模仿、不可替代的资源才能给企业生产持续竞争优势
1992 年	兰格路易斯	交易成本经济学	企业能力论
	斯多克、伊万斯、舒尔曼	基于能力的竞争：公司战略新规则	企业整体核心能力生产竞争优势
1993 年	福斯	企业理论：契约和能力观	企业核心能力论
1994 年	哈默、贺尼	企业能力概念：在能力基础的竞争中	企业能力基础竞争论
1997 年	提斯、匹萨诺、苏安	动态能力和战略管理	企业动态核心能力论

尽管研究者们所使用的概念各不相同，分析问题的框架与角度各有差异，但基本思想却是一致的，该学派认为能力是企业有效使用资源，并使其相互作用，从而产生新的能力与资源的创造力，其本质是组织在某一方面的知识，是确定资源组合的生产力；企业能力理论主要研究企业的能力分工，认为企业中蕴含着一种特殊的智力资本，确保企业以自己特有的方式更有效地从事生产经营活动认为企业是一系列能力的集合体，企业多方面的资源、技术、能力的有机组合决定企业的竞争优势。

新近出现的企业知识理论认为，隐藏在能力背后，决定企业能力的是企业的知识以及与知识密切相关的认知知识；同时，在一定情况下，正是知识所固有的性质导致了企业的核心刚性。Kogut 和 Zander（1992）认为，企业是一个知识的独特集合体，蕴藏在企业组织或组织层次的社会知识或集体知识构成了企业长期竞争优势源泉。

企业能力观有三层含义：一是企业的核心是企业所拥有的竞争力，其本质是一个能力体系；二是积累、保持和运用能力开拓产品市场是企业长期竞争优势的决定性因素；三是企业的能力储备决定着企业的经营范围，能力的差异是企业持久竞争优势的源泉。

2. 核心能力理论

核心能力理论是普拉哈拉德和哈默（Prahalad and Hame，1990）于 1990 年在《哈佛商业评论》上提出的："就短期而言，企业产品的质量和性能决定了企业的竞争力，但长期而言，起决定作用的是造就和增强企业的核心能力。"他们认为核心能力（Core Competence）"是组织中积累性学识，特别是关于如何协调不同生产技能和有机结合各种流派的学识"。

该理论的逻辑是：企业本质上是一个能力的集合体；能力是对企业进行分析的基本单元；企业拥有的核心能力是企业长期竞争优势的源泉；积累、保持和运用核心能力是企业的长期根本性战略。

在核心能力的管理方面有四个关键任务，即选择核心能力、构造核心能力、配置核心能力和保护核心能力（表 5-4）。

表 5-4 核心能力类型和作用

能力类型	内容	作用
与市场有关的能力	品牌发展管理、市场营销、分销与后勤、技术支持等	帮助企业尽可能贴近顾客
与诚信有关的能力	质量管理、产品时间周期、供货的及时性和存货管理等	使企业比竞争对手做得更快、更具柔性和可靠性
与功能有关的能力	产品或服务的技术及能够提供使顾客获得与众不同利益的产品的各项技术	使企业的产品和服务更具独特性

核心能力理论认为并不是企业所有的资源、知识和能力都能形成持续的竞争优势,只有当资源、知识和能力同时符合价值性(能增加企业外部环境中的机会或减少威胁)、异质性(企业独一无二的,没有被当前和潜在的竞争对手所拥有)、不可模仿性(其他企业无法获得的)、难以替代性(没有战略性等价物)的标准时,它们才成为核心竞争力,并形成企业持续的竞争优势。

普拉哈拉德和哈默认为核心能力是竞争优势的源泉,但不是所有竞争优势都是核心能力;产业竞争的观点着重于终端的产品或服务,而能力的观点着重于潜在后面的能力;市场位势竞争策略分析的是终端产品与服务之间的竞争问题,核心能力分析的是企业之间竞争问题;以产品特性为定义单位的战略业务单元,限制了发掘潜在机会的视野,而核心能力有助于发现进入新领域的机会和有效资源配置;传统市场份额主要是指品牌份额与终端产品份额,核心能力份额虽不好测量,但可以通过核心产品份额来研究,核心产品介于能力与终端产品之间,建立核心产品份额是建立核心能力份额的途径之一。

3. 基础能力理论

基础能力理论由桑切斯和黑恩(Sanchez and Heene,1997)等人在核心能力基础上提出的,认为能力是综合动力性的、系统性的、认知性的和整体性的,把基础能力作为研究竞争战略的基本理论框架。能力是为帮助组织实现目标协同各种资源配置的组织能力,即能力的"知识观"(Knowledge-based View)或知识资本(Intellectual Capital)。

基础能力理论认为,企业应该把能力作为一个开放的系统来进行管理,重视企业网络和联盟的作用,快速配置临时资源链以获得短期市场机会的竞争优势。基础能力理论还提出了能力的动力性思想,认为能力的动力性是环境与组织的变化与共同进化的结果,是形成能力和基础能力的主体,其分析包括企业内人员与团队的相互作用、企业与企业外部资源提供者的相互关系、企业与顾客的相互关系、竞争对手与竞争伙伴的相互关系。

基础能力理论认为作为战略变革动力的管理者认知和组织学习的能力,决定了个体企业的资源禀赋与决定工业结构的资源积累禀赋;一个产业的企业在关键资源市场与产品市场的竞争与合作的同时,存在并相互作用。

强化企业的能力有两种途径：能力的构建（使现存资产与能力获得数量变化的过程）与能力的杠杆作用（运用现有能力满足现有或新的市场机会）。

基础能力理论认为企业应该把能力作为一个开放系统来管理，重视企业网络和联盟的作用，快速配置临时资源链以获得短期市场机会的竞争优势。基础能力理论认为产业组织理论、资源基础理论、核心能力理论均提出了获得竞争优势的必要条件，而不是充分条件，企业不应仅仅被描写为原有经济实体或资源的积累体，而应被看作是一个有适应能力和变异的有机体，一个有自我组织能力的系统。组织的一致性就是对作为系统的企业所有要素进行排队组合，创造出在全企业得到支持的战略目标与战略手段。

基础能力理论提出能力的动力性。能力的动力性是环境与组织的变化与共同进化的动态性，是形成能力和基础能力理论的主题，其分析包括企业内人员与团队的相互作用、企业与企业外资源提供者的相互作用、企业与顾客的相互作用、竞争对手与竞争伙伴的相互关系。复杂动态的环境造成了不确定性，使管理者的认知产生了局限性。管理者的认知差异反应在制定目标与整合、配置资源的差异，进而使拥有和使用相同资源的企业出现能力的差异。要对复杂且具有差异的实现战略目标的资源，从整体上进行管理，实现对能力构建和发挥能力的杠杆作用。知识与技能资源是关键的变量资源，企业学习及获得新能力的能力对在动态的市场中获得竞争优势起着决定性的作用。

4. 动态能力理论（Dynamic Capabilities）[①]

在一个技术日新月异、产品更新频繁、顾客需求偏好多变的竞争环境中，企业竞争优势正以逐渐加快的速度被创造出来和原有竞争优势被侵蚀掉，出现了超竞争局面。所谓超竞争是美国学者 D'Aveni（1999）在《超竞争》一书中提出的理念，即随着市场竞争的加剧，公司竞争优势的创造与毁灭正在以极快的速度进行着，任何一个竞争者能够保持其原有竞争优势的时间正在急剧缩短[②]。超竞争时代的到来，改变了原有的竞争环境，主要表现为竞争环境的动荡逐步加剧，同时环境变化的速度也越来越快，一个固守现有竞争优势来源的企业，很快就会被其他更具有创新性的竞争对手所取代。

在这种竞争激烈状况下，如何获取持续竞争优势是新环境下战略管理的重要课题。资源学派所提出的资源，已不再是企业竞争的瓶颈，而核心能力决定了企业能力具有强烈的惯性，惯性使得在超竞争的环境中，无论是企业的特殊能力或者是核心能力（Prahalad and Hame，1990）都很难保证企业获取持续的竞争优势[③]。同时，资源学派和核心能力学派只是对已取得成功的企业做出解释，是事后解释，不能解释在新兴产业、新兴技术领域那些成长壮大的公司，对这些企业成长前期的状况缺乏解释力度。

---

① 资料来源：黄江圳，谭力文. 从能力到动态能力：企业战略观的转变 [J]. 经济管理，2002（22）：13-17.

② 例如，摩尔定律：这个1971年提出的定律，竟能支配计算领域长达44年的时间。2016年3月24日，英特尔官方宣布，放弃过去10年坚持的Tick-Tock处理器发展模式，通过延长制造工艺的生命周期，将之前的处理器研发周期从"两步"变成"三步"：制程工艺、架构更新、优化。英特尔CEO Brian Krzanich表示，"我们的更新周期已经从2年延长到了2年半。"这意味着对于英特尔而言，摩尔定律已经失效。

③ 注：一些企业在获得了核心能力的同时，反而出现了"核心刚性"（核心刚性是与核心能力相对应的一个概念，它是指由于能力的长期积累而导致的难以适应变化的一种惯性，从而最终丧失核心能力，即竞争优势）。

因此,资源学派和核心能力学派对企业的战略实践,其指导作用显得非常有限。在这种背景下,由 Teece 等人(1997)首先提出"动态能力"的概念,探寻在动态环境下,企业持续竞争优势的来源。

动态能力理论强调为适应目前激烈变化的外部环境,企业必须不断获取、整合,具有能确认内外部的行政组织技术、资源和功能性的能力。动态能力可以在给定的路径依赖和市场位势条件下,不断获取新的竞争优势。动态功能理论分析的单元不仅是笼统的资源,而且是有利于维持动力功能的组织专有资产状况和获得资源与能力的路径(表5-5)。

表 5-5 能力的比较

比较要素	传统能力	动态能力
前提假设	能力一旦获得,企业便可持续拥有	能力会因环境变化而消散
环境特征	线性的可预见的竞争环境	非线性的难以预见的可竞争环境
关键概念的界定	不能界定资源、能力与知识的范围及三者之间的关系	通过知识创新,把资源、能力、知识视为有机系统,避免了在关键概念上的模糊
分析对象	单一资源或能力	资源结构或能力结构(组织过程、专有资产状况和路径)
分析焦点	对给定资源或能力的利用	创新的开动性动力以产生新的资源和能力
租金性质	李嘉图租金	熊彼特租金
偏好	一体化战略(并购、自主研发、全资公司)	基于竞争的网络战略(外包、特许经营、研发团队等)
特性	具有 VRIN 四特性	具有 VRI 但具有可替代性
结果	核心僵化	持续竞争优势

注:VRIN 是有价值的(Valuable)、稀缺的(Rare)、难以模仿(Inimitable)和难以替代(Nonsubstitutable)的独特资源。

5. 基于流程的能力理论

波士顿顾问咨询公司的斯托克和舒尔曼等人认为,成功的企业极为注意行为方式,即生产能力的组织活动和业务流程,并把改善这些活动和流程作为首要的战略目标,企业成功的关键不仅仅在于核心竞争力。每个企业都必须管理一些基本业务流程,如新产品的实现,从原材料到最终产品,从营销、订货,到实现产品价值。每个流程都在创造价值,每个流程也都要求部门间的协同配合(王核成,2005)。

因此,尽管各个部门可能拥有自己的核心能力,但是关键在于管理这些流程,使之成为竞争能力。管理者应把自己的管理重点放在支持这些能力的基本设施以及员工的培训上。企业为培养这种能力,必须考虑四个原则:一是基础不是产品和服务,而是业务流程;二是竞争的成功取决于将公司的关键流程转换为能为顾客提供较高价值的战略能力;三是公司通过对支持基本设施做战略投资来获得这些能力,这些设施连接传统的战略经营单位和部门,并超越了这些单位和部门;四是由企业最高管理者来协调部门。

(五) 企业资源理论与能力理论的比较

厘清企业资源基础理论与企业能力基础理论演进模型中的相关范畴和理论的辩证关系,有利于我们管理实践中遭遇问题时的辩证施治,即从竞争优势内生论的角度看,企业失势究竟是源于资源缺失还是能力缺失或理论缺失或兼而有之。

企业资源理论与能力理论产生的理论基础相同,都假设企业是异质的,企业是资源和能力的集合体,都从企业内部和内在发展出发来分析企业和市场。持续竞争优势是两派的共同研究主题。企业间效率差异产生的原因在于企业所拥有的资源和组织能力在本质上有差异,有些企业可以依靠特殊资源和能力在相当长的时间内获得稳定的超额收益,从而建立和维持企业持久的竞争优势。因此,积累和利用这种具有差异性的资源和组织能力来开拓市场,是企业长期竞争优势的决定性因素。

两派都认为企业资源和组织能力的建立是一种动态性机制。企业竞争优势的形成、巩固、创新和变革,同企业资源和组织能力的形成、积累、维持和淘汰有着非常密切的关系。企业资源和组织能力最终决定企业的边界,即企业经营的纵深程度和横向多角化程度,是由企业的能力和资源决定的。

企业资源学派和企业能力学派的分歧:对于竞争优势来源的分歧,企业资源学派认为企业持久竞争优势的源泉来源于公司拥有的资产与能力存量。资源是可交换的,而能力是不可交换的;企业能力学派强调的竞争优势的源泉则是无形的知识和能力。研究层面的分歧,企业资源学派引入了产业组织分析方法;企业能力学派中的核心理论则完全从自身的能力出发提出了企业能力的学习、积累、再运用。关于分析方法的分歧,资源学派的企业分析基于静态分析,而能力学派则基于动态分析。资源学派将核心能力作为企业资源的一部;而能力学派则强调对资源的配置和整合能力是核心能力的一部分。

总之,企业资源理论与能力理论尚需进一步接受和综合其他的理论,将理论与实践联系起来,从企业外部实证和经验模型,与更多的企业内部研究结果进行综合,要联系实际对决策、能力的建设、资源的配置、知识的创造及其他企业的关键的过程进行研究。特别要重点研究知识管理与信息技术对企业资源基础理论及能力理论的影响。

三、企业动态能力构建[①]

Collis 和 Cynthis (1995) 在《基业长青》一书中曾经指出,任何企业均是以永续经营为其存在的基本前提,而永续经营必须确保其拥有不断持续的竞争优势。在市场环境[②]多变的今天,企业应该思考如何去适应环境变化,这与企业过去的发展有关,企

---

① 本节动态能力理论(动态能力的产生、动态能力与企业竞争优势、动态能力概念的深化、动态能力的主要影响因素),资料来源:吴晓波,徐松屹,苗文斌. 西方动态能力理论述评 [J]. 国外社会科学,2006 (02): 20-27.

② 市场机制对动态能力的影响主要体现在:动态能力的稳定性将随着市场动态性的增强而减弱;动态能力的特点将随着市场动态性增强而变化,更加难以获得和保持;动态能力的偶然性和模糊性将会随着市场动态性增强而变化。也就是说,在适度动态环境下因其复杂性和难以观测性而呈现模糊状态,而在高度动态市场中却因其简单性而呈现出模糊性。

业拥有的资源和能力体系会影响企业下一阶段的竞争。

根据 Teece 等人（1997）的研究，企业能力的动态发展过程的几个因素之间的关系，如图 5-7 所示。在这个框架中，企业能力嵌入在组织流程和惯例中，这些流程和惯例以及它们提供竞争优势的机会却明显地受企业所拥有的各项资源的制约，并沿着一定的演进路径发展，沿着这样的路径发展起来的企业能力又决定了未来企业能力的发展方向。

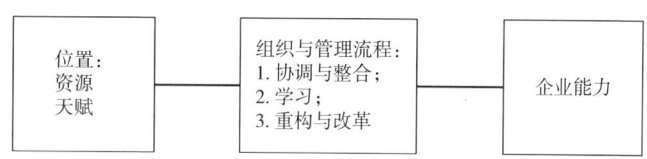

图 5-7　企业动态能力发展过程

资料来源：许运娜．论战略联盟中的知识转移——基于动态能力的观点［D］．北京：对外经济贸易大学，2003.

（一）动态能力的产生

Heiner（1988）认为动态能力是公司在解决问题过程中所采取的组织规则。他进一步将问题解决的过程视为一个以知识为基础的（基础知识—组织能力—行为）环形过程。

但 Duvad 和 Michael 认为 Heiner 提出的把动态能力仅看作为克服能力缺口，而形成的解决问题过程中所采取的组织规则，使动态能力概念过于宽泛且处于"压力导向"。动态能力的产生和作用的目的确实是为了解决能力的缺口，使企业能力能"足以"满足环境变化和企业发展需要。那么，企业应填补多大的能力缺口呢？

动态能力不仅仅是为了简单地填补能力缺口，而是应创造性地发展新能力，实现跨越式发展。创造性地发展新能力体现在企业的战略调整、流程改造、资源重置、管理规则的建立上。而且，发展新能力的活动不是一次性的，并表现出持续性特征。能够产生持续性效应的组织能力必然根植在组织内部并呈机制状态。

（二）动态能力与企业竞争优势

Teece 等人（1997）从可复制性和可模拟性方面对动态能力的属性进行了研究，认为由于能力包含有隐性知识从而具备内部结构的模糊性、多种能力之间互相牵动以及能力形成的历史特殊性等原因，导致能力是难以复制的。

除了上述原因会导致能力的难模仿外，还有其他一些因素。例如，知识产权保护、商业秘密、商标和企业风格等方面的限制，也会阻碍竞争对手的模仿。在此基础上，他们提出企业的动态能力（即基于当前的资源位置和历史路径所形成的特有的基于流程的能力）是企业竞争优势的来源。

但是，也有一些学者对此持相反的意见，认为动态能力本身并不是企业竞争优势的来源，而是动态能力所配置和调整的资源结构，才成为竞争优势的来源。

例如，艾森哈特和马丁（Eisenhardt and Martin，2000）认为，尽管动态能力在很多细节方面具有特异性，但是从一些关键性的特征来分析，企业之间的动态能力具有很大的一致性或者类似性。尽管不同企业培育某一动态能力的起点和路径不同，但是，对于某一项动态能力，存在一个行业的最佳标准。因此，最终不同的企业都将趋于类似水准的动态能力，从而使得该项动态能力不再成为企业持续竞争优势的来源。

与此一脉相承，惠勒（Wheeler，2002）认为动态能力是可模仿的，可以通过多种学习途径发展而成。在不同的企业乃至不同产业之间具有共同点，因此动态能力本身不是长期竞争优势的来源。随着各类市场机会的出现、碰撞、演化和消失，动态能力成为一种获取熊彼特租金的手段，可以为企业带来短期的竞争优势。

丹尼尔和威尔逊（Daniel and Wilson，2003）以及纽伯特（Newbert，2005）等学者通过实证研究也发现，不同企业的动态能力确实存在共性。

温特（Winter，2003）则从一个新的角度探讨了动态能力与企业竞争优势的关系，他认为企业应对内外变革，存在一种动态能力的替代机制，他将其命名为"应急型问题处理"（ad hoc problem solving）模式，两者之间在成本结构上具有较为明显的差异，因此动态能力能否为企业带来竞争优势还得看其投资成本与所得收益的权衡。

佐特（Zott，2003）通过计算机仿真模型研究发现，企业进行变革搜索的方向对绩效差异具有重要影响，企业之间的微小差异可能导致巨大的绩效差异。

（三）动态能力概念的深化

任何概念都具有两大逻辑特征：内涵和外延，因此对于动态能力概念的深化也可以从这两个角度加以把握。

1. 动态能力的本质内涵

（1）本质内涵。Teece 等人（1997）已对动态能力进行了初步界定，强调了动态能力的两个侧面：

①动态性，即企业要依据外部环境变化适时而变。

②能动性，即强调对企业内部各项资源和技能的整合以及重新配置。

艾森哈特和马丁（Eisenhardt and Martin，2000）依据战略管理中对能力定义的一贯传统，从组织惯例（Routines）和流程的角度给动态能力下了一个更加规范化的定义，他们认为，"动态能力是企业利用资源的流程——尤其是获取、整合、重置和释放资源的流程—应对或者创造市场变革。因此，动态能力也就是随着市场涌现、碰撞、分裂、演化和消亡的企业用以获取新的资源配置的组织或者战略性惯例"。

苏巴那拉希姆（Subba，2001）将组织看成是一个知识的集合体，并据此从组织知识的角度来对动态能力进行界定，认为动态能力是"组织知识的一种特殊属性，这种属性体现为一种产生变革的能力，用以应对动荡的环境"。

佐罗和温特（Zollo and Winter，2002）则对动态能力存在的环境条件作了进一步的拓展，认为即使在相对静态环境下企业依然需要动态能力。他们对于动态能力的界定是：通过组织学习获得的一个相对稳定的集体行为模式，用以产生和调整企业内部的业务流程以获得更高的生产效率。

（2）动态能力存在性及其具体表现形式。从外延层面看，目前的研究主要涉及动态能力存在性及其具体表现形式。

罗森布鲁姆（Rosenbloom，2000）依据 NCR 公司的实证案例证明了动态能力在企业应对技术变革和进入新业务领域过程中的关键作用。

林多瓦和科塔（Rindova and Kotha，2001）的研究也证实了动态能力的存在性。

关于动态能力具体表现形式的研究，则显得纷繁复杂。

加鲁尼克和艾森哈特（Galunic and Eisenhardt，2001）将现代企业看成一个动态团体（Dynamic Community），认为企业的一项关键动态能力就是依据目标市场的变化而动态地调整内部业务单元，以获取市场和组织资源之间的匹配性。

丹尼尔和威尔逊（Daniel and Wilson，2003）研究了电子商务变革中的动态能力，认为在不同产业和不同企业的电子商务建立过程中，存在8种具有共性的动态能力，可以大致分为两类：

①进行业务创新的能力，包括快速决策和实施、制定较好的策略方案、争取企业内外利益相关者支持、持续修正客户价值主张、重新配置销售或者服务流程等。

②将创新活动现有活动进行连接的能力，包括与现有系统平稳过渡的能力、整合多个渠道的能力以及紧密连接电子商务策略与企业战略的能力。

其他的类似研究还有惠勒（Wheeler，2002）提出的网络化实现能力、格里菲思和哈维（Griffith and Harvey，2001）提出的全球动态能力、卡尔松（Carlsson，2003）提出的企业建立利用和维护社会网络的能力等。

2. 动态能力的外在特征

自从动态能力提出以后，部分学者批评这一概念具有同义反复性和难操作性，学者艾森哈特和马丁则对此予以积极的回应，认为动态能力的特性并不像传统观念所认为的那样，是"模糊、难操作、同义反复、基于经验的"，而是"确定和可识别的"。他们同时指出，不同动态能力虽然在细节上有差异，但是在本质上具有一些共同特征。

佐罗和温特（Zollo and Winter，2002）对动态能力的结构性进行了考察，认为对于一个企业而言，其动态能力具有相对持久稳固的结构，但林多瓦和科塔通过研究发现，动态能力本身也具有突现和演化特征。动态能力特征与环境动态性之间具有相关性。

布朗和艾森哈特（Brown and Eisenhardt，1997）发现，在高变环境下，成功的产品创新（现在被视为一种典型动态能力）往往是基于有限的几个惯例。

艾森哈特和马丁随后的研究更加明确地指出了动态能力特征与环境变化特征之间的这种关系。当市场变化相对缓慢（具有较高的频率，但同时其变化方向大致可以预测并且沿着线性路径发展）的时候，市场往往具有相对稳定的产业结构，在这种市场条件下，动态能力的有效性在很大程度上取决于已有的知识经验。经理人员依据已有的隐性知识和经验法则，以一种相对有序的方式来计划和组织企业内部的各项活动。反之，当市场变化非常迅速的时候，这种变革往往是非线性和不可预测的，经理人员赖以遵循的组织惯例已经简化为一些非常简洁的规则。纽伯特的实证研究证实了环境动态性与动态能力特征之间的对应关系（Newbert，2005）。

3. 动态能力的内在机理

从组织惯例、组织学习和知识管理等视角，众多学者对动态能力的层级结构、发展过程及其背后隐藏的学习机制进行了广泛深入的研究。

佐罗和温特（Zollo and Winter，2002）丰富和发展了科利斯1994年提出的能力层级结构理论,认为从下而上存在业务流程、动态能力和学习机制三层能力,上层的能力对下层的能力施加作用,决定了下层能力演化的频度和方向。

(1) 动态能力植根于企业组织学习的流程。佐特认为,动态能力植根于企业组织学习的流程之中,该流程可以分为变革、选择和保持三个基本阶段(Zott, 2003)。而佐罗和温特则认为该流程可以划分为四个阶段:

①变革阶段:在内外刺激条件下组织内的个人或者团体产生了一系列新的设想。

②选择阶段:企业内部对这些创新设想进行评估。

③复制阶段:经过优化的备选方案在企业内进行复制和传播,以充分评估其可行性。

④维持阶段:新方案在组织内实施直到下一个变革出现。

(2) 动态能力演化背后的学习机制。艾森哈特和马丁研究了动态能力演化背后的学习机制,认为重复实践、经验知识的编码化、失败教训以及经验积累的频次都会对动态能力的培育产生重要影响。佐罗和温特更明确地将这些学习机制归结为三种类型:

①经验积累。随着任务的重复进行,组织对已有行为的知识——尤其是隐性知识——不断积累的过程。

②知识表述。通过集体讨论、汇报会、绩效评估等方式,组织成员之间可以相互交流一些实践经验。

③知识编码。通过各种类型的书写工具(手册、蓝图、项目管理软件等)将知识记录下来,从而进一步明晰组织流程与企业绩效之间的联系。

维罗纳和拉瓦希则认为知识的创造和吸收能力、知识的整合能力,及知识重新配置的能力是动态能力的内在基础(Verona and Ravasi, 2003)。

(四) 动态能力的主要影响因素

既然动态能力对于企业绩效和竞争优势的影响如此重要,那么动态能力又受哪些因素的影响和制约呢?很多学者对这一问题充满了探索兴趣。

纵观当前主要研究文献,对动态能力的影响因素研究可以大致分为四种类型,具体如下:

1. 资源基础

金和塔的研究发现,企业原有的经验积累对于其顺利进入新的利基市场具有积极作用(King and Tucci, 2002)。

伍滕和克雷恩认为,人力资本会对动态能力产生重要影响(Wooten and Crane, 2004)。

布莱勒和科夫则认为,社会资本是动态能力的核心(Blyler and Coff, 2003)。

阿德内尔和赫法特综合考察了各类资源要素认为,动态能力会受到人力资源、社会资本和管理层认知三个潜在因素的影响(Adner and Helfat, 2003)。这三类因素单独或者共同起作用,决定了企业战略性和操作性管理决策,并进而对动态能力产生重要影响。

亚当斯和拉蒙特将组织的资源分为基于组织学习的资源和基于资本的资源,强调了组织学习能力对于企业动态能力(尤其是创新能力)的影响,同时也探讨了知识管理系统在促进企业重新配置资源方面的作用（Adams and Lamont，2003）。

2. 组织形式

林多瓦等人发现高层团队及其关于组织演化的信念对于动态能力的形成和企业形态持续演化具有重要作用，动态能力依赖于新兴事件的学习过程以及在组织形式演化过程中的一些基本规则，同时也取决于高层管理团队的支持。因此，他们认为企业要培育动态能力，其组织形式必须是分权化和有机的。

其他学者，如罗森布鲁姆等人也都根据不同公司的实践，总结了管理高层决策等组织因素对于动态能力的影响。

3. 技术手段

卡尔松（Carlsson，2003）研究了信息通信技术（ICT）和知识管理系统（KMS）在企业间社会网络的建立、使用和维护中的作用，从而论述了信息通信技术和知识管理系统对于企业的吸收能力（一种类型的动态能力）的积极作用。

梅切尔和莫厄里（Macher and Mowery，2009）研究了企业的 R&D 组织管理流程以及信息技术的应用对于提升企业的流程创新绩效的作用，结果发现：研发团队构成的多样性、研发人员与生产人员交流的密集度和信息技术分布的广泛性都有利于提升组织学习和解决问题的成效。

4. 动态能力的改善过程

动态能力的改善过程可以分为三个子过程：动态能力着眼点的定义、部署、修正过程。在每一个阶段，每一个厂商对竞争的时间范围、竞争态势与当前动态能力的关系、核心价值观和信仰、心智模式与认知、信息认知、情感特征等方面的要求各不相同，由此导致了厂商个体对动态能力改善的不同着眼点。

（五）企业动态能力的构建和机制①

企业成长应当适应变化的环境，更新自己的能力。由于企业核心能力存在惰性，容易导致"核心刚性"，使企业在变化的外部环境中丧失竞争优势。要改变这种态势就必须具备动态能力，所谓"动态"是指更新竞争力的能力以至于与变化的商业环境相一致；而"能力"则是恰当地配置、整合和重组内外部组织技能、资源来与变化环境相匹配的过程（于洋，2008）。

动态能力理论和资源基础观的 VRIN 模型的主要区别在于：动态能力理论在资源基础观的基础上加上了环境变化维度，即资源基础理论关注的是在某个时间点上，VRIN 的资源与能力可以使企业获取相对于竞争对手的竞争优势从而获得绩效。动态能力理论关注的焦点在于在动态的环境内如何保持企业长期的竞争优势，从而获取持续的长期绩效。但是，虽然关注的焦点不同，它们却都隶属于资源基础理论（罗珉和刘永俊，2009）。

1. 评价动态能力的价值维度

不同的学者对厂商动态能力有不同的看法与期望，即动态能力存在多维度的理解。在一种领域中的动态能力，不一定与另一领域中的动态能力必然产生直接关联。所以，

---

① 资料来源：罗珉，刘永俊. 企业动态能力的理论架构与构成要素 [J]. 中国工业经济，2009（01）：77-88.

主观的价值判断对动态能力的评价有着重大的影响。不同的学者对厂商动态能力理解的差异是其背后的价值维度（Value Dimensions）。

现有厂商动态能力的观点，大致可以划分为两大价值维度：

①本体论维度（Ontological Dimension），即在理论架构上着重厂商的外部能力或内部能力（Woiceshyn and Daellenbach, 2005），本体论维度涉及动态能力的对象，可以寓于厂商个体和外部联盟的两个层面。

②认识论维度（Epistemolgoical Dimenison），即在理论架构上着重单一主体的"感知创造"（Sense-making）抑或不同主体间"感知给予"（Sense-giving）这两个概念（Gioia and Chiittpedid, 1991）。着重厂商外部能力或内部能力来自厂商自身的适应程序与知识系统，外部能力是指厂商着眼于改善整个企业价值链的营运状况，尤其是与外部环境和联盟成员之间的互动关系；内部能力指厂商关注改善厂商内部的工作状况与内部效率。而着重单一主体的"感知创造"抑或不同主体间"感知给予"这两个概念，说明经理人员理解动态能力的不同着眼点，并以着眼点的不同作为改善动态能力有效性的关键点。

2. 动态能力分析

对动态能力的分析，雷蒙德·奎因等人（Quinn and Rohraugh, 1983）提出了"竞争价值方法"（Competing Values Approach），该方法认为在确定改善动态能力着眼点的具体实施时，必须采用整合的方法。

首先是必须征询和统一厂商组织中高层领导的意见，确认出影响厂商生存和需要改善动态能力的维度；其次是调查每个维度对厂商组织在两大价值维度上的影响，形成四个能力维度，分别是市场导向的感知能力、组织学习的吸收能力、社会网络的关系能力和沟通协调的整合能力（图5-8）。

罗珉和刘永俊（2009）利用雷蒙德·奎因等人方法，采用模糊聚类分析法（Fuzzy Cluster Analysis）对过去10年间有关动态能力观的重要文献进行聚类分析，提出了动态能力架构所形成的维度。

（1）市场导向的感知能力。动态能力的首要构成要素是市场导向的感知能力。哈佛商学院教授夏皮罗（Shapiro, 1988）认为，市场导向（Market Oriented）应当被视为厂商成功的关键之一，市场导向并非只是一种限于营销部门的销售概念，而是一种希望厂商组织内各个部门都积极参与的理念。

沃顿商学院教授乔治·戴伊（Day, 1994）指出，市场导向近年来已成为营销管理与战略管理理论所探讨的重点。

美国艾默瑞大学格兹祖塔学院教授埃加利·科利和加州大学营销学终身教授伯纳德·杰沃斯基（Kohli and Jaworski, 1990）认为，市场导向是指一系列的程序，包括市场信息的取得、市场信息在组织中的散布和厂商对市场信息的活动，它可以组织充分地产出及跨部门传播现在与未来顾客需求的市场情报，并采取适当的响应行动。

华盛顿大学教授斯坦利·斯拉特和约翰·纳弗（Slater and Narver, 1995）认为，市场导向使厂商聚焦于持续地搜集目标顾客需求及竞争者能力的信息，且应用这些信息来创造卓越的顾客价值；它是一整个组织的价值系统（Day, 1994），是厂商重要的

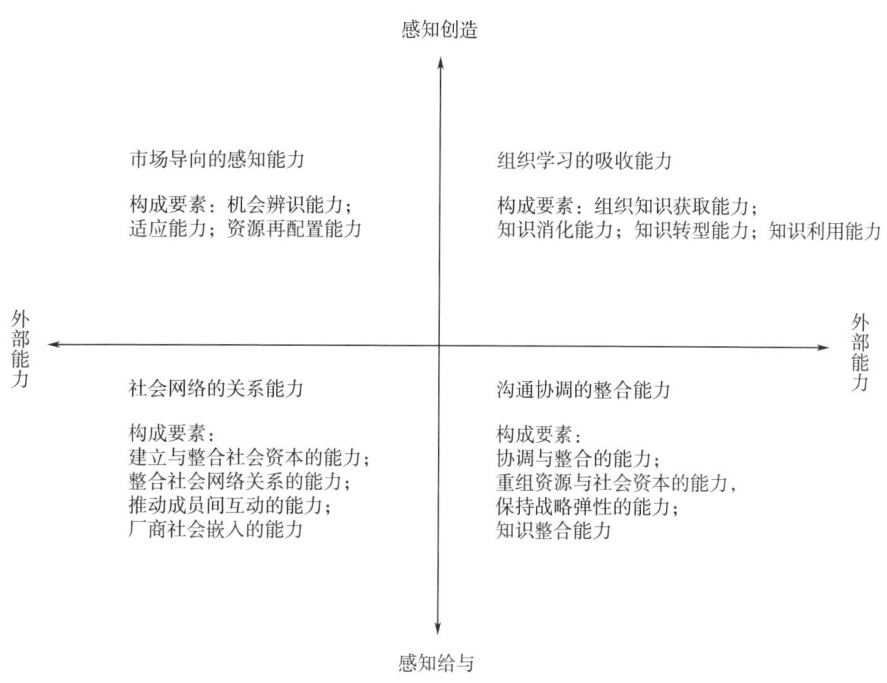

图 5-8 动态能力的理论架构与构成要素

资源（Hunt and Morgan，1995），是学习型组织的重要文化基础。

因此，市场导向对于厂商是相当有价值的，因为它使厂商专注在持续搜集目标消费者的需求与竞争者的能力；而且运用所搜集的信息创造优越的顾客价值（Slater and Narver，1995）。我们认为，市场导向既是一种经营观念的执行，更是一种战略发展的概念（Ruekert，1992），它是指厂商通过对顾客导向、竞争者导向和跨部门协调等三个因素的重视，以期产生更好的顾客价值并建立竞争优势的观念（Slater and Narver，1995）。

所谓的市场导向的感知能力是企业感觉环境的变化、了解顾客的需要的市场响应能力。这种感应市场能力需要通过扫描、寻找、探索与适应方式，响应变动市场的机会与威胁（Wang and Ahmed，2007；Teece et al.，1997；Pavlou and Gefen，2004）。具体来说，这种能力就是机会辨识能力、适应能力和资源再配置能力。

（2）组织学习的吸收能力。企业经营实务界与学术界认为"组织学习"和"知识能力"是厂商获得持续竞争优势的关键因素（Dyer and Nobeoka，2000），通过知识的沟通与整合，厂商得以学习和创新（Kogut and Zander，1992；Schumpeter，1934）。"组织学习"和"知识能力"被美国经济学家戴维·提斯等人（Teece et al.，1997）视为是一种动态能力，认为组织持续学习、调整、适应与提升厂商知识能力是提升竞争优势和成功竞争的关键。

自从美国卡内基梅隆大学教授科亨和美国宾夕法尼亚大学沃顿商学院教授利文塞尔（Cohen and Levinthal，1990）提出吸收能力理论以来，有许多学者投入到有关吸收能力方面的研究，在不同的研究背景下，将吸收能力的定义为组织评估、取得、整合和利用外部知识的能力（Cohen and Levinthal，1990）。雪克·佐拉和杰拉德·乔治（Zahra and George，2002）更进一步利用动态能力的流程观点重新诊释吸收能力，认为吸收能力是组织取得、同化、转换与利用知识的一种潜能，是将所获得的知识经由正式（例如，使用协调者）及非正式（例如，社会网络）的社会整合机制（Social Integration Mechanisms），转化成组织知识的能力。他们强调，吸收能力是一种分析知识累积与流动的程序，通过动态能力的培养以创造和维持厂商竞争优势的能力。

（3）社会网络的关系能力。

①社会网络的关系能力源于社会结构的交互作用行为（Gabbay and Leender，1999），社会网络的关系能力可以定义为组织中以一种无形资源来获取利益或创造价值的能力。

严格地说，社会网络的关系能力最早来自英国著名经济学家阿尔弗雷德·马歇尔（Marshall，1916）的"外部经济性"和社会交换理论（Social Exchange Theory，SET）的思想。马歇尔强调，企业之间的竞争与合作关系可以产生一种系统效应（Systemic Effects），从而帮助企业获得成长的能力。

社会交换理论认为，互换、互惠，是引起并维持社会交换关系的基础。关系的本质带着义务和利益，迫使互惠的力量是社会或群体，个体间的交换活动实际上是按着群体规则进行，同时也在强化这些规则及准则（Mauss，1954）。社会交换对社会整合具有重要作用，但不能只重人际互动行为而忽视了社会结构对人的影响力（Blau，1964）。

所谓的社会网络的关系能力是厂商为适应高速环境变化下，利用资源机会，以获取资源、知识与技术来实现厂商目标的一种关系能力。在社会网络理论看来，社会网络的关系能力是企业家为某一个体或群体间特定的联结关系和嵌入关系，以获取资源与信息的重要渠道。无法取得有效资源、缺乏社会网络的关系能力的组织，则无法完成内部和外部资源的必要转换，也无法有效地对抗竞争对手以及符合市场顾客的需要（Blyler and Coff，2003）。

帕瓦罗（Pavlou and Gefen，2004）认为，对资源和任务加以管理，以产生新活动绩效的协调能力。这种协调对象则包括社会网络的关系能力。

社会网络关系能力强调，厂商间关系网络是由厂商与其他组织之间的一系列水平或垂直的相互关系组成，包括厂商与供应商、分销商、顾客、竞争对手以及其他组织（甚至是本产业以外）之间的相互关系。

社会网络关系能力的这个主张与社会学的社会交换理论所主张的相同，即人际互动不仅仅是经济交换，另外还是社会交换（Blau，1964）。社会网络的关系能力重点关注社会网络关系成员的互动关系、知识转移、吸收潜力与组织间合作能力，探讨了知识在社会关系网络中的转移机制问题。

事实上，"社会网络""组织间竞争优势"和"关系能力"的理论视角，都在强调社会网络关系管理的重要性。而这正是一种被资源基础观所忽视的资源，它是由社会网络节点之间的联结所生成的资源，是一种无形的关系资源。正是这种无形的关系资源揭示出资源基础观对资源认识的不足,在我们看来,这种无形的关系资源反映的是一种社会认知资源、厂商组织的外部资源和无形资源,恰恰没有纳入资源基础观的分析框架,但它们的确会影响厂商的战略行为的选择和厂商的经营业绩,厂商获得竞争优势的最根本原因是如何利用资源,特别是利用厂商间的网络资源,而非拥有资源。

基于企业动态能力的考虑,意图经营全球性市场的网络整合商必须仰赖来自世界各地的模块化生产商提供必要的辅助能力(Ancillary Capabilities),因而需要发展组织间关系网络以实现全球化的生产、营销和后勤的核心能力(Pavlou and Gefen,2004)。这些需求不仅使得焦点厂商与上游供货商及下游后勤及经销商之间的相互依赖关系(Interdependence)逐渐增加,更重要的是需要专注组织间关系成员核心能力的增强和通过组织间关系网络获取必要辅助性资源。组织间关系核心成员的网络整合商一方面通过价值链的垂直解构(Vertical Disintegration)来形成一个个具有高度能力要素的模块化组织,以获取专业化经济(Economies of Specialization)的效益;另一方面积极地整合战略性的合作厂商,构建和发展组织间关系网络,以取得必要的资源、资本、信息、知识和技术(Frohlich and Westbrook,2001)。

因此,现有研究重点探讨了社会网络的关系能力、组织间联结关系与绩效之间的关系,指出厂商根据本身核心竞争力,通过异质与互补资源的组织间联结关系,可以创造持久的竞争优势。这是因为在科技进步快速、竞争环境越趋激烈与复杂化下,任何一个组织已很难再仅仅凭借其本身的优势来维持其竞争力。因此,如何有效地建立社会网络的关系能力,可说是企业建立与维持竞争优势最重要的课题。

在动态能力观看来,高度动态市场下,市场障碍是模糊与难以预测的,成功的企业模式不易清楚,供应链和价值链上的参与者也是模糊、随时可移动的,产业结构处于动态性与复杂性混沌的状态下(Eisenhardt and Martin,2000)。因此,缺乏社会资本的关系将无法取得有效资源(Möller and Svahn,2003)。为适应高速环境变化的产业网络价值系统的演化,网络组织必须运用动态能力的整合与重组资源的能力加以响应(Luo,2000;Blyler and Cooff,2003)。

美国埃默里大学教授布莱勒和科夫(Blyler and Cooff,2003)则进一步认为社会资本是一种管理资源的能力,应视为动态能力的要素之一,它能帮助企业取得资源、整合与再配置资源和释放资源。

②社会网络关系能力的构成要素。进一步分析发现,有四种社会网络关系能力的次级构成要素:建立与整合社会资本的能力(Blyler and Cooff,2003);整合社会网络关系的能力(Pavlou and Gefen,2004;Blyler and Cooff,2003);推动关系成员间互动的能力(Luo,2000;Blyler and Cooff,2003);厂商社会嵌入的能力(Granovetter,1985)。

这四种次级构成要素实质上是一种使用资源机会的能力(Burt,1997),厂商可以通过这些要素来获取资源、知识与技术,以实现企业目标的一种能力。

美国西北大学凯洛格管理学院教授兰加·古拉提(Gulati,1999)认为,社会网络纵横交错的联系是一种不可模仿的资源,是一种创造资源的手段和一个获得资源与信息的途径。正因为网络关系对组织有这些正面影响,他将其称为网络资源(Network

Resource)，在网络资源这个概念下，包含四个子概念：网络结构资源、网络成员的资格资源、关系链形态资源和网络管理能力资源。

兰加·古拉提认为，网络中的资源能够给厂商提供有价值的信息，使网络中的厂商行动速度比竞争对手更迅速，从而使厂商获得竞争优势。

社会关系"网络资源"的积累、获得和运用，是厂商创建持久的竞争优势的保障。社会网络的关系能力说明，厂商的成长是内生性的，但厂商的成长不再简单地依赖于本企业内部的资源以及管理能力，同时还依赖于社会关系网络或战略联盟伙伴的资源状况、行为以及相互之间的关系与合作的紧密程度。单个厂商与其他厂商建立正式或非正式的合作伙伴关系，借助于社会关系网络或战略联盟来获取和共享网络关系资源和关系租金，寻求在网络化背景下的成长，已经成为复杂性商业环境条件下厂商成长的方式与策略之一（Peng and Heath，1996）。

基于关系资源的厂商竞争优势是内生性的，因为社会网络关系与合作是异质的、稀缺的、不可转移的、不能被完全模仿的，是其他资源和能力要素所不能替代的，因而社会网络中长期的关系租金（Relational Rents）来源也是内生性的。

（4）沟通协调的整合能力。对于面临技术快速变动的产业竞争环境的厂商组织而言，知识和技术无疑是组织最重要的资产之一。因此，如何有效地利用厂商间关系与互动，跨越知识边界实现社会网络创新性合作，已经成为厂商建立竞争优势的重要课题。

然而，伴随着知识的高度分化和越来越专门化，科学技术分工日益细密以及科技发展日趋复杂化，厂商对自身所需要的知识已不再局限于自身的积累，对自身所需要的技术的取得也不再局限于自行研发。相反地，通过各种方式由外部取得所需的知识与技术，已经是产业竞争的一个必然趋势（Lambe and Spekman，1997）。尤其是通过跨越厂商组织边界的沟通协调的整合能力来取得外部来源的知识和技术，更是近年来厂商建立竞争优势的重要一环（Hagedoorn and Schakenraad，1994）。

随着跨组织信息技术、企业组织的全球化经营、产品定制化与快速响应市场的发展，企业领导人发现包括采购、制造、市场营销、后勤、运输等活动已经突破企业组织的范畴而与组织间关系成员的上下游厂商的配合息息相关。要有效地管理这些活动，企业组织除了要强化内部跨职能活动的协调之外，更需要加强组织间关系和跨组织间功能活动的协调与管理（Ballou，2000），更需要构建跨组织网络（Baker and Faulkner，2004）。

通过跨越厂商组织边界的沟通协调的整合能力来取得外部来源的知识和技术是创造竞争优势最重要的来源之一，因此企业沟通协调的整合能力将对企业经营绩效会有显著影响。戴维·提斯等人（Teece et al.，1997）所提出的动态能力观认为，组织持续学习、调整、适应与提升厂商知识能力是成功竞争的关键。构成这个"能力"维度的关键因素之一是通过知识的沟通与整合，组织得以学习及创新（Kogut and Zander，1992；Schumpeter，1934）。

参考文献

[1] Adams T, Lamont G L. Knowledge management systems and developing sustainable

competitive advantage [J]. Journal of Knowledge Management, 2003, 7 (2): 142-154.

[2] Adner R, Helfat C E. Corporate effects and dynamic managerial capabilities [J]. Strategic management journal, 2003, 24 (10): 1011-1025.

[3] Arther W B. Competing technologies, increasing returns, and lock in by historical events [J]. Economic Journal, 1989 (99): 116-131.

[4] Baker W E, Faulkner R R. Social networks and loss of capital [J]. Social Networks, 2004, 26 (2): 91-111.

[5] Barney J B. Firm resources and sustainable competitive advantage [J]. Journal of Management, 1991, 17 (1): 95-99.

[6] Blau P M. Exchange and power in social life [M]. New York: Wiley, 1964.

[7] Blyle R M, Coff R W. Dynamic capabilities, social capital, and rent appropriation: Ties that split pies [J]. Strategic management journal, 2003, 24 (7): 677-686.

[8] Brown M, Eisenhardt S L. The art of continuous change: linking complexity theory and time paced evolution in relentlessly shifting organizations [J]. Administrative Science Quarterly, 1997, 42: 1-34.

[9] Burt R S. A note on social capital and network content [J]. Social networks, 1997, 19 (4): 355-373.

[10] Cachon G P, Lariviere M A. Supply chain coordination with revenue-sharing contracts: strengths and limitations [J]. Management science, 2005, 51 (1): 30-44.

[11] Carlsson S A. Knowledge managing and knowledge management systems in inter_organizational networks [J]. Knowledge and Process Management, 2003, 10 (3): 194-206.

[12] Cohen W M, Levinthal D A. Absorptive capacity: A new perspective on learning and innovation [J]. Administrative science quarterly, 1990, 35 (1): 128-152.

[13] Collis D, Cynthis M. Competing on resource strategy in the 1990s [J]. Harvard Business Review, 1995, 7 (8): 26-36.

[14] Daniel E M, Wilson H. The role of dynamic capabilities in e-business transformation [J]. European Journal of Information Systems, 2003, 12 (4): 282-296.

[15] D'Aveni R A. Strategic supremacy through disruption and dominance [J]. Sloan Management Review, 1999, 40 (3): 120-127.

[16] Day G S. The capabilities of market-driven organizations [J]. Journal of marketing, 1994, 58 (4): 37-52.

[17] Dierickx I, Cool K. Asset stock accumulation and sustainability of competitive advantage [J]. Management science, 1989, 35 (12): 1504-1511.

[18] Dyer J H, Nobeoka K. Creating and managing a high - performance knowledge - sharing network: the Toyota case [J]. Strategic management journal, 2000, 21 (3): 345-367.

[19] Eisenhardt K M, Martin J A. Dynamic capabilities: What are they [J]. Strategic

Management Journal, 2000, 21 (4): 1105-1121.

[20] Emmons H, Gilbert S M. The role of returns policies in pricing and inventory decisions for catalogue goods [J]. Management science, 1998, 44 (2): 276-283.

[21] Eppen G D, Iyer A V. Backup Agreements in Fashion Buying—The Value of Upstream Flexibility [J]. Management, 1997, 43 (11): 1469-1484.

[22] Frohlich M T, Westbrook R. Arcs of integration: an international study of supply chain strategies [J]. Journal of operations management, 2001, 19 (2): 185-200.

[23] Gabbay S, Leenders R T A J. CSC: The structure of advantage and disadvantage [M]. Springer, Boston, MA: Corporate social capital and liability, 1999.

[24] Galunic M, Eisenhardt D C. Architectural innovation and modular corporate forms [J]. Academy of Management Journal, 2001, 44 (6): 1229-1249.

[25] Gioia D A, Chittipeddi K. Sensemaking and sense giving in strategic change initiation [J]. Strategic management journal, 1991, 12 (6): 433-448.

[26] Granovetter M. Economic action and social structure: The problem of embeddedness [J]. American journal of sociology, 1985, 91 (3): 481-510.

[27] Griffith D A, Harvey M G. A resource perspective of global dynamic capabilities [J]. Journal of International Business Studies, 2001, 32 (3): 597-606.

[28] Gulati R. Network location and learning: The influence of network resources and firm capabilities on alliance formation [J]. Strategic management journal, 1999, 20 (5): 397-420.

[29] Hagedoorn J, Schakenraad J. The effect of strategic technology alliances on company performance [J]. Strategic management journal, 1994, 15 (4): 291-309.

[30] Heiner R A. Imperfect decisions in organizations: toward a theory of internal structure [J]. Journal of economic behavior and organizations, 1988, 9 (1): 25-45.

[31] Hitt M A, Bierman L, Shimizu K. Direct and moderating effects of human capital on strategy and performance in professional service firms: A resource-based perspective [J]. Academy of Management journal, 2001, 44 (1): 13-28.

[32] King L, Tucci A A. Incumbent entry into new market niches: The role of experience and managerial choice in the creation of dynamic capabilities [J]. Management Science, 2002, 48 (2): 171-186.

[33] Kogut B, Zander U. Knowledge of the firm, combinative capabilities, and the replication of technology [J]. Organization science, 1992, 3 (3): 383-397.

[34] Kohli A K, Jaworski B J. Market Orientation: The Construct Research Propositions and Managerial Implications [J]. Journal of Marketing, 1990, 54 (2): 1-18.

[35] Lambe C J, Spekman R E. Alliances, external technology acquisition, and discontinuous technological change [J]. Journal of Product Innovation Management: An International Publication Of The Product Development and Management Association, 1997, 14 (2): 102-115.

[36] Luo Y. Dynamic capabilities in international expansion [J]. Journal of world business, 2000, 35 (4): 355-378.

[37] Macher J T, Mowery D C. Measuring dynamic capabilities: practices and performance in semiconductor manufacturing [J]. British Journal of Management, 2009, 20: 41-62.

[38] Mansfield E. Patents and innovations: an empirical study [J]. Management Science, 1986 (32): 173-181.

[39] Marshall A. Principles of economics: an introductory volume [M]. London: Macmillan, 1916.

[40] Mauss M. The Gift: forms and functions of exchange in archaic societies, trans [J]. Ian Cunnison, 1954, 1.

[41] Moliterno T P, Wiersema M F. Firm performance, rent appropriation, and the strategic resource divestment capability [J]. Strategic Management Journal, 2007, 28 (11): 1065-1087.

[42] Möller K, Svahn S. Managing strategic nets: A capability perspective [J]. Marketing theory, 2003, 3 (2): 209-234.

[43] Newbert S L. New Firm Formation: A Dynamic Capability Perspective [J]. Journal of Small Business Management, 2005, 43 (1): 55.

[44] Pavlou P A, Gefen D. Building effective online marketplaces with institution-based trust [J]. Information systems research, 2004, 15 (1): 37-59.

[45] Peng M W, Heath P S. The growth of the firm in planned economies in transition: Institutions, organizations, and strategic choice [J]. Academy of management review, 1996, 21 (2): 492-528.

[46] Penrose E T. The Theory of the Growth of the Firm, Wiley [M]. New York.: Wiley, 1959.

[47] Peteraf M A. The Cornerstones Of Competitive Advantage: A Resources-based View [J]. Strategic Management Journal, 1993, 14: 179-191.

[48] Prahalad C K, Hame L G. The core competence of the corporation [J]. Harvard Business Review, 1990, 5 (6): 89-98.

[49] Quinn R E, Rohrbaugh J. A spatial model of effectiveness criteria: Towards a competing values approach to organizational analysis [J]. Management science, 1983, 29 (3): 363-377.

[50] Ray G, Barney J B, Muhanna W A. Capabilities, business processes, and competitive advantage: choosing the dependent variable in empirical tests of the resource based view [J]. Strategic management journal, 2004, 25 (1): 23-37.

[51] Rayport J F, Sviokla J J. Exploiting the virtual value chain [J]. Harvard business review, 1995, 73 (6): 70-75.

[52] Rindova V P, Kotha S. Continuous "morphing": Competing through dynamic ca-

pabilities, form, and function [J]. Academy of management journal, 2001, 44 (6): 1263-1280.

[53] Rosenbloom R S. Leadership, capabilities and technological change: the transformantion of NCR in the electronic era [J]. Strategic Management Journal, 2000, 21 (10): 1083-1110.

[54] Ruekert R W. Developing a market orientation: an organizational strategy perspective [J]. International journal of research in marketing, 1992, 9 (3): 225-245.

[55] Sanchez R, Heene A. Managing articulated knowledge in competence-based competition [M]. Chichester: John Wiley and Sons, 1997.

[56] Schumpeter J A. The theory of economic development, translated by Redvers Opie [J]. Harvard: Economic Studies, 1934: 46.

[57] Shapiro B P. What the hell is market oriented? [M]. Boston: HBR Reprints, 1988.

[58] Slater S F, Narver J C. Market orientation and the learning organization [J]. Journal of marketing, 1995, 59 (3): 63-74.

[59] Stalk G, Evans P, Schulman L E. Competing on capabilities: the new rules of corporate [J]. Harvard Business Review, 1992, 4 (5): 35-45.

[60] Stevens G C. Integrating the supply chain [J]. international Journal of physical distribution & Materials Management, 1989, 19 (8): 3-8.

[61] Subba N. Strategy in turbulent environments: the role of dynamic competence [J]. Managerial and decision Economics, 2001, 22 (4): 201-212.

[62] Taylor T A. Supply chain coordination under channel rebates with sales effort effects [J]. Management science, 2002, 48 (8): 992-1007.

[63] Teece D J, Pisano G, Shuen A. Dynamic capabilities and strategic management [J]. Strategic management journal, 1997, 18 (7): 509-533.

[64] Thomas J, Griffin P M. Coordinated Supply Chain Management [J]. European Journal of Operational Research, 1996, 94: 86-91.

[65] Tsay A A, Lovejoy W S. Quantity flexibility contracts and supply chain performance [J]. Manufacturing & Service Operations Management, 1999, 1 (2): 89-111.

[66] Verona D, Ravasi G. Unbundling dynamic capabilities: An exploratory study of continuous product innovation [J]. Industrial and Corporate Change, 2003, 12 (3): 577-606.

[67] Wang K, Ahmed C L. Dynamic Capabilities: A Review and Research Agenda [J]. International Journal of Management Reviews, 2007, 9 (1): 31-51.

[68] Wernerfelt B. A resource-based view of the firm [J]. Strategic Management Journal, 1984, 12 (5): 89-96.

[69] Wheeler B C. NEBIC: A dynamic capabilities theory for assessing net-enablement [J]. Information Systems Research, 2002, 13 (2): 125-146.

[70] Winter S G. Understanding dynamic capabilities [J]. Strategic management journal, 2003, 24 (10): 991-995.

[71] Woiceshyn J, Daellenbach U. Integrative capability and technology adoption: evidence from oil firms [J]. Industrial and Corporate Change, 2005, 14 (2): 307-342.

[72] Wooten P, Crane L P. Generating Dynamic Capabilities through a Humanistic Work Ideology [J]. American BehavioralScientist, 2004, 47 (6): 848-866.

[73] Wu L. Applicability of the resource-based and dynamic capability views under environmental volatility [J]. Journal of Business Research, 2010, 63: 27-31.

[74] Zahra S A, George G. Absorptive capacity: A review, reconceptualization, and extension [J]. Academy of management review, 2002, 27 (2): 185-203.

[75] Zollo G, Winter S. Deliberate learning and the evolution of dynamic capabilities [J]. Organization Science, 2002, 13 (3): 339-351.

[76] Zott C. Dynamic capabilities and the emergence of intraindustry differential firm performance: insights from a simulation study [J]. Strategic management journal, 2003, 24 (2): 97-125.

[77] 曹红军,卢长宝,王以华.资源异质性如何影响企业绩效:资源管理能力调节效应的检验和分析 [J].南开管理评论,2011,14 (04):25-31.

[78] 董保宝,葛宝山,王侃.资源整合过程、动态能力与竞争优势:机理与路径 [J].管理世界,2011 (03):92-101.

[79] 胡泳.海尔中国造之竞争策略与核心竞争力 [M].海口:海南出版社,2002.

[80] (美)卡利斯·Y·鲍德温,金·B·克拉克.价值链管理 [M].北京新华信商业风险管理有限责任公司,译.北京:中国人民大学出版社,2001.

[81] 李心芹,李仕明,兰永.产业链结构类型研究 [J].电子科技大学学报(社科版),2004 (04):60-63.

[82] 罗珉,刘永俊.企业动态能力的理论架构与构成要素 [J].中国工业经济,2009 (01):75-86.

[83] (美)迈克尔·波特.竞争优势 [M].陈小悦,译.北京:华夏出版社,1997.

[84] 孙道银,李猛,纪雪洪.供应链管理研究述评 [J].技术经济与管理研究,2010 (6):54-57.

[85] 王核成.基于动态能力观的企业竞争力及其演化研究 [D].杭州:浙江大学,2005.

[86] 魏然.产业链的理论渊源与研究现状综述 [J].技术经济与管理研究,2010 (06):140-143.

[87] 吴晓波,徐松屹,苗文斌.西方动态能力理论述评 [J].国外社会科学,2006 (02):18-25.

[88] 姚齐源,宋伍生.有计划商品经济的实现模式——区域市场 [J].天府新

论，1985（3）：1-4.

[89] 于洋. 企业成长理论中资源观与能力论的反思［J］. 经济研究导刊，2008（10）：33-36.

[90] 郁义鸿. 产业链类型与产业链效率基准［J］. 中国工业经济，2005（11）：35-42.

[91] 战彦领. 煤炭产业链演化机理与整合路径研究［D］. 北京：中国矿业大学，2009.

[92] 周芬，许纪校. 基于纵向价值链分析的企业价值分配探讨［J］. 市场周刊（研究版），2005（05）：55-56.

专题六
变革与变革管理

辩证唯物主义认为世界是物质的,物质是运动的,运动是绝对的,静止不是游离之外,而是存在于运动之中。静止是绝对运动中的局部状态,运动则是整体状态。社会经济的不断变化推动着企业在生产方式、商业模式、组织管理以及技术更新等方面的不断变革,企业变革中所采用的方式与方法正在不断推动着管理变革理论的发展。

一、组织变革理论

世界经济与技术的持续发展,使组织的内部条件与外部环境不断发生变化,组织要面对越来越多的风险与竞争,因此组织适应性的提高就显得格外重要。而组织提高适应性的一个重要途径就是进行变革。自卢因(Lewin,1946)提出了组织变革(Organizational Change)的概念,距离现在已有 70 多年的历史,在这期间组织变革问题始终是国内外学者关注的一个焦点问题,国外对于该问题研究的成果中不乏新的方法、新的诊断模型以及与时俱进的诠释。这些学者所做的贡献为组织变革的后续研究提供了颇有价值的启迪,对学术界贡献巨大。

然而,在该领域,在一些重要问题上,学术界尚未达到共识。例如,究竟什么是组织变革?从离散视角还是从过程视角对组织变革的概念进行界定更为合适?如何对组织变革的类型进行划分?划分的标准是什么?国外学术界对于组织变革的研究呈现出怎样的发展脉络?诸如此类问题,国内学者较少有人进行过深度的梳理。

但是,这些不可回避的问题,对于正处在转型期的中国企业而言,在理论上是深入研究组织变革的重要基础,在实践上是各类组织制定变革政策与相关措施的现实依据。

通过对国际上[①]的重要文献进行梳理分析,可以从概念界定、类型划分和研究发展三个角度来较全面把握组织变革的系统内容(林忠和刘亦飞,2013)。

(一)组织变革研究的发展

组织变革与组织几乎是同时出现,关于组织变革的理论探讨,学术界的研究成果颇为丰富。总体上看,学术界对组织变革研究的发展脉络侧重表现在研究对象、研究内容和研究方法三个方面。

1. 研究对象

组织变革关于研究对象的相关探索,呈现出从组织层面的研究转向员工个体层面

---

① 注:之所以通篇以国外学者的研究成果为综述对象,一方面是因为欧美等发达国家的学者对组织变革问题的关注程度高,研究的时间跨度长,成果丰富且处于世界学术前沿,因此以外文文献为综述对象,有助于通过与国际接轨的渠道,进一步拓宽国内学者的眼界;另一方面是国内对于该问题研究尚处于浅层次的探索阶段。

分析的趋势。在组织变革相关理论的研究初期,学术界关注的重点是组织层面上的组织变革,探索的主要对象是组织变革的产生原因、类型划分、变革内容、实现过程、管理方法、结果变量与衰败理由等,如表6-1所示。

表6-1 组织层面上研究对象的发展脉络

相关领域	具体研究
产生原因	最高管理者的外部聘用(Helmich and Brown, 1972)
	组织创新(Bell, 1973; King, 1974)
	管理者预期(King, 1974)
	环境变化(Sherwood, 1976; March, 1981; Delacroix and Swaminathan, 1991)
	政府信息化(教军章,2003)
类型划分	渐进式变革与激进式变革(Bartunek and Moch, 1987; Cohen and Levinthal, 1990)
	间断式变革与连续式变革(Orlikowski, 1996; Weick and Quinn, 1999; Beck et al., 2008)
变革内容	结构框架(Spencer and Sofer, 1964)
	目标愿景(Keidel, 1981; Singh et al., 1986)
	系统整体(Keidel, 1981; Kieser et al., 2001)
	方向定位(Carroll, 1985; Singh et al., 1986)
	人力资源(Smith and White, 1987; Westphal and Zajac, 1995; Singh et al., 1986)
	流程再造(Kaiser, 2004)
	组织文化(Bryson, 2008; Williams, 1980)
实现过程	解冻—转变—再冻结(Lewin, 1952)
	惯例化的序(March, 1980; Pondy and Huff, 1985)
	探索—计划—行动—整合(Bullock and Batten, 1985)
管理方法	试点、培训、咨询、参与、核心员工更换(Spencer and Sofer, 1964)
结果变量	重要惯例和主导逻辑(Pondy and Huff, 1985)
	组织衰败(Singh et al., 1986; Stoeberl et al., 1998)
	生存机会与组织绩效(Haveman, 1992)
	生产力(Bertschek and Kaiser, 2004)
衰败理由	误解与怨恨(Zeira and Harari, 1975)
	组织惯例(Nelson and Winter, 1982; Hannan and Freeman, 1984; Levitt and March, 1988; Amburgey et al., 1993)

对组织变革发生层面的研究,经历了自上而下的过程。虽然组织变革在组织层面的研究成果相当丰富,但随着探讨的持续进行,学术界发现有的问题在组织层面上并

不能得到令人满意的解释，因此许多学者开始将关注重点转向组织中的个体层面。

这种转向符合研究的逻辑进程，因为个体终究是组织变革的最终实施者与承受者。在组织变革的个体层面研究成果中，个体有时被看成是组织变革的自变量，有时被看作组织变革的因变量。

对个体层面的研究，主要是讨论组织变革对个体造成的影响以及个体特别是身为管理者的个体对组织变革产生的影响，如表6-2所示。

表6-2 个体层面上研究对象的发展脉络

相关领域	具体研究
组织变革对个体的影响	工作缺勤与满意（Ronen and Sophia, 1981）
	管理者认知紊乱（Mc Kinley and Scherer, 2000）
	个体与环境适应（Caldwell et al., 2004）
	工作压力（Lüscher and Lewis, 2008；Dahl, 2011）
管理者对组织变革的影响	变革预期（King, 1974；Martins, 2005）
	教育背景与工作经验（Grimm and Smith, 1991）
	关注程度（Dutton et al., 2001；Bercovitz and Feldman, 2008）
	管理释义（Martins, 2005；Lüscher and Lewis, 2008）
	接受程度与对员工的影响（Lüscher and Lewis, 2008）
员工对组织变革的影响	对变革的态度（King, 1974；Ronen and Sophia, 1981；Piderit, 2000）
	对变革的理解（Kabanoff et al., 1995；Rousseau and Tijoriwala, 1999；Buchanan and Dawson, 2007）
	对管理者的信任（Rousseau and Tijoriwala, 1999）
	对变革的反应（Piderit, 2000）
	惰性、安全感、利益损失与心理抵御（张丽坤等人, 2004）
	组织认同（Martins, 2005）
	组织学习（Bercovitz and Feldman, 2008）

2. 研究内容

对组织变革内容的研究可以说是非常零散和广泛的。但从总体上看，学术界关于组织变革研究内容的探讨还是存在一定的趋势，主要是从组织变革的解释研究转向组织变革的应用研究。

20世纪40至60年代，学术界关于组织变革的研究重点是其理论基础；在20世纪70年代，学术界重点关注的是组织变革的产生原因与实现过程；20世纪80年代之后，学术界对组织变革的研究表现出分散化的特点，但讨论的重点是组织变革的结果变量与行为反应，如表6-3所示。

表6-3 组织变革研究内容的发展脉络

时间范围	具体内容
20世纪40至60年代	成功的变革必须经历"解冻—改变—再冻结"的过程(Lewin, 1952)
	组织变革对成长型企业至关重要(Mc Nulty, 1962)
	组织变革包括纵向集权程度、权力水平分布与灵活适应能力三个方面的变化,组织应通过试点、培训、咨询、参与和核心员工更换等方式管理变革(Spencer and Sofer, 1964)
	组织变革的评价不能仅凭主观判断,因此标准的制定特别重要,但组织变革的测量充满复杂性(Sofer, 1964)
	从管理者的特征入手可以有效管理组织变革(Pym, 1966)
20世纪70年代	最高管理者的继承人类型对组织变革存在重要影响,与外部聘用相比较,内部提拔的继承人在任职后的两年内较少引发组织变革(Helmich and Brown, 1972)
	管理者对组织变革的预期是比创新更为重要的变革来源(King, 1974)
	以往的研究过于关注组织变革的原因,而忽视了组织变革过程的重要性(Biggart, 1977)
	重组对组织变革的创造性和毁灭性过程有重要影响(Biggart, 1977)
20世纪80年代之后	组织变革对员工工作缺勤与满意的影响(Ronen and Sophia, 1981)
	组织变革对重要惯例和主导逻辑的影响(Pondy and Huff, 1985)
	组织变革对组织衰败的影响(Singh et al., 1986; Stoeberl et al., 1998)
	组织变革分为渐进式变革与激进式变革(Bartunek and Moch, 1987; Cohen and Levinthal, 1990)
	组织变革对绩效和生存机会的影响(Haveman, 1992)
	信息革命对企业组织变革的影响(俞晓军, 1996)
	组织变革分为间断式变革与连续式变革(Orlikowski, 1996; Weick and Quinn, 1999; Beck et al., 2008)
	组织变革对管理者认知紊乱的影响(Mc Kinley and Scherer, 2000)
	领导变革矩阵对组织变革的作用(王雪莉, 2002)
	网络经济时代下的组织变革(柳清瑞和张今声, 2002)
	组织变革下个体与环境的适应机制(Caldwell et al., 2004)
	组织对生产力的作用机制(Bertschek and Kaiser, 2004)
	组织变革对员工工作压力的影响(Lüscher and Lewis, 2008; Dahl, 2011)

3. 研究方法

对组织变革研究方法的相关研究,呈现出从理论分析逐步转向实证分析的趋势。其中,理论分析应用的方法主要有过程研究、文献推演、理论推导与隐喻研究等。

例如,卢因对组织变革的过程进行描述性分析,提出"解冻—改变—再冻结"的三阶段组织变革过程模型;布洛克和巴滕在回顾大量文献的基础上认为,组织变革分为四个阶段,分别是探索、计划、行动与整合;佩蒂格鲁基于理论推导,对浮现型组织变革进行了深入讨论;韦克和奎因应用隐喻研究的方法,从进化论的视角分析组织变革的间断性与持续性。

但是,这些研究都是对组织变革进行描述性的理论构建,因缺乏实际数据支持而饱受质疑。随着计算机统计分析技术的快速发展,关于组织变革的研究越来越深入与广泛,学术界开始从理论分析转向实证分析。

(二)组织变革的主要观点

组织变革的概念一经提出,便成为管理学界研究领域中的一个焦点问题(Schwarz,2011)。但是,随着大量学者对组织变革理论深入而广泛的探索,研究成果也呈现出零散化的倾向。就组织变革的概念而言,虽然学者们对其的阐述很多,但由于关注的视角不同,迄今为止被学术界普遍接受的组织变革的概念尚未出现(Dunphy,1996)。尽管如此,在总体上组织变革概念的界定可以分为两个视角:离散视角与过程视角。

1. 离散视角下的组织变革

在离散视角下,一些学者认为组织变革的目的是适应环境变化、获得竞争优势、满足利益相关者诉求与实现可持续发展等,而实现这些目的则需要在组织战略、流程结构与人力资源等方面进行改变。

因此,离散视角下的组织变革侧重于对非系统性离散事件的关注。具体来说,离散视角下不同学者们对组织变革概念的界定,如表6-4所示。

表6-4 离散视角下不同学者对组织变革概念的界定

研究学者	概念界定
韦伯(Webber,1979)	组织变革是通过改变成员态度或行为、政策制度与框架结构等一系列事件来提高绩效
李嘉图(Recardo,1991)	组织变革是对组织结构进行的有计划改进,包括增减职位、重置任务与更换人员等独立事件,其关注重点较多地聚焦在组织结构层面
劳和伍德曼(Lau and Woodman,1995)	组织变革是一种框架,这种框架对具有变革特点的组织知识进行解释,对信息再处理使其具有引导功能。组织变革可以从五个方面测量
摩根和泽法尼(Morgan and Zeffane,2003)	组织变革是一种特别重要的事件,并与员工的参与和信任密切相关
Bertschek 和 Kaiser(2004)	组织变革的主要目的是提高产品质量与降低经营成本,强调组织结构的扁平化与团队工作两种变革形式
Lines 等人(2005)	组织变革是一种关键事件,部分关键事件可能对组织管理的信任程度造成破坏性影响
Meyer 和 Stensaker(2006)	组织变革是一系列独立的事件,但对组织的未来发展影响巨大
安德里夫(Andreeva,2008)	从微观上看,组织变革理论的构建是基于组织能够预见变革事件,并借此来计划与实施组织变革

续表

研究学者	概念界定
Yeo (2009)	组织变革是一组事件的集合，干涉其中的某些变量可以实现影响战略的目的
Buono 和 Kerber (2010)	组织变革是许多非系统性的、偶尔产生负面影响的、线性的与机械的事件，因此组织应该控制变革的发生频率，以利于组织目标的实现

2. 过程视角下的组织变革

由于离散视角的组织变革研究过于强调非连续的变革事件，关注的侧重点在于组织变革的促进与阻碍因素，对于情境变量如何作用于组织变革则较少涉及，因此有诸多学者认为，仅研究特定情景下的组织变革事件是片面的，学术界不仅应该对组织变革的历史、技术与环境等多种情境要素进行分析，而且应该把组织变革的发生过程作为关注的重点，于是有学者从过程研究视角对组织变革概念进行了界定。

具体来看，过程视角下学者们对组织变革概念的界定，如表 6-5 所示。

表 6-5 过程视角下不同学者对组织变革概念的界定

研究学者	概念界定
勒温 (1952)	组织变革的过程是"解冻—改变—再冻结"三个阶段，两种变革方式：风平浪静型和激流险滩型
威廉姆斯 (1980)	文化因素是造成组织持续变革的内在力量，且文化本身处于不断变化的状态
Keidel (1981)	组织变革分为两个阶段：探索测量与强行干预
米勒和格里森 (Miller and Friesen, 1984)	组织变革不会始终保持稳定，它的本质是从一个相对波动的状态转变到一个相对稳定的状态
布洛克和巴登 (Bullock and Batten, 1985)	组织变革是从一种状态变化到另一种状态的过程，而且需要通过多个不同的变革阶段才能实现成功
佩蒂格鲁 (Pettigrew, 1985)	基于过程—情境视角，认为组织变革不是一系列独立的事件
布洛克和巴登 (1995)	组织变革是一个分为四个阶段的过程，分别是探索、计划、行动与整合
明茨伯格和韦斯特利 (Mintzberg and Westley, 1992)	组织变革是一种系统性的移动循环路径
安伯格等 (Amburgey et al., 1993)	组织变革是一种自增强过程，前面的变革能引起随后的持续变革
伯恩斯 (Burnes, 1996)	组织变革是一种持续的过程，既不是固化的，也不是特定时间内的一组离散事件

续表

研究学者	概念界定
科特（Kotter, 1996）	提出组织变革的八阶段模型，即创造紧迫感、创建有力的指导工作组织、创造变革愿景、沟通愿景、清除障碍、创造短期胜利、依靠变革与在组织文化中锚定变革
摩根和布赖特曼（Moran and Brightman, 2001）	组织变革是为不断提升外部与内部客户服务，其过程是发展方向、框架结构与竞争能力的持续更新
多森（Dawson, 2003）	组织变革是一种随时间变化的具体情境、组织策略、实施内容与执行过程等多方面的关系
贝克等人（Beck et al., 2008）	组织变革是一种递减的过程，前面的变革不是后来变革的动力，而是一种阻力

国外学术界从离散和过程两种视角对组织变革概念的界定，构成了组织变革领域的研究基础。

虽然过程视角下的组织变革研究弥补了离散视角下相关分析的不足，但这两种视角都存在一定的局限性：离散视角下对组织变革定义的局限性表现在孤立地看待组织变革，认为组织变革是某种非系统性的离散事件；过程视角下对组织变革定义的局限性表现在平铺直叙地看问题，对关键事件关注不足。

对组织变革概念定义的缺陷，造成了后续研究的静态性与片面性。所以，学术界应结合性质与过程两种视角对组织变革的概念进行界定。事实上，已经有学者在这方面进行了研究。例如，伯利（Balle, 1995）认为，可以将组织变革当作非独立事件序列；纳特（Nutt, 2003）认为，组织变革是过程与结构相结合的状态；布坎南和多森（Buchanan and Dawson, 2007）发现，只有考虑到具体情境下组织变革持续的事件序列，才能科学界定组织变革的概念；阿拉斯（Alas and Ruth, 2007）指出，在转型经济条件下，组织变革是一系列非独立事件序列构成的过程。

上述从不同侧面对组织变革概念所做的界定，对当今学者启发很大。组织变革是贯穿于组织各个发展阶段的一项系统工程，是组织形成、保持与发展核心竞争力的源泉，主要包括为实现与内外部环境匹配而进行的组织战略变革、组织结构变革以及为改变组织及其成员行为而做的一些策略性调整（林忠和刘亦飞，2013）。

（三）典型学派

Rajagopalan 和 Spreitzer（1997）依据研究对象和使用方法对组织变革理论进行梳理，将之归纳为过程学派和内容学派。

1. 过程学派

过程学派往往通过时间跨度长达数年的纵向案例研究来分析企业管理层在战略变革过程中扮演的角色（Webb and Dawson, 1991）。

过程学派的代表性理论是勒温（Lewin, 1952）的三步骤理论，即解冻—变革—再冻结。在变革过程中有两种变革方式：风平浪静型和激流险滩型，勒温的三步骤变革过程把变革视为打破组织的现有均衡状态，是一种风平浪静的场景。

Schein（1987）后来指出，Lewin 的步骤是交迭的，且实际过程比上述三个步骤更加复杂和精细，为此他深入和细化了三步骤理论。

Lippitt 和 Watson（1988）也赞同 Schein 的观点，即三个步骤之间存在交迭，认为使用"阶段"比使用"步骤"更为合适，进而提出了五阶段理论。即解冻—（变革执行者和客户组织之间）建立变革关系—移动—再冻结—变革关系终止。

概言之，过程流派主要关注如何实施变革，但问题是组织应该何时进行变革？哪些因素会影响变革时点？对于前一问题，Beckhard 和 Harris（1997）试图从组织中人们接受和实施变革的准备程度视角给出解答，他们依据社会和心理成本去测度准备程度，提出表达式 C =（ABD）>X。其中，C 为变革，A 为对现状的不满意程度，B 为明确的目标和愿望，D 为朝向目标前进的实际步骤，X 为变革成本。换言之，如果实施变革的预期收益已经超过变革成本，那么就已经到了实施组织变革的最佳时点。但显而易见的是，Beckhard 和 Harris 仅仅勾勒出变革时点的轮廓，没有沿着这一思路走得更远。

2. 内容学派

内容学派通常采用大样本和统计方法来分析战略变革的前因后果（Gibbs，1993）；内容学派主要关注变革的内容，即变革什么。

正如 Burke（2001）对内容流派的评价，对于不同学者而言，变革的内容可以由各种各样的可能性组成。Nadler 和 Tushman（1977）提出的一致模型认为，变革内容包括任务、个人正式的组织安排和非正式的组织安排；Tichy（1983）提出 TCP（技术、行政和文化）框架则认为变革内容包括使命战略、任务、指定的网络、人员、流程和自然产生的网络。

尽管这两大学派具有潜在的相关性，但是它们却彼此独立演化，几乎不存在任何理论上或实证上的协同，从而对变革产生了不同的理解，进而又在变革的前因和后果研究方面得出了相互矛盾的结论。

例如，不同的研究结论表明，企业规模对企业变革既可能产生正面影响，也可能产生负面影响。关于企业规模到底是造成企业变革惰性的原因还是创造战略柔性资源的源泉的理论困惑，至今仍未得到合理的解释。再如，当面临复杂的环境条件变化时，有些企业能够及时改变自己的战略以适应变化，而另一些企业却缺乏这方面的灵活性，此外在某些情形下，变革有助于改善企业绩效；而在另一些情形下，变革又可能导致企业走向衰败，这些相互矛盾的结论给我们提出了企业管理层如何通过影响变革过程来实现预期目标这样一个重要问题（陈仕华，2013）。

（四）变革的典型类型

由于学术界对组织变革领域的研究时间较长，而且组织变革的内容具有广泛性与零散化的特点，导致不同领域的学者对组织变革的类型划分存在差异。从总体上看，对于组织变革类型的划分主要有变革幅度与发生频率两种标准。

1. 按照组织变革幅度划分

按照变革幅度的不同，组织变革的类型可以分为渐进式变革与激进式变革（Cohen and Levinthal，1990；Bartunek and Moch，1987）。渐进式变革也被称为累加式变革，它以保持组织稳定为前提,是相对静态的、逐渐变化的、动作幅度较小的变革。

在20世纪的大多数时间里,组织变革的渐进观一直是学术界的主流思想。事实上,惯例或模式化的组织结构是产生渐进式组织变革的主要原因,而且由于这种组织结构隐含着对风险的规避,即变革基础的先天不足,因此渐进式组织变革严重阻碍了组织适应性与灵活性的提升(Gordon,2000)。

组织存在于环境之中,不可避免地会受到环境的强烈影响,而组织对环境的反应会受很多因素调节。例如,运营规制、组织智力的发育程度与管理行为等(Cyert,1963)。需要注意的是,当组织进行变革时,管理者可能成为变革的主要阻碍力量(Gordon,2000),而且这种阻力又有很多种。例如,管理者因组织变革产生的工作压力(Lant,1991)、管理者对组织战略的认同与承诺(Pettigrew,1987)、股东对组织的期望与权力在组织内的分配形式(Joyce and Pfeffer,1982)。

在一定程度上来说,渐进式变革具有一定的好处。例如,这类变革可以使组织不会产生跳跃性与非适应状态,有助于组织成员幸福感的产生与增强,也能促进组织的整体健康与稳定发展(Martin and Cullen,2009)。

对于渐进式组织变革,又可以根据变化程度的不同划分为两种更小的分类:微小调整与增量调整。微小调整是指组织在战略规划、结构框架、内部流程与人力资源等方面持续性地与环境相匹配的过程(Senior and Fleming,2006)。微小调整的目的是使组织更能适应战略、完善制度、提高产品质量与降低经营成本,且微小调整也应有助于促进组织成员的组织承诺、角色清晰、任务明确、信心增强与工作卓越等特征的显性化(Dunphy and Stace,1993)。

从实践上看,组织的微小调整往往在部门层面上出现。由于微小调整的幅度相对较小,多表现在组织基层,因此这类调整有时在组织整体层面上很难显现出来。

增量调整是指组织内发生的一种增量变革过程,具体来看,增量调整是组织显著修正战略规划和内部流程,显著增加员工独立应对新问题的数量,而且这种修正和增加具有很强的目的性。由于增量调整在客观上要求员工对原有的思维惯性有所突破,这也需要给予员工相对充分的时间与空间来学习新知识与新技术,以适应组织中发生的较大变革。

但需要注意的是,增量调整在本质上依然是渐进式变革,因此增量调整不可以过于激进与跳跃。

激进式变革的特征是组织很难保持其稳定性,是持续、快速、不可预见、近乎无序与幅度较大的变革。激进式变革具有不确定性的特点,是在知识经济时代背景下与知识倍增、信息主导的动态环境相适应的组织变革。

激进式变革可以通过开阔组织的经营视野带来创造性的发展机会(Bartunek and Moch,1987)但也隐含着更大风险。究其原因,主要是激进式变革往往与混沌存在联系,且在一定程度上具有破坏性。

这类变革发生的前提是,当管理者预期会出现关键的机会或重要的危险时,才会试图进行激进式组织变革。

进一步说,激进式组织变革也可以划分为两种更小的分类:模块转型与企业转型。

模块转型是指组织的一个或多个部门发生变化，这种变化有时存在跳跃性，但这种跳跃性的变化仅发生在组织的某一部门内，而不是组织整体（Senior and Fleming, 2006）。

企业转型是指组织的战略规划发生重大改变，并涉及整个组织范围，而且这种转型具有多种表现形式。例如，核心价值观的重塑、经营模式的修改、内部流程的重构、人力资源的大幅度调整与权力责任的再分配（Dunphy and Stace, 1993）。

从总体上看，渐进式组织变革与激进式组织变革具有明显的不同。其区别主要有三点：一是渐进式变革发生的基础依赖于组织已有的知识技术、规章制度与工作经验，而激进式变革则不需依赖组织已有的知识技术、规章制度与工作经验；二是渐进式变革是对组织对现有认知和进程的加强与巩固，而激进式变革是产生新的组织认知与进程；三是渐进式变革的组织结构特点是分权化，而激进式变革的组织结构特点是集权化（Joseph, 2006）。正是这三点区别的存在，使得渐进式组织变革与激进式组织变革的适用情境不同。

有学者认为，对于资产相对较多的组织，倾向于进行激进式变革，而不是渐进式变革（Whittington et al., 1999）。但是，对于激进式组织变革的合法性，学术界尚存在分歧。例如，斯科特（Scott, 1995）指出，在制度基础观的视角下，激进式变革没有获得组织决策层的认同，因此存在一定的非合法性；Desmond（2003）发现，激进式变革经常遭受抵制的一个重要原因，是由于这种变革极大地影响了组织原有的资源配置状态，使组织成员能够感知到的不确定性大大增强。

与上述观点相左，赖利（Reilly, 2009）则认为，激进式变革具有合法性，且进行激进式变革是组织实现可持续发展的一个重要途径，特别是在企业面临转型时，非进行激进式变革不可。

2. 按照组织变革发生频率划分

按照变革频率的不同，组织变革的类型可以分为间断式变革与连续式变革。间断式变革也称为非连续性变革、偶发型变革或间歇式变革，这是指目的明确且并不连续的变革。

间断式组织变革并不经常发生，一般只出现在组织的失衡时期，即在过去持续的某些惯性特征与组织感知到的环境变化呈现非平衡状态时发生。间断式组织变革在发生之前往往会有一个重要信号——组织外部出现了重大的技术革新或组织内部的高层管理人员发生了重要变动。

许多学者对间断式组织变革的研究通常以这类不连续的独立事件为基础，过于关注在某个时点上发生的偶发型变革事件。

这种忽略组织变革持续性的思维，曾受到质疑与批判（Beck et al., 2008）。

连续式变革也被称为累积型变革或进化性变革，是指持续进行的、必然发生的与不断调整的变革。

对于连续式组织变革中的不断调整，学术界存在很多观点。例如，有学者认为不断调整是组织在一个范畴内的变化，变化分为很多种，这些不同的变化结合在一起，不断地互相作用，最后使组织形成一个新的与以前完全不同的状态，因此可以用更新、转型或革命等词汇来形容组织的连续式变革。

一般来说，间断式组织变革与连续式组织变革都强调组织的最佳状态是要具备持续适应环境的能力，但二者仍然存在很多差异，主要体现在四个方面，分别是研究框架、代理角色、干预理论与组织隐喻，其中最显著的区别之处表现在研究框架和代理角色的不同。

关于研究框架，间断式组织变革与连续式组织变革主要存在以下四点区别：

第一，间断式变革强调的是整体的、广泛地与宏观环境相适应的层面；连续式变革强调的是部分的、聚焦地与微观环境相适应的层面。

第二，间断式变革与组织的结构、惯性、跳跃、革命与更新等概念密切相关；连续式变革与组织的周期性、权力、模式、反应与学习等概念紧密相连。

第三，间断式变革是外生化且剧烈性的，是对组织平衡状态的一种跳跃性干扰，出现的主要原因是组织过去的结构惯性无法适应环境；连续式变革是内生化且累积性的，是对组织内部流程与具体实践进行的不间断改善，发生的主要原因是组织的稳定性不足并对突发事件产生反应，是许多微小调整聚焦后的放大。

第四，间断式变革关注于组织的短期适应性；连续式变革关注于组织的长期适应性。

关于代理角色，间断式组织变革与连续式组织变革主要存在以下三点区别：

第一，间断式变革的代理人角色是发起变革的启动者；连续式变革的代理人角色是完善变革的说明者。

第二，间断式变革的代理人通常要求重新认识变革动因、升级沟通渠道、转变叙述方式、改善并构建变革符号标识；连续式变革的代理人一般要求改变身份意义、丰富对话语言、开启转换模式、建设学习组织与阐述变革理由。

第三，间断式变革的代理人更关注组织的惯性，并试图以杠杆效应促进组织的发展；而连续式变革的代理人更关注组织的现状，格外强调对组织的重新理解与构建。

关于干预理论，间断式组织变革与连续式组织变革主要存在两方面区别：一方面是进行过程不同。间断式变革的进行过程是"解冻—改变—再冻结"；连续式变革的进行过程是"冻结—再平衡—解冻"。另一方面是相关支持与支持基础不同。间断式变革的相关支持是有目的性的，且支持基础包括外部干预、目标锁定、线性程序、按部就班与惯性结构等。连续式变革的相关支持是更新组织定向，且其支持基础包括永恒持续、周期循环、中庸思想与保持平衡等。

关于组织隐喻，间断式变革以组织惯性为假设前提，强调组织变革的目的性、间歇性与稀缺性；持续式变革以自组织为假设前提，强调组织变革的进化性、持续性与累积性。

（五）企业家与组织的适时变革

适时组织变革是完全可能的，现实中也确有一些企业因此而获得了成功。为什么会发生适时组织变革呢？

理论上讲原因可能有两点：一是企业家具有战略眼光；二是外部环境发生了退化。但从现实情况来看，主因在于前者。

企业家在组织变革过程中发挥着重要作用，不仅是组织变革的催化剂，还是组织变革的主要推动者。那么，就组织变革理论而言，为什么有些企业发生的是滞后组织变革，而另外一些企业发生的是适时组织变革，企业家在两类变革中分别发挥何种作用？

在标准的企业家理论中，企业家的作用可以分为两类：一类是熊彼特式的创新型企业家，这一观点认为企业家的功能在于创新，是市场均衡的破坏者。这是一个创造性破坏的过程，企业家在破坏均衡—均衡—再破坏均衡的循环中实现了企业的革命突变（Schumpeter，1934）。另一类是柯斯纳、卡森和莱宾斯坦式的模仿型企业家，认为企业家是市场均衡的恢复者。这一观点认为，由于信息不完全和人的有限理性，市场经常处于一种不均衡的状态，企业家为了获得租金，通过对资源的重新配置将市场带回到均衡状态（张完定和李垣，1998）。前者通过创新造势，后者通过模仿用势。

不同类型的企业家领导企业进行不同类型的组织变革，熊彼特式的创新型企业家进行的是适时组织变革，而柯斯纳、卡森和莱宾斯坦式的模仿型企业家进行的是滞后组织变革。熊彼特式的创新型企业家有能力洞察外部环境中可能给组织带来的机遇与挑战，考虑到未来的发展趋势和变化，以长远的战略眼光，积极、主动地带领企业进行适时组织变革；而柯斯纳、卡森和莱宾斯坦式的模仿型企业家缺乏长远的战略观念，当外部环境发生变动时，在环境的逼迫下被动进行滞后组织变革。无疑正是由于熊彼特式企业家在现实中少之又少，所以实践中适时组织变革的现象并不多见。从企业角度来看，适时组织变革给企业带来的好处正是有战略眼光的企业家价值的体现[①]。

当然，一个组织没有发生适时组织变革，这并不一定是该企业中的企业家没有战略眼光，也可能是实施这种变革的阻力太大。因为，企业家的战略眼光越适时，预期的外部环境和现在的环境状况差异就会越大，如果企业的股东、其他高层管理人员、员工等还没有看到那么远，则来自于各方面的阻力就会更大，这就需要企业家及时、有效地与其他相关主体沟通组织变革的观念。

还有一点要指出的是，尽管企业家在没有相关主体参与的情况下也能实施强制型变迁，但是新制度经济学原理表明，强制型变迁虽然可以加快组织变革进程，但成功的概率远没有诱致型变迁高。所以，企业家的任务还包括让其他相关主体也积极参与组织变革，这不仅需要有效沟通组织变革的理念，还需要建立变革型企业文化，才能标本兼治。

二、变革管理的主要内容

（一）企业战略变革理论

1. 理性视角下的企业战略变革

理性视角从单一维度来定义企业战略变革的概念，根据业务、企业或集群战略的

[①] 从经济发展角度来看，熊彼特式的创新型企业家进行的超前组织变革对社会的贡献，要比柯斯纳、卡森和莱宾斯坦式的模仿型企业家进行的滞后组织变革的小得多。Leibenstein 的例子很有道理，如果2%的天才企业家实现了节省25%的生产成本，而98%的平庸企业家仅节省了3%的生产成本，但后者对市场结果的贡献比前者却要大得多。

离散变化来考察并测度企业战略变革。其中，业务层面的变革通常旨在提升企业各项业务的竞争力；企业层面的变革一般关注企业业务的多样性；而集群层面的变革则探讨与竞争对手、供应商、分销商及其他企业建立关系的相对价值（杨林和张敏，2008）。

上述三个层次的企业战略变革测度能够反映变革发生的可能性（即战略是否会发生变革）、方向（即战略从一种类型变为另一种类型，如探索战略向防御战略转变）、变革的规模或程度（如业务组合中的业务种类数量）。

（1）环境变量与企业战略内容变革。在环境变量与企业战略内容变革的关系中，环境变量包括复杂性、不确定性及管制放松等特殊变化。关于这些环境变量对企业战略内容变革的影响，学术界还没有得出确定的研究结论。

首先，复杂性与战略内容变革的关系是不确定的。有些研究显示，复杂性会扩大企业战略变革的规模（Wiersema and Bantel，1993）；有些研究表明，复杂性会缩小企业战略变革的规模（Zajac and Kraatz，1993）；还有些研究认为，两者之间不存在统计意义上的关系（Boeker，1991）。

其次，不确定性也对战略内容变革产生不同的影响。有些研究认为，竞争不确定性会导致企业采取风险较低的企业层面和业务层面的战略，而管制和顾客不确定性则会直接通过影响竞争不确定性来作用于战略变革（Birnbaum，1984）。不确定性具有多重维度，利用单一指标来测度会得出片面的结论（Boyd et al.，1993）。

最后，关于管制放松等特殊的环境变化如何影响企业战略内容变革的研究，更是得出了相左的结论。有些研究表明，放松管制或者特殊的管制变化与企业战略变革呈正相关关系（Cors et al.，1991）。

换言之，实施防御、效率导向或低集中度战略的企业，为了对放松管制做出反应，通常会调整战略，采取更具进攻性、创造性或者集中度较高的战略。然而，也有纵向研究表明，管制放松与企业的业务和企业层面战略变革的可能性呈负相关关系（Kelly and Amburgey，1991）。但是，这项研究对过去的战略变革经验和日后的战略变革方向进行了控制，这说明放松管制的影响可能对检验模型设计和控制变量十分敏感。

（2）企业变量与企业战略内容变革的关系。研究表明，企业的历史资源禀赋和能力状况会影响其战略变革（Kraatz and Zajac，2001）。因此，企业必须对诸多因素实行有效的管理，才能够成功实施战略变革。例如，企业文化就是企业在考虑战略变革时必须关注的重要因素之一（Higgins and Mcallaster，2004）。企业要想取得战略变革成功，必须培育和塑造新的企业文化或者对现有企业文化进行创新，以支持新的企业战略。企业变量包括企业规模、年龄、历史绩效和战略、治理结构以及高管特质等。

关于企业规模对战略内容变革影响的研究，没有得出一致的结论。有些研究表明，规模会对战略变革产生负面影响（Grimn and Smith，1993）；但有些研究显示，企业规模会对业务战略变革产生正面影响（Zajac and Kraatz，1993）；还有些研究认为，企业规模不会对企业或业务层面的战略产生影响（Gibbs，1993）。导致这种状况的原因在于，这些研究没有区分企业所属行业的性质（制造业或者服务业），并采取不同的企业规模测度指标。例如，对制造业企业，采取企业资产总额来度量企业规模；而对于服务性企业，则采取企业销售收入总额来度量企业规模。

关于企业年龄对战略变革影响的研究也结论不一。在有些研究中，企业年龄产生了扩大战略变革规模并提高变革可能性（Singh et al.，1986）的效应；在另一些研究中，企业年龄会推迟战略变革的时机（Fombrun and Ginsberg，1990）；而在其他研究中，企业年龄对战略变革产生何种影响取决于战略变革的具体类型（Zajac and Kraatz，1993）。

以上研究之所以得出了不同的结论，原因在于它们采用了不同的战略变革测量指标（如变革可能性、规模、方向或时机）和不同的控制变量（如历史绩效、年龄或产权结构）。

关于历史绩效对战略变革影响的研究，也得出了彼此矛盾的结论。有些研究表明，过去的绩效不会对业务战略变革的可能性和方向产生影响（Grimm and Smith，1993），并且与集团成员企业战略变革的方向和规模不相关；有些研究显示，过去低劣的绩效与更大规模的业务战略变革相关；还有一些研究表明，过去的绩效与企业变革倾向之间存在曲线关系（Ginsberg and Fombrun，1990）。此外，有学者发现一家制造企业能够在 15 年之内通过采取绩效指标来成功实现战略变革。除了在规模和年龄研究中提到的原因外，没有区分业务层战略与企业层战略、对历史绩效采用不同的测度指标等，也是造成这种状况不容忽视的影响因素。

最后，公司治理（如董事会构成多样性和产权结构）对企业战略变革的影响也存在不确定的结论。例如，Gibbs（1993）发现公司外部董事比例的提高，会加大战略变革力度。然而，关于公司产权结构的研究结果却是不确定的，而 Grimm 及其同事（1993）却发现，公司股权结构与战略变革不存在相关关系。

之所以形成上述研究现状：一方面是因为这些研究没有区分业务层战略与企业层战略；另一方面是由于这些研究没有采用统一的企业战略变革测度指标。

当然，过去的研究对有些变量也得出了一致的结论。例如，在管制放松的产业中，企业的历史战略与其未来业务战略变革的可能性和方向具有相关性（Haveman，1992；Kelly and Amburgey，1991）。如果企业的历史战略集中度低，那么企业就会变得更有创造性，并且还会提高集中度。然而，如果企业过去的战略自企业成立以来就一直内嵌于其中或者战略与主要的资源投入相关，就会显著降低未来的战略变革力度。再如，尽管高管人员的年龄和任期与企业战略变革可能性呈反向关系，但是，高管团队构成的变化却会提高战略变革的可能性，并且可能还会提高战略变革的程度（Boeker，1991）。

（3）企业战略内容变革与企业绩效的关系。除 Wiersema 和 Bantel（1993）考察了企业战略变革的非经济后果（如高管团队成员的变更）外，理性视角下的其他研究几乎全部聚焦于战略变革的财务绩效（包括营运收益、资产报酬率、投资报酬率、增长率、生产率等）或企业生存。虽然这些研究采取了大样本和统计方法，但结论仍然是不确定的。例如，有些研究显示，战略变革会提升企业绩效和企业生存的可能性（Haveman，1992）；有些研究却表明，战略变革会降低企业财务绩效和企业生存概率；还有些研究显示，战略变革方向与企业获利能力之间不存在相关关系（Kelly and Amburgey，1991）或者关系模糊不清。

另外，有研究发现，企业战略变革与财务绩效之间的关系取决于变革类型和行业环境性质。导致上述结果的原因主要是：一是对战略变革的界定不同。在评估绩效后果时，应该同时考察战略变革的方向和规模，因为如果战略变革幅度相当大而方向有错误的话，就可能导致经济绩效恶化。二是这些研究大多采用横截面数据来考察经济绩效。例如，有研究表明，现有战略变革对绩效变化的影响可能存在滞后效应，这只有通过更长期的数据才能得到反映。三是这些研究仅考虑战略内容变革，无法全面反映环境和企业变量与战略变革间的复杂关系。

（4）理性视角下企业战略变革研究的一般结论。可以说，大量基于理性视角的研究为我们理解企业战略变革提供了独特的优势。

首先，这些研究包括大样本及对环境和企业前因与战略内容变革的量化测度，提高了不同研究间的可比性。

其次，有些研究（Kelly and Amburgey，1991）引入了更加动态的时间序列和历史事件分析，不仅考察了战略变革可能性和方向影响，而且还解释了战略变革时机的重要性。

最后，这些研究不仅注重对战略变革前因的把握，而且还关注其绩效后果。

然而，理性视角下的研究假设企业所处的环境是客观确定的，管理层行为固定不变，环境变量会直接影响战略内容变革；并且认为企业变量也是客观确定的，与惯性相关的企业变量会阻碍战略变革，而与柔性相关的企业变量会促进战略变革。这些严格且理想的假设无疑极大地限制了理性视角研究的应用范围，同时也为其他视角研究的出现创造了条件。

2. 学习视角下的企业战略变革

在学习视角下，企业战略变革被视为一种迭代过程。管理层通过一系列作用相对较小的考察环境和企业所采取的步骤来影响战略变革。这些"学习"步骤有可能导致企业战略内容发生变革。有学者在一个高度不确定的商业环境里，企业的学习能力可能是竞争优势的唯一来源。与理性视角相比，学习视角更加全面、具体，并认为管理层在战略变革过程中扮演着重要的角色。

（1）环境变量与管理层行为的关系。学习视角研究已经就环境变量对管理层行为的影响关系得出了两个结论：一是特殊环境条件的变化，如新技术的可利用性、新竞争对手的出现、产品需求的减少，会影响企业管理层的行为；二是环境变化的时机能够解释变革导向型管理行为的发生。这些结论有助于解释理性视角研究中出现的一个矛盾，即当面临相同的环境条件时，有些企业会改变其战略，而有些企业却不会。不过，这些结论都只是初步的，因为大多数研究对环境变量和管理层行为都进行了特殊的界定。而且，这些考察环境变量与管理层行为关系的研究大多是案例分析，从而影响了不同研究结论间的可比性。至于管理层行为对环境变量的影响关系，目前只有极少数案例研究对此进行了探讨，而且这些研究对环境变量和管理层行为的界定并不相同。而有关建立企业间网络及与外部利益相关者进行谈判等的管理层行为，在很大程度上仍然没有得到探讨。

（2）企业变量与管理层行为的关系。有关企业变量对管理层行为影响的结论与有关环境变量的结论相同。企业变量的变化（如绩效下滑、领导变更）会影响诸如信息收集和信息监控等管理层行为。然而，这些研究对管理层行为的界定并不相同，因而削弱了不同研究结论间的可比性。至于管理层如何影响企业变量的研究，目前主要是通过案例分析进行演绎性的理论构建。研究表明，在战略变革过程中，管理层可能会频繁地改变企业组织结构和管理系统（D'Avini and Gunther, 1994）。

（3）管理层行为与企业战略内容变革的关系。绝大多数考察管理层行为与企业战略内容变革关系的研究，是根据管理层行为来推断战略内容变革的。不过，这些研究大多没有对战略内容变革做出明确的界定，而且大多采用案例分析法，并选用特殊的样本和不同的研究构念，因而难以对管理层行为与实际战略变革方向和规模之间的因果关系做出恰当的评价。因此，关于管理层行为对企业战略内容变革的影响，目前只有两个初步结论：一是管理层会通过确定使命和具体目标、改变资源配置方案和不同的职能战略以及实施并购和资产剥离（Ginsberg and Fombrun, 1990）等，来影响战略内容变革；二是战略变革的内容越丰富，管理层的行为范围就越广泛。企业管理层通过参与战略变革过程，能够对战略决策质量、战略变革的主观反应和战略变革的执行效果等产生积极的影响。关于企业战略内容变革对管理层行为反馈影响的研究，同样得出了不确定的结论。而且，绝大多数考察这种关系的研究也都是案例分析（Ginsberg and Fombrun, 1990），它们对管理层行为做出了不同的界定。这些研究的主要贡献在于：发现管理层行为与战略内容变革之间的关系并不是单向的，即管理层能够通过正在进行的战略变革来进行学习，并运用学到的知识来修正或加强其未来的行为。

（4）企业战略内容变革与企业绩效的关系。基于学习视角对企业战略变革经济后果进行的研究，得出了比较一致的结论。研究表明，如果战略变革伴随着高管人员的继任或人事变更以及企业结构和流程的变化，那么就能改善企业的经济绩效。此外，学习视角下的研究也试图将战略变革与管理效能、承诺和士气、变革质量感知及思维方式的持续变化等非经济后果联系起来。但是，由于不同的研究都采用了相异的非经济后果变量，因此我们无法推导出关于战略变革与非经济后果间影响关系的一般性结论。

（5）学习视角下的企业战略变革研究的一般结论。学习视角研究与理性视角研究存在如下差异：

首先，在学习视角下，企业战略变革被定义为战略内容变革（与理性视角相似）与变革过程中管理层行为所导致的企业和环境条件变化的组合。管理层的行为反映了影响环境和受环境影响的行为、影响企业和受企业影响的行为以及影响战略内容和受战略内容影响的行为。因此，学习视角对企业战略变革做出了更加全面的界定。

其次，在学习视角下，环境和企业变量不是客观确定的，而是不确定、动态变化的。环境是造成信息不确定性和因果关系模糊性的根源。管理层试图通过一系列的迭代行为（如搜集信息）来把握不确定的环境，目的不仅在于了解外部变量，而且还要主动影响环境变量。同样，企业不仅会影响战略变革需求，而且也会抑制战略变革的发生。企业变量的变化（如业绩下滑）会引发旨在了解威胁和机会的管理行为（如搜集信息);而企业变量创造的机会和造成的约束也受到旨在使政治后果最小化的管理策略的影响。这样,管理层的行为既可能成为战略变革的阻力,也可能创造战略变革的需求。因此,这种变量不是直接影响战略变革,而是先影响中间变量,然后促进战略内容变革,同时伴随着企业变革和环境变化。

再次,在学习视角下,战略变革不是一个线性过程,而是一个演化和迭代的过程,管理层能够通过亲身经历来进行学习(D'Avini and Gunther,1994)。

最后,在学习视角下,企业绩效(包括经济和非经济绩效)不仅会受战略内容变革的影响,而且还受制于管理层的行为。

当然,学习视角研究与理性视角研究也具有理论优势方面的互补性:一是学习视角研究通过揭示管理层行为影响战略变革意愿或阻力以及战略变革过程的全部后果的机理,打开了管理过程这只"黑箱",对战略变革进行了更加丰富的理论诠释;二是学习视角研究对战略变革进行了更加全面的界定,可用来识别战略变革过程的环境、企业与战略要素之间的互相依赖关系,从而便于理解相似的战略内容变革为什么在某些情形下收到了成效,而在其他情形下则结果令人失望的原因;三是学习视角研究已经开始从理论上分析管理层如何在变革过程中进行学习的问题,并且表明与相对不成功的企业战略变革相比,成功的企业战略变革具有不同的学习过程。

3. 认知视角下的企业战略变革

在认知视角下,战略内容变革可根据管理层行为和认知来进行推断。在现有研究中,只有认知视角的研究明确指出了管理层认知在战略变革过程中所起的作用。

管理层认知可以用不同的名称来定义,如知识结构、核心信念和图式。基于认知视角的企业战略变革研究,着重强调管理层与环境和企业变量的相互作用。

(1)环境变量与管理层认知的关系。尽管有学者考察了环境变量对管理层认知的影响,但大多采用案例分析法,并没有明确将环境变量与管理层认知联系起来。研究表明,当环境变量导致高管认知发生重大变化时,就会引发战略变革。例如,有学者认为,环境变量会影响、保护和破坏心智模式,心智模式会对管理层的环境感知进行过滤,而被心智模式扭曲的环境感知必然会导致战略变革。采用大样本的研究也表明,相似的环境条件能够导致管理层认知发生重大变化(Ginsberg and Fombrun,1990)。这些基于认知视角的研究所得出的结论,能够部分消除理性视角研究中存在的矛盾。

(2)企业变量与管理层认知之间的关系。过去的研究已经考察了管理层认知的各种不同企业前因,不过大多聚焦于既往绩效和高管特质(包括过去的心智模式、团队构成变化和信息搜寻行为)这两个因素。其中,有些研究表明,在发生战略变革的企业里,企业绩效的下滑会导致高管人员产生变革意识(Webb and Dawson,2007)。不过,由于许多学者采用案例分析法来考察绩效严重下滑的企业,因此研究结论难以推广到绩效状况不是很差的企业。其他研究表明,高管团队构成的变化会改变管理层的战略变革需求认知。Thomas 等人发现,如果企业能够提高信息利用效率,管理层就更可能以积极方式来解释战略问题,并发动战略变革。总之,这些结果表明,管理层认知能够在企业变量与战略变革之间发挥重要的调节作用(Gibbs,1993)。

(3)管理层认知、管理层行为与战略内容变革之间的关系。有研究显示,管理层对企业因素的解释能预测管理层的未来行为。例如，一些学者发现，当管理层将绩效下滑归因于内部因素（如拙劣的战略）时，就更加可能发动战略变革。其他的案例研究也表明，伴随着高管人员信念结构的变化，企业就更可能发生转型性战略变革（Webb and Dawson，2007）。相关研究发现，在企业战略变革取得初步成功以后，管理层会认为在竞争日益激烈的环境里，通过员工合作来支撑战略变革难以持续获取良好的绩效。企业应该构造基于团队的结构来提升员工的工作热情，以保证企业战略变革的持续，因为采取团队结构能够促进员工间的信任及价值观和目标的共享。与采用客观测度指标（理性视角研究更多地采用客观测度指标）相比，管理层对企业变量的解释能更加直接地反映其战略变革需求。在变革的早期阶段，管理层行为可能有助于排除企业战略变革的阻力。还有一些研究强调，企业高管与其他管理人员之间的坦诚对话、信念结构和思维方式对达成共识和一致承诺的作用。只有极少数基于认知视角的研究考察了战略变革期间管理层同外部利益相关者的对话对环境变量的影响（Kelly and Amburgey，1991）。显然，相对于对环境的了解而言，研究人员对管理层行为的了解非常有限。

（4）战略内容变革与企业绩效之间的关系。只有个别研究从认知视角考察了战略变革对企业绩效的影响（Ginsberg and Fombrun，1990）。这些研究大多采用案例分析法，对管理层认知和行为进行了不同的界定，并且采用不同的指标（如收益率、员工生产率和企业存续）来衡量企业的绩效，因而难以确定企业经济与非经济绩效之间的关系。还有极少数研究人员考察了战略变革的学习过程，他们大多也运用案例分析法来探讨管理层行为重塑管理层认知的机理（Webb and Dawson，2007）。

（5）认知视角下企业战略变革研究的一般结论。与理性和学习视角相比，认知视角下的实证研究起步较晚，数量也较少。基于认知视角的企业战略变革研究有一个关键假设：环境无法客观确定，但受管理层的影响，并通过管理层认知得到反映；同时，认知视角把企业变量视为影响个体认知内容和结构的信息来源。企业结构、激励机制和控制系统等企业变量在一定程度上决定企业的思维方式，而管理层的变革需求和抵制变革的情绪会内嵌于上述企业变量之中。认知除非在行为上得到表现，否则几乎不会对战略变革产生影响。相反，管理层通过创造共同感知的战略变革需求，能够改变知识结构（Webb and Dawson，2007）。与学习视角的研究结论相似，管理层行为也能够影响环境变量、企业结构和系统及战略内容变革。在认知视角下，战略变革的重要绩效后果包括经济和非经济两方面。认知视角研究特别关注企业信念结构的持久变化（Ginsberg and Fombrun，1990）。这种变化既可能来源于管理层行为，更可能直接源自于战略内容变革；而不断发生的战略变革和企业绩效变化，最终可能重塑管理层的知识结构。

认知视角研究明确聚焦于管理层认知，认识到管理层认知具有重要作用，并将其与管理层行为相区别。这种区别是十分必要的，因为管理层认知会通过作用于管理层行为来影响企业的战略变革。此外，虽然与学习视角相同，认知视角也假定企业战略变革是一个迭代过程，但是，认知视角构造了清晰的动态学习关系，认识到企业战略变革过程会对企业的非经济绩效产生影响。因此，认知视角研究较之理性和学习视角研究在理论上更加成熟。

当制度环境要求企业变革时，企业原先的惯例与思维方式束缚企业很难改变。需要指出的是，在此阶段从上而下的战略变革并非万能。约翰·P. 科特和丹·S. 科恩在《变革之心》中的观点，给很多人一种错觉，只要企业进行彻底的、坚决的变革，企业就会扭转不利局面。但事实证明，战略变革也不是万能的。因为战略变革从上到下变革的过程中，是需要高层管理者推动的，如果企业家认知、企业权力的运用本身就有问题，那么战略变革很可能就成为一句空话（刘海建等，2012）。

（二）技术变革

1. 技术变革的评估

技术变革是变革管理的一个重要内容，技术变革的实施方式及其所面对的环境，影响着技术变革的成功与否（曹平和吴世峰，2016）。Sushandoyo 和 Magnusson（2012）研究了技术变革与组织之间的关系认为：一是不同类型的技术变革需要不同种类的研发组织与供应商的关系；二是现有的组织结构和产品研发理念将会影响实施技术变革的决定。新技术与已存在的技术结合所能带来的作用是有限的，同时新技术的应用应该先在组织内部进行验证并在该过程中进行修改。

技术变革的评估是变革结果的分析与评价，是考察技术变革结果的必要过程。技术变革的过程通常被相关责任人管理着，该责任人需要对技术变革的全部过程负责。

Harison 和 Boonstra（2009）研究认为，信息技术和非信息技术的能力对于在组织间管理技术变革过程是非常必要的，并为技术变革提供了一个评价模型，该评价模型能根据项目管理者的能力和技能评估并分配适合他们的信息技术类的技术变革项目。该模型能够作为一种提高技术变革管理能力的工具。

2. 技术变革的研究范式

技术变革的理论范式以及在企业和组织当中所采用的技术变革的方法的研究方面，Ho 等人（2015）通过建立一种类型学的分析框架——涵盖技术创新与市场需求变化——来进行技术变革的分析，这种类型学的分析框架将摄影产业的技术变革分为 7 种不同的技术变革类型，该案例研究表明，现有技术的更新归因于技术创新与市场需求变化的相互影响。

Dercole 等人（2008）则将经济学中的自适应动态理论应用到技术变革当中，目的是模拟技术变革中各种特性与特征，自适应动态通过普通常微分方程的方式从形式上来描述产品的共同演化进程。市场上现有产品与创新产品的不断竞争推动了成功产品的核心技术缓慢并且连续的演化，当技术演化达到一个平衡点，则可以是一个进化稳定策略（ESS），即稍微创新的产品无法渗透进入市场或者新产品和现有产品共存（曹平和吴世峰，2016）；Hulthén（2012）讨论了前人在技术变革中采用焦点网法（A Focal Net Approach）所带来的一些后果，该方法的重点在于中心企业以及边界的考虑；Chou 和 Zolkiewski（2012）对动态网络进行解码分析，阐述由技术变革引起的网络动态、技术变革驱动着焦点网法的进化。

3. 技术变革背景

大多数关于技术变革的文献多以大企业为背景进行研究。Sandulli 等人（2013）以中小企业为背景来研究劳动力的技能培训、年龄、教育水平对中小型企业的技术变革和组织创新的影响，结果表明，劳动力结构在效率方面的影响与技术变革相关。Chou 和 Zolkiewski（2012）认为，AMI 能力的发展（即获得、调动和整合资源的能力）是成功管理技术变革的关键机制，他们以网络环境的资源管理为背景来研究技术变革，认为在网络环境中应通过管理资源互动来应对技术变革。Lahiri 等人（2008）以全球化为背景来研究技术变革，结果表明，快速技术变革以及超优势竞争作为新的渠道导致了组织衰败或者组织成长，在全球化背景下企业或组织的技术变革负责人应该具有以下四种心态（曹平和吴世峰，2016）：

（1）全球化的心态或使用广泛的视角看世界的能力，想法上超越地理位置将全球化的威胁转化为成长机会，重视跨越边境的整合，欣赏地域和文化多样性。

（2）创新的心态，能够促进新思路的发展和实施，将快速技术变革的威胁转化为成功的机会，通过重视不断产生的新想法和商业模式成为实现新思路的来源，并且强调未来的实践而非最佳实践（下一步做法而非最佳做法）。

（3）实事求是的心态，技术变革负责人对外部供应商移交公司活动的能力，通过促进灵活性和响应能力将超优势竞争转化为成长前景。

（4）合作的心态，参与到商业伙伴关系的意愿，通过公司形成成功的伙伴关系，将挑战转化为机会，通过构建业务互补来达成协同合作。

这四种心态能使企业或组织的技术变革负责人在技术变革过程中顺利解决因外部环境引起的问题。

由上可见，目前学者的研究多聚焦于对技术变革中的内部因素进行研究，通过建立更适合的技术变革框架或引用不同学科中的方法、模型来进行研究，同时面对不同产业与组织，技术变革所适用的方法也得到了丰富；对于技术变革的执行者所应具有的能力也吸引了学者的研究。然而，对于技术变革实施成果的评估标准，目前仍没一个较为健全的评估机制与模型。

（三）商业模式变革

1. 商业模式创新动力

商业模式的创新是在一定驱动力下的创新。在商业模式创新驱动力方面的研究中，目前学者主要集中于市场化的推动力、市场机会的拉动力以及市场的环境压力和组织内部的压力等方面的研究。

Demil 和 Lecocq（2010）的研究认为商业模式的演化是一个缓慢调整的过程，涉及自愿改变和突发性改变以及核心组件之间的永久性链接。

Sosna 等人（2010）以商业模式创新的驱动因素与前因变量为研究视角对商业模式进行了研究，以受经济衰退影响和由于开放市场下高度竞争的西班牙餐饮产业为研究对象，结果认为公司新的零售市场业务模式分为 2 个不同的阶段进行演化，先是一个 5 年的试验与探索阶段，后是一个高速增长的开发阶段。当公司取得更大的边际利润以及在企业国际化方面取得成功时，他们将战胜自己的竞争者，即使他们的产品与最终的客户数量基本保持不变。该研究结果认为在组织学习中应采用动态的视角，并且强调了反复试验中学习创新商业模式的重要性。

Chesbrough（2010）则从企业进行商业模式创新中所遇到的内部阻力与机遇的角度来研究商业模式，结果认为阻碍与机遇在商业模式创新中具有重要的作用。

Desyllas 和 Sako（2013）以从商业模式创新中受益为驱动力来研究商业模式的创新。

虽然商业模式不能保证正式的知识产权，但是其组成部分可以被保护（例如，商业方法和品牌），利用创新获得利润这一框架，知识产权保护方法在形式上和战略上发挥互补的作用。

为了从商业模式创新中获取价值，企业需要保持长期的竞争力。然而，长期的竞争力取决于创新者是否建立了一个强大的、专门的互补性资产和根据不同市场环境下重新配置资产的能力。

2. 商业模式创新途径

商业模式的创新途径是多种多样的，这取决于创新者所选取的视角。

目前的研究当中，主要从战略视角、系统视角以及商业模式的组成要素视角对商业模式创新途径进行研究分析，而商业模式创新实施研究是指对新的商业模式的实施过程和途径方法的研究。

Mason 和 Spring（2011）通过对大量的商业模式文献的总结，构建了一个商业模式产生的框架，并将该框架应用于音乐唱片市场案例的分析，认为技术、市场供应和网络架构是商业模式的 3 个核心要素，每个要素的理论路线分别为：技术和创新研究、工业营销、运营战略和演化经济学，然后确定了每个要素的多个维度。该研究使我们对商业模式的创建、发展和实践有了更清晰的了解，同时为企业的商业模式构建提供了建议，即业务网络和市场构成嵌入式系统，系统内部多个重叠的商业模式可以被视为它的组成部分。

Sabatier 等人（2012）以技术密集型的医药行业为研究对象来探讨高技术领域商业模式的创新过程。在高新技术领域，技术发展的间断性不足以扰乱整个行业的主导逻辑（一个行业的主导逻辑是一个关于价值创造的总体计划和参与者共同享有的一种战利品），但是通过打乱逻辑的创新过程，识别可能触发逻辑的改变因素，可以帮助企业获得使他们捕获更大价值的发展策略。在成熟的行业中，由于前期经历了行业发展过程中技术的不连续性和不确定性，使新行业进入者的商业模式会适应这个行业已经建立的主导逻辑，其价值链保持不变；但随着新技术的发展和不确定性减小，具有破坏性的商业模式的出现将会不断地挑战产业的主导逻辑和重塑产业的价值链。曹平等通过基于分析生物技术和生物信息学给药物行业带来的变化，认为有三个变化能触发行业主导逻辑的改变：新的医疗护理哲学（New Healthcare Philosophies）、新的合作模式（New Patterns of Collaboration）和编配或集成（Orchestration or Integration），依据此改变可以创建具有破坏性的商业模式（曹平和吴世峰，2016）。

3. 商业模式创新的背景

商业模式创新背景研究是指商业模式的变革在特定的环境中发生，通过不同的背景、内外部环境来分析商业模式的创新。环境变化对不同的商业模式类型有着不同的影响。

Wirtz 等人（2010）从"4C"的互联网商业模式类型阐述了最近一波互联网上的变化——新兴的 Web 2.0 现象。Web 2.0 的趋势和特征正在改变创造和捕捉价值的游戏规则，因而大大扰乱了已经建立的互联网商业模式的有效性，他们构建了一个 Web 2.0 的发展框架，从而帮助缓解互联网产业中由于 Web 2.0 带来的对原有互联网商业模式的冲击，并能在商业模式中接受与 Web 2.0 相关的变化。

Sanchez（2010）以低收入市场为背景来探讨商业模式的不同类型以及特点，基于大量的案例研究数据以及被广泛认可的低收入市场战略和商业模式理论，发现了一系列的权变因素可以将商业模式区分为孤立型和交互型：孤立型的商业模式更有利于新的行业进入者，新的进入者利用企业的现有资源和能力来取得生存机会；在交互式的商业模式中，需要企业利用自身的生态体系能力来整合自身的资源，并与其他企业联合来创造新的商机。

Bucherer 和 Eisert（2012）以产品创新为研究背景来分析商业模式创新问题，将产品创新中的重要发现整合成一个框架来分析 11 个商业模式创新案例。该研究能更好地理解现有的商业模式创新。

目前，商业模式变革研究中驱动力研究依然是研究热点，包括内外部环境的驱动力、内部阻力与机遇的驱动力等。在商业模式创新方面，许多学者试图构建一个商业模式创新的分析框架或新的视角来为商业模式的创新提供帮助。

当企业或组织出现成长迟缓和内部不良问题或无法适应内外部环境变化时，企业必须采取变革的策略。

变革管理是企业或组织为了适应外部与内部环境变化所做的调整，变革的过程可涉及到组织内部的变革、企业技术的变革甚至是企业商业模式的变革。曹平和吴世峰（2016）将变革管理分裂为组织变革、技术变革、商业模式变革三个部分，但是技术的变革往往带动着商业模式的变革，组织的变革往往与技术的变革存在双向的关系（Sushandoyo and Magnusson，2012），因此三者是互为影响、相互促进的关系。

在组织变革方面，通过对近 10 年组织变革文献的梳理发现，变革的背景、内容以及情感行为的研究依然是目前研究的重点，不同的组织背景所适用的研究方法、研究模型是不同的，其方法或模型的不同势必会对组织变革的内容产生影响，如 Chiang（2010）在不同的企业背景下使用了前人不同的模型进行研究。

在组织变革的实施过程中所涉及人员的情感和行为也将会对组织变革的内容产生重要的影响。任何组织或企业进行技术变革都将对该组织或企业产生重大的影响，其使用的方法和理论便显得尤为重要，可以是渐进式（Demil and Lecocq，2010），也可以是破坏式（Sabatier et al.，2012），都需要认真进行考量。检测技术变革的成功与否需要相应的方法和标准进行分析，评估方法不能一味地从结果或产出来衡量，变革中关键人物的能力与技能的评估也同样重要（Harison and Boonstra，2009）。

商业模式的变革是建立在创新动力、概念本质、变革实施、构成体系等研究之上的"集大成者"，企业在实施商业模式的变革中要充分考量变革的动力、变革的途径、实施的方法等问题，首先要确定变革的驱动因素（Sosna et al.，2010），明确了变革的驱动因素才能更好地确定变革的途径与实施方法。

基于上述对最近几年变革管理理论研究的述评不难看出，变革管理领域还有一些理论的空白点，主要体现在以下几个方面（曹平和吴世峰，2016）：一是基于企业或组织战略决策的变革管理的研究。企业或组织的变革影响着它们的竞争力，因而要从战略层面去考量变革问题，不能只是一味地聚焦于技术的改造、企业结构的改变、营销模式的更新，这要求企业或组织对变革战略的制定、执行、控制以及反馈进行系统的研究。二是不同背景环境下变革管理的研究。不同的企业或组织所面对的外部和内部环境是各异的，全球化背景下企业变革与区域背景下企业变革的方法与方式必将是有差别的，不同发展目标的企业或组织所考虑的发展视角也是不同的，对具体背景环境下的变革管理模型、框架研究将对变革管理理论的发展提供巨大的发展空间。三是基于变革后评估方法与标准的研究。目前，对变革后或变革中效果的评估研究较为丰富（Carlsen et al.，2010），但依然缺乏较为适用性的评估模型或框架去引导变革评估的研究工作；目前的评估方法多是从侧面的角度（例如，员工情绪、行为）。

三、变革管理的思维与技能

主导变革行为的是变革的思维。大而化之的想法、想当然的主意、拍脑袋的决定，都是经营管理的大敌，无疑都不属于变革的思维，但却是我们现在许多企业经营者的决策来源（马建峰，2017）。

（一）思维变革的趋势

1. 从"实体思维"走向"关系思维"

哲学变革的核心是从实体走向关系，确立了关系思维。只有建立关系思维，我们才会认识并说明世界上以往尚未注意或无法说明的一些现象。例如，"主客体"概念是一对关系范畴，不是实体范畴。作为关系范畴，主体和客体是具体的、多变的，不能把它固定死。没有主体就没有客体，没有客体就没有主体。

有的人就不能理解。他说：没有客体就没有主体，如说没有地球就没有人，这是正确的；但你能说没有人就没有地球么？所以，"没有主体就没有客体"不成立。这就是把关系范畴当作实体范畴了。变革中的很多概念，如"熵""负熵""信息""价值"等，都是需要用关系思维来理解，才能把握它们的本质。

如果只有单纯的实体思维和本体论主义，往往造成头脑僵化，譬如对"终极真理"和"唯一真理"的迷信。"关系说"破除了这种迷信，反而更加接近于真实的世界、更真实的生活，所以说这是哲学思维方式的一种历史性突破（李德顺，2017）。

2. 单向思维进入多向思维

马克思提出了人类活动的"两个尺度"的思想（马克思等，1979），揭示了人与世界关系的双向性乃至多向性。"尺度"这个词的含义是"规定性、根据、标准"。人类与动物在对象性关系中的表现不同，在于动物只有它自己那个物种的尺度，如狼只有狼的尺度，虎只有虎的尺度。它们都不会发明科学技术，也不会自觉地创造新的物态；而人则既有"自己（主体）的尺度"，也有"对象（客体）的尺度"，并懂得把两个尺度结合起来，创造新的形态。这样，人与世界的关系就成为双向、多维的了。

3. 从客体思维进入主体思维

在主客体关系中，主体是主导的方面。主体性问题说到底就是人在自己对象性行为中的权力和责任问题。"主体性"范畴的意义，就在于我们人类重新认识自己的权力和责任。人类作为人类自己行为的主体：一方面有权力按照自己的需要、尺度和能力去认识世界、改造世界；另一方面有责任承担这一切后果，这就是权力和责任的统一。任何权力和责任都应该是相互赋予的、相互统一的。有什么样的权力就应该承担什么样的责任，承担什么样的责任就应该享有什么样的权力。过去我们的毛病就是经常把权力和责任分割开来：一部分人只行使权力，另一部分人只承担责任。例如，个别领导瞎指挥、乱决策，错误后果由大家承担，他自己不承担。这就是权力和责任的分裂。正确地理解人的主体性，就要多方面地理解人的权力和责任。我们现在改革，最终就是要做到责权利的统一和到位。

4. 从静态直观思维进入动态变革思维

思考问题、处理问题要有一种历史感，这种历史感就是人的行为的发展、动态和进程。要从这个角度看问题，防止割裂的、凝固的、静止的思维方式。理论要向实践学习的东西，远比它能指导实践的要多。理论应更多地向实践学习，因为实践从来都是动态的。理论要为实践服务，就要做到有种切实的、人的行为的实践感，有种历史感，有种动态感。马克思把社会历史看作是自然历史过程，认为它是一个像生命不断成长的过程。生命成长的过程就不是可以用某一个时期、某一个阶段上的某一个状态来简单代表的。在这个完整的生命体的成长过程中，自主的选择、自我选择、自我改造、自我塑造、与环境的相互作用的自主实践是重要的。历史感、动态感是实践的思维方式的制高点（李德顺，2003）。

（二）建立新的价值思维

1. 价值领域的"问题意识"

在我们这个时代，企业的变革管理显然需要掌握运用特定的价值思维来思考价值问题，解决价值问题。如果习惯性地把价值问题当作存在问题、知识问题来处理，就很难突破旧的思维方式的局限，难以找到新的出路和境界。

以我们给小孩讲的《小马过河》故事来说，任何事物的价值都以主体为尺度，所以才"因人而异"。这正是价值现象及其概念的特点。很多人回避或否认这样的问题是出于他们缺少对价值问题的思想准备，头脑中缺少关于"价值"现象的概念基础。在变革中，要避免在描述与评价之间的彼此对立，用一个否定另一个，而不注意它们各自的范围和意义。

2. 价值问题上的"主体意识"

忽视价值问题的特殊性，实际上是和拒绝承认价值的主体性，即无视人自己在对象性关系中的具体存在和作用，紧密联系在一起的。因为人本身的存在，既是具体特殊的，又是现实普遍的。离开了这一点，就不能说明价值的普遍性和特殊性的关系。在价值问题上，由于主体之间有共同点或相同的尺度，才使他们共处在一个环境，依靠相同的资源，认同共同的规则，登上同一个舞台；而由于主体尺度的独立性，才使他们形成"主体间"关系，各自都以自己的尺度来进行价值判断和选择，彼此相互区别，并且不能包办代替，因此形成了风采各异的面貌和形形色色的"价值冲突"。这就是价值的普遍性与特殊性都依据于具体主体性的必然表现。在变革实践中，必须将价值概念具体化到二级、三级、四级乃至更细致具体的概念上，才能落实为行动。由于主体性的差异，虽然在上一级观念中没有分歧，但越是往下一级理解和贯彻时，就越是会因人而异，越是有冲突。把握价值和价值观念的特殊性质，必须用主体性思维而不是用客体性思维来解答价值判断的问题（李德顺，2011）。

3. 解决价值冲突的根本出路

变革者，只要对组织中的"价值"现象予以科学的、实事求是的审视，就会突破某些传统思维方式的束缚，理解"主体性原则"在解决价值冲突方面的意义。解决价值问题的根本思路，要从充分地理解和尊重具体的人，理解和尊重具体主体的权力和责任入手。理解各种不同形态下具体的主体的权力和责任，是理解统一与多元之间关系的钥匙。在处理所有问题的时候，都要弄清主体，把主体的权力和责任落实到位。

充分的主体意识和价值判断精准化，是变革的根本要求。变革的价值判断一定要至少保证两个"精准"：一是主客体关系的精准对位，避免因简单和粗疏而混淆了不同的价值关系；二是主体权责界限的精准，减少单一化的、权责分离的主观意志对人的侵犯。

（三）变革的思路

1. 问题倒逼

马克思说："问题就是公开的、无畏的、左右一切个人的时代声音。问题就是时代的口号，是它表现自己精神状态的最实际的呼声。"中国正处于转型发展的关键时期，面临着经济结构、社会结构的深层次变革，各种问题不断涌现。企业的变革必须以问题为导向，以解决问题、推进企业发展为目的。管理层必须清晰认识形势，面对问题及时进行自我调整，正确对待问题，积极解决问题，以问题导向推动变革不断向前发展（李黎，2017）。

（1）问题倒逼的理论基础是压力变革。压力是指在动态的环境条件下，面对不确定性情形所造成的一种心理负担，是一种感知反应。不同的人对压力有不同的感受，对压力的承受和变革动力也是不同的。压力源主要来自三方面：一是环境的不确定性会影响组织结构的设计，同时也会影响组织员工的压力水平；二是组织层面的工作压力；三是个人层面的压力源自个体在组织中扮演的角色处于边缘状态、人际关系的不顺畅、特殊职业群体的特殊标准。

（2）压力变革管理的主要内容。压力的驱动必然带来组织的变革，因此企业组织的组织结构、流程和管理方式都会随压力而进行变革。

2. 善于找事，善于造事

"事件"对于很多问题的解决是特别重要的。事件会创造一个气场，一种氛围，有利于解决问题。管理者需要耐心，需要留意和把握时机，并善于借题发挥，达成目标。善于利用事件、甚至创造事件，这是管理者的基本功。

3. 保持好的心态

要以正确的心态面对变革。变革是利益的重新分配。利益重新分配是大事，不是小事。在变革的过程中，利益分配的旧平衡逐步走向新的利益分配平衡，这种平衡的循环过程是促使企业核心竞争力提升与效益增长的关键。但利益分配永远是不平衡的。

如果没有一个正确的心态，我们的变革是不可能成功的，更不可能被接受。例如，随着企业IT体系的逐步建成，以前的多层行政传递与管理的体系将更加扁平化，这必然伴随中间层的消失，一大批人员将成为富余，人员内部流动是很重要的，在流动中，让员工保持好的心态是变革成败的重要因素（任正非，2008）。

4. 自我批判

自我批判是变革的强大动力，是思想、品德、素质、技能创新的优良工具。自我批判不是为批判而批判，也不是为全面否定而批判，而是为优化和建设而批判，总的目标是要提升公司整体核心竞争力。

变革中倡导自我批判，但不提倡相互批评，因为批评不好把握适度，批判容易造成队伍之间的矛盾。自我批判不光是个人进行自我批判，组织也要对自己进行自我批判。

5. 提升心理资本

心理资本已经与经济资本、人力资本和社会资本一起并称为人类社会的四大资本。心理资本指的是一种在个体或团队成长发展过程中表现出来的一种积极的心理状态。对个体而言，心理资本包括了自信、希望、乐观和坚韧四种可被测量、被开发和被管理的积极心理能力。

心理资本的研究包括了认知、情感、社会以及其他更高层次的方面，其效能在研究对象的思考方式、行为方式和决策方式等方面都有显著的表现。

个人心理资本在个体层面展现了个体对自我的定位、认知以及发展的愿景，同时这些因素的汇集会在具体的日常生活和学习工作中体现。心理资本在个人态度、主动性和忠诚度等方面表现出明显的差异，并在个人绩效中有显著的影响。

团队心理资本是在对个体心理资本研究基础上结合个体心理团队性互动、成员间积极心理能力的协调、团队心理能力的优势整合等进行的整体效应研究。团队心理资本主要包括团队效能感（目标的关注及评估）、团队共同愿景（团队目标的理解）、团队信任和团队协作四种团体心理资本要素。这些因素的协同良性发展会明显提升团队心理资本的价值，反之则会造成团队心理资本减值，给团队的管理和发展产生较大的负面影响。

心理资本具有可测量、可管理和可增值的属性。对个人和团队的心理资本的研究证明了心理资本作为关键的积极心理因素对团队建设、管理和绩效增值具有显著的正向作用（丁大勇和张琳，2017）。

（四）变革管理的误区

随着现代管理思想的不断发展和科学技术的普及应用，变革管理的理论与技术不断推陈出新。在令人眼花缭乱的变革管理工具面前，许多组织纷纷高擎变革大旗，盲目跟随潮流，其结果往往陷入变革的陷阱，而"每一个陷阱都可导致慢性死亡——有些时候甚至是快速死亡"（罗伯特·E. 奎因，2000）。其实，变革管理工具的意义在于应用与融合，而理解不深或者使用不慎，工具反而可能成为伤及自身的利刃或使变革衰败或使组织毁灭（汪大海和唐德龙，2005）。

1. 流程再造

在产业融合过程中，流程再造是许多组织变革管理的重要手段，对生存条件较好的企业来说，流程再造可以增强核心竞争力；对生存条件恶劣的组织来说，流程再造可以让企业起死回生。但是许多组织走入了以下流程再造的误区：只盯住组织内部，却不考虑组织外部，更不考虑组织的未来发展；只把现有流程信息化或只进行小的改动，而没有进行彻底重构；错误认识流程再造的过程，影响组织变革的整体效果。

许多变革组织误解流程再造的过程，主要表现为：错误认为任何组织在任何时期、任何条件下都可以成功实施流程再造；片面夸大或降低信息技术在流程再造中的作用，无法把握其在流程再造中的效果；过分追求全面性，反而造成机构的臃肿与低效；忽视流程再造的相对性，流程再造仅仅是变革的一种方法，关键要与组织业务运营保持适度平衡。

2. 顾客导向

在竞争日益高度化的背景下，当今各类组织以满足顾客需求为优先，组织绩效和品质也由顾客满意度来决定。其实，这种坚持顾客导向的做法往往会让组织陷入误区与困惑：将顾客满意度等同于顾客忠诚度。

在现实生活中，顾客满意并不能直接导致顾客忠诚——继续选用其产品或服务。许多部门存在着高满意度、低忠诚度的现象。由于对顾客的基本期望与潜在期望认识不清，一些组织花费大量成本进行变革，在一定程度上提高了顾客满意度，满足了顾客的基本期望，却忽略了顾客的潜在期望，而一旦其他组织推出顾客忠诚服务计划，则往往会吸引感到满意但忠诚度低的顾客"跳槽"。

3. 学习型组织

学习型组织是未来成功组织的基本模式。然而，许多组织在变革的过程中，并没有抓住学习型组织的真谛，以致造成变革的衰败与低效。许多变革组织往往以实用主义的态度，认为学习就是为了提高组织绩效；学习型组织就是培训机构；不变革组织结构就可以建立学习型组织；领导者学习就可以取代整个组织学习。

4. 变革与信息化应用的地位

在变革的过程中，关于信息化的讨论主要集中于管理角度和技术角度。从管理角度来看，信息化可以满足管理的实际需要，并能促进管理水平的提高；从技术角度来看，将管理纳入信息系统进行规范运作，又需要管理思想不断融入其中。然而，许多变革组织在信息化过程中出现了问题：将信息化视为组织的变革目标，投入大量的时间、精力以及物力进行大规模的信息化建设，而忽视了管理基础薄弱、岗位职责不清、业务流程不顺以及内部控制不强等问题。这种目标与手段倒置的做法，使组织对信息化投入越来越大，维护成本越来越高，而组织并没有获得应有的灵活与快速反应能力，甚至可能因此陷入变革的困境。

（五）变革的策略

组织变革必然是系统、连续且全面的，变革管理也因此成为一项广泛、复杂而系统的活动。一般来说，变革管理涉及愿景、战略、规模、流程、模式以及文化等诸多方面。成功驾驭变革的策略在于把握愿景与战略、系统与全面、合作与投入、变革与发展等核心环节。

1. 在愿景与战略之间创造组织未来

愿景是组织存在价值和未来蓝图的景象，一个好的愿景确定了组织的未来状态，并为组织制定战略指明了方向。在愿景与战略之间创造组织未来，意味着清楚地表达未来状态，并与过去的行为方式、组织结构、业务流程划清界限。变革领导者应具备明确愿景、制定战略的能力（理查德，2003）。

2. 在系统与全面之间应对组织变革

组织变革是庞大、复杂、系统、全面的工作，要求变革领导者必须以系统全面的视角思考、规划、实施和评估变革。在系统与全面之中应对变革，有效把握围绕变革而产生的整体性、全局性和系统性问题，是变革制胜的重要因素。

3. 在合作与参与之间克服变革阻力

从某种程度上说，变革取得成功的关键在于最大限度地减少变革阻力。罗宾斯（1997）曾指出，变革推动者在处理变革阻力方面有六种策略，主要包括教育和沟通、参与、促进和支持、谈判、操纵和收买、强制。其实，从深层次看，相互合作与积极参与才是变革领导者克服阻力、驾驭变革的关键环节。

4. 在变革与发展之间寻求动态平衡

变革为了发展，发展需要变革，发展与变革互相促进。变革管理的难点和核心之一在于平衡变革与发展的关系，在快速变革与有效发展之间寻求平衡，是变革领导者有效实施变革管理工作必须遵循的重要原则。

参考文献

［1］Alas, Ruth. The Triangular Model for Dealing with Organizational Change［J］. Journal of Change Management, 2007, 7（3-4）: 255-271.

［2］Balle. The Business Process Reengineering Action Kit: A Five Days Plan to Redesign Your Processes［J］. London: Kogan Page, 1995.

［3］Bartunek, Moch J. First-Order, Second-Order, and Third-Order Change and Organization Development Interventions: A Cognitive Approach［J］. The Journal of Applied Behavioral Science, 1987, 23（4）: 483-500.

［4］Beck N, Brüderl J, Woywode M. Momentum or Deceleration? Theoretical and Methodological Reflections on the Analysis of Organizational Change［J］. The Academy of Management Journal, 2008, 51（3）: 413-435.

［5］Beckhard R T, Harris R. Organizational Transitions: Managing Complex Change［M］. New Jersey: Addison Wesley Publishing, 1997.

［6］Birnbaum P H. The Choice of Strategic Alternatives Under Increasing Regulation in High Technology Companies［J］. The Academy of Management Journal, 1984, 27（3）: 489-510.

［7］Boeker G W. Turbulence at the Top: A New Perspective on Governance Structure Changes and Strategic Change［J］. Acad Manage J, 1991, 34（2）: 306-330.

［8］Boyd, Dess, Rasheed. Divergence between archival and perceptual measures of the environment: Causes and consequences［J］. Academy of Management Review, 1993, 18: 204-226.

[9] Buchanan D, Dawson P. Discourse and Audience: Organizational Change as Multi-Story Process [J]. Journal of Management Studies, 2007, 44 (5): 669-686.

[10] Bucherer E, Eisert U. Towards Systematic Business Model Innovation: Lessons from Product Innovation Management [J]. Social Science Electronic Publishing, 2012, 21 (2): 183-198.

[11] Burke. Organization Change: Theory and Practice [M]. Los Angeles: Sage Publications, 2001.

[12] Carlsen, Dreborg, H K, et al. Assessing socially disruptive technological change [J]. Technology in Society, 2010, 32 (3): 209-218.

[13] Chesbrough H. Business Model Innovation: Opportunities and Barriers [J]. Long Range Planning, 2010, 43 (2-3): 354-363.

[14] Chiang C. Perceived organizational change in the hotel industry: An implication of change schema [J]. International Journal of Hospitality Management, 2010, 29 (1): 157-167.

[15] Chou H, Zolkiewski J. Decoding network dynamics [J]. Industrial Marketing Management, 2012, 41 (2): 247-258.

[16] Chou H, Zolkiewski J. Managing resource interaction as a means to cope with technological change [J]. Journal of Business Research, 2012, 65 (2): 188-195.

[17] Cohen W M, Levinthal D A. Absorptive Capacity: A New Perspective on Learning and Innovation [J]. Administrative Science Quarterly, 1990, 35: 128-152.

[18] Corsi T M, Grimm C M, Smith K G. Deregulation, Strategic Change, and Firm Performance Among LTL Motor Carriers [J]. Transportation Journal, 1991, 31 (1): 4-13.

[19] Cyert. A behavioral theory of the firm [M]. Oxford: Blackwell Business, 1963.

[20] D´Avini R, Gunther R. Hyper-competition: Managing the dynamics of strategic maneuvering [M]. New York: The Free Press, 1994.

[21] Demil B T, Lecocq X. Business Model Evolution: In Search of Dynamic Consistency [J]. Long Range Planning, 2010, 43 (2-3): 227-246.

[22] Dercole F, Dieckmann U, Obersteiner M, et al. Adaptive dynamics and technological change [J]. Technovation, 2008, 28 (6): 335-348.

[23] Desmond. The Social Structure of Organizational Change and Performance [J]. Emergence, 2003, 5: 99-119.

[24] Desyllas P, Sako M. Profiting from business model innovation: Evidence from Pay-As-You-Drive auto insurance [J]. 2013, 42 (1): 101-116.

[25] Dunphy D. Organizational Change in Corporate Settings [J]. Human Relations, 1996 (5): 541-552.

[26] Dunphy, Stace. The Strategic Management of Corporate Change [J]. Human Relations, 1993, 46: 905-918.

［27］Fombrun C J, Ginsberg A. Shifting Gears: Enabling Change in Corporate Aggressiveness［J］. Strategic Management Journal, 1990, 11（4）: 297-308.

［28］Gibbs P A. Determinant s of corporate rest ructuring : The relative importance of corporate governance, take over threat and free cash flow［J］. Strategic Management Journal, 1993, 14: 51-68.

［29］Gibbs P A. Determinants of Corporate Restructuring: The Relative Importance of Corporate Governance, Takeover Threat, and Free Cash Flow［J］. Strategic Management Journal, 1993: 51-68.

［30］Gordon S S. Convergence Versus Strategic Reorientation: The Antecedents of Fast-paced Organizational Change［J］. Journal of Management, 2000, 26（5）: 911-945.

［31］Grimm C M, Smith T M. Determinants of Strategic Change in the LTL Motor Carrier Industry: A Discrete Choice Analysis［J］. Transportation Journal, 1993, 32（4）: 56-62.

［32］Harison E, Boonstra A. Essential competencies for technochange management: Towards an assessment model［J］. International Journal of Information Management, 2009, 29（4）: 283-294.

［33］Haveman H A. Between a Rock and a Hard Place: Organizational Change and Performance Under Conditions of Fundamental Environmental Transformation［J］. Administrative Science Quarterly, 1992（1）: 48-75.

［34］Higgins J M, Mcallaster C. If you want strategic change, don't forget to change your cultural artifacts［J］. Journal of Change Management, 2004, 4（1）: 63-73.

［35］Ho J C, Lee C. A typology of technological change: Technological paradigm theory with validation and generalization from case studies［J］. Technological Forecasting & Social Change, 2015, 97: 128-139.

［36］Hulthén K. Comments on "Managing resource interaction as a means to cope with technological change"［J］. Journal of Business Research, 2012, 65（2）: 196-197.

［37］Joseph. Understanding Management Accounting Techniques in the Context of Organizational Change［J］. Management Accounting Quarterly, 2006, 7: 24-32.

［38］Joyce W F, Pfeffer J. Power in Organizations［J］. Industrial and Labor Relations Review, 1982, 35（4）: 625-630.

［39］Kelly D, Amburgey T L. Organizational Inertia and Momentum: A Dynamic Model Of Strategic Change［J］. The Academy of Management Journal, 1991, 34（3）: 591-612.

［40］Kraatz M S, Zajac E J. How Organizational Resources Affect Strategic Change and Performance in Turbulent Environments: Theory and Evidence［J］. Organization Science, 2001, 12（5）: 632-657.

［41］Lahiri S, Pérez-Nordtvedt L, Renn R W. Will the new competitive landscape cause your firm's decline? It depends on your mindset［J］. Business Horizons, 2008, 51（4）: 311-320.

[42] Lant M. The Effect of an Organizations Recent Performance History on Strategic Persistence and Change: The role of Managerial Interpretations [D]. Leonard N. Stern School of Business, New York University, 1991.

[43] Lewin. Action Research and Minority Problems [J]. Journal of Social Issues, 1946, 2: 34-46.

[44] Lewin. Group Decision and Social Change [J]. Readingsin Social Psychology, 1952: 459-473.

[45] Lippitt R B, Watson J. Dynamics of Planned Change [M]. New York: Oxford University Press, 1988.

[46] Martin K D, Cullen J L J A. Organizational Change, Normative Control Deinstitutionalization, and Corruption [J]. Business Ethics Quarterly, 2009, 19 (1): 105-130.

[47] Mason K, Spring M. The sites and practices of business models [J]. Industrial Marketing Management, 2011, 40 (6): 1041-1302.

[48] Nadler D L, Tushman A. A Diagnostic for Organization Behavior [M]. New York: McGraw Hill, 1977.

[49] Nutt P C. Implications for Organisational Change in the Structure Process Duality [J]. Research in Organizational Change & Development, 2003, 14: 147-193.

[50] Pettigrew A M. Context and Action in the Transformation of the Firm: A Reprise [J]. Journal of Management Studies, 1987, 24 (6): 649-670.

[51] Rajagopalan N, Spreitzer G M. Toward a Theory of Strategic Change: a Multilens Perspective and Integrative Framework [J]. The Academy of Management Review, 1997, 22 (1): 48-79.

[52] Reilly. Communicating Sustainability Initiatives in Corporate Reports: Linking Implications to Organizational Change [J]. Management Journal, 2009, 74: 33-43.

[53] Sabatier V, Craig-Kennard A, Mangematin V. When technological discontinuities and disruptive business models challenge dominant industry logics: Insights from the drugs industry [J]. Technological Forecasting and Social Change, 2012, 79 (5): 949-962.

[54] Sanchez P R J E. Business model innovation and sources of value creation in low-income markets [J]. European Management Review, 2010, 7 (3): 138-154.

[55] Sandulli F D, Baker P M A, López-Sanchez J I. Can small and medium enterprises benefit from skill-biased technological change? [J]. Journal of Business Research, 2013, 66 (10): 1976-1982.

[56] Schein E H. Process Consultation: Its Role in Organization Development [M]. New Jersey: Addison-Wesley Publishing, 1987.

[57] Schumpeter. The Theory of Economic Development [M]. Cambridge: Havard University Press, 1934.

[58] Schwarz. Temporal Effects and Life Cycle of Organizational Change Research: Academy of Management Annual Meeting Proceedings, 2011 [C].

[59] Scott. Institutions and organizations [M]. Thousand Oaks: CA: Sage, 1995.

[60] Senior B, Fleming J. Organizational Change [M]. London: Prentice Hall, 2006.

[61] Singh J V, House R J, Tucker D J. Organizational Change and Organizational Mortality [J]. Administrative Science Quarterly, 1986, 31 (4): 587-611.

[62] Sosna M, Trevinyo-Rodríguez R N, Velamuri S R. Business Model Innovation through Trial-and-Error Learning: The Naturhouse Case [J]. Long Range Planning, 2010, 43 (2-3): 383-407.

[63] Sushandoyo D, Magnusson T. A two-way relationship between multi-level technological change and organizational characteristics-cases involving the development of heavy hybrid buses [J]. Technovation, 2012, 32 (7-8): 477-486.

[64] Tichy. Managing Strategic Change: Technical, Political and Cultural Dynamics [M]. New York: Wiley, 1983.

[65] Webb J, Dawson P. Measuring for measure: Strategic change in an electronics instruments corporation [J]. Journal of Management Studies, 1991, 28: 191-206.

[66] Webb J, Dawson P. Measure for measure: Strategic change in an electronic instruments corporation [J]. Journal of Management Studies, 2007, 28 (2): 191-192.

[67] Weick K, Quinn R. Organizational Change and Development [M]. John Wiley & Sons, Ltd, 1999.

[68] Whittington, Pettigrew, Peck, et al. Change and Complementarities in the New Competitive Landscape: A European Panel Study [J]. Organization Science, 1999, 10: 583-600.

[69] Wiersema M F, Bantel K A. Top management team turnover as an adaptation mechanism: The role of the environment [J]. Strategic Management Journal, 1993, 14 (7): 485-504.

[70] Wirtz B W, Schilke O, Ullrich S. Strategic Development of Business Models: Implications of the Web 2.0 for Creating Value on the Internet [J]. 2010, 43 (2-3): 272-290.

[71] Zajac E J, Kraatz M S. A diametric forces model of strategic change: Assessing the antecedents and consequences of restructuring in the higher education industry [J]. 1993, 14 (S1): 83-102.

[72] 曹平, 吴世峰. 变革管理理论前沿述评 [J]. 科技管理研究, 2016, 36 (06): 205-209.

[73] 陈仕华. 组织变革理论：一个过程的视角——兼论企业家价值与变革型企业文化 [J]. 东北财经大学学报, 2013 (03): 3-9.

[74] 丁大勇, 张琳. 长尾理论视角下团队心理资本管理变革和增值策略 [J]. 管理观察, 2017 (29): 82-83.

[75] 李德顺. 21世纪人类思维方式的变革趋势 [J]. 社会科学辑刊, 2003

（01）：4-9.

[76] 李德顺．当代哲学思维的变革和挑战［J］．岭南学刊，2017（01）：5-12.

[77] 李德顺．怎样看"普世价值"［J］．哲学研究，2011（01）：3-10.

[78] 李黎．问题倒逼与组织变革理论探析［J］．领导科学，2017（08）：63-64.

[79]（美）理查德·L·达夫特．组织理论与设计［M］．北京：清华大学出版社，2003.

[80] 林忠，刘亦飞．组织变革理论变迁［J］．产业组织评论，2013，7（03）：129-145.

[81] 刘海建，李虎，孙容容．竞争能力惰性、决策失灵与企业衰败［J］．南京大学学报（哲学．人文科学．社会科学版），2012，49（06）：144-153.

[82] 刘海建，李虎，孙容容．竞争能力惰性、决策失灵与企业衰败［J］．南京大学学报（哲学．人文科学．社会科学版），2012，49（06）：144-153.

[83]（美）罗伯特·E·奎因．深刻变革——从改革中发现领导者［M］．北京：中央编译出版社，2000.

[84] 马建峰．从经典中吸取企业变革的养分［J］．企业观察家，2017（05）：118.

[85] 马克思等．马克思恩格斯全集：第四十二卷［M］．北京：人民出版社，1979.

[86] 任正非．华为的冬天［J］．管理与财富，2008（08）：66-69.

[87]（美）斯蒂芬·P·罗宾斯．组织行为学［M］．北京：中国人民大学出版社，1997.

[88] 汪大海，唐德龙．变革管理：管理理论与实践关注的焦点［J］．新视野，2005（02）：32-34.

[89] 杨林，张敏．国外企业战略变革理论与经验研究综述［J］．外国经济与管理，2008（05）：56-65.

[90] 张完定，李垣．企业家职能、角色及条件的探讨［J］．经济研究，1998（08）：29-33.

专题七
文化与跨文化管理

一、文化与跨文化管理

近年来，有关不同文化环境中管理方式的比较研究取得了长足的进展，如霍夫斯泰德（Hofstede）的四维管理文化模式论、特拉姆·皮纳和汉姆登·特纳（Trompenaars and Hampden-Turner）的七层次管理文化理论等，为企业进行跨文化管理提供了理论依据。

企业在进行跨文化管理时，双方管理者不能回避如下问题（时秀梅和栾华，2013）：

①国家之间的不同价值观和思维方式是如何产生的？
②文化差异又是怎样通过文化冲突表现出来的？
③实现跨文化有效管理的路径是怎样选择的？
④跨国公司企业文化是怎样重塑的？
⑤拥有不同文化背景以及不同价值观的员工是如何沟通和交流的？
⑥通过何种方式或手段实现跨文化有效管理的目标？

要回答如上问题，首先就要了解文化的内涵和文化差异到底体现在哪几个方面。

（一）文化与软实力

文化自信与文化软实力有着密切联系，中国人的文化自信支撑和推动着国家文化软实力，当代中国人文化自信的来源主要有四个方面：中华文明的历史辉煌、当代中国的蓬勃发展、文化发展的正确道路、汉语学术的崛起趋势（刘建军，2016）。从企业竞争优势的发展轨迹来看，企业在经历了质量竞争、价格竞争、功能竞争、服务竞争阶段后，已逐步进入到品牌、声誉竞争阶段，企业竞争所依赖的优势越来越无形化，越来越"软"。

随着时代的变迁、企业生存环境的变化，企业软实力已经成为影响企业竞争优势决定其竞争实力的战略性资产。企业软实力（邓正红，2009）是企业通过长期积累并能在未来为企业生存发展继续发挥整合作用的能力和习惯。

企业文化作为软实力的重要体现，其主要表现：一是企业文化是维系企业共同价值的纽带。企业文化是企业的灵魂，可以彰显企业的独特内涵与魅力，引导和强化企业的价值观与经营理念，形成企业内部源源不断的持续发展力。二是企业文化可以推动企业内部管理升级。在企业的管理方面，企业的文化不断推进员工综合素质的提高，形成企业内部强大的凝聚力，凭借强大的经营团队，加速企业管理升级，促进企业外部竞争实力的增强。三是企业文化促进企业创新潜能的释放。创新是企业的力量之源与竞争之本。现代企业的创新不仅表现在产品、技术等方面，更多体现为企业整体运营能力的创新。通过培育良好的创新环境，建立有效的创新机制，营造积极的创新氛围，整合企业内部的创新资源，调动企业创新激情，不断增强学习力、执行力与创造力，使企业在不断的创新中保持优势竞争力。四是企业文化是塑造企业形象的品牌。企业文化作为企业最具生命力和影响力的品牌，其产生的凝聚力是保证公司持久发展的关键。通过成功的企业文化塑造并充分地展现一个公司的形象，建立企业持续升值的名誉度与诚信度（陈凤等，2009）。

（二）文化的内涵

"文化"一词由于含义的广泛，不同学者对其内涵的理解有所差异。一般来说，广义的文化是指人类在改造自然和改造社会的过程中所创造的物质财富和精神财富的总和。狭义的文化是指作为观念形态的，与经济、政治并列的，有关人类社会生活的思想理论、道德风尚、文学艺术、教育和科学等精神方面的内容（中国大百科全书哲学卷，2007）。

第一次把文化作为一个中心概念提出来是英国文化人类学的奠基人爱德华·泰勒，在其1871年出版的《原始文化》一书中，把文化的涵义系统表述为："文化是一个复合整体，包括知识、信仰、艺术、道德、法律、习俗，以及人类在社会中所获得的一切能力与习惯。"

霍夫斯泰德（Hofstede，1980）认为，文化是"使一个群体区别于另外群体的集体思维"，指的是一个群体的特征，一种群体价值观，并由此衍生出共同的行为方式；是一个相对于个性（个体价值观和行为方式）和人性（人类整体具有的思想和行为方式）之间的中间层次。

思金（Schein，1992）则把社会文化分为三个层次，即可鉴别的结构性文化、可表现的文化和潜在的基本假设文化。其中，潜在基本假设层次文化决定了特定文化环境中人们判断事物的标准、习惯了的方式，是文化的核心。

科特和赫斯克特（Kotter and Heskett，1992）认为文化分为"可视的"行为文化和"深层次的"共同价值观。

不难看出，霍夫斯泰德的定义主要强调文化的内在因素，即价值观方面，而科特和赫斯克特的定义及思金的定义则比较宽泛，既包括内在价值观，又包括外在的、表象化的文化。事实上，文化的本质是一定群体所共有的、具有相对稳定性的价值观，这种价值观可以通过一定的形式外化，形成现象文化，如习俗、语言等。其中，管理文化是文化的一个子集，是与工作相关的价值观（陈祥槐，2002）。

根据现有文献，可以把文化分为以下两类：

①显性文化指的是文化的外在表征，包括语言沟通和非语言沟通方式，如语言、色彩、标志、空间等，是容易被对方所感知与获得的。

②隐性文化指的是文化的内在核心部分，通常是隐藏在文化表层之下，不易被对方所感知，需要一定时间与实践的积累或者后天努力才能获得的，又称为根基文化。

（三）文化差异及形成的原因

文化差异主要是指不同的民族有不同的文化模式，存在语言沟通、宗教信仰、价值观念、思维方式、社会组织、风俗习惯、教育和工作态度等方面的差异。文化差异源于文化产生的具体历史过程，具有普遍性和客观性，有其各自产生的历史的必然性与合理性。东方文化与西方文化，传统文化与现代文化，彼此之间的差异就在于其历史环境的不同。任何一种文化，即使是同属一种文化体系，因各个民族所处地理环境不同、形成和发展的历史条件不同，使得同属一个文化体系中的各个民族国家的文化呈现其独特的个性。尤其是民族文化的心理层面，即由于地域和历史原因长期形成的民族传统习俗、生活方式、社会风情、心理意识及思维模式，是一种具有特殊超稳定性的民族的整体心理结构和精神力量。它所具有的稳定性、长久性、普遍性、承继性等多种属性，使得民族文化在走向世界文化的过程中，永远保持着自身的特点（孙慧阳，2008）。

1. 文化差异的表象

语言是文化的一面镜子，中外语言的差异正折射了中西方文化的差异。就汉语与英语之间的差异而言，主要表现在七个方面：不同的姓名和称谓禁忌、不同的衰老禁忌、不同的隐私禁忌、不同的种族禁忌、不同的颜色禁忌、不同的数字禁忌以及不同的动物禁忌（表7-1）。

表7-1 汉语和英语禁忌语的差异性

语言差异	国别	主要表现	举例说明
姓名和称谓禁忌	中国	国讳	唐太宗时期，"世"和"民"都被"代"和"人"分别代替
	中国	家讳	苏轼的祖父名为苏序，苏轼作序时，常将"序"改为"叙"
	中国	圣讳	宋朝时，为避讳孔子的名字，把"瑕丘县"改为"瑕县"，"龚丘县"改为"龚县"
	外国	直呼其名	不管是学生对老师，还是晚辈对长辈，都可直呼其名，显示关系亲密无间
衰老禁忌	中国	受尊敬、有经验	汉语俗语中会有"家有一老，如有一宝""老将出马，一个顶俩""姜还是老的辣"等
	外国	无用、过时	"Seasoned Man（经验丰富的人）""Senior Citizen（退休的人）"等词汇来代替"Old"
隐私禁忌	中国	愿意涉及隐私	首次见面，也会问"你今年多大了？""结婚了吗？""家里有几个孩子？"等问题
	外国	注重隐私禁忌	见面时，喜欢聊天气、球赛等。俗语有"Mind Your Own Business（少管闲事）"
种族禁忌	中国	民族问题	"蒙古大夫"讽刺那些医术不精，出来骗人的医生
	外国	种族问题	"Blackguard（恶棍）""Nigger（黑鬼）""Black Mark（污点）"等都是黑种人的禁忌语
颜色禁忌	中国	红色吉祥 白色讳忌	红脸的关公是人们敬奉的武圣，是忠义的象征；家里有丧事，丧服和灵堂用白色装饰
	外国	红色暴力 白色纯洁	"Red revenge"译为"血腥复仇"；"A Red Light District"是红灯区。基督教的天使穿白衣服

续表

语言差异	国别	主要表现	举例说明
数字禁忌	中国	偏爱偶数 避讳4、3	好事成双、六六大顺;"4"的谐音是"死""3"的谐音是"散"
	外国	偏爱奇数 避讳5、13	波音707;黑色星期五;建筑没有13层,房间没有13号
动物禁忌	中国	狗、鸡、龙	"狼心狗肺""猪狗不如""大鸡(大吉)"香烟;炎黄子孙自称龙的传人
	外国	狗、鸡、龙	A Lucky Dog(幸运儿);Chicken Out(胆小不敢做某事);基督教中魔鬼撒旦就是一只七头火龙

2. 文化差异形成的原因

文化差异形成的原因主要是宗教信仰,社会价值观,组织传统以及等级观念不同所导致的(表7-2)。

表7-2 中西方文化差异形成原因

文化差异	中国	西方国家
宗教信仰	追求对现实的生产和生存状态有直接帮助的宗教信仰,使得宗教信仰带有强烈的现实性、功利性	信奉上帝,以《圣经》为经典,认为人人平等、人性本恶,对宗教最初的追求是获得"灵魂救赎"
社会价值观	以国家、社会和集体的利益为中心,个人利益服从集体利益、眼前利益服从长远利益、局部利益服从全局利益(朱志勇)隐私观是群体隐私观	主张个人主义,主要强调个人本身就是目的,同时还强调个人的自由、平等和民主。注重个人隐私的保护
组织传统	以儒家思想为核心,极重视伦理道德,主要表现为"孝悌"二字	家庭关系相对疏松,没有强烈家庭归属感,父母和子女之间是一种契约关系
等级观念	封建统治者极力宣扬的"三纲五常""长幼有序,尊卑有节"的观念,使得等级观念深深地扎根在中国人的思想中,并被传承下来	人与人之间是以契约制为基础的平等协作关系,平等意识深深地积淀在人们的文化心理之中。英、美家庭中不会特别注重辈分和长幼尊卑

(四) 跨文化管理

跨文化(Inter-Culture)又叫交叉文化(Cross-Culture)是指两种或两种以上不同背景群体的文化之间的相互作用。跨文化管理是指与企业有关的不同文化群在交互作用过程中出现文化矛盾和冲突时,有效地解决这种矛盾,达到文化的理解、沟通、协调和融合,从而高效地实现企业管理。其目的在于如何在不同形态的文化氛围中设计出切实可行的组织结构和管理机制,实现合理地配置企业资源,特别是最大限度地挖掘和利用企业人力资源的潜力和价值,从而最大化地提高企业的综合效益(王伟等,2002)(图7-1)。

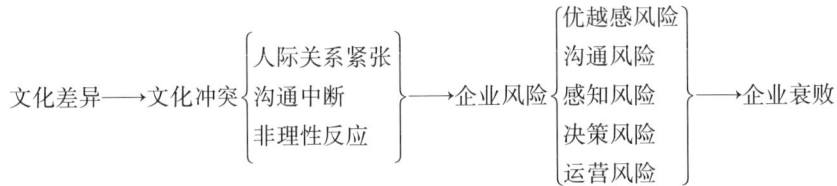

图 7-1 跨文化管理

跨文化管理起源于古老的国际间的商贸往来。古代埃及人、腓尼基人、古希腊人开始海外贸易，并懂得了如何与不同文化背景下的人们做生意。到了文艺复兴时期，丹麦人、英国人以及欧洲其他一些国家的商人更是建立起了世界范围的商业集团。当他们与自己文化环境以外的人们进行贸易时，他们就学会对与他们不同文化背景下产生的语言、信仰以及习惯保持敏感，以避免发生冲突并顺利实现交易，这就是最初的跨文化经营管理活动。

随着全球化的发展，各国之间的经济交往范围更加广泛，相互之间的渗透越来越深，各国之间的依存度、互动性增强，经济全球化趋势迅猛发展，任何企业都无法回避经济全球化的浪潮（陈晓萍，2005）。随着企业经营区域不断拓展，市场环境与企业内部的员工文化构成也越来越复杂，跨文化冲突在所难免。企业对文化冲突越来越重视，跨文化管理作为一门新兴学科逐渐形成并发展起来。

1. 跨文化冲突

跨文化冲突（Inter-Culture Shock）是指不同文化、亚文化之间的相互对立、相互排斥、相互矛盾、相互否定的状态。在企业经营管理中，它既指跨国企业在他国经营时与东道国的文化观念不同而产生的冲突，又包含了在企业内部由于员工分属于不同文化背景的国家而产生的冲突（董泽文，2005）。跨文化冲突的结果可能是文化的融合，也可能出现文化的取代，还可能是两种或两种以上文化脱离接触，宣告文化接触失败（表 7-3）。

表 7-3 跨文化冲突的特征

具体特征	解释说明
非线性	不同质的文化像不同的水域，几片或多片水域的冲突常常表现错综复杂的状态，因而具有非线性特征
间接性	文化冲突一般都在心理、情感、思想观念等精神领域中进行，其结果是在不知不觉中发生，这种变化需要较长的时间才能表现出来
内在性	文化是以思想观念为核心的，文化的冲突往往表现在思想观念的冲突上
交融性	文化冲突与文化交融始终相伴而行

价值观是人们对是与非、好与坏、对与错的基本判断。价值观是文化中最深层的一部分，它支配着人们的信念、态度和行动，是决定人们所持看法和所采取行动的根本出发点。不同的企业员工具有不同的价值观，价值观不同是导致跨文化冲突的根本原因。

跨文化沟通障碍是导致跨文化冲突的直接原因（李彦亮，2006）。在跨文化沟通中存在以下一些障碍：

第一，认识上的误区。不同文化背景的人们在沟通过程中最易犯的一个毛病是误认为对方与自己没有什么两样。一旦发现对方的行为与自己的预期相差很远，就会困惑、失望，造成跨文化沟通失败。

第二，刻板印象（Stereotype）。刻板印象是对于某些个人或群体的属性的一套信念。尽管我们没有和某一文化接触，但是，我们可能已经对它有一种先入为主的印象。例如，法国人浪漫，德国人严谨，日本人工作努力等。刻板印象往往使人们过分注重事物的整体印象，而忽视个体差异，从而不能客观地观察另一种文化，失去应有的敏感。

第三，民族中心主义（Ethnocentrism）。所谓民族中心主义就是按照本民族文化的观念和标准去理解和衡量其他民族文化中的一切，包括人们的行为举止、交际方式、社会习俗、管理模式以及价值观念等。这种民族中心主义往往使人以本民族为中心，以本民族为中心的管理者认为，本国人比外国人更聪明、更可靠、更可信任。当不同民族的员工都这样想的话，文化冲突就不可避免。

思维和工作习惯不同是跨文化冲突的重要原因。思维模式和工作习惯是民族文化的具体表征。世界著名管理咨询专家理查德·刘易斯把世界文化粗略分为三种，即单线活动型（Linear-actives）、多线活动型（Multi-actives）、反应型（Reactives），见表7-4。

表 7-4 世界文化类型划分

类型	解释说明	代表人物
单线活动型	用直线的方式制定计划、安排日程、组织工作，在一个时间只做一件事情的人	德国人、瑞士人
多线活动型	一个时间内做许多事情，根据每件事情的情绪或重要性来安排顺序	意大利人、拉丁美洲人和阿拉伯人
反应型	行事时比较注重礼貌和礼节，对事件谨慎地做出反应	中国人、日本人和芬兰人

以上三类人以不同的方式获取信息，单线活动型主要依靠数据，多线活动型主要依靠面对面的交流和对话，反应型综合上述两种方法。不同的文化背景决定了不同的思维和工作习惯，不同的思维和工作习惯造成了企业经营方式的差异，同时也造成了经营中的跨文化冲突。

此外，信仰的不同，对文化意义符号的不同理解，对语境的不同理解，忽视文化传统所塑造的不同民族性格以及对生活的态度不同，都会导致跨文化冲突。

2. 文化冲突的不良后果

从国际企业管理实践的角度看，文化冲突的形成原因是国际企业经理人员在不同文化背景下经营所必须避免与很好解决的问题，否则必然发生文化冲突，而且文化冲突又导致文化困惑，文化困惑又加剧文化冲突，二者的交互影响，会出现以下不良结果（李彦亮，2006）：

第一，极度保守。文化冲突影响了跨国经理与当地员工的和谐关系，经理们也许只能按照呆板的规章制度控制企业的运行，对员工更加疏远；与此同时，员工则对工作变得不思进取，经理的行动计划实施起来也十分艰难，结果双方都不会有所作为。

第二，沟通中断。当经理与职工的距离大到一定程度，自下而上的沟通便自然中断，结果经理人员无法了解实情，双方在不同的方向上越走越远。

第三，非理性反应。经理人员如不能正确对待文化冲突，就会凭感情用事。这种非理性的态度很容易引起员工非理性的报复，结果误会越多，矛盾越深，对立与冲突更趋剧烈。

第四，怀恨心理。对于发生的冲突，冲突双方如不耐心地从彼此的文化背景中寻求文化"共识"，而一味地抱怨对方的鲁莽或保守，结果只会造成普遍的怀恨心理。

企业跨国经营由于处在不同"文化边际域"所产生的文化冲突，对一个渴望实现成功经营的企业来说，无疑是巨大的挑战，如不能有效地管理，还会造成国际企业市场机会的损失和组织结构的低效率。在内部管理上，由于人们之间不同的价值观、不同的生活目标和行为规范必将导致管理费用的增大，增大企业目标整合与实施的难度，提高企业管理运行的成本。在外部经营上，由于语言、习惯、价值等文化差异使得经营环境更加复杂，从而加大市场经营的难度。

3. 跨文化适应

跨文化适应（Intercultural Adaptation/Intercultural Adjustment）泛指对一个新文化环境逐渐感到贴切或相称的过程。跨文化适应的研究，通常着重在居住于异国的人们，适应新文化过程所产生的矛盾、焦躁、烦恼与痛苦的心理冲击，因此跨文化适应也称为文化震荡（Cultural Shock）、濡化（Acculturation）、濡化压力（Acculturation stress）、适应压力（Adaptive/Adjustment Stress）、文化劳累（Cultural Fatigue）、变迁震荡（Transition Shock）或适应震荡（Adjustment Shock）。

早期研究成果都是把跨文化适应当作是一种阶段性（Stage）的过程。跨文化适应阶段论，虽然频遭当代学者批评为失之过简或流于僵化，但它们对于后来的研究，却具有引导的作用。其中，以最早的U曲线模式最具代表性，这个模式已成跨文化适应研究的经典之作。一个较为完整的U曲线跨文化适应模式，应该包括四个阶段，蜜月期、危机期、复原期与双文化适应期（崔艳坤，2014）（图7-2）。

4. 跨文化管理策略

霍夫斯泰德根据他的研究得出了结论：理论家和企业家忽视了文化与管理的关系。霍夫斯泰德指出：许多管理理论产生于美国，第二次世界大战后的所有管理文献几乎都由美国主宰。可是美国由于其独特的文化，它的管理理论和经验对其他国家不完全适用。有些欧洲国家，尤其是第三世界国家不注意这一点，把引进管理与引进技术同样对待，结果造成经济和人力的重大损失。相反，日本的管理虽然也主要来源于美国，但结合日本国情进行了改造，取得了很大的成功，如全面质量管理小组。因此，霍夫斯泰德明确指出：管理者必须具有"文化敏感性"（冯敏等，2015）。

①树立正确的跨文化观念（李彦亮，2006）。客观看待文化差异。管理有先进和落后之分，但文化本身没有谁优谁劣之分，文化差异没有绝对的对与错，管理者应客观看待文化差异。文化差异是一把双刃剑：一方面文化差异会带来矛盾和冲突，引起关

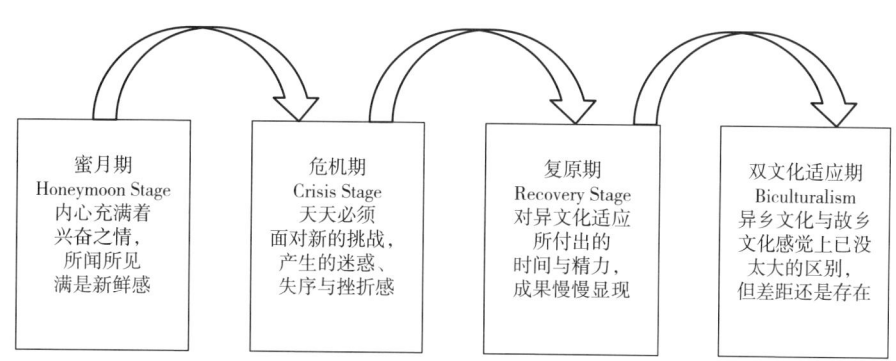

图 7-2 U 曲线跨文化适应模式

系紧张,使管理人员的管理思想、管理方法、经营决策方法等无法得到有效应用;另一方面文化差异也能给跨国公司带来竞争优势,不同的价值观、态度和行为方式会带来更广阔的思考问题的视角范围以及对不同市场需求和环境变化的灵活应变能力。

②树立全球文化意识(李彦亮,2006)。尽管人类文化的差异存在是普遍的真理,但是具有某些共同特征的独特的全球文化正在出现。大众传媒和电子传播(包括传真、电子邮件、因特网等)正在打破人们和各种文化之间的疆界。全球化的管理人员要很敏感地以一种跨国性战略来满足人类共同的需要和全球市场,同时加强跨国企业总部和分部之间的协调合作,以建立起承认地方多样化的同一标准,通过全球的系统决策方法把全球各地统合起来,实现资源全球共享。

③发展文化认同(周鸥鹏,2009)。在文化差异的基础上求同存异,找到双方都能接受的文化共同点。这里所说的共同点包括两层意思:一是本来就是共同的东西,这种共同的东西在物质的、行为的、制度的、精神的层面上都会存在;二是隐藏在特殊的东西中的共同的东西,它们是特殊中的共性。发展文化认同需要跨国经营管理人员熟悉和掌握跨文化沟通与跨文化理解的技能和技巧。通过不断地沟通产生理解和信任,才能最终形成文化融合,跨文化理解是促成沟通的首要条件。它包含两个方面的内容:一方面是理解自己的文化,另一方面是善于理解他文化。

④建设"合金"企业文化(周鸥鹏,2009)。通过文化差异的识别和敏感性训练等,提高企业员工文化鉴别和适应能力。在文化共性认识的基础上,根据环境的要求和公司战略的需求建立起公司共同的经营观和强有力的公司文化。通过文化的交汇,达成跨文化和谐的、具有东道国特色的经营管理模式,逐渐建立起跨国公司的管理文化,并逐步建立起以公司价值观为核心的企业文化。

⑤实行管理本地化策略(周鸥鹏,2009)。跨国企业管理人员要本着"思维全球化和行动本地化"的原则进行跨文化管理。本地化策略主要包括人员本地化和语言文字本地化。如果实行人员本地化,不但能充分利用当地人才为本公司服务,提高经营业绩以及降低跨国企业海外派遣人员和跨国经营的费用,而且还能更好地与当地文化融合,减少当地社会对外来资本的危机情绪。为了方便和尊重当地员工,公司总部与子(分)公司的沟通文字最好也用当地文字,这有利于两公司的真正的融合,更有利于建

立共同的企业文化。

⑥学习异质文化（李彦亮，2006）。首先，鼓励跨国企业的管理者在文化环境中学习，他们必须能够不受自己的文化视角的约束，在实践中学习目标市场的文化。其次，还要鼓励跨国企业管理者进行文化间的学习交流，卸下自己文化中的包袱和累赘，学习异质文化新的思想和优势，博采众长，从而达到整体最优，加强跨文化培训。跨文化培训是防治和解决跨文化冲突的有效途径，跨文化培训本身也是一种学习方式。通过培训：一方面通过全面系统地讲授对方文化的价值观念、伦理道德、风俗习惯、法律制度等，减少文化冲突以及提高文化冲突的解决能力；另一方面跨文化培训还包括培养和发展员工的观察能力和面对面交流的能力。

5. 选择合适的文化整合模式

文化差异在组织内的解决有四种模式：凌越、妥协、合成和隔离（田晖，2007），见表7-5。

表7-5 组织内部解决文化差异的四种模式

凌越（Dominance）	妥协（Compromise）	合成（Synergy）	隔离（Isolation）
组织内一种民族或地域文化凌越于其他文化之上	两种文化折衷，对于文化差异求同存异，以保证组织的稳定和发展	认识到多个文化群体的异同，通过文化间的相互补充和协调，形成全新、统一的文化	合资双方在极其有限的文化接触、交流的前提下，彼此保持各自文化的独立

二、跨文化管理研究现状

（一）跨文化研究的历程

国外对于跨文化研究大致可以分为三个阶段：萌芽阶段、产生与兴起阶段、大发展阶段（单合艳，2010）。

1. 萌芽阶段

在20世纪70年代以前，跨文化研究处于萌芽阶段。在此阶段，Klukhohm和Strodtbeck两位学者在1961年联合发表了"价值观双向模型"，从人的本性、人与自然的关系、时间的观念、做事方式、人际关系五个方面来描述应当如何处理来自跨文化管理带来的问题，该理论强调了适当价值观系统建立的重要性（Klukhohm et al., 1961），见表7-6。

表7-6 价值观双向模型

分类	内容
人的本性	文化价值观关注人性的性善与性恶之分，改变的可能性之分。关于人性假设的倾向将会影响管理职能的侧重和实施
人与自然	该理论主要划分成主宰自然、与自然协调及屈服自然三种方式。选择何种方式将影响到管理人员在战略和经营问题上的解决方式

续表

分类	内容
时间观念	该理论把它划分为过去取向、现在取向和未来取向三种。过去取向的文化特别强调传统、经验，不喜欢变革；现在取向的文化表现在只争朝夕、及时行乐的生活方式；未来取向的文化相信今天的所作所为必将影响未来，注重个人的勤奋、努力，典型代表是美国
做事方式	该理论仅划分出"存在型"和"实干型"两种。"存在型"的文化其行为特征是人们面对当前情况会做出自然而然的反应，员工习惯了潜移默化所形成的生活方式；实干型的文化其行为特征表现在通过行动和努力把事情做完
人际关系	该理论归纳出个人、群体和等级三种关系，前两种的作用在于区分出一个社会倾向于个人主导还是群体主导。在群体主导的社会，个人的功能地位主要取决于群体。等级关系描述人与人之间及群体与群体之间的所存在的地位差别，基本上每种文化都孕育着等级观念的因素

从以上的"价值观双模型"理论描述中，可以看到对文化特征的划分和归纳已较为全面地概括了现实生活中的情形，此外也分析这些文化对企业管理者活动的影响，对其管理工作有指导意义。另外，该理论框架将人的价值观只划分了对立的两种情况，表现得较为极端，因为在现实社会中要做出极端情形的判断是十分审慎的，基本上只能对它们作趋向性判断。

2. 产生和兴起阶段

这一阶段主要是指 20 世纪 70 年代至 80 年代初，这个阶段的成果主要有两类：一类是通过大量的实证调研，对分析文化差异性的维度进行探讨，为更深入的研究提供分析框架；另一类是采用比较研究的方法，进行跨文化企业管理比较研究。第一类的主要经典理论是高情景文化与低情景文化语言分析框架和霍夫斯泰德（Hofstede）的文化维度模式；第二类的主要代表是威廉·大内及松本厚治的美日企业管理比较研究。

（1）爱德华·T. 霍尔的高情景文化与低情景文化。爱德华（Edward，1981）是美国的著名人类文化学家，他根据人们沟通过程中所传递和接受信息的准确性和清晰性程度的不同，归纳出了高情景文化和低情景文化两种语言分析框架，并想通过该框架来解释现实社会中不同国家所表现出的文化差异及商务人士的商务活动存在的差异。

（2）霍夫斯泰德的文化维度的模式及评述（Hofstede，1980）。霍夫斯泰德（Hofstede）是最初开始进行跨文化管理研究并取得了公认理论成果的开山辟路的大师。通过大量数据的分析，归纳了文化的五个维度：权力距离、不确定性回避、个人主义与集体主义、男性化与女性化、长期取向与短期取向。这五个维度反复被跨文化管理领域的研究者运用。他的理论框架是迄今为止在跨文化管理研究中较为完整、系统的文化分析模式。

（3）威廉·大内及松本厚治的《美日企业管理比较研究》。威廉·大内在 1981 年发表了《Z 理论——美国企业如何迎接日本的挑战》一书，该书对美日企业管理模式进行了比较分析，认为美国的企业管理模式注重硬件管理、制度管理、理性管理，管理显得刻板、正式化，缺乏人性、柔性、灵活性，组织凝聚力表现较差。而日本的企业管理模式具有有机性、非正式性、软性、人性，更为重视经营思想、企业文化等"软件建设"。故美日企业可以在文化上相互取长补短，相互借鉴，对原有文化进行适当调整，从而推进企业文化管理改造获得更好的发展（Ouchi，1981）。

日本学者松本厚治在威廉·大内的基础上又加入了中国式的管理模式。经过三种管理模式的比较，他宣称日本的"企业主人"式的经营管理模式是最优越的，浓厚的日本企业管理中心主义色彩溢于言表。在研究跨文化企业管理理论中值得企业借鉴的地方有很多，如他对中美企业管理弊端的分析以及突出强调职业安全与竞争关系的重要性、职业安全与对企业忠诚培养关系的分析。

3. 大发展阶段

在20世纪80年代以后，跨文化研究的成果主要体现在对原有研究成果进行补充与完善以及借鉴其他相关学科的研究成果再进行补充完善，还体现在从全新的角度，对该领域的问题进行更为深入的研究。集大成者的经典理论代表是丰斯·特龙彭纳斯与查理斯·汉普登·特纳的文化分析模式。

20世纪90年代中期，特龙彭纳斯与特纳发表了他们合作的跨文化比较研究成果。他们认为，文化的本质不在于文化的外层。文化是群体共享的思维系统，每种文化都代表着一种独特的处理问题和困境的方式，特龙彭纳斯与特纳认为所有的文化可以归纳为对三方面问题解决态度方式的总和，分别是对自身与别人和群体关系的态度，对人与时间关系的态度和人与周围环境的关系的态度。对这三方面的态度选择决定了一个国家的文化方式。这也是前面论述文化划分层次的依据之一。

特龙彭纳斯与特纳用著名心理学家帕森斯的价值观取向与关系取向的理论作为基础，提出了国家文化的七个基本维度，其中前五种是人与人关系取向的划分及人们对时间与环境的态度。

此外，其他著名学者，如Scott Shane 的观点是文化差异会在信任角度上影响交易成本的感知，最终会影响企业国际化和在国外投资进入模式的选择；美国莫朗提出了跨文化组织管理理论；奥地利心理学家阿德勒提出文化协调配合论；彼得·基林发表了合资企业经营论；尼根希和普拉萨德的尼根希拉萨德试验模式；美国印第安纳大学的管理学家法默和加利福尼亚大学的管理学家里奇曼提出的法默—里奇曼模式；孔茨的共同制约理论等。

总之，上述关于跨文化管理的理论中，都把文化分解成了易于辨识的要素特质，使人们研究国家文化差异的进程不断推进，理论成果不断清晰。同时，管理人员在跨文化管理的过程中也可以依据这些理论成果进行行为预测，处理文化冲突，但是，这些理论成果一般都较为抽象，具体操作时难以应用。

4. 国内的主要研究回顾

国内有关跨文化管理领域的研究始于20世纪90年代中期，跨文化管理理论传入中国，被翻译为教材或学术著作，受到理论界的重视。大部分中国学者对跨文化管理的研究主要集中在引进和阐述国外跨文化管理的理论和方法，对中外合资企业的跨文化研究，尤其是实证研究还很少，对中外合资企业跨文化管理的管理方法、管理模式、内部操作及中外各方如何在跨文化管理过程中尽快实现双赢等的研究还需加强，这些都为我们进行跨文化研究提出了新的课题，但无论怎样，上述理论都为我们进行合资企业跨文化管理的研究提供了坚实的理论基础。

(二) 跨文化研究热点分析

范徵等（2014）选择被引用率最高的前 20 篇文献进行热点分析，共识别出过去 10 年的 5 个研究热点。

1. 霍夫斯泰德文化价值维度研究

自从霍夫斯泰德的《文化的结局》一书出版后，大量研究将霍夫斯泰德的文化价值观框架应用于跨文化管理的定量研究中（表 7-7）。

表 7-7　霍夫斯泰德文化价值维度研究

分类	代表人物	研究成果
应用霍夫斯泰德的文化价值维度进行实证研究	Kirkman 等（2006）	巩固了霍夫斯泰德文化价值观框架的实证可行性
	Tsui 等（2007）	指出跨文化管理研究在理论和方法上仍然存在一些空白，霍夫斯泰德的文化价值维度在存在一定的不足
应用霍夫斯泰德的单一文化价值维度进行实证研究	Farh 等（2007）	权力距离和传统意识会改变组织支持对工作成果的关系，相较于传统主义，权力距离对组织支持及工作成果关系的影响更强

2. 跨文化研究方法

从研究方法上来看，对不同文化情境下的管理问题研究，是跨文化管理的研究热点之一，通常被运用在跨文化管理与其他学科的交叉领域（表 7-8）。

表 7-8　跨文化研究方法

代表人物	内容
Schoorman 等（2007）	研究了一些有关分析维度、时间、控制系统、相互性和测量工具的问题，从研究方法的角度进行了一定程度的延伸
Schaffer 和 Riordan（2003）	使用自述工具的跨文化研究，指出跨文化研究的 3 个阶段：发展研究问题、研究上下文的一致性和验证研究工具
Tung（2008）	叙述了比较管理学范式的演变过程，并强调跨文化融合的概念。指出要平衡不同国家间与国家内部的多样性，才能够真正了解跨文化现象，解决跨文化问题，从而进一步提高跨文化研究的质量
Gelfand 等（2006）	通过发展文化松紧性理论，提出了多层次研究的方法，扩展了跨文化研究的主导范式
Whetten（2009）	通过系统地研究理论与情境之间的对接，阐述了语境理论与情境理论的特征，呼吁将组织理论深入到涉及情境敏感性的组织研究中。此项分析结果批判了那些过分依赖西方理论的中国学术研究

跨文化研究文献引用统计（表 7-9）。

表 7-9　跨文化研究文献引用统计

序号	来源期刊	引用次数
1	国际人力资源管理（International Journal of Resource Management）	41

续表

序号	来源期刊	引用次数
2	跨文化管理：国际期刊（Cross Cultural Management：An International Journal）	28
3	国际商业研究（Journal of Business Studies）	25
4	商业道德（Journal of Business Ethics）	24
5	世界商业杂志（Journal of World Business）	19
6	人际关系（Human relations）	16
7	欧洲国际管理（European Journal of International Management）	15
8	商业研究（Journal of Business Research）	12
9	国际商业评论（International Business Review）	11

3. 跨文化管理有效性

面对全球化的挑战，企业关心的是如何提高跨文化管理的有效性，以适应全球化及本土环境（表7-10）。

表7-10 跨文化管理有效性

代表人物	内容
Aycan（2005）	提出一个系统框架：文化以及制度、结构方面的突发事件将影响人力资源管理实践的6个方面：人力资源规划、职业生涯管理、工作分析与设计、招聘和甄选、绩效考核、奖励和培训，进而影响组织的运营管理
Liu 等（2009）	在经济和社会交换理论基础上，研究交易机制和关系机制在新兴经济体中阻碍机会主义和改善关系的角色。发现交易机制能更有效地抑制机会主义，而关系机制在改善关系方面的表现更显著，两个同时使用比单独使用的效果更显著，由此提出了有效运营的方法论

4. 跨文化个体行为研究

跨文化管理研究的热点还涉及到组织内部的个体行为研究，关系到多元化的员工构成及员工管理、国际领导力研究、企业家精神等内容（表7-11）。

表7-11 跨文化个体行为研究

代表人物	内容
Schoorman 等（2007）	提到信任的重要性，指出认知、感情、侵犯和维护、不信任和跨文化管理之间的相关性
Egri 和 Ralston（2004）	研究了774例来自中国的和784例来自美国的不同时代的经理和专业人士的价值取向问题。研究认为，自中华人民共和国成立以来，这段历史相比民国时代显得更加开放、进步。美国几代人的价值取向（X一代、婴儿潮和沉默的一代）遵循着符合年龄的自我超越的价值观。由于国企组织的变革，在最近的几代中国人中，越来越多涌现出了积极的企业家精神

续表

代表人物	内容
Pellegrini 和 Scandura（2008）	回顾了家长式领导力的研究，调查了家长式领导的概念以及表现行为以及与之相关的各种变量的影响作用

5. 跨文化商业行为与商业道德

许多国际业务的失败归因于企业管理者缺乏跨文化竞争力，但是，有关国际业务的文献似乎对跨文化竞争力的概念和定义不足（表7-12）。

表7-12　跨文化商业行为与商业道德

代表人物	内容
Johnson 等（2006）	提出跨文化竞争力的概念，使其适用于国际业务，并得出模型用于理解跨文化竞争力如何开发个人潜能以及培养个人能力，使跨文化竞争力的概念与文化智力概念相结合
Uhlenbruck（2004）	虽然文化差异明显放缓预期效果，但是跨国公司和目标并购公司收购前的经验对子公司的发展具有重要影响。商务关系依赖于可接受的行为规范的共享

（三）研究趋势

跨文化管理的国际研究趋势主要是（范徵等，2014）：一是更多跨文化价值维度的批判与修正。现有通用的理论模型，已经很难解释当今全球化挑战与东道国本身社会文化制度演变所引起的新的文化差异与文化融合，因此诸多学者尝试，甚至已经有比较具体的理论修正和未来研究计划，旨在评判性地指出现有理论和研究框架存在的不足，完善已有理论体系。二是跨文化研究方法的全新挑战。未来的研究还将集中于继续探讨如何对跨文化管理进行更加科学的测量和检验。如何对跨文化框架进行全新界定？如何进行跨文化比较研究？如何探索全新的跨文化研究方法？如何将跨文化研究应用到国际企业经营的每一个环节与流程之中？如何强调跨文化管理研究的实践检验效果等。三是从文化差异、认知范式到行为塑造。个体微观层面的研究也将是未来跨文化管理研究的一个前沿方向。人力资源永远是组织诸多资源得以充分利用的重要依托，未来的研究将着重于开发个体认知层面的概念，如个体的文化智力，跨文化管理意识与文化认知水平等，这些构念的测量与检验，不但挑战了跨文化管理价值维度的范畴，同时对跨文化管理研究方法提出了更高的要求。

三、文化差异的测量和影响

20世纪70年代起，由于国际环境发生了变化，欧美与日本和亚洲国家在经济上的竞争使更多学者对文化差异的研究产生兴趣。学者们开始采用实证调研，这种研究导向已成为今天的跨文化研究的主要方向，代表人物就是霍夫斯泰德。自从问世那天起，霍氏理论就一直主导了跨文化研究的中心舞台，它给世界提供了53个国家的有关文化价值观的数据，这跟以往的文化研究形成了鲜明的对比。例如，克拉克洪和斯特贝克的研究由于缺乏与具体国家和社会相关的数据，只能提供概念性的理论。而英格莱斯和莱文森的研究由于话题面较窄，涉及的国家数量少，也只能提出一些观点，而不能给人们以实际的参考（李文娟，2009）。

（一）文化的测量

1. 霍夫斯泰德文化维度模型

霍夫斯泰德是荷兰籍管理学者，他是最初开始跨文化管理研究并取得了公认理论成果的开山辟路的大师。从20世纪70年代初，他便开始对IBM公司所在的50个国家下属分公司进行了6年数据收集，主要针对16万名管理者，内容包括员工基本价值观、收入，对工作安全感、自由、合作性、挑战性的感知等方面的数据。另外，包括管理者的管理风格方面，又用了5年时间对这些数据进行分析。通过大量数据的分析，霍夫斯泰德归纳了四个方面的与工作相关的文化价值观。1980年霍夫斯泰德出版了巨著《文化的影响力：价值、行为、体制和组织的跨国比较》，后又采纳了彭麦克等学者对他的理论的补充，总结出衡量价值观的5个维度，具体如下：

（1）权力距离（Power Distance）。权力距离（图7-3），即在一个组织当中，权力的集中程度和领导的独裁程度以及一个社会在多大的程度上可以接受组织当中这种权力分配的不平等，在企业当中可以理解为员工和管理者之间的社会距离。一种文化究竟是大的权力距离还是小的权力距离，必然会从该社会内权力大小不等的成员的价值观中反映出来。因此，研究社会成员的价值观，就可以判定一个社会对权力差距的接受程度。

图7-3 权力距离

注：高权力距离，即接受不同权力等级之间的巨大差异，非常尊敬有权势者；低权力距离，即有意淡化不平等，员工并不害怕接近上司，也不敬畏上司。

（2）不确定性避免（Uncertainty Avoidance Index）。不确定性避免（图7-4）指一个社会受到不确定的事件和非常规的环境威胁时，是否通过正式的渠道来避免和控制不确定性。回避程度高的文化比较重视权威、地位、资历、年龄等，并试图以提供较大的职业安全，建立更正式的规则，不容忍偏激观点和行为，相信绝对知识和专家评定等手段来避免这些情景。回避程度低的文化对于反常的行为和意见比较宽容，规章制度少，在哲学、宗教方面他们容许各种不同的主张同时存在。相对而言，在不确定性避免程度低的社会当中，人们普遍有一种安全感，倾向于放松的生活态度和鼓励冒险的倾向。而在不确定性避免程度高的社会当中，人们则普遍有一种高度的紧迫感和进取心，因而易形成一种努力工作的内心冲动。

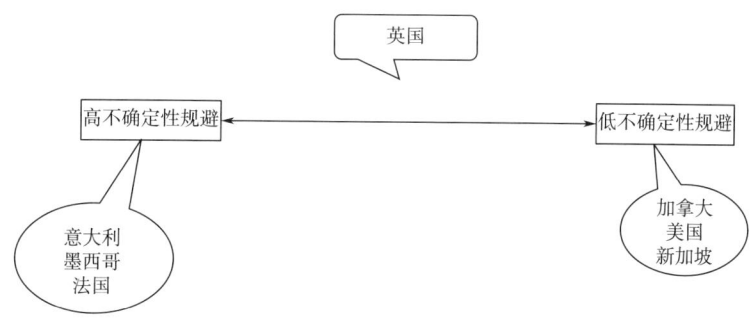

图 7-4　不确定性避免

注：高不确定性，即对模糊性感到担忧和焦虑；低不确定性，即对风险感到很适应，能够容忍不同的行为和意见。

（3）个人主义与集体主义（Individualism Versus Collectivism）。"个人主义"是指一种结合松散的社会组织结构，其中每个人重视自身的价值与需要，依靠个人的努力来为自己谋取利益。"集体主义"则指一种结合紧密的社会组织，其中的人往往以"在群体之内"和"在群体之外"来区分，他们期望得到"在群体之内"的照顾，同时也以对该群体保持绝对的忠诚作为回报。美国是崇尚个人主义的社会，强调个性自由及个人的成就，因而开展员工之间的个人竞争，并对个人表现进行奖励，是有效的人本主义激励政策（图 7-5）。中国和日本都是崇尚集体主义的社会，员工对组织有一种感情依赖，容易维系员工和管理者之间和谐的关系。

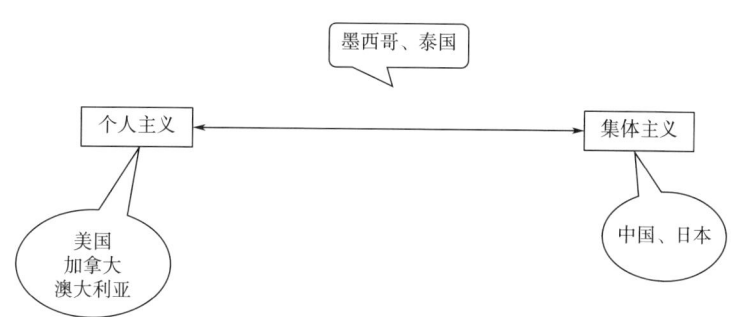

图 7-5　个人主义与集体主义

注：个人主义，即人们关心他们自己的和家庭的利益；集体主义，即人们期待集体来照料和保护他们。

（4）男性度与女性度（Masculine Versus Feminality）。该维度主要看某一社会代表男性的品质，如竞争性、独断性更多，还是代表女性的品质，如谦虚、关爱他人更多（图 7-6）。男性度指数（MDI：Masculinity Dimension Index）的数值越大，说明该社会的男性化倾向越强。对于男性社会而言，居于统治地位的是男性气概，如自信武断，进取好胜，对于金钱的索取，执着而坦然；而女性社会则完全与之相反。有趣的是，一个社会对"男子气概"的评价越高,其男子与女子之间的价值观差异也就越大。美国是男性度较强的国家,企业当中重大决策通常由高层做出,员工由于频繁地变换工作,对企业缺乏认同感,因而员工通常不会积极地参与管理。中国是一个女性度的社会,注重和谐和道德伦理,崇尚积极入世的精神。正如我们上面的叙述,让员工积极参与管理的人本主义政策是可行的。

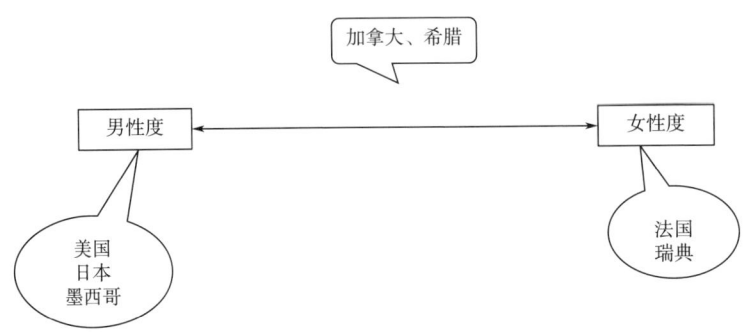

图 7-6　男性度与女性度

注:男性度,诸如果断、竞争、发家致富等价值观盛行;女性度,诸如关系、为他人考虑等价值观盛行。

(5) 长期取向与短期取向(Long VS Short Term Orientation)。此维度是从对于 23 个国家的学生的研究中得出,指某一文化中的成员对延迟其物质、情感、社会需求的满足所能接受的程度(图 7-7)。这一维度显示有道德的生活在多大程度上是值得追求的,而不需要任何宗教来证明其合理性。长期取向指数与各国经济增长有着很强的关系。20 世纪后期东亚经济突飞猛进,学者们认为长期取向是促进发展的主要原因之一(胡文仲,1999)。

这项研究使用的是由中国学者设计的调查问卷,可以说是注重德行而不是真理。长期取向的价值观注重节约与坚定;短期取向的价值观尊重传统,履行社会责任,并且"爱面子"这一维度的积极与消极的价值取向都可以在孔子的教义中找到,他是最有影响力的中国哲学家。这一维度也同样适用于没有儒家传统的国家。

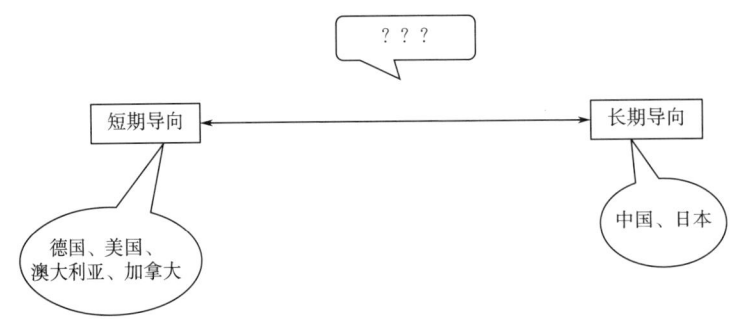

图 7-7　长期导向与短期导向

注:长期导向,即人们注重未来、并且重视节俭和毅力;短期导向,即人们重视传统和过去。

根据霍夫斯泰德的研究结果，中国内地具有高权力距离（PDI=80）、低个人主义倾向（IDV=20）、中等的风险规避性（UAI=60）和对抗性（MAS=50）。虽然由于民族、语言等方面的差异，中国各地的文化也不尽相同，但这一结果基本上概括了中国管理文化的特性。

在企业中这种文化主要表现为：一是中国人倾向于远离权力中心，从而导致中国企业的成败往往取决于企业最高领导。他们在组织职能并不完善的情况下，通过对下级的直接干预来管理企业，而下级更多的是服从领导的安排。二是中国人对风险的接受程度较高，企业往往不太强调控制而是鼓励人们接受含糊不清的东西，并较少注意方针政策、各种实务和旨在限制个人主动性的各种规章制度的制定、实施和监督上，从而在很多情况下导致了"人治"大于"法治"。三是中国企业表现出很强的集体主义，个人倾向于从道德的角度来解释他们与组织的关系，并且可能对组织产生一种心理承诺和忠诚感，这一点在国有企业中表现尤为明显。

中国与其他5国按霍氏文化维度指标得分的排序（表7-13）。

表7-13　中国与其他5国按霍氏文化维度指标得分的排序（100=最高；50=中等）

国家	权力化程度	不确定性规避	个人主义	男性主义	长期取向
中国	89	44	39	54	100
美国	30	21	100	74	35
英国	21	12	96	84	27
法国	73	78	82	35	—
德国	21	47	74	84	48
日本	32	89	55	100	—

资料来源：赵曙明，张捷．中国企业跨国并购中的文化差异整合策略研究［J］．南京大学学报（哲学·人文科学·社会科学），2005（5）：32-41.

2. 特拉姆皮纳的七层次文化理论

同霍夫斯泰德一样，特拉姆皮纳和汉姆登·特纳的研究也集中在价值观方面。不同的是，他们以七组两难选择的方式来概括管理文化特性，这七组两难的选择分别是：平等与等级、个人主义与集体主义、按时间顺序与仅注意某一时期、普遍性与特殊性、成就与归属、内在与外在取向（Turner and Trompenaars，1995）。在研究中，他们主要采用问卷调查的方式，通过调查，迫使研究对象对这七个两难选择"表态"，从而总结出其所在群体的文化模式。

在始于1993年的一项研究中，特拉姆皮纳和汉姆登·特纳对包括46个国家在内的10 000多名组织雇员进行了问卷调查。与霍夫斯泰德不同的是，他们从每个国家组织雇员中的抽样采取简单抽样的形式，而较少对样本进行控制，并且调查的国家也扩展到了霍夫斯泰德未曾涉及的东欧地区和苏联。特拉姆皮纳从七组两难选择中经过分析提取出两组层面，作为划分不同文化类别的主要依据，它们是功利主义/忠诚和平等主义/保守主义。前者根据各个国家样本在群体稳定性和持续性等项目上的得分分类，后者按被调查者对遵守一般的规章制度和法律的赞成程度来划分。

根据这两个层面，特拉姆皮纳划分出四种不同的国家类型。这两个层面的划分或多或少与霍夫斯泰德权力距离和个人主义/集体主义两个维度相互关联（史密斯，1999）。

3. 霍尔的高/低情景文化

霍尔根据人们沟通过程中所传递和接受信息的准确性和清晰性程度的不同，归纳出了高情景文化和低情景文化两种语言分析框架，并想通过该框架来解释现实社会中不同国家所表现出的文化差异及商务人士的商务活动差异。

霍尔认为，每一种文化都有其自身运行的规律性，有其独特的支配动力，最终形成自身原则。与此同时，不同国家的文化也存在可互相认识和理解的"共同的线索"，这就是沟通。最后总结出文化就是沟通的结论。不同国家的文化语言在沟通的"内容因素"和"情景因素"方面表现不同。在沟通过程中，"内容"与"情景"两个因素缺一不可，它们之间如何组合就反映了不同国家之间的文化差异。它们的组合会有两种情形：一种是"高情景文化语言"，另一种是"低情景文化语言"。

高情景文化语言的特征，重视的是人际交往和沟通过程中的"情景"而不是"内容"，人们注重建立社会信任，高度评价关系和友谊，关系的维持相对来说较长久。沟通常常是含蓄的，在沟通过程中只有很少的一些信息是经过编码后被清晰传递出来的，但人们对含蓄的信息非常敏感，也能体会它的含义，个体从其早年就学会了准确地解释这些含蓄的信息。在沟通过程中更重视人际交往中的情景，注重建立社会信任，注重潜移默化的默契培养，期望沟通内容能在含蓄表达中使对方领悟。具体到企业管理方式上，一般有权力的人对下属行为负有个人责任。口头约定被认可和接受，而不作书面确定。

低情景文化语言的特征恰好相反，人们沟通需要对信息进行清晰地编码，并在这个过程运用，内容相比形式更为重要，这一点在西方国家表现得比较明显。重视的是人际交往和沟通过程中的"内容"而不是"情景"。低情景文化语言的社会不太重视个体之间的关系，沟通常常是直接的，人们在生活早期就被教育要准确清晰地表达自己的意思。权力被分散在整个官僚体系中，个人的责任被严格地确定，法律是履行协议的基础，协议必须以具有法律效力的书面形式确定。在谈判过程中，人们重视时间和效率，但却不太重视形式。在低情景文化中，人们强调个性、自主性和平等性，这样的国家有瑞典、挪威等。

4. 其他相关的比较方法

莱瑟姆和纽保尔运用哲学流派来划分不同的文化。他们认为，在知识经济时代，重要的是能够增长知识的想法、概念，如对一个民族有深刻影响的哲学思想。他们把欧洲国家分为四大哲学流派，即实用主义、理性主义、完整主义和人文主义，并试图分析不同哲学思想对管理的影响。

宝贡敏结合了东西文化的特性，提出了东西方文化比较的七维理论框架（Gongmin，1999），这七维测量框架是：竞争导向，合作倾向，风险态度，自然力、社会力与精神力的强调取向，理性逻辑倾向与情感倾向，机械化与军事化倾向，时间倾向。

尽管各种测量方法所用的指标和强调的重点有所差别，它们之间还是存在很多类似之处。例如，特拉姆皮纳的平等与等级与霍夫斯泰德的权力距离，个人主义与集体主义与霍夫斯泰德的个人主义倾向等。相对而言，霍夫斯泰德的维度划分比较抽象，有较强的概括性；特拉姆皮纳的文化层次比较细致、具体；莱瑟姆和纽保尔的分法比较笼统，而且其研究涉及的面也很广；霍尔只是概括了文化的一个方面；宝贡敏的框架则更注重东方文化的特点（陈祥槐，2002）。

（二）文化差异对组织管理的影响

霍夫斯泰德认为，以上四种文化指标或因素对于管理中的领导方式、组织机构和激励内容，会产生巨大的影响，涉及领导方式、组织结构、激励、营销、企业战略、决策、创新各个方面。

1. 对领导方式的影响

对企业领导方式影响最大的因素是"个人主义与集体主义"以及"接受权力差距的程度"。霍夫斯泰德认为，美国是个人主义最高的国家，因此美国的领导理论以被领导者追求个人利益为基点。然而，美国的领导理论并不适用于第三世界国家，因为这些国家属于集体主义社会，职工关心群体，希望从群体中得到保障，并且愿意以对群体的忠诚为酬报。霍夫斯泰德还认为，"接受权力差距的程度"直接影响到实现职工参与管理的情况。法国和比利时"接受权力差距的程度"很高，因此人民通常没有参与管理的要求，所以企业中很少看到工人参与管理的情况；荷兰、瑞士等国"接受权力差距的程度"处于中间状态，因此企业中存在参与管理，但有一定的限度（罗长海，1991）。

2. 对组织结构的影响

对企业组织结构影响最大的因素是"接受权力差距的程度"和"防止不确定性的程度"。这是因为组织的主要功能就是分配权力以及减少或防止经营中的不确定性。法国接受权力差距的程度大，又迫切要求防止经营中的不确定性，因此倾向于"金字塔"式的传统层次结构。德国虽然有较强的防止不确定性的心理，但接受权力差距的程度较小，因此注重规则制度。美国、荷兰、瑞士等国，接受权力差距的程度处于中间状态，因此在这类国家中是各种组织形式并存（罗长海，1991）。

3. 对激励的影响

对企业激励内容影响最大的因素是"个人主义与集体主义""防止不确定性的程度"和"男性化与女性化"。美国和其他西欧国家是个人主义程度很高的国家，这些国家的激励方法多从个人出发，以个人的自我实现和个人获得尊严作为激励的主要内容。第三世界国家与日本是集体主义程度较高的国家，激励就要着眼于个人与集体的关系。美国人倾向于"男性化"，所以适于把承担风险、进取获胜作为激励的内容。日本和法国虽然也倾向于"男性化"，但是防止不确定性的心理较强，因此一种无危险、很安全的工作岗位就成了激励因素。荷兰和北欧各国人民的价值观倾向于"女性化"，防止不确定性的心理又比较强，因此以维护良好的人际关系作为激励因素（罗长海，1991）。

4. 对市场营销的影响

市场营销的成败与对文化的理解密切相关，跨文化营销环境中，企业必须了解市场消费者的价值取向，掌握消费者的购买心理与行为，针对目标市场的文化特征及由

 现代管理专题

此形成的消费偏好，恰当地安排营销组合，使这一营销管理的系统工具发挥出应有的作用，方能制定出有效的营销策略。

不同地区的消费者具有不同的价值观，对事物的感知方式也不相同。对不同地区消费者价值观的调查和研究历来受到心理学家和管理学者的重视。比较有名的，如罗科克的价值观调查和米歇尔的价值观与生活方式调查。有学者采用价值观比较法对德国消费者价值观进行了调查，发现德国人特别强调"归属感""安全感"，而北美人（美国和加拿大）则更强调"自尊""成就感"（Grunert et al.，1990）。

在营销策略对不同民族的适应性方面，赫尔兰德和根催进行了详尽的分析（Holland and Gentry，1999）。他们认为，不同民族对同一个营销方案的反应会不一样，好的营销战略应具有民族适应性，即根据不同民族的文化特点来制定不同的营销策略。此外，赫尔兰德和根催还提出了跨文化适应模型，通过消费者的文化渊源、反应方式和反应结果三个环节来描述一项营销活动的可能结果。他们认为，一项具有很好的文化适应性的营销策略能唤起反应者情感、认知和相应的行为。

5. 对企业战略的影响

文化对企业战略的影响，也受到人们关注。价值观的差异和由此衍生出的行为规范、行为模式差异以及认知的差异是造成战略行为差异的主要原因（Schneider，1992）。国外学者罗斯运用波特的战略模型和霍夫斯泰德的文化维度测量数据，并结合对中国文化和美国文化两种典型文化的比较，建立了一个战略与文化适应性评估框架（Ross，1999）。罗斯指出，尽管由于影响战略制定的因素的多样性和复杂性使得我们很难直观地确定战略与文化的关系，我们还是可以通过比较得出一些倾向性的结论。例如，权力距离较高、集体主义较浓、风险规避性较高的文化特性决定了中国的企业更适合采用成本领先战略。宝贡敏使用他的七维文化理论框架，分析了中国和德国的管理文化对其企业战略的影响（Gongmin，1999）。他认为，中国企业的家族化倾向、企业内部划分小团体、不轻信等都对企业战略产生了深远的影响。

6. 对决策的影响

文化差异对于决策的影响有两种可能：一是决策者往往依据自身文化对来自不同文化背景的信息做出价值判断，这在跨国公司全球经营中是不可避免的。人总是自觉或不自觉地依据自身的价值标准做出判断，能改善的只能是意识到可能的失误并及时地通过反馈信息修订决策。二是决策群体中不同民族和国家背景的人的存在使得决策模式有所改变（赵曙明，1997）。

可预见的一种情况是来自不同文化背景的人持不同观点而发生冲突，但这种冲突不一定会降低决策的效率。对冲突的传统看法认为冲突意味着组织的非正常运作，因而必须尽量减少冲突，而现在对冲突的看法认为，冲突不一定是件坏事。太多的冲突固然会耗费大量的时间及其他组织资源，从而对组织效率产生负面影响，但是冲突太少也使人们沉溺于现状而无创新热情（Vancevick and Matteson，1993）。因此，重要的是对由于文化差异造成的决策过程的冲突进行管理而不是一味地压制。

7. 对创新的影响

文化对创新也有深入的影响。昂和洪分析了华人个性、文化与创新精神的关系

(Ang and Hong, 2000)。他们认为，文化的差异会影响创新动力、创新风险的承受能力和创新思想的培育。华人文化的较高风险规避性使大多数人不愿意接受风险，高集体主义倾向使个人独立意向较差，高权力距离和家长式等级观念限制了个人的创新动力，追求和谐和讲究缘分的文化氛围造成了个人控制点多为外控，这些都是不利于创新精神培养的。霍夫曼的一项研究则通过对来自各个国家的企业人员的调查，分析了文化对组织创新的影响（Hoffman，1999）。霍夫曼认为，文化通过两种途径影响组织创新：一是文化直接影响管理实践，而不同的管理实践意味着不同的创新；二是文化对创新影响有中和作用，缓和创新带来的冲突，减少创新风险。在不同的文化中，组织的创新和组织战略管理活动方式是不同的。例如，具有高权力距离和风险规避性或男性化倾向文化的地区的组织更倾向于由专家领导。这意味着高层领导在创新中占重要地位，创新更多地倾向于集中组织功能专业化方面。

四、文化与企业绩效

（一）国家文化与企业文化

国家文化与企业文化既相互联系，又有着本质的区别，其不同之处在于它们作用于企业的不同层面（唐炎钊和张丽明，2010）。

1. 国家文化

国家文化差异能更好地解释人们价值观的不同，国家文化的三层次：民族文化的基本假设，表现出来的价值观念体系以及体现在表层的行为模式和物化行为等（图7-8）。

国家文化差异会影响企业战略制定的各个环节。面临同样的外部环境，来自不同国家文化的经理可能会做出不同的判断和战略决策。

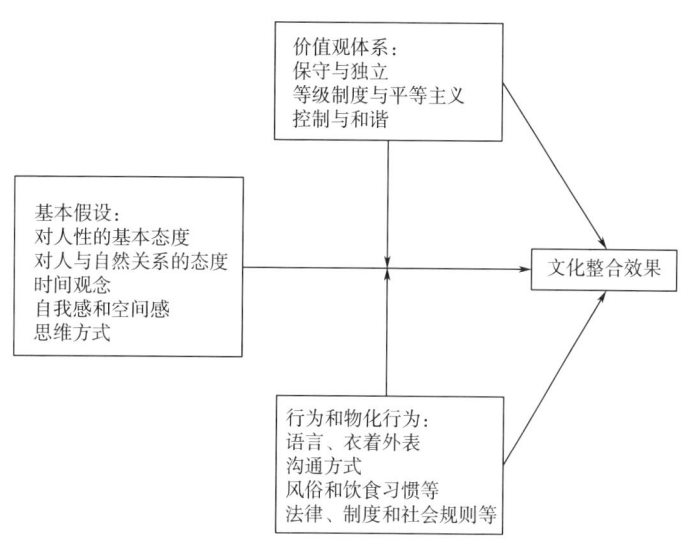

图7-8 国家（民族）文化的三层次

（1）核心层差异。核心层涉及民族文化的"基本假设"，是关于"生存"的一种假设（张新胜等，2002）。从其定义来看，"核心假设"涉及"人与自然"以及"人与人"之间的关系。学者陈晓萍（2005）认为，核心层文化是一个社会共同的关于人为什么存在的假设，它触及社会中人们最根深蒂固、不容置疑的东西。她通过举例列举了诸如"人与生俱来的权利，人存在的价值，个人与他人的关系"等内容。Rosinski Philippe（2006）还提到，文化中的基本假设涉及"时间和空间"两个维度，他认为，"时间就是金钱"不是一个事实，而是一种假设；另一个文化中的假设就是人与自然的关系——是控制自然还是被自然控制。对文化基本假设具有总结性意义的是 Kluckhohn 和 Strodtbeck（1961）在《价值取向的变奏》中提到人类面临以下基本问题：一是人性的本质是什么？二是人与自然的关系是什么？三是人自身与他人之间的关系是什么？四是人的时间观念是什么？五是人的空间观念是什么？在不同的文化中，这些问题的答案不尽相同，而文化的基本假设就是人类为什么存在及以何种方式存在的问题。因此，对这些问题的回答可以看作是文化基本假设的一部分（表 7-14）。

表 7-14 基本假设要素的中外对比

假设要素	中国	外国
人性认识	人性是善的。中国自古以来在文化上都受儒家文化影响，它推崇"忠、义、孝"，提倡的就是"善"的观念，认为"人之初，性本善"	基督教在西方国家发展历史中扮演精神导师，它提出人自出生就带着罪恶，只有上帝才能拯救，因而要赎罪，要成为上帝的选民只有勤俭并努力奋斗
人与自然	人与自然是和谐的，古人的"五行相克""太极"等就认为自然界的万物是相互制约、和谐共处的	把自然看作征服的对象，《旧约》中就有说到"令自然繁殖和驯服"。对"适者生存"的信奉为其提供了精神动力
时间观念	同步性文化，过去、现在和未来没有明显的间隔，计划比较松散有弹性，喜欢谈论历史，是过去取向	文化就是顺序性的，时间是间隔的，他们的日程安排紧密，倾向于未来的计划，希望未来的每一步都在计划中，具有未来取向
自我感和空间感	强调以集体组织的利益为重，自己的空间很小	自我认知很强，以我为中心，保持自己的空间，与人相处时总是保持一定的距离
人际关系	喜欢家族群居，看重人际关系	一起居住的家庭成员少，人际关系较淡薄
思维方式	采取整体性思维方式，侧重于人	采取分解式思维方式，侧重于事或物

在思维方式上，Nisbett 等人（2001）认为，西方人采取分解式思维方式，而东亚国家采取整体性思维方式。西方人的思维是分解线性逻辑的，侧重于事或物，而中国人的思维是整体非线性的，侧重于人。而且西方人采用焦点视的思维方式，中国人采用散点视的思维方式（王秉钦，1992）。

（2）中西民族文化的中间层文化差异。中间层涉及价值观体系。Rokeach（1973）将价值观定义为"一种持久的信念，人们认为某种行为模式或最终的生存模式要好于对立的行为模式或生存模式"。关于生存的文化基本假设影响着人们的价值判断，不同的基本假设会导致不同的价值判断,因此不同国家文化的价值观体系会存在差异。Schwartz(1999)在比较49个国家的民族文化基础上,按三个维度对价值观进行划分,得出了七类文化层面的价值观。其中,三个维度分别是保守主义与独立自主、等级制度与平等主义、控制与和谐,七类文化价值观分别是保守主义、智力独立、情感独立、等级制度、平等主义、控制、和谐(表7-15)。

表7-15 价值观的类别划分

维度	类别	表现形式
保守主义与独立自主	保守主义	维持现状和规矩,表现为社会秩序、尊重传统、家庭安全和智慧
	智力独立	独立地寻求自己的思想,表现为求知欲和创造性
	情感独立	独立地寻求自己的情感,表现为刺激和变化的生活
等级制度与平等主义	等级制度	要求个人遵守义务和规则,强调权力和资源不平等分配的合法性,表现为社会权力、权威、谦恭和财富
	平等主义	要求社会成员共享利益、与他人合作、关心他人的福利,用自身资源来提高他人的福利,表现为平等、社会公正、责任和诚实
控制与和谐	控制	试图控制和改变世界,表现为野心、成功、勇敢和能力
	和谐	试图使自己适应社会而不是改变它,强调和谐地适应环境等

在这三个维度的价值观上,中西方有很大的差异。

(3)中西民族文化的表层文化差异。行为是文化价值观的外在表现,不同的价值观表现出来的行为是有差异的。受国家文化的影响,这些差异主要表现在语言、风俗习惯、沟通方式、法律和社会规则等。例如,交往风格方面,中国人喜欢与他人建立持久的关系,以便日后对自己有所帮助;而西方人与他人打交道则是功利性的,往往建立以短期利益为目的的暂时联系。中西民族文化表层的差异最重要的就是法律、制度和社会规则的差异。

2. 商业文化

商业文化是在一国或民族特定的文化背景下、在特定的商业形态与产业结构演进过程中形成的,代表着与在一种文化中经营的各个方面相关的准则、价值观和信念。Cullen指出,不同国家的商业文化在代表适当商业规矩的行为准则方面差别很大,这种差异导致了中西方国家商业行为之间的差异,包括商业决策、商业谈判、商业管理等方面的差异。这必然对跨国并购的整合产生影响。这可能也是中国企业并购西方企业大部分都失败的原因之一。本部分也将从商业文化的三个层次对中西方文化的差异进行分析,如图7-9所示。

(1)中西商业文化的基本假设。商业文化本质上是一个民族、地区或国家特定商业活动生存方式的根本反映,而不同的民族、地区和国家,因其各不相同的商业历史,所形成的特定商业生存方式是不同的。这些不同的商业生存方式内化到商人们各自的潜意识中,又在漫长的经商过程中得到验证和强化,从而几乎不可改变。商业文化的基本假设跟民族文化基本假设类似,它是商业活动为什么存在及以什么方式存在的问题。因此,它包括对商业的基本态度,商人对时间的看法、商业活动与自然的关系等。

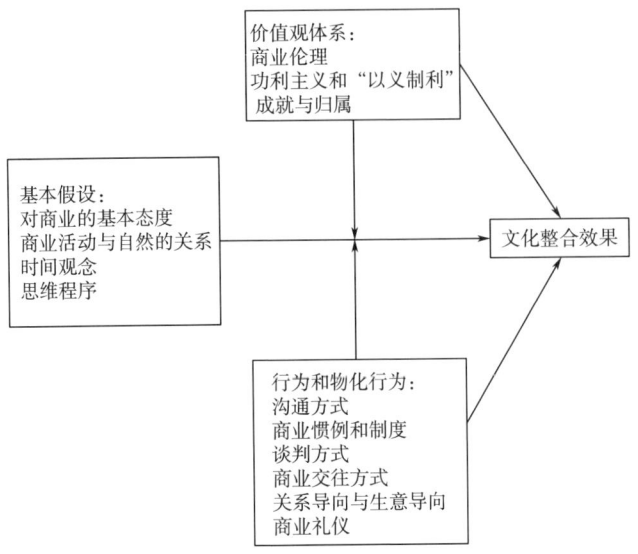

图 7-9　商业文化层次

（2）中西商业文化价值观体系。商业活动中，价值观包括两个部分：一是对价值观的判断，涉及商业伦理中的道德问题；二是对价值观的选择，主要包括确定自身定位和商业活动的目的。商业文化的价值观还应包括商人自身的利益选择，因为商业活动中商人会带着自己的目的和价值取向，这涉及个人与集体的关系。因此，中西方商业文化价值体系的差异主要包括归属取向和成就取向、商业伦理、义利观、个人主义和集体主义等方面（表7-16）。

表 7-16　中西商业文化价值观体系对比表

类别	中国	西方国家
归属取向和成就取向	归属取向。社会地位取决于年龄、阶层等，看重"你是谁"	成就取向。努力工作，希望以此获得尊重和经济上的成功
商业伦理	关系被当作一种社会资源和商业活动的潜规则，是具有中国特色的文化因素	经济活动以信用为基础，以社会契约为纽带。商业组织是通过与社会建立社会契约而获得合法性的（Thomas Donaldson，1982）
义利观	把"义"放在第一位，提倡"舍利取义"，把"见利忘义"作为负面典型加以批判	提倡个人利益的天然合法性和至高无上性，充分肯定人们的功利追求
个人主义和集体主义	强调整体利益，任何损害集体利益的行为都会被批评，对成就往往是精神鼓励，如公开表扬	把个人利益放在第一位，看重个人商业上的成就，个体之间的竞争也很激烈

（3）中西商业文化的行为和物化行为。中西商业文化的行为和物化层的差异主要表现在商业礼仪、商业惯例和制度、商业交往的沟通方式和谈判方式、关系导向与生意导向等。在商业交往中，持功利主义价值观的西方人往往与商业伙伴建立正式的短

暂的交易关系，注重生意是否成交，属于生意导向。而中国商人喜欢与合作方先建立非正式的关系，其次才是商业上的长期合作关系，属于关系导向型。

在沟通方式上，人类学家爱德华·T. 霍尔根据人们在沟通过程中信息传递与接收的准确性和清晰性，提出了高情景与低情景文化。在高情景文化中，信息的传递与沟通是通过体语、上下文联系、场景等进行的，是一种含蓄的间接沟通，如中国人。而在低情景文化中，大多数信息是由清晰的符号，如语言、文字等表达的是一种直接的沟通。高情景和低情景的沟通方式会直接影响商业谈判（赵曙明，1997）。

在商业交往策略方面，中西方也有很大的差异。中国人重感情，在商业交往中"以和为贵"，注重哥们儿义气。中国人一般都避免用法律来解决问题，侧重的顺序是情、理、法。而西方国家恰恰相反，法律意识深入人心，在商业交往中把法律摆在第一位，任何商业上的合作都要有正式的契约或合同以便日后纠纷可以诉诸法律，其次才会考虑"理"和"情"。

中西方商业行为方面的差异还表现在商业礼仪（如着装、商业用语）、商业惯例等方面。商业文化的表层主要涉及"如何做生意"的问题，包括商业交往的方式、沟通方式、商业礼仪、商业制度等方面。跨国并购作为一种商业活动，并购双方在这些方面的差异必然影响文化整合的效果。

3. 企业文化

与国家文化相比，企业文化反映的是企业实践层面的特点，取决于企业实践。企业实践是"被组织或其成员认为非常重要的系统化的、习惯性的活动"，是一个企业做事的方式，实践受企业外部环境和内部控制体系的影响，因此企业文化更为灵活，并且相对容易被改变。有学者将企业文化定义为"社会黏合剂"（Social Glue），它能够把不同个人结合在一起，形成组织内聚力（李自杰和张雪峰，2010）。

企业文化理论的早期研究者埃德加·H. 沙因将企业文化定义为"企业成员共同拥有的基本假设和信念，是企业在解决外部生存适应问题和内部结合问题过程中学习形成的"。他将企业文化分为三个层次：行为和人造物、信念和价值观、基本假设。其中，最里层的基本假设来源于民族文化。因此，企业文化存在三个层次差异。

Trompenaars 认为，核心假设的形成需要很长的时间，并且这种假设必须能够在社会生活的各个方面都能得到验证才可以存在。在企业层面，由于很少有企业拥有长期的历史，并且企业文化的影响往往只在企业内部，较少能够在社会生活的各个方面都可以得到积极回应，所以很难形成一个企业特有的核心假设。

（1）企业文化模式（类型）。英国学者汉迪（Handy，2006）用希腊神话中奥林匹斯众神来隐喻企业文化模式，即宙斯型、阿波罗型、雅典娜型和迪奥尼索斯型（表7-17）。

表 7-17 企业文化类型划分

文化类型	特征
宙斯型	魅力型的领导者。企业的最高领导人采用的多是一种带有家长制风格的领导模式，这种企业通常是小企业，组织结构就像是一个蜘蛛网，处于网络中心的领导人拥有绝对的权力与影响力。这种企业文化可以被称为团队文化

续表

文化类型	特征
阿波罗型	组织中就是科层组织结构。这种企业文化可以被称为角色文化，强调的是职责与义务
雅典娜型	一种强调任务的文化。这种类型的组织多是高科技企业，注重个人的专业能力和职业精神
迪奥尼索斯型	强调成员的个性化与艺术化的生活方式。具备这样特征的组织可能是大学，也可能是创业类公司等

虽然汉迪认为四种文化并无优劣之分，只有适应不适应环境之分。他认为，由于阿波罗型文化对效率的追求，导致体制僵化，失去弹性与活力。这是造成当前组织文化的主要危机，可以看出，汉迪通过四种文化类型的提出，实际上是将阿波罗型的企业文化，或者说是那种僵化机械的企业文化"去中心化"了。

（2）企业文化的价值观体系分析。企业价值观是全体人员共享的价值取向，撇开了个人价值观的差异，是企业作为一个整体而拥有的价值取向。它是企业判断"好"与"坏"，对事物"取"与"舍"的标准。企业的愿景、使命、精神、伦理等是企业的"取"，"舍"的是那些不能让企业长久生存的东西。因此，我们认为企业的愿景、使命、精神和伦理等都可以作为企业的价值观。在企业中，成员的行为更多地受到企业价值观而不是个人价值观的影响，因为企业作为一个群体并不希望成员有相当强的个性，而希望整体具有"个性"。企业员工和领导的行为受到企业价值观的影响，他们进行什么活动潜地反映了企业价值观。

在不同的国家，由于企业发展历史、创始人、企业环境等方面的不同，不同的企业有不同的价值观。我们知道，一国的企业文化是在共同的国家文化下形成的，因此同一国家的企业会拥有一些共同的价值观，这些共性表现在企业的管理风格、利益分配等方面。有学者认为"民族文化的差异主要表现在价值观层面，而组织文化的差异主要表现在实践活动中"。企业文化价值观受到民族文化价值观的影响会表现为国际之间的差异。这种差异主要表现在企业的使命、愿景、精神、伦理等方面。

在企业精神方面，中国企业受集体主义价值观的影响往往表现为强调企业整体利益和内部的和谐，个人依赖于集体，并认为企业是所有个体组成的有机体，往往趋向于"团结""友爱""互助"等精神。而受个人主义价值观影响的西方企业强调内部成员之间相互竞争，企业精神往往表现为"锐意进取"等。

在愿景和使命方面，中西方企业之间也存在差异。中国以公有制为基础，企业使命强调社会利益最大化，改善社会福利，而不是股东利益，因为股东即国家，国家即社会大众，更多地要求企业为社会做贡献。而西方国家以私有制为主，企业在经济生活中是"工具理性"的，强调股东财富最大化，股东利益至上。

（3）企业文化的行为。企业文化的行为表现在实践中，包括管理风格、领导行为、员工行为、企业战略等方面。学者们研究最多的还是领导和员工行为与企业文化。

企业创始人和高级经理人员在创造、建设、导入、管理和维持企业文化方面起了不可替代的作用，而且是企业基本假设的重要来源。领导者的管理行为和态度是影响文化多样性组织中冲突结果的关键因素，而且，领导者和组织成员的种族、文化背景和冲突管理技巧越不相同，对冲突的认知就越高。在领导风格方面，西方企业往往表现为任务型的领导风格，看重任务的执行。而中国企业的领导往往与下属关系密切，表现为关系型领导风格，侧重与员工"和谐"。

员工作为企业文化的载体，他们受到企业文化价值观的指引，文化的差异会导致员工行为的差异。员工的态度和行为的差异必然影响到文化整合的进程和最终结果。中国企业强调内部员工的团体作用，而不是"单打独斗"，表现为内部员工相互协作。而西方企业希望员工独立完成任务，强调员工之间的竞争等。

(二) 国家文化与企业绩效

来自不同国家的合作伙伴拥有不同的价值观和思维方式，这种差异会影响对合作伙伴战略意图的理解。一些学者认为，国家文化差异会影响合作伙伴间的沟通、信任以及知识共享，从而会对企业绩效产生负面的影响（李自杰和张雪峰，2010）。

但是，一些研究也发现了文化差异与企业绩效不相关甚至反向影响的证据。张莉和曹蔚然（2003）对898家中外合资企业的研究发现，相似的文化背景并不总是影响企业最有价值的资源，外方为东方国家的合资企业收益率要低于外方为西方国家的合资企业。之所以产生以上研究结果，可能是因为中国人的集体主义倾向，中国文化强调个人利益服从集体利益，因此当个人的价值观与企业价值观产生冲突的时候，中国员工更容易接受企业的价值观。

由于文化的巨大差异，西方管理者的价值观更容易被员工认为是合资企业的价值观。不同的企业文化会使合作双方不得不花费时间和精力建立常规惯例来协调实践上的冲突，以便双方互动，这会导致额外的成本，最终降低合资企业绩效。

Pothukuchi等人（2002）的研究结果表明，企业文化差异能够更好地解释文化差异对合资企业绩效满意度的负向影响。

Lane（2004）认为，合作伙伴间的企业文化差异会降低学习、满意度和互动的有效性，阻碍知识等资产的共享与融合，影响联盟的基本价值创造活动，从而影响绩效。

(三) 企业文化与企业绩效

关于企业文化对企业绩效的影响有三种典型的观点：一是强势文化理论，认为企业成员价值观的一致性，即文化的强度对企业绩效有显著影响（Peters，1982；Deal and Kennedy，1982）；二是适应型文化理论，认为预见并适应环境的文化对企业绩效有显著效果（Kotier and Heskett，1992）；三是文化类型理论，认为具有某种特质（Traits）或者叫类型（Type）的文化对企业绩效有影响（王玉芹和张德，2007）。

目前的实证分析成果证实了企业文化促进企业绩效的提高（张永安和邱景，2009）。无论企业的大小，无论是何种行业，也不管企业成立时间的长短，企业文化都会从多方面影响企业绩效，包括财务绩效、顾客满意度、员工的满意度及创新。组织对员工的支持会对员工的工作满意度及离职产生影响。

1. 影响的条件和途径

Barney（1986）提出了企业文化要成为企业维持竞争优势的源泉，必须满足以下3个条件：

第一，文化必须对企业是有价值的。

第二，文化必须是企业所特有的。

第三，文化必须是很难被模仿的。

Besanko 等人（1996）研究指出企业文化创造价值的 3 条途径具体如下：

第一，文化简化了信息处理，允许个人更好地把注意力集中于日常工作。

第二，文化补充了正式控制制度，减少了企业中监督个人的成本。

第三，文化促进合作并减少了讨价还价，因为文化可以影响企业中个人的偏好，使员工趋向共同的目标，从而降低了讨价还价的成本，并促进了更多协作行为的产生与发展。

企业文化对企业绩效的影响力可以分为 3 个维度（Kilman et al.，1985），具体如下：

第一，文化的方向性是指文化影响组织运作方向的正确程度。

第二，文化的渗透性是指文化被组织成员所共有的程度。

第三，文化的强度是指组织成员对文化信守的程度。

2. 文化强度

企业文化对企业绩效的影响程度与文化强度密切相关，文化强度可以从观念一致性、行为一致性以及对符号的理解一致性三方面来刻画。如果这三个层次的一致性都达到很高的一定程度，就认为企业拥有强势文化。

Dennison（1990）认为文化的高一致性是企业绩效的有效预测指标，特别是短期内。

Gordon 和 Ditomaso（1992）的研究支持了 Dnennison 的观点，认为不论是哪种类型的文化，在短期内（2 年至 3 年）强势文化与高绩效总是相联系的。

强势的文化对企业绩效的贡献来自三个方面（Denison，1990；Sorensen，2002）：一是加强了企业内部合作和控制，特别是当企业遇到不寻常的情况时，一些特定的价值观，能够为员工处理预料之外的事情提供指导，能够为员工适应不断变化的外部环境提供指导；二是提高了企业和个人之间目标的一致性，在共同价值观的指引下员工行为趋向于企业期望的行为；三是提高了员工的努力程度。强大的创新型文化渗透到企业经营的各个角落，根植于每一个企业员工的内心深处，形成对创新认同和支持的氛围与整体合力，有效提高企业的活力和变革能力，促使企业经营业绩的显著增长。

更多学者把企业文化与财务绩效联系在一起，认为持续增长的财务绩效是与鼓励创新与柔性的企业文化相关（Barney，1986）。Kotter 和 Heskitt（1992）在 1987 年至 1991 年期间对美国 22 个行业 72 家公司的企业文化和经营状况进行了深入研究，他们发现，企业文化对企业绩效有着重大的作用。凡是具有重视所有关键管理要素（消费者要素、股东要素、企业员工要素）、重视各级管理人员的领导艺术的公司，其经营业绩远胜于那些没有这些企业文化特征的公司。在 11 年的考察期中，前者总收入平均增长 682%，后者则仅达 166%；企业员工增长前者为 282%，后者为 36%；公司股票价格前者增长 901%，后者为 74%；公司净收入前者增长为 756%，后者仅为 1%。

但企业文化也可能影响企业绩效的提高，当企业所面临的环境发生变化时，文化的不可管理性使之成为一种惯性或者阻碍变化的来源。此时，文化也可能达不到预期要求，并对企业业绩起到消极作用（Manfred et al.，1986）。而 Peter 和 Waterman（1982）认为，有些卓越的企业之所以未能保持卓越，就是因为这些企业不能与时俱进，或者说是因为他们的文化及他们过去的成功阻碍了他们快速并成功地适应新环境。这就要求我们用动态的观点对待企业文化，以确保企业文化对企业的现在及将来的成功都能起到促进作用（雷巧玲等，2006）。

3. 企业基业长青的法宝

教派般文化是企业基业长青的法宝。有些公司（企业）能够由小到大，由弱而强，虽历经困难，却展现出可观的韧性和弹性，跨越数十年、上百年而长盛不衰，最终成为翘楚中的翘楚；而有的公司却举步维艰，昙花一现、了无踪迹。美国学者詹姆斯·柯林斯和杰里·波勒斯教授研究发现：保持基业长青的高瞻远瞩公司（企业）具有教派般组织文化，在这种文化里，核心理念和一心一意追求进步的驱动力携手合作，驱动所有不属于核心理念的东西变化和进步（詹姆斯和柯林斯，2002）。

"教派主义"和"像教派一样"只是描述性的说法，高瞻远瞩公司教派般文化有四个特点：热烈拥护的理念、灌输信仰、严密契合、精英主义。高瞻远瞩公司把他们的理念转化成有形的机制，同时发出持续一贯、加强理念的信号，他们对员工灌输理念，规定必须严密契合公司，并且利用一系列实用、具体的事项创造出一种身属特殊团体的意识：培训、塑造、事迹、语言、激励（詹姆斯和柯林斯，2002）。

五、"走出去"战略下的中国企业跨文化管理

在尽快融入东道国的文化的同时，要注意保留母国先进的民族文化和体制文化：一方面可以设计研发富有中国文化的产品，让中国文化有一个"形式层面"的载体；另一方面可以在培训员工时，向员工介绍有中国特色的企业文化，让他们有机会了解中国文化的内涵，使中国文化形成一个"精神层面"的载体，从而渗透到跨国经营的方方面面（杨欢等，2012）。

从中国"走出去"的发展历程来看，企业"走出去"包括"主动走出去"和"被动走出去"两种情况。其中，"主动走出去"的目标在于发挥中国企业的比较优势，形成一批具有国际影响力的跨国公司。在中国经济发展初期，中国国内行业不够强大、国际影响力不足，但是有部分企业依托国家政策、依托先进的生产技术或者是资金支持，发展非常迅速，形成了特有的"比较优势"。这个时候，通过企业这种小规模的"走出去"形式对外形成一定的影响力是有利可图的。"被动走出去"大多数是由于原材料的稀缺性使企业面临原材料供应压力，不得不到境外购买原材料，企业"被动走出去"的目标就是到境外获取生产所需的原材料（杨欢等，2012）。

（一）"一带一路"概述

2013年，习近平主席提出"一带一路"的倡议，2015年《推动共建丝绸之路经济带和21世纪海上丝绸之路的愿景与行动》正式发布。"一带一路"合作倡议，表明了中国进一步扩大开放的决心。当前国内经济发展进入新常态，经济下行压力巨大，扩大对外合作有助于促进国内经济增长；同时，中国作为一个大国，主动构建合作框架，让全世界国家共同参与，对沿线国家的经济发展也有重要作用。此外，由于中国产业

结构不尽合理，区域发展差距拉大，"一带一路"建设有助于沿海地区过剩产能向中西部地区乃至国外转移，有助于提升产业结构，缩小区域差距。其中，"五通"（即政策沟通、设施联通、贸易畅通、资金融通、民心相通）是"一带一路"的合作重点。

2014年11月亚太经合组织（APEC）北京峰会期间，习近平主席在有关演讲中全面阐述"互联互通"："我们要建设的互联互通，不仅是修路架桥，不光是平面化和单线条的联通，而更应该是基础设施、制度规章、人员交流三位一体，应该是政策沟通、设施联通、贸易畅通、资金融通、民心相通五大领域齐头并进。""互联互通"既涉及道路等基础设施的"硬联通"，也包括规章制度方面的"软联通"，还将推动人员流动的"人联通"。

"一带一路"（One Belt And One Road，简称OBAOR）是"丝绸之路经济带"和"21世纪海上丝绸之路"的简称。"一带"指的是"丝绸之路经济带"，是在陆地上的贸易经济带，包括三个走向，从中国出发：一是经中亚、俄罗斯到达欧洲；二是经中亚、西亚至波斯湾、地中海；三是从中国到东南亚、南亚、印度洋。"一路"指的是"丝绸之路经济带"，重点方向是两条：一是从中国沿海港口过南海到印度洋，延伸至欧洲；二是从中国沿海港口过南海到南太平洋（邹嘉龄和刘卫东，2016），"一带一路"沿线国家范围见表7-18。

表7-18 "一带一路"沿线国家范围

板块	主要国别
中亚5国	哈萨克斯坦，吉尔吉斯斯坦，塔吉克斯坦，乌兹别克斯坦和土库曼斯坦
蒙俄	蒙古，俄罗斯
东南亚11国	越南，老挝，柬埔寨，泰国，马来西亚，新加坡，印度尼西亚，文莱，菲律宾，缅甸，东帝汶
南亚8国	印度，巴基斯坦，孟加拉国，阿富汗，尼泊尔，不丹，斯里兰卡，马尔代夫
中东欧19国	波兰，捷克，斯洛伐克，匈牙利，斯洛文尼亚，克罗地亚，罗马尼亚，保加利亚，塞尔维亚，黑山，马其顿，波黑，阿尔巴尼亚，爱沙尼亚，立陶宛，拉脱维亚，乌克兰，白俄罗斯，摩多瓦尔
西亚、中东19国	土耳其，伊朗，叙利亚，伊拉克，阿联酋，沙特阿拉伯，卡塔尔，巴林，科威特，黎巴嫩，阿曼，也门，约旦，以色列，巴基斯坦，亚美尼亚，格鲁吉亚，阿塞拜疆，埃及

"一带一路"涉及亚欧非三大洲的60多个国家，大多是新兴经济体和发展中国家，总人口约44亿，经济总量约21万亿美元，分别占全球的63%和29%。这些国家普遍处于经济发展的上升期，具有开展互利合作的广阔前景。但因建设资金有限，一些国家铁路、公路、桥梁、港口、机场和通信等基础建设严重不足，这在一定程度上限制了该区域的发展。另外，中国已成为世界第三大对外投资国。经过改革开放30多年的发展和积累，中国在基础设施装备制造方面已经形成完整的产业链，同时在公路、桥梁、隧道、铁路等方面的工程建设能力已经是首屈一指。除了基建，能源、通信、航运、物流等领域将形成新的海外需求，农林牧渔业、农机及农产品、生产加工、旅游等领域存在广阔的合作空间（高臣和马志成，2015）。

2011年9月，美国提出"新丝绸之路倡议"，试图建立一个以阿富汗为中心，连接中亚和南亚，并向中东地区延伸的国际经济交通网络。在时任美国国务卿希拉里·克林顿描绘的图景中：土库曼斯坦的油气田将满足巴基斯坦和印度不断增长的能源需要，为阿富汗和巴基斯坦提供可观的过境收入；塔吉克斯坦的棉花将在印度制成布匹；阿富汗的家具和水果将出现在阿斯塔纳、孟买和更远的地方。韩国有媒体认为，该计划"核心内容是帮助丝绸之路所经中亚国家开发社会先行资本（SOC），帮助其实现贸易自由化"。

2001年以来中国与"一带一路"沿线国家贸易增长迅速，尤其是2008年金融危机之后，中国与"一带一路"沿线国家贸易步入快速发展时期，对"一带一路"沿线国家贸易总额从2001年的84亿美元增长到2014年的1 120亿美元，其中与东南亚11国达到480.3亿美元。中国与"一带一路"沿线国家贸易总额占中国贸易总额比例从2001年的16.5%增长到2014年的26.0%。其中出口比例从2001年的14.5%增长到2014年的27.2%，几乎增长了一倍。这表明，"一带一路"沿线国家与中国的贸易联系已经变得越来越紧密（邹嘉龄等，2015）。

从"一带一路"沿线国家的具体区域来看，中国与东南亚国家的贸易联系最紧密。2014年东南亚11国与中国贸易总额占"一带一路"国家与中国贸易总额的43.9%，主要是由于东南亚国家作为中国周边外交的优先方向，国家关系总体良好，有助于促进双边贸易；此外，中国—东盟自贸区的建立更是极大地增强了东南亚11国与中国的贸易联系。

西亚中东19国与中国贸易总额占"一带一路"国家与中国贸易总额的比重为28.2%，位居次席。2001年至2014年，与中国贸易总额增速最快的是中亚5国，年均增速高达29.8%，高于同期中国与"一带一路"沿线国家贸易总额年均增速22.0%。年均增速相对较慢的为蒙俄地区，但其年均增速也达到了18.7%。

分具体国家来看，中国与土库曼斯坦、塔吉克斯坦、格鲁吉亚、波黑等国贸易增速相对最快，年均增速在40%以上；与乌克兰、俄罗斯、泰国等国贸易增速相对较慢，年均增速不到20%。由此可见，与中国贸易增速最快的国家以新兴市场国家居多，而增速较慢的则是一些和中国的贸易大国或政治局势不稳定的国家。

"一带一路"倡议的实施，为我国企业"走出去"创造出了难得的历史机遇。可以预见，未来我国相关产业和企业将更多地走出国门，走向国际。中国企业要"走出去"并走得更长远，必然要面临由来自不同国家、不同文化背景的员工所组成的企业管理问题。解决好跨文化管理问题将是企业能否成功走出去的关键所在，也是对中国企业传统管理理念的提升和洗礼。

（二）中国与"一带一路"沿线国家的文化差异

"一带一路"倡议将带动更多的中国企业开拓国际市场，企业要在认识自身文化的同时，更要对"一带一路"沿线国家的文化有一定的认识，从而在进行跨文化团队管理时及时发现问题，合理解决文化矛盾和冲突。同时，企业要对进入的目标市场的文化进行分析并与中国自身文化进行比较，分析两者间的文化差异。

1. 中国与"一带一路"沿线部分国家的文化差异

在目标地区和自身文化的比较中，一般借鉴霍夫斯泰德的文化维度理论，通过数学方法计算出与中国相比两个国家之间的文化距离。文化距离是指两个国家之间基于一些基础文化维度，通过计算各维度间方差的平均值来比较两国家之间文化差异大小的指数（表7-19）。

有研究研究发现：国家间文化差距越大，企业组织和管理行为越会出现较大的不同，企业或许会发现将母国的实践行为转移到文化差距比较大的国家是困难和耗费财力的。了解中国与"一带一路"沿线国家在四个维度上的差异以及文化距离，对中国企业管理者进行有效的跨文化管理和跨国经营都具有现实的指导意义。

国内学者高臣和马成志以霍夫斯泰德理论为基础，选择"一带一路"涉及的国家或地区的数据，计算出部分国家与中国的文化距离（高臣和马成志，2015）。

表7-19 中国与"一带一路"部分国家文化差异比较（中东欧除外）

国家	权力距离	个人主义	男性主义	不确定性规避	与中国的文化距离
中国	89	39	54	44	—
印度尼西亚	78	14	46	48	28.740
马来西亚	104	26	50	36	38.131
菲律宾	94	32	64	44	23.875
新加坡	74	20	48	8	75.750
泰国	64	20	34	64	42.261
印度	77	48	56	40	46.109
巴基斯坦	55	14	50	70	49.729
伊朗	58	41	43	59	47.445
以色列	13	54	47	81	86.134
土耳其	66	37	45	85	55.272
阿拉伯国家	80	38	53	68	25.671

上表7-19中的分值越高，表明该国家或地区越倾向于该维度。由上表可以看出中国文化具有以下特征：权力距离比较高；个人主义倾向较低；比较倾向于男性化；不确定性规避程度较低。与中国相比：在权力距离维度，东南亚国家与中国相近，其他地区都相对低于中国；在个人主义维度，东南亚国家相对低于中国，其他地区高于中国；在男性主义维度，欧洲国家相对高于中国，其他地区与中国相近；在不确定性规避维度，东南亚国家与中国相近，其他地区都相对高于中国。

对于权力距离高的国家，如东南亚国家、阿拉伯国家，在团队管理中可以更多地采取自上而下的决策方式，以家长的作风进行决策。该地域的员工习惯于听从上级管理者的指示，但也很少向上级管理者表达自己的想法。在权力距离维度低的国家员工认为，即便是上下级之间也是平等的，级别的不同不过是所任的职务不同导致的。员工崇尚个人自由，排斥权力等级。企业在管理中要善于倾听底层员工的意见，采取自下而上的决策方式。

个人主义维度低的国家，在管理中可以更多地向员工灌输集体观念，培养其对于企业的归属感；在员工遇到困难时企业提供必要的帮助，员工将以自己的无限忠诚来回报企业。该地域员工认为，关系重于工作，看重人际关系，员工之间关系密切。员工对企业忠诚度很高使得员工流动很少，企业能够拥有相对稳定的组织队伍。在个人主义高的国家，要尊重员工的隐私和个人自由。

在男性主义维度高的国家，社会竞争意识强烈，成功的尺度就是财富功名，社会鼓励和赞赏工作狂，其文化强调公平、竞争，注重工作绩效。团队成员会表现出过分自信和一定的独断性，因而在管理中可以营造竞争性较强的工作环境以增强员工的工作积极性。而在男性主义维度低的国家中，生活质量的概念更被人们看中，其文化强调平等、团结，人们认为人生中最重要的不是物质上的占有，而是心灵的沟通。

对于不确定性规避维度低的国家，在管理中可以对其采取更多的容忍，营造温和的环境，鼓励其创新。在不确定性规避维度高的国家，企业进入该地域市场后要注重规范管理、制度管理和条例管理，同时要尊重个人自由。企业在团队管理中可以颁布大量的内部规定和条文来规范员工行为以减少其感受到的不确定性和模糊性的威胁。在西亚中东国家，民族教义方面的认同感甚至要超过法律规则的影响：一方面该地域有细致的规范，包括个人的外表特征、修习特征、生活规范、清真和礼拜等；另一方面穆斯林对于外部世界的宣传和感化能力极强，他们齐心协力，能够以极为巩固的团队势力来提升自身影响力，因而企业要借助其团队和宣传感化能力的积极作用，开拓市场。

2. 中国与中东欧国家文化距离

国内学者尚宇红、王春岩（2014）根据霍夫斯泰德的文化五维模型，同时结合数学中的多维空间距离理论以及聚类分析方法，采用瑞典"世界价值观研究协会"（World Values Survey Association，WVSA）世界价值观调查（WVS）问卷中的数据，对中国和中东欧国家在文化价值观方面的差异做出定量分析（表7-20）。

表7-20 中国与15个中东欧国家间的文化距离

国家	与中国的文化距离	国家	与中国的文化距离
拉脱维亚	32.4	波黑	49.1
爱沙尼亚	32.7	克罗地亚	49.3
捷克	32.7	阿尔巴尼亚	49.3
立陶宛	37.6	匈牙利	49.4
斯洛文尼亚	41.2	保加利亚	51.3
斯洛伐克	44.5	罗马尼亚	52.0
塞尔维亚	45.0	马其顿	55.7
波兰	45.5		

从表中可以看出，中国与中东欧国家的文化距离，具体如下：

第一，中国与三个波罗的海国家——拉脱维亚、爱沙尼亚和立陶宛文化距离最近，其次是捷克和斯洛伐克以及前南斯拉夫国家，最后是保加利亚、罗马尼亚。与中东欧国家相比，中国文化表现出更多的弹性，更具有包容性和变通性，更加注重长远利益。

第二，在这些中东欧国家中，以斯拉夫语系为中心的一组国家形成一个文化聚点，包括塞尔维亚、斯洛伐克、斯洛文尼亚、克罗地亚、波黑、马其顿、捷克、匈牙利。这些国家有非常明显的个人主义倾向，在家庭和社会中有更低的权力距离，更加重视个人权利和自由，更加关注生活质量。而保加利亚、罗马尼亚、波兰和拉脱维亚形成第二个文化聚点，这些国家权力距离较大，集体主义倾向较明显，同时社会充满竞争和压力。

3. 文化差异对"走出去"贸易的影响

文化差异的存在会导致"文化折扣"（Cultural Discount）现象的发生，并直接影响进口国消费者的效用水平，进而降低其对进口商品的需求量，对一国贸易有阻碍作用（王洪涛，2014）。

Tadesse 和 White（2010）使用扩展贸易引力模型对美国与 75 个国家或地区贸易数据的检验表明，较大的文化差异会降低美国对贸易对象国家或地区的出口。

Zhou（2010）利用 1950 年至 2000 年国际之间双边贸易数据研究发现，国与国之间的文化共性会提升双边贸易，而文化差距会阻碍双边贸易。

国内学者陈晓清和詹正茂（2008）、阚大学和罗良文（2011）、陈昊和陈小明（2011）、田晖和蒋辰春（2012）、万伦来和高翔（2014）的相关研究也得出了类似的结论。

另外，臧新等人（2012）的研究表明，由文化距离、地理距离和共同语言等变量共同组成的"文化亲近"是中国文化产品出口中最具决定性的因素，促进文化产品出口的关键是减少文化距离或是加强贸易对象国对中国文化的接近度。许陈生和程娟针对中国文化创意产品出口的研究表明，文化距离总体上对中国文化创意产品出口存在显著的消极影响（许陈生和程娟，2013）。

也有其他的研究理论是从消费者偏好于体验"多样性文化"的假设出发，认为文化差异的存在不仅能够促进具有多样性文化特征的差异化产品的生产与创造，而且会使得消费者对进口商品的需求产生"偏好强化"现象，对一国的贸易有促进作用。

Linders 等人（2005）对 1999 年 92 个国家双边贸易数据的分析结果表明，文化差异对双边贸易存在正向效应，厂商更倾向于与那些文化差异较大的东道国进行贸易来满足国内消费者对产品多样性的需求。

国内学者曲如晓和韩丽丽（2010）对中国核心文化产品出口问题的研究表明，中国与贸易伙伴国之间的文化距离每增加 1%，文化产品的贸易流量就会增加 2.906%。

（三）中国企业"走出去"的跨文化管理策略

在跨文化管理中，由于成员之间根深蒂固的文化差异，个人价值观就可能会有相当大的区别，处理不当就会引发文化冲突。跨国企业进入异国市场必然面临着文化冲突和矛盾，跨文化管理要有效解决文化冲突，这对于跨国企业能否成功起着至关重要的作用（高臣和马成志，2015）。

中国企业"走出去"的跨文化管理策略要做好文化整合创新，这是企业进行跨文化管理的核心。所谓文化整合创新是指不同国家的企业中异质文化之间通过相互接触、交流、吸收、渗透，继而融为一体，形成新的具有跨文化特色的管理模式过程，经过整合创新，原有各方的企业文化既失去了自身一些特质，又从异质文化中吸收了一些新的特质，从而形成一种新的企业文化体系。这种新体系在价值目标、行为规范以及人际关系的氛围等方面都会表现出一些新的特点。

1. 树立跨文化理念

要树立正确的跨文化理念，这是解决跨文化管理问题的前提。要正确看待文化差异。企业员工和管理者来自不同的国家和地区，他们的工作态度、行为方式、价值观念和文化背景不同。荷兰学者强皮纳斯认为文化只存在差异性，而没有"对"与"错""好"与"坏"之分，文化的差异性表现为不同文化所选择的解决问题的方法不同。只有承认文化差异的客观存在和允许多元文化的存在，在面对文化冲突时，才能紧紧抓住跨文化团队管理的主动权。

2. 合理利用文化维度理论区别管理

要合理利用跨文化管理正反两个方面的影响。反面会给企业带来矛盾和冲突，正面会给企业带来竞争优势，同时不同的价值观以及行为方式能够使企业管理者顺应多变的环境，在思考问题时采用更广阔的视野范围。由于企业跨文化管理的员工大多来自不同的文化体系，对自己的文化都有着强烈的认同。所以，与异类文化容易产生冲突，在接受度上存在一定困难。正因为如此，他们在陈述自己的观点时，可能会更加自信和乐观，更容易与不同文化背景的成员产生思维激荡交流。思维激荡交流的结果会使整个企业内部更具创意，信息更加多元化，而且不会轻易产生"趋同"。与此同时，经过交锋和争辩的观点，一旦被大家接受，承诺的程度会更加深刻和广泛。

3. 积极开展跨文化培训

跨文化培训是进行高效跨文化管理的有效途径。通过培训：一方面全面系统地讲授异国文化的价值观念、伦理道德、风俗习惯、法律制度等，提高员工对异国文化的认识和文化敏感性，引导员工理解和尊重文化差异，减少文化冲突以及提高文化冲突的解决能力；另一方面跨文化培训还能够培养和发展员工的观察能力和面对面交流的能力，使员工在真实的企业环境中理解和学习异国文化。

（1）注重语言培训。具有共同的语言，才是最直接的交流方式。举办多层次、多种形式的语言培训，无形地增加了企业的凝聚力。通过语言文化学习，可以大大减少语言带来的隔阂，能更好地了解异国文化和思维模式，而通过培训获取的跨文化沟通能力也是企业急需的。

（2）跨文化培训和文化交流活动相结合。企业有针对性地开展各种文化交流活动，有目的地促进不同文化之间的交流融合，加强对各国民族文化及公司文化的认识和了解；学习有关跨文化敏感性和适应性的知识；提高跨文化沟通及冲突处理能力；提高员工掌握其他文化知识的能力，鼓励员工理解和尊重其他的文化，以减少文化的冲突，并提高能力来解决文化冲突。跨文化培训的实施，可以保持企业内部良好稳定的人际关系，使管理者之间、员工之间、员工与管理者之间的沟通更直接，是实现企业文化一体化和管理模式和谐的一个强大工具。

参考文献

[1] Ang S H, Hong D G P. Entrepreneurial Spirit among East Asian Chinese [J]. Thunderbird International Business Review, 2000, 42 (3): 285-309.

[2] Barney J B. Organizational Culture: Can It Be a Source of Sustained Competitive Advantage? [J]. Academy of Management Review, 1986, 11 (3): 656-665.

[3] Besanko, Dranove, Shanley. The Economics of Strategy. [M]. New York: John Wiley & Son Inc, 1996.

[4] Deal, Kennedy. Corporate cultures: the rites and rituals of corporate life. [M]. Mass.: Addison-Wesley, 1982.

[5] Denison. Corporate Culture and Organizational Effectiveness. [M]. New York: John Wiley& Sons, 1990.

[6] Edward H T. Beyond Culture [M]. New York: Random House, Inc, 1981.

[7] Gongmin B. The Cultural Influence on Ethnic Business Strategies. [Z]. Berlin: 1999.

[8] Gordon, Ditomaso. Predicting Corporate Performance from Organizational Culture. [J]. Journal of Management Studies, 1992, 29 (6): 783-798.

[9] Grunert, Susanne C, Scherlorn, et al. Consumer values in West Germany underlying dimensions and cross-cultural comparison with North America [J]. 1990, 20 (2): 97-107.

[10] Hamptonr C, Turner T F. Building Cross Culural Competence: How to Create Value from Conflicting Values [M]. Queensland: John Wiley &. Sons Australia Limited, 2000.

[11] Handy Charles. 管理之神 [M]. 崔姜薇, 译. 北京: 北京师范大学出版社, 2006.

[12] Hoffman. Organizational innovation: Management influence across cultures [J]. Mulinational Business Review, 1999, 7: 37-49.

[13] Hofstede. Culture's consequences: International differences in work-related values [M]. Beverly Hills, Cal. and London: Sage, 1980.

[14] Holland J, Gentry J W. Ethnic Consumer Reaction to Targeted Marketing: A Theory of Intercultural Accommodation [J]. Journal of Advertising, 1999, 28 (1): 65-77.

[15] Kilman, Saxton, Serpa. Gaining control of the corporate culture.. [M]. San Francisco: Jossey Bass, 1985.

[16] Kluckhohn F R, Strodtbeck F L, Roberts J M. Variations in Value Orientations [M]. Evanston, IL: Row. Peterson, 1961.

[17] Kotier, Heskett. Corporate Culture and Performance [M]. New York: Free Press, 1992.

[18] Kotter J P, Heskett J. Corporate Culture and Perfor-mance [M]. New York: The Free Press, 1992.

[19] Lane S P J. A Model of Cultural Differences and International Alliance Performance [J]. Journal of International Business Studies, 2004, 35 (4): 306-319.

[20] Linders G J, Hl Slangen A, De Groot H L F, et al. Cultural and Institutional Determinants of Bilateral Trade Flows [J]. Tinbergen Institute Discussion Paper, 2005.

[21] Manfred F R, de Vries K, Miller D. Personality, Culture, and Organization [J]. Academy of Management Review, 1986, 11 (2): 266-279.

[22] Nisbett R E, Peng K, Choi I, et al. Culture and systems of thought: Holistic versus analytic cognition [J]. Psychological Review, 2001, 108 (2): 291-310.

[23] Ouchi W. Theory Z: How American business can meet the Japanese challenge [J]. Business Horizons, 1981, 24 (6): 82-83.

[24] Peters. Waterman R. In Search of Excellence [M]. New York: Harper & Row., 1982.

[25] Peters, Waterman. In Search of Excellence. [M]. New York: Harper&Row, 1982.

[26] Pothukuchi V, Damanpour F, Choi J, et al. National and Organizational Culture Differences and International Joint Venture Performance [J]. Journal of International Business Studies, 2002, 33 (2): 243-265.

[27] Rokeach M. The nature of human value [M]. New York: Free Press, 1973.

[28] Rosinski Philippe. 跨文化教练 [M]. 冯云霞, 贾晓莉, 王蕾, 译. 北京: 中国人民大学出版社, 2006.

[29] Ross. Culture as a context for multinational business: A framework for assessing the strategy-culture fit [J]. Multinational Business Review, 1999, 7: 13-19.

[30] Schein. Organizational Culture and Leadership [M]. SanFrancisco: Jossey-Bass, 1992.

[31] Schneider. Corporate Control in German Companies [J]. Oxford Review of Economic Policy, 1992, 8 (3): 110-116.

[32] Schwartz S H. A Theory of Cultural Values and Some Implications for Work [J]. Applied Psychology, 1999, 48 (1): 23-47.

[33] Sorensen J B S. The Strength of Corporate Culture and the Reliability of Firm Performance [J]. Administrative Science Quarterly, 2002, 47 (1): 70-91.

[34] Tadesse B, White R. Cultural distance as a determinant of bilateral trade flows: do immigrants counter the effect of cultural differences? [J]. Applied Economics Letters, 2010, 17 (2): 147-152.

[35] Turner H, Trompenaars. The Seven Cultures of Capitalism. [M]. New York: Doubleday, 1995.

[36] Vancevick, Matteson. Organizational Behavior and Management [M]. Honewood/L: IRWIN, 1993.

[37] Zhou M. Intensification of geo-cultural homophily in global trade: Evidence from

the gravity model [J]. Social Science Research, 2010, 40 (1): 193-209.

[38] 陈凤, 张翠萍, 周文庆, 等. 浅谈提升企业文化软实力的意义与策略 [J]. 石油政工研究, 2009 (04): 21-23.

[39] 陈昊, 陈小明. 文化距离对出口贸易的影响——基于修正引力模型的实证检验 [J]. 中国经济问题, 2011 (06): 76-82.

[40] 陈祥槐. 管理文化研究: 观点与方法 [J]. 中国软科学, 2002 (07): 68-73.

[41] 陈晓萍. 跨文化管理 [M]. 北京: 清华大学出版社, 2005.

[42] 陈晓清, 詹正茂. 国际文化贸易影响因素的实证分析——以美国 1996—2006 年对外文化贸易双边数据样本为例 [J]. 南京社会科学, 2008 (04): 90-94.

[43] 崔艳坤. 霍夫斯泰德文化价值维度下的《刮痧》审视 [J]. 学理论, 2014 (09): 144-145.

[44] 单合艳. 合资企业文化差异与跨文化管理研究 [D]. 西安: 西北大学, 2010.

[45] 邓正红. 软实力: 中国企业的破局之道 [M]. 武汉: 武汉大学出版社, 2009.

[46] 董泽文. 企业跨文化管理初探 [J]. 现代管理科学, 2005 (1): 42-44.

[47] 范徵, 杜娟, 王风华, 等. 国际跨文化管理研究学术影响力分析——基于 Web of Science 十年的数据分析 [J]. 管理世界, 2014 (07): 182-183.

[48] 冯敏, 马海兵, 宋彩萍. 文化维度理论与文化智力理论——跨文化管理的"双股剑" [J]. 上海对外经贸大学学报, 2015 (2): 49-57.

[49] 高臣, 马成志. "一带一路"战略下中国企业"走出去"的跨文化管理 [J]. 中国人力资源开发, 2015 (19): 14-18.

[50] 胡文仲. 跨文化交际学概论 [M]. 北京: 外语教学与研究出版社, 1999.

[51] 阚大学, 罗良文. 文化差异与我国对外贸易流量的实证研究——基于贸易引力模型 [J]. 中央财经大学学报, 2011 (07): 77-83.

[52] 雷巧玲, 赵更申, 段兴民. 企业文化的测量及其对企业绩效的影响研究综述 [J]. 科技进步与对策, 2006 (06): 175-177.

[53] 李文娟. 霍夫斯泰德文化维度与跨文化研究 [J]. 社会科学, 2009 (12): 126-129.

[54] 李彦亮. 跨文化冲突与跨文化管理 [J]. 科学社会主义, 2006 (02): 72-75.

[55] 李自杰, 张雪峰. 国家文化差异、组织文化差异与企业绩效——基于中外合资企业的实证研究 [J]. 财贸经济, 2010 (09): 93-98.

[56] 刘建军. 论当代中国人文化自信的来源 [J]. 文化软实力, 2016, 1 (01): 49-53.

[57] 罗长海. 企业文化学 [M]. 北京: 中国人民大学出版社, 1991.

[58] 曲如晓, 韩丽丽. 中国文化商品贸易影响因素的实证研究 [J]. 中国软科

学，2010（11）：19-31.

[59] 尚宇红，王春岩．中国与中东欧国家文化价值观对比研究［J］．国外社会科学，2014（06）：106-113.

[60] 时秀梅，栾华．基于文化核心维度的中美文化差异研究［J］．技术经济与管理研究，2013（06）：94-98.

[61] 孙慧阳．文化差异对企业国际经营的影响及对策研究［J］．山东社会科学，2008（01）：123-125.

[62] 唐炎钊，张丽明．中国企业跨国并购文化整合关键影响因素的理论模型探讨［J］．管理学家（学术版），2010（01）：41-52.

[63] 田晖，蒋辰春．国家文化距离对中国对外贸易的影响——基于31个国家和地区贸易数据的引力模型分析［J］．国际贸易问题，2012（03）：45-52.

[64] 万伦来，高翔．文化、地理与制度三重距离对中国进出口贸易的影响——来自32个国家和地区进出口贸易的经验数据［J］．国际经贸探索，2014（05）：39-48.

[65] 王秉钦．文化与翻译三论——论东西方思维方法差异及其翻译［J］．外语教学，1992（04）：71-77.

[66] 王洪涛．文化差异是影响中国创意产品出口的阻碍因素吗——基于中国创意产品出口35个国家和地区的面板数据检验［J］．国际经贸探索，2014，（10）：51-62.

[67] 王伟，等．管理创新原理与实务［M］．北京：中国对外经济贸易出版社，2002.

[68] 王玉芹，张德．创新型文化与企业绩效关系的实证研究［J］．科学学研究，2007（S2）：475-479.

[69] 许陈生，程娟．文化距离与中国文化创意产品出口［J］．国际经贸探索，2013，29（11）：25-38.

[70] 杨欢，吴殿廷，王三三．中国"走出去"战略的阶段性及其策略研究［J］．国际商务（对外经济贸易大学学报），2012（06）：75-85.

[71] 臧新，林竹，邵军．文化亲近、经济发展与文化产品的出口——基于中国文化产品出口的实证研究［J］．财贸经济，2012（10）：102-110.

[72] （美）詹姆斯，柯林斯．基业长青［M］．真如，译．北京：中信出版社，2002.

[73] 张莉，曹蔚然．文化对企业行为的影响研究——来自我国合资企业的实证研究［J］．南开管理评论，2003（03）：43-48.

[74] 张新胜，等．国际管理学［M］．北京：中国人民大学出版社，2002.

[75] 张永安，邱景．企业文化对组织绩效的影响及其比较研究［J］．经济论坛，2009（06）：90-93.

[76] 赵曙明．跨国公司在华面临的挑战：文化差异与跨文化管理［J］．管理世界，1997（03）：76-81.

[77] 周鸥鹏．跨文化管理中的文化冲突探析［J］．山花，2009（13）：142-144.

[78] 邹嘉龄,刘春腊,尹国庆,等.中国与"一带一路"沿线国家贸易格局及其经济贡献[J].地理科学进展,2015,34(05):598-605.

[79] 邹嘉龄,刘卫东.2001~2013年中国与"一带一路"沿线国家贸易网络分析[J].地理科学,2016,36(11):1629-1636.

[80] 新编中国大百科全书-第二卷-哲学 文学 历史[M].汕头:汕头大学出版社,2007.

后　记

始于心，践于行！

在疫情肆虐的非常时期，虽然不能像医护人员一样参与一线抗击，但是我们尽力做好本职工作。多年从事管理专题教学工作，出版一本立足我国国情的教材，是我们的任务，也是多年的愿望，在中国轻工业出版社张文佳老师的鼓励下，这一愿望终于实现了。

本教材是在北京林业大学研究生教材出版项目支持下，经过三年多的时间进行编撰和整理，书稿内容逐渐完善，集平日里科研、教学总结的 70 多万字的资料与心得，最终浓缩为 35 万字的教材。在即将付梓出版之际，内心充满着感恩和感动。

在书稿的整理过程中，首先，感谢尊敬的朱永杰老师，亲爱的同事李小勇、李华晶、陈凯及刘雯雯等老师对专题的体系和结构提出的宝贵意见，他们的智慧与经验，为本书最终成书打下了深厚的基础；其次，感谢国外学者李晋源、Sunny Li Sun（Senior Editor，Management and Organization Review）、Han Jiang（A. B. Freeman School of Business，Tulane University）等对专题的体系和目录的翻译不吝赐教，在此深表感谢。

书稿的完成是团队精诚合作的结果。青年教授秦涛老师是书稿前行的动力之一，更年轻的张锐老师是团队工作生活的益友良伴。研究生们也都全身心投入了书稿整理工作，团队的三朵金花——陈妮、王笑涵、翟延心对稿件的整理付出了艰辛的劳动，也活跃了团队氛围；即将毕业的徐栋坤身在湖北，心在书稿，克服困难，一丝不苟地完成稿件修改。大家的合作精神令人感动，为拥有这样一支充满激情、富有创造力的团队感到幸福。

期待本教材能够给予广大管理学教学、科研的同仁们和为管理学本土化努力的朋友们些许参考，我们会继续钻研于管理理论与实践，并期待与大家一起为中国管理学的发展做出贡献。

知行合一，春华秋实。

共勉！

2020 年 3 月
于北京柏儒苑